安徽省教育厅、安徽财经大学精品课程建设成果

社会保障学

（第2版）

主　编　王洪春

编　委（按姓氏笔画排列）

马　强（蚌埠学院）

王洪春（安徽财经大学）

马广博（安徽财经大学）

李　宏（安徽财经大学）

杨仁君（安徽财经大学）

周凤珍（安徽财经大学）

姜丽美（安徽财经大学）

郜名扬（安徽财经大学）

黄昌炜（铜陵学院）

董黎明（安徽财

合肥工业大学出版社

图书在版编目(CIP)数据

社会保障学/王洪春著.—合肥:合肥工业大学出版社,2007.12

ISBN 978-7-81093-699-6

Ⅰ.社… Ⅱ.王… Ⅲ.社会保障 Ⅳ.C913.7

中国版本图书馆 CIP 数据核字(2007)第 179285 号

社会保障学

(第2版)

主编 王洪春　　责任编辑 陆向军

出　版	合肥工业大学出版社	版　次	2008年1月第1版
地　址	合肥市屯溪路193号		2009年8月第2版
邮　编	230009	印　次	2009年8月第2次印刷
电　话	总编室:0551-2903038	开　本	710毫米×1000毫米 1/16
	发行部:0551-2903198	印　张	23　字　数 436千字
网　址	www.hfutpress.com.cn	印　刷	合肥现代印务有限公司
E-mail	press@hfutpress.com.cn	发　行	全国新华书店

ISBN 978-7-81093-699-6　　定价:32.00元

第二版前言

一、国内外社会保障实践发展现状与前景

1. 目前，世界上大多数国家已经建立了不同程度的社会保障制度。社会保障事业正处于前所未有的大好发展时期。社会保障制度的建立与发展是人类文明成熟的重要标志之一，也是现代社会进步的重要标志之一。

2. 发达国家社会保障的主要任务是改革。

3. 东欧等国家社会保障的主要任务是转轨和调整。

4. 一部分发展中国家社会保障的主要任务是完善。

5. 另一部分发展中国家社会保障的主要任务是建立。

6. 我国社会保障的主要任务是三重：改革、完善、建立。

二、国外社会保障理论发展现状与前景

社会保障问题也是经济学、管理学和社会学研究的一个前沿问题。许多获得诺贝尔经济学奖的经济学家都对社会保障理论作出过理论贡献。例如：

1985 的获得者弗兰科·莫迪利亚尼，早在 1954 年，第一个提出储蓄的生命周期假设。这一理论认为：一个人一生的收入与消费大体上是相等的，只不过退休以前是收入大于消费，是储蓄；而在未工作时和退休后是消费大于收入，是反储蓄，是消费储蓄。这一假设在研究家庭和企业储蓄中得到了广泛应用。这一理论从一代人自身的收入与消费角度论证了建立社会保障的必要性。

1988 年的获得者莫里斯·阿莱斯（Maurice Allais，1911—）于 1947 年、1970 的获得者保罗·安·萨缪尔森（Paul A. Samuelson，1915—）在 1958 年、戴蒙德（Peter A. Diamond）（没有获奖）于 1965 年创立交迭世代模型（Over Lapping Generation Model），提出两代人之间必须进行交换的理论，进一步坚定了建立和发展社会保障制度的信心。

阿马蒂亚·森（Amartya Sen，1933—），由于他对福利经济学和社会保障学几个重大问题做出了贡献，包括社会选择理论、对福利和贫穷标准的定义、对匮乏的研究等作出精辟论述，荣获 1998 年诺贝尔经济奖。

三、教材编写与分工

本教材的编写是在我校“社会保障学”课程被评为省级和校级精品课程的基础上，由省内三所学校的教师共同撰写，并借鉴了国内外同行已经出版的教材成果，在参考书中已经列出；同时，我们也尽力想写出自己的特色。

本教材编写分工如下：安徽财经大学王洪春撰写第一章、第四章、第七章；安徽财经大学周凤珍撰写第二章；安徽财经大学李宏、马广博撰写第三章；安徽财经大学杨仁君撰写第五章、第八章；蚌埠学院马强撰写第六章；铜陵学院黄昌炜撰写第九章、第十一章；安徽财经大学姜丽美撰写第十章；安徽财经大学董黎明撰写第十二章；安徽财经大学部名扬撰写第十三章。全书经过两次集体讨论和轮流审阅，最后由王洪春审定书稿。

由于编者水平有限，书中错误之处恳请相关专家批评指正。

王洪春的电子信箱：Wanghongchun@126.com

编　者

2009 年 8 月

目　录

上篇　社会保障理论

第一章　社会保障的产生与发展

学习和研究社会保障，首先需要了解和掌握社会保障的产生和发展的历史过程、社会保障的基本体系和演变形成的主要模式、社会保障产生与发展的客观影响原因和理论影响因素。

第一节　国外社会保障产生与发展

为了便于理解社会保障的产生与发展及其整个社会保障理论，我们首先从社会保障这个概念讲起。

一、社会保障的概念和要素

（一）社会保障的概念

什么是社会保障？社会保障到底应当包含哪些内容和项目？这是学习和研究社会保障所必须首先解决的问题。

一般来讲，社会保障是以国家为主体，全社会参与，依法建立的、具有福利性的、社会化的国民基本生活保障制度；社会保障主要项目或者内容包括社会保险、社会救助、社会福利、军人保障和补充保障。

这一定义包括了如下要点：

第一，社会保障的主体是国家，而不是其他组织，这是社会保障发展与演变的一个基本趋势，也是现代社会保障区别于古代社会保障的主要标志。社会保障的主体是国家的理由：首先，国家是对社会进行管理的最高权力机关，国家有对社会财富进行再分配的权力、有征税的权力和能力；其次，国家能够建立最大规模社会保障制度，符合降低交易成本规律的要求；再次，国家便于协调公平与效率的关系。

不过，国家“主体”承担社会保障的责任承担到什么程度？社会的“参与”到底参与到什么程度？在不同历史时期、不同国家，国家承担的责任的大小是不同的。但是，可以肯定的是：国家不应当包揽社会保障的一切事务。因为，除了国家这个主体之外，还有社会各个方面的力量，如宗教组织、社会团体、工作单位、家庭与个人；另外，社会保障还应当为家庭保障、个人自愿保障留有一定的发展空间。这也算是之所以叫做“社会保障”，而不叫做“国家保障”的一个原因吧。正如贝弗里奇早在50多年前所说的：“社会保障需要国家和个人的合作。国家的责任是保障服务的提供和资金的筹集，但在尽职尽责的同时，国家不应扼杀对个人的激励机制，应当给个人参与社会保障制度建设的机会并赋予他们一定的责任。在确定国家最低保障水平时，应当给个人留有一定的空间，使其有积极性参加自愿保险，以为自己及家人提供更高的保障水平。”①

第二，社会保障的对象是全体国民，即它应当覆盖全体国民，但是主要面向弱势群体。

第三，社会保障的目标是保障公民的基本生活需要。不过，基本生活需要的弹性是很大的，只能是同时代、同国家内进行比较，不同时代、不同国家的基本生活需要相差很大，缺乏可比性。

第四，社会保障制度得以实施的保证和依据主要是相应的法律和规章制度。

第五，社会保障主要是通过多层次的收入分配实现的。

但是，另一方面，我们也必须指出，“社会保障”这个概念没有绝对权威的标准答案。原因有三个：一是社会保障经历了漫长的历史发展过程，社会保障概念也经历了不同历史时期的演变；二是在不同国家和同一个国家的不同时期，社会保障有不同的内容和重点，社会保障的价值取向也有一定的差异；三是社会保障制度和事业本身发展还不够完善，从而，人们对社会保障制度的认识和概括还有一个过程。

（二）社会保障的保障要素

从社会保障所保障的内容看，社会保障有三个基本保障要素，或者说有三种保障形态。

1. 经济保障

即从经济上保障国民的生活，它通过现金给付、物质援助和减免税收的方式来实现，解决的是公民遭遇的生活困难，这是最主要的保障。

2. 服务保障

即通过提供免费和低费服务的方式来满足国民对个人生活照料服务的需求。如老年服务、康复服务、儿童服务等。

---

① 贝弗里奇．贝弗里奇报告——社会保险和相关服务（Social Insurance and Allied Services —Report by Sir William Beveridge）［M］．中译本，北京：中国劳动社会保障出版社，2004：3.

3. 精神保障

即在精神方面给予慰藉，包括鼓励、支持、勉励、关怀等。除了经济保障与服务保障需求外，人们在现实生活中还离不开相应的情感保障，即精神慰藉也是人的正常、健康生活的必要组成部分。因此，现代社会保障还日益承担着为需要者提供精神保障的责任①。

在实践中，大多数社会保障项目往往带有精神保障的作用，或者说，精神保障难以与经济保障、服务保障完全分开。但是，我们也要注意到两点：一是某些社会保障项目的精神保障作用大一些，如社会救助、军人保障、各种服务保障；某些项目这种作用小一些，如养老保险。二是随着社会保障制度的不断创新，精神保障作为独立的项目越来越成为可能，如医院里的临终关怀。当然，精神保障往往也需要一定的物质支持。

（三）“社会保障”一词的来源

中外社会保障事业和制度虽然早就产生了，但是，英文“社会保障”（social security）一词出现得较晚。

据说，“社会保障”是美国的埃米尔·富兰克（Emil Frankel）首先在1927年创立的②，但是当时还没有引起广泛的注意。美国政府在1935年通过的《社会保障法》（Social Security Law）中采用了这个词组。国际劳工组织在1944年5月10日通过的《关于国际劳工组织的目的与宗旨的宣言》（又称《费城宣言》）中首次接受了这个词组。不久，“社会保障”风靡世界。

“社会保障”（social security）的简单含义就是由社会通过多种方式为社会成员提供基本的生活保障。“social”来源于拉丁文“socialis”，是“同辈的”、“同伙的”意思，也就说，“social”一词本来就含有一定的社会保障之意。

但是，关于“社会保障”一词，我们还应当注意到两点：

第一，虽然英文的“社会保障”（social security）一词是由美国人发明的，但是美国的“社会保障”在内容上与其他许多国家建立的社会保障制度却是大不相同的。其他国家的社会保障一般是由四个部分组成：社会保险（包括养老社会保险、失业社会保险、工伤社会保险、医疗社会保险、生育社会保险）、社会救济、社会福利、军人保障。而美国的“社会保障”的首写字母是大写的（Social Security），即是一个特定概念，它只包括联邦政府的项目，并且只包括参加联邦政府这一项目的员工的老年—遗属—幸存者（the retiree's spouse and children，退休者的配偶和孩子）、残疾保险制度、住院保险（Old－Age，Survivors，Disability，and Hospital Insurance system，OASDHI），以及这些员工的失业和工伤

---

① 郑功成主编．社会保障学［M］．北京：中国劳动社会保障出版社，2005：8.

② http：//www.ssa.gov/history/oasis/august1992.pdf.

保险。其他社会保障项目并没有包括在美国人所说的“Social Security”当中，而是另外分别单独设立和管理，在名称上，有的叫做社会福利，有的则直接使用项目本身的名称。还有一点奇怪之处：虽然美国的“Social Security”是套用1934年之前的军人保障模式而建立起来的，但是美国的“Social Security”却一点也不包含军人保障的内容。军人保障是另外一个单独的项目。并且更为重要的是，美国的Social Security只是指联邦政府负责的社会保障项目，不包括州和地方政府的社会保障项目，更不包括企业建立的各种退休基金项目。

第二，虽然欧盟国家的社会保障制度非常健全，甚至早已成为福利国家，但是，欧盟的许多国家的官方却不使用“社会保障”（social security）这个词组，而是使用“社会保护”（social protection）。其原因之一可能就是上述美国的“社会保障”的含义过于狭窄。欧盟国家的社会保护主要包括五个方面：一是劳动力市场政策与计划，主要是促进就业、提高劳动力市场效率和保护劳动力；二是社会保险，主要是化解失业、生病、残疾、工伤和老年的风险；三是社会援助（social assistance）和福利服务（welfare service）计划，主要是针对其他没有足够的谋生手段的弱势群体，包括单身母亲、无家可归者、身体或精神面临困境的人们；四是小型和地区计划，主要是针对社区水平的弱势群体，包括应对自然灾害的小型保险、农业保险、社会基金和其他计划；五是儿童保护，确保儿童健康和正常发育。

甚至有人认为，在一些发展中国家，鉴于社会保障制度会带来沉重的财政和社会负担，应当选择“社会保护”这个词组，而不使用“社会保障”。这时的“社会保护”的覆盖范围和涉及的项目，就小于和少于一般意义的“社会保障”。

第三，在国际劳工组织和联合国等的文件中，“社会保障”与“社会保护”经常交替使用或并列使用，如：“社会保障/社会保护”。

第四，“社会保障”（social security）这个名词，在港台地区，也有人将它译为“社会安全”。因为，“security”具有“安全”的含义。

总之，“社会保障”与“社会保护”在本质上没有区别，都是为了保障公民的基本生活，或者说都是一项保障公民基本生活的制度；作为一般意义的通常使用的“社会保障”，与“社会保护”在涉及的范围上没有太大的区别。但是作为美国的“社会保障”，与其他国家及组织的“社会保护”在涉及范围上有很大区别。

二、社会保障的古代萌芽

社会保障发展到现在这种较为成熟的水平，实际上经历了漫长的时间。在古代社会，各民族都出现不同形式的社会保障萌芽。

古代社会保障的萌芽可以分为古代民间社会保障萌芽和古代官方社会保障萌芽，一般情况下，民间社会保障萌芽的出现早于官方社会保障萌芽。

（一）古代民间社会保障萌芽

所谓古代社会保障萌芽，在时间上，一般是指封建社会及以前的社会保障。

社会保障制度的古代萌芽，一般认为，可以追溯到几千年前的古代文明时期。不过，来自路透社 2001 年 9 月 10 日的一篇报道（《人类何时首创“社会保障体系”?》），可以把社会保障的萌芽追溯到近 20 万年前。该报道说，人类的社会保障萌芽可以追溯到 17.5 万～20 万年前。因为人类学家 2001 年在法国东南部发现，在 17.5 万～20 万年前的前尼安德特人的古欧洲人群遗骸中，有一位老年人的遗骸，但是牙齿掉光了。在当时，这样的人能够存活很长时间，必须有人来帮助他准备和切碎食物①。

在组织形式上，民间社会保障表现为一种非正规的制度安排。在公元前 4000 多年，修建金字塔的石匠以及古罗马的士兵都有自发的互助互济性的组织，主要是个人缴纳一定的会费，用以支付不幸死亡的丧葬善后费用。

公元前 2000 年，在西亚两河（底格里斯河和幼发拉底河）流域的古巴比伦王国，国王曾下令僧侣、法官及村长等对他们所辖境内的居民收取赋金，用以救济遭受火灾及其他天灾的人们。古希腊艺人也曾经建立过互助团体。

在西方国家，民间社会保障萌芽主要体现在古代宗教慈善事业方面，此外还有行会内部的各种互助组织。

宗教组织作为民间社会保障的一种形式也是较为普遍的，这是一种无身份、阶层、职业、人种、宗族、地域区别的，开放性的救助体系。其中尤以基督教和天主教等对慈善事业的影响最为深远。一方面，各种宗教教义多将行善列为基本准则；另一方面，教会组织开展各种救灾、济贫、施医助药等活动。

西方古代基督教的慈善事业，起初主要是对于基督徒中的贫困者的关怀照顾，或者是基督徒社群之内的相互扶助，后来，基督教信仰人口不断增多，博爱精神的慈善照顾也就扩展到整个社会。照顾穷人成为神职人员的一项职责，并且写到宗教规章里去了。所以，宗教因素一直是影响西方社会慈善事业的重要因素。自公元第四世纪起，由于宗教信徒的快速成长，照顾教区内的穷人成为教会的责任，并且由各地主教所督导。

但是在中世纪时期，教士由于逐渐拥有精神权力之外的世俗权力，沉醉于优越的生活而忘了照顾穷人的责任，修道院因而逐渐成为穷人的庇护所。修道院和教区制成为两个平行发展的组织，并且相互争夺财源。自公元第八世纪开始课征

---

①　转引自《参考消息》2001 年 9 月 22 日第 6 版。

教税以后，则将教会收入分为四等份，分别用于维持教区、堂区、教堂以及对穷人和鳏寡孤独者的照顾。

物极必反，正是由于教会实力的扩大，形成了一种“二政府”的态势，并且有滥用社会保障资源的行为，导致后来以当时的皇权为主的政府不得不采取措施限制教会的实力，这也就是宗教慈善事业从顶峰开始走下坡路的深层次的根源，结果就使得一部分宗教慈善事业转交到政府手里。

当然，西方宗教一直是影响西方公民生活的重要力量，西方国家的慈善事业也一直在整个社会保障中具有重要地位和作用。

在西欧中世纪，各种行业性的基尔特（Guild）互助组织较为盛行。基尔特是英语的音译，意即同业联合或行业，最早大约在公元前 3800 年产生于印度的手工业者当中，至中世纪才在欧洲发展起来，盛行于 13—14 世纪，基本上止于 16 世纪，但是其中也有少数基尔特一直延续下来了。基尔特是由职业相同者基于互助精神组成团体，相互救济的制度。该制度创始之初，有商人基尔特与工人（手工）基尔特两种形式。当团体中的会员死亡、疾病或遭受火灾、窃盗等灾害时，共同出资予以救济。

以后，英国在基尔特制度基础上成立“友爱社”（friendly society，也有“友谊社”的译法），对相互救济事项的范围和社员缴纳社费等都有明确规定。一般认为，友爱社的观念至少可以追溯至 17 世纪，最迟也在 17 世纪末和 18 世纪初。最初，友爱社的经济互助性质还不是非常明显，但是在以后的发展过程中，友爱社的社会保障功能得到强化。

（二）古代官方社会保障萌芽

在西方国家，政府出面组织的互助供给组织大约产生于公元前 1330 年。当时罗马教皇哈德连创建了“格雷基亚”制度，即向每个参加者收取会费 100 泽司（古罗马的一种青铜货币），会员死亡时，“格雷基亚”向该会员的家属支付 400 泽司的丧葬费。

但是，有一些现代福利国家，其官方社会保障行动出现得较晚。例如，英国政府最早实施官方社会救助，是以 1351 年制定的《劳工条例》（the Statute Labourers）为开端。1388 年制定了《济贫法案》（the Poor Law Act），这是最早的“济贫法”，这两个法律的目的都是为了提高工资和促进劳动力的流动。1576 年，地方政府实施《济贫法规》（the 1576 Poor Relief Act），其中写到，向乞丐提供一定的实物救济，是为了使他们能够凭借此项救济从事某种劳动，以此来偿还他们所得到的救济①。

---

① ［英］尼古拉斯·巴尔（Nicholas Bar）．福利国家经济学（The Economics of the Welfare State，1998），北京：中国劳动社会保障出版社，2003：16．

三、社会保障的近代发展

西方近代社会保障主要是指英国工业革命开始到德国1883年建立具有现代意义社会保险制度之前的这段时间。广泛地讲，是指大多数国家在走出传统农业社会和建立具有现代意义的社会保险制度之前的一段时间。实际上，这是社会制度转型的过渡时期，在时间划分上不够明确。

在中外古代社会，国家都对百姓实施过社会救济，有一些措施甚至是带有福利性质的。但是，第一，这些措施的随意性非常大，在发放标准、发放时间等方面几乎没有什么规定，有时甚至是完全凭当局者个人的兴趣、好恶等。第二，许多措施仅仅是在纸面上、口头上，并没有真正落实。第三，即便有一些实实在在的社会救济行动，也往往是一些有权有势的人物得到了，而贫困百姓却没有得到什么。

在英国，随着贫困现象和社会问题的日趋严重，以及宗教制度改革后造成宗教权威和能力的下降，仅靠民间和宗教的慈善事业已无法满足社会的保障需求。正如恩格斯所说的："富有和贫困的对立并没有在普遍的幸福中得到解决，反而由于沟通这种对立的行会特权和其他特权的废除，由于缓和这种对立的教会慈善设施的取消而更加尖锐化了。"①

1572年，英国伊丽莎白一世开始征收"济贫税"，兴办"教养院"，将中世纪私人自愿施舍和行会的内部互济行为改变为政府的日常行政管理事务。1601年又颁布《济贫法》，对无业游民实行政府救济和强迫劳动。1834年，英国颁布了《〈济贫法〉修正案》(简称《新济贫法》)，进一步承认社会救济是公民应该享有的合法权利。《新济贫法》于1834年颁布实施。该法律直到1948年才被贝弗里奇提出的法案代替。

在19世纪的法国，传统的社区互助协会主要囿于村庄行会和教会，在摆脱共同体的束缚后，其数量从1852年的2488个发展到1902年的13673个，会员从23.9万人增至207.4万人。同时，慈善色彩也大为减弱。1910年，这类协会总预算收入达6298万法郎，其中只有1189万法郎即18.8%来自捐赠、遗产赠予及成员自愿奉献；另有1172万法郎（18.6%）来自政府资助，3936万（62.5%）来自会费②。

在美国，一些民间互助组织逐渐产生了。例如，国际共济会（Freemasons）

---

① 恩格斯，1880. 社会主义从空想到科学的发展［M］. 马克思恩格斯选集，第三卷，中译本，北京：人民出版社，1972：407.

② 杨团. NPO发展阶段界分［EB \ OL］.（2002.4.1）〔2007.08.10〕，http：//www.chinasocialpolicy.org/Paper _ Show.asp? Paper _ ID=162.

于1730年来到美国，秘密共济会（the Odd Fellows）于1819年成立，麋仁慈和保护公会（Benevolent and Protective Order of Elks）于1868年成立，麋皇家公会（Loyal Order of Moose）于1888年成立，鹰兄弟公会（Fraternal Order of Eagles）于1898年成立。

美国官方社会保障在很大程度上受到英国的影响。美国曾经是英国的殖民地，当英国于1601年实施济贫法之后，该法律也在作为英国殖民地的美国实施。即采取征税的方式筹集社会救济资金。由于资金的筹集与发放采取的方式是英国方式，即主要是由州和地方政府主管、由社区筹集和社区发放，所以，直到1902年，联邦政府支付的公共福利仅为500万美元，州政府支付的公共福利仅为1000万美元，地方政府（包括县、市和镇）支付的公共福利仅为2700万美元（三级政府公共福利均不包括军人以及退伍军人福利、公共教育、公共管理等方面的支出），联邦政府公共福利支出仅占三级政府公共福利支出的11.9%。1915年，美国联邦政府在社会救济方面发挥的作用仍然很有限，当年发放的社会救济金总额中，联邦政府支付的仅占25%。

总之，近代社会保障，民间、宗教等仍然发挥较大的作用；国家对社会保障的支持仍然是以社会救助为主；国家通过立法的方式建立社会保障制度主要以英国为典型；各国社会保障制度还不成系统。

另外，在近代，民间社会保障组织的发展往往也是需要得到政府的认可，尤其是法律上的认可。一旦得到法律上的认可，一些民间组织就可能得到快速发展，如英国的友爱社就是如此。1793年，英国议会通过鼓励友谊会发展的法令——《罗斯法例》（Rose Act）后，友谊会的活动从此取得合法地位。《罗斯法例》允许它们"为了互相救济和维持生病、年老和体弱……会员的生活，以自愿捐款，筹措……独立基金，使它们能以取得社团法人的多种资格，制定有约束力的章程和保有法律上所承认的基金"①。

四、社会保障的现代发展

（一）英国1601年颁布的《济贫法》和《慈善用途法》是现代社会保障制度的萌芽

英国1601年颁布的《济贫法》和《慈善用途法》是现代社会保障制度的萌芽，尤其是现代救助制度和现代慈善制度的开端。

有的学者把英国政府于1601年颁布的《济贫法》作为现代社会保障制度的萌芽。实际上，英国政府在1601年还颁布了《慈善用途法》（the English Stat-

① 克拉潘．现代英国经济史：上卷［M］．北京：商务印书馆，1974：371.

ute of Charitable Uses of 1601)。这部法律规定，对以下领域进行慈善捐助，可以享受税收优惠：扶助穷人、老者和弱者；照顾病残的士兵和水手；开办学校、提供免费教育；维修桥梁、码头、港口、道路、教堂、堤岸；养育孤儿；开办教养所；为穷佣人提供婚姻服务；帮助支持年轻的店员伙计、手工艺者和其他需要帮助的人；挽救犯人或其他被囚禁的人；缓解穷人在债务和赋税方面的压力等。这部法律对英国本国社会保障制度以及世界其他国家[①]社会保障制度的作用和影响几乎可以与《济贫法》相提并论，并且英国官方同时颁布这两部法律的目的就是要建立济贫与慈善的内在联系，发挥慈善的济贫作用。

（二）德国1883年颁布的《疾病社会保险法》是现代社会保障的开端

德国1883年颁布的《疾病社会保险法》是具有现代意义的社会保障的开端。

1883年德帝国议会通过了第一个社会保险法案《疾病社会保险法》，1884年又通过了《工伤事故保险法》，1889年开始实行《老年和残疾社会保险法》。这三项法案在以后的实施过程中不断加以修正和补充，到1910年，德国政府将当时所实行的各项保险法汇成帝国保险法典，并于1911年由帝国议会通过。1911年的法典还加上了适用于寡妇孤儿的《遗属保险法》以及《雇员保险法》。1923年又颁布《帝国矿工保险法》，1927年开始实施《职业介绍和失业保险法》。这样，从1883年起到1927年，德国先后在国家的法律制度上建立起疾病、工伤、残疾、老年和失业等方面的社会保险，形成了一套完整的社会保险体系。从此，世界各国逐步建立起以社会保险为主体的社会保障体系，参见表1-1。

表1-1 欧洲及南美洲建立社会保险项目较早的国家 单位：年

国家	养老保险	疾病与生育保险	工伤保险	失业保险
欧洲：				
德国	1889	1883	1884	1927
法国	1910	1928	1898	1905
丹麦	1891	1892	1898	1907
奥地利	1906	1888	1887	1920
荷兰	1913	1913	1901	1916
挪威	1936	1909	1895	1906
西班牙	1919	1929	1900	1919
瑞典	1913	1891	1901	1934

① 首先影响到的国家是澳大利亚、新西兰、美国和加拿大。

（续表）

国家	养老保险	疾病与生育保险	工伤保险	失业保险
英国	1908	1911	1897	1911
意大利	1919	1912	1898	1919
美洲：				
美国	1935	1965	1908	1935
古巴	1913	1934	1916	无数据
巴西	1923	1923	1919	1965
智利	1924	1924	1916	1937
厄瓜多尔	1928	1935	1921	1951
乌拉圭	1928	1958	1914	1944
阿根廷	1944	1934	1915	1967
秘鲁	1936	1936	1927	无数据
哥伦比亚	1946	1938	1916	1990
墨西哥	1943	1943	1931	无数据

资料来源：根据美国社会保障署《各国社会保障制度》2006年英文网络版整理。

第二节　中国社会保障产生与发展

中国社会保障从产生到发展，源远流长，包括许多有价值的内容。

一、中国古代社会保障

中国古代社会保障可以分为民间和官方两个分支。

（一）中国古代民间社会保障萌芽

中国古代民间社会保障，在内容上表现为以互相救济为主。如，各种灾害捐助；民办义仓、学田。

中国古代民间社会保障主要是血缘家族成员之间的互助互济行为。中国古代民间社会保障虽然也是非正规制度安排，但是往往带有家族、种族的背景和组织形式。宗族保障是一个封闭、内敛的救助体系。综观历史上的族田和义庄，其作用可以概括为收族睦族、赈恤族众。其保障范围虽然比较小，仅仅局限于宗族之内，但其对稳定地方秩序所起的作用却是不容忽视的[①]。

在中国封建社会的中后期，民办的社会保障机构往往表现为一种精英事业或富人事业（大户人家）。如，在宋朝年间，出现了完全由民间乃至个人兴办而且没有宗教背景的慈善事业，最著名的有范仲淹的“义田”和刘宰的“粥局”。前者是一个以庇护和造福宗族为宗旨的“家庭扩大化”模式的慈善事业；而后者则以社区居民为对象，以社区组织的方式进行慈善活动。明清时期，在相对富庶的江南地区这一特点表现得最为明显。

不过，到明朝年间，也出现了最早的以民间互助为主的慈善社团——同善会，没有明显的宗族背景，这是一个历史性的进步。

在中国，宗教力量在民间较弱，所以古代宗教举办的慈善事业产生较晚，这是中国古代社会保障的一个特点。自佛教传入中国后，才出现由寺院举办的各种慈善事业。如唐代寺院设立的悲田院，主要是关注那些老而无依者，饥饿施粥，有病给药，死则安葬。而从悲田院的慈善职能中分离出来的“医院”，则对灾民中的病号进行集体熬药救治，因此“医院”也是我国最早的义诊所[②]。

（二）中国古代官方社会保障萌芽

在中国，古代官方社会保障的萌芽至少可以追溯到周朝（公元前 1046－前 771 年）。中国古代官方社会保障的萌芽基本上是沿着两条思路发展的：

一是组织基层民众，建立基层的社会保障网络，尽管这个网络不是完全用于社会保障方面的，也不同于现代社会保障网络。例如，从周朝开始，建立了农村基层严密的互助互济组织：“令五家为比，使之相保；五比为闾，使之相受；四闾为族，使之相葬；五族为党，使之相救；五党为州，使之相赒；五州为乡，使之相宾。”这里的“相葬”就是指有丧葬之事，应当互相吊祭；“相救”就是指有灾害时应当互相救济；“相赒”就是指有困难时互相给予物质上的帮助。这套制度对中国农村 3000 年来发展一直有着重要影响。这种组织及其影响力，是世界各国历史上罕见的。

二是针对宏观的控制与管理，建立社会保障管理机构。如《周礼·地官》规定了地官司徒六项职责：“一曰慈幼，二曰养老，三曰振穷，四曰恤贫，五曰宽疾，六曰安福。”《周礼》中还有“荒政十二策”。

中国官方最早的社会保障制度，主要是制定应付突如其来的灾害时所采取的救济措施。从时间上看，中国历史上的国家较大规模介入济贫发端于汉朝。这比英国的伊丽莎白济贫立法要早 1000 多年。而中国官方社会保障项目不断创新，则是从宋朝开始，一直延续到清朝。中国古代官方社会保障的主要项

---

① 王君南．基于救助的社会保障体系［J］．山东大学学报（哲学社会科学版），2003（5）：57－62.

② 龚汝富．浅议中国古代社会保障体系［N］．光明日报，2001－12－4.

目有：

1. "致仕"制度

我国古代官制中，很早就创立了"致仕"制度。这是指达到一定级别的官员在年老或多病时，把职务归还给帝王，亦即"还禄位于君"，以摆脱政务，同时国家给予一定的养老金。早期主要是实物，如每年发给一定数额的粮食、布匹等；封建社会的后期，也发给铜钱，以颐养晚年。据考证，"致仕"做法始于商代，距今已有3500—3700年（公元前17世纪—公元前11世纪）的历史，大概这也是世界上最早的退休制度。《尚书》中就有辅佐商汤的伊尹年老告退致仕的记载。中国古代许多朝代一般规定：具有一定等级的官员，达到70岁时，可以致仕。被批准致仕的官员，都会享受到较为丰厚的养老待遇。

在周朝时，随着奴隶社会国家机构的发展，官吏增多，朝廷开始实行官吏退休制度，规定官吏70岁退休。对于周朝"大夫七十而致仕"的规定，历代朝廷都在沿袭。唐朝规定："诸职官及七十，精力衰耗，例行致仕。"当然，也有不到年龄提前退休的，多是某些有疾病或受伤者。虽不到致仕规定的年龄，但因不能坚持执政，也可提前退下。关于官员致仕资格，唐朝以前，一品至五品的高、中级官吏可致仕；元朝规定三品以下；明、清两代则是凡官员年老告休，则令致仕。当然也有例外，朝中重臣、于国有功者、特旨选用者则不受年龄限制。元朝规定："集贤、翰林老臣，不致仕"，即使三品以下，也可例外。最明显的例子是元代天文学家、水利学家、数学家郭守敬，70岁申请退休，可朝廷对这位国宝级的人物不予批准，他直到86岁才卒于任上。

中国古代的"致仕"制度与现代养老保险制度相比较，最大的缺陷就是各级财政没有建立专项基金（或者储备），更没有采取从官员那里收费的制度。

2. 常平仓与义仓

常平仓是官方举办的粮食仓储制度，其基本做法是：在粮食价格低时，官方买入并储存；在粮食价格高时，官方卖出，以达到抑制粮价，保障百姓生活的目的，但是带有经营性质。从汉朝开始，中国就有了由朝廷兴办、名为"常平仓"的仓储制度。据史料记载，耿寿昌在西汉的汉宣帝时期（公元前73年—公元前49年）创建了常平仓。

常平仓从隋唐开始有了较大的发展。宋代以后，常平仓营运的内容加入了盐、茶等重要物资，经营资本增大，非常可观的一部分利息又转移到一些社会救济与抚恤事业，如养济院、慈幼局和漏泽园等等。

义仓是半官、半民的粮食仓储制度，这里的"义"字带有行善、捐赠的含义，其基本做法是在官府的倡导和监督下建立义仓，由富贵人家捐赠粮食，以备灾荒时放贷（不计利息）给百姓，义仓在政府监督下直接承担着地方的赈恤责任，义仓不带有经营性质。义仓最初是建在村社，所以有时也叫做“社仓”。早在汉朝，朝廷就“命丰富之家各出义谷，助官廪贷”[①]。但是义仓的真正建立是在隋代。到了隋朝，有了以地方劝募为主的“义仓”；到了南宋年间，出现了主要由社区管理，居民普遍加入，带有一定社会保险意义的“社仓”。

3. 养老院

中国养老院最早可追溯到南北朝的六疾馆和孤独园。自北宋崇宁年间在常平仓下设立安济坊、漏泽园后，以赡养鳏寡老人为宗旨的养济院、居养院、安济院纷纷建立。

4. 助学济困

科举是我国古代长期性、普遍性的选拔人才的主要途径，学而优则仕也是广大平民百姓梦寐以求的人生目标。但因为家境贫穷而辍学者十分常见。如何救助这些贫困学子，是一个社会问题。宋元以后，政府备有学田、膏火田等公产收入作为读书取科的生活费。

5. 慈幼局、婴儿局等

宋代设立慈幼局、婴儿局，以养育弃婴，从此全婴堂、育婴堂之设史不绝书。

6. 贫病救治

古代社会，无钱治病是穷人的普遍现象。自北宋政府大力兴办义诊慈善机构后，至南宋蔚然成风，并作为地方官员重要善政加以鼓励。

当然，由于多方面的原因，中国封建社会的上述各种社会保障制度和措施的作用是十分有限的，远远不能保障百姓的基本生活。

二、中国近代社会保障

近代，中国社会保障一方面承继了儒家思想的传统，另一方面又受到资产阶级民主革命和西方社会保障思想的影响，逐渐形成了一种多元化的中国式的“补救型”社会保障。“补救型”社会保障将社会保障看成是一种在常规的社会机制不能正常运转或者不能满足一部分社会成员的社会需求时而采取的应急措施，是一种低层次的社会保障制度。

从时间上看，这里是指1840年到1949年的108年时间。

（一）民间的社会保障

近代民间社会保障一方面继承了传统的社会保障理念和方式，另一方面又有所创新。

① 后汉书·黄香传.

例如，创立民间的失业救济制度。这种民间的失业救济制度，最初是商人为规避包括失业在内的各种生存风险，而构建一个制度。如明清苏州碑刻《布业经义公所善举碑》所议定的同业伙友之间互助救济，这是与家族血缘保障系统不同的另一个保障体系，即以业缘为纽带的社会保障，加入了失业救济的重要内容。又如道光年间（1821—1850）《旅粤江西义庄条规》记载：乾隆年间（1736—1795）江西商人在广东省佛山建立的江西义庄，是个商人捐建的保障体系，对于流寓南粤的江西商人，有病者给予医治，歇业者给予生活补助，无法经营生计者给旅费遣返故里，死亡无以归葬者义阡，归葬者给亲属六两丧葬银和运棺费。

清朝末期，在江苏的丰备义仓开始救济失业纺织机户。丰备义仓对失业机户的救济始于光绪二年（1876），丰备义仓对失业机户进行清查和救助。当时查出，最苦机户共751人，每人每日给米三合，计三个月。此后每逢机户失业之时，丰备义仓都会予以救助①。

（二）官方的社会保障

1. 清朝末期的社会保障

清朝末期，清朝传统社会保障项目也有一定的发展。例如，清代后期的北京城，由于人口剧增，城市负担日益加重。与皇室、贵族、官僚、旗军等不劳而获的寄生生活相对立而存在的，则是城市贫民、饥民人数不断增多，广大京城市民日益贫困化。安抚饥民的主要措施是设厂施粥，实行赈济。内外城粥厂，至光绪期间（1875—1908）已有80余座。

2. 太平天国的社会保障

太平天国军在南京建都之后，在经济上的分配政策是废除私有制，包括废除生活资料私有制，实现财产公有化和生活供给制，实际上是实行一种广义的社会保障制度。这种制度在金田起义时就开始实行。参加起义者将田产房屋变卖，易为现金，而将一切所有缴纳给公库，全体衣食俱由公款开支，一律平均。这是一种军事化了的平均主义的供给制。但是，绝对平均主义与社会历史的发展是背道而驰的，因而行不通。在革命实践中，太平天国的领导人员不得不改变政策，采取了一系列与封建经济制度相吻合的土地赋税政策、商业政策和分配政策。

3. 国民党政府的社会保障

1915年，国民党政府便仿照英国的“伊丽莎白济贫法”颁布了《游民习艺所章程》。1928年，国民党政府又颁布《管理各地方私立慈善机构规则》，

① 黄鸿山，王卫平．传统仓储制度社会保障功能的近代发展——以晚清苏州府长元吴丰备义仓为例［J］．中国农史，2005（2）：67—77.

翌年，颁布了《监督慈善团体法》。1930年国民党政府在全国推行救灾准备金制度。

1941年，国民党政府组织了一些专家学者，准备制定《社会救济法》。1943年《社会救济法》公布实施。这是中国历史上第一部国家济贫大法。同时，政府认为以前制定的相关法规已经不合实际，接着又公布了一系列法规，如《社会救济法施行细则》（1944年）、《各省市县市地方救济事业基金管理办法》（1942年）、《社会部奖助社会福利事业暂行办法》（1944年）、《救济院规程》（1944年）、《管理私立救济设施规则》（1945年）、《赈灾查放办法》（1947年）等等，逐渐形成了一整套与济贫相关的法律法规体系。

但是，在国民党统治时期，由于旧中国军阀割据，政局不稳，政令不畅，加之官僚买办资本的抵制和民族资本的弱小，大部分法令、规定并没有真正实施。

4. 中国共产党创建的革命根据地的社会保障

20世纪30年代，中国共产党在创建了革命根据地之后，仿效苏联模式颁布了一些社会保障制度，发挥了一定的作用。全中国解放前夕，东北解放区实行了公营企业社会保险，这是人民政权第一个统一制度、统一管理的劳动保险制度。

20世纪40年代，陕甘宁边区群众还建立了“医药合作社”，这是革命根据地最早的农村合作医疗制度。

三、中国现代社会保障

中国现代社会保障一般是从1949年10月中华人民共和国成立算起。

（一）社会保险

1. 企业职工劳动社会保险

1951年2月26日，政务院实施了《中华人民共和国劳动保险条例》。这一条例适用于国营、公私合营、私营企业和合作社，对职工在疾病、伤残、死亡、生育及年老后的物质帮助等方面都做出了具体规定，并明确规定了职工供养的直系亲属所享受的保险待遇。这个条例的颁布实施标志着新中国社会保障制度诞生。在改革开放前的30多年时间里，中国的劳动保险制度都是以这个条例为基础，在此基础上进行修改订正的。

十年动乱期间，我国社会保障事业遭到干扰和破坏。1969年2月，财政部颁发的《关于国营企业财务工作中几项制度的改革意见》规定：“国家企业一律停止提取劳动保险金，企业的退休职工、长期病号工资和其他劳保开支，改在营业外列支。”由此，企业职工的劳动保险演变成企业保险。其直接后果，一是停止了社会保险的统筹调剂工作，社会保险丧失了统筹调剂功能，造成不同行业、不同企业间的负担不平等；二是社会保险基金停止积累，实行企业实报实销，加大了企业办社会的责任和负担。

从1951年《劳动保险条例》的颁布到改革开放以前，经过30多年的建设，我国逐步建立起一套与计划经济相适应的社会保障制度。这一制度的主要特点是：

(1) 在城市，低工资、多就业、高补贴、高福利。保险福利待遇由国家统一规定，职工的生老病死和子女入托入学由企业一包到底，最终转为由国家负责。这套大锅饭式的社会保障体制在当时的历史条件下对促进我国的经济发展和社会稳定发挥了重要的作用。但是也存在一些问题：覆盖面过窄，差别过大，保障水平超越了经济发展水平，财政不堪重负，企业经营困难等等。显然，这一制度已不能适应改革开放和市场经济发展的要求。

(2) 在农村，社会保障的主要项目是五保户制度和临时救济制度，农村社会保障制度的发展严重滞后于城市，农村社会保障的水平更是滞后于城市。

1993年，党的十四届三中全会提出建立适应社会主义市场经济要求的社会保障制度，确定了社会保障制度改革的目标、任务和基本原则，大大加快了我国社会保障制度改革的进程。

2. 国家机关、事业单位社会保险

1950年以前，干部实行供给制①。1950年开始，国家机关事业单位人员实行独立于企业的社会保险。这一时期，国家机关工作人员和事业单位职工的保险待遇和企业职工的劳动保险条例是分开制定，分开管理的。国家在原战时供给制的基础上，以一系列单项法规的形式，对国家机关和事业单位工作人员的疾病、养老、生育、死亡抚恤等保障做出了规定，其待遇水平略高于企业保障。

(二) 社会救济

20世纪50年代初，社会救济的主要任务是医治战争创伤，安定人民生活，稳定社会秩序，促进国民经济的恢复。

1956年6月，《高级农业合作社示范章程》颁布，其第53条规定：农业生产合作社对于缺乏劳动力或者完全丧失劳动能力，生活没有依靠的老弱、孤寡、残疾的社员，开始实行由集体供养，内容为“保吃、保穿、保住、保医、(老人)保葬或(孤儿)保教”的“五保”制度。从此，标志着中国农村以“五保”为内容、以社会救济为特征的社会保障制度初步形成。

改革开放以后，传统的社会救济制度已经难以适应社会主义市场经济建设的要求，主要表现在：一是实施范围窄，覆盖面小，相当部分贫困居民得不到救济和补助。二是标准偏低，难以保障救助对象的基本生活。三是民政部门经办的社

---

① 供给制是指：(1) 伙食免费，并按规定享受小灶、中灶、大灶；(2) 免费享受服装、棉被等生活用品；(3) 有极少的普通津贴费。实行部分供给、部分工资制的（含包干制），可视为供给制。

会救济经费不足，根本满足不了贫困人口的实际生活需要。

1993 年，一些城市开始进行社会救济制度改革，主要内容就是建立城市居民最低生活保障制度。在总结一些省市试点的基础上，1997 年国务院发布了《关于在全国建立城市居民最低生活保障制度的通知》，决定全面推行这项工作。2007 年 7 月 11 日，国务院下发了《关于在全国建立农村最低生活保障制度的通知》（2007 年 8 月 13 日向社会公布），要求 2007 年在全国建立农村最低生活保障制度。

（三）社会福利

根据 1951 年《劳动保险条例》的规定，国营大中型企业还开办了本单位的职工福利，机关事业单位也开办了各种职工福利。此外，国家还颁布了救灾救济、优抚安置等一系列社会保障政策。这些保障和福利，为职工提供了较高水平的社会保障。

在改革开放期间，由于物价指数上涨过快，国家对城市职工实施了物价补贴的福利。

另外，改革开放之后，慈善事业也有了较快的发展。

（四）军人社会保障

军人社会保障是指政府和社会对军人等从事特殊工作者及其家属予以优待、抚恤和妥善安置等。军人社会保障是从革命根据地开始的。

从 1950 年 12 月开始，中央人民政府政务院批准由内务部制定的《革命烈士家属、革命军人家属优待暂行条例》、《革命残废军人优待抚恤暂行条例》、《革命工作人员伤亡褒恤暂行条例》、《民兵伤亡抚恤暂行条例》，从而使这一工作在建国初期便实行了系统化、规范化的管理。

（五）补充保障

补充保障是指在政府鼓励和支持下，发挥社会、部门、行业、企业单位、社区、个人的多方面积极性，自我组织起来，互相保障，是社会团体和社会成员自愿组织和参与的扶弱济困活动，带有补充性、互助性、特殊性和民间性。

补充保障的形式很多，如：

计划生育扶助奖励；

特殊保险：运动员保险、医院医疗事故保险、特殊贡献人物保险等；

见义勇为保障：对见义勇为者提供多方面的保障；

各个行业和部门建立的互助保障：铁路职工互助合作保障体系、全国公安英烈基金；

还有农村互助基金、个体私营企业经营者互助、自由职业者互助等。

四、港澳台社会保障

（一）香港社会保障

香港社会福利事业大致经历了三个发展时期：第一时期是从19世纪中叶至“二战”结束，以民间志愿机构兴办社会福利为主；第二时期是20世纪60年代中期开始，港英当局参与发展社会福利事业。港府设有社会福利署，专门负责实施社会福利事业，并设有社会福利咨询委员会和康复服务发展委员会两个咨询机构，提供有关社会福利和康复服务方面的意见。第三个时期是香港在1997年回归之后。

香港社会福利制度的主要部分是保障老、弱、伤、残和生活贫困的人，为其提供低额现金援助，应付必需的开支。

1995年，强积金（强制公积金）经过香港各阶层多年来反复讨论，长期协调，广纳民意，才拍板定案。强积金法例于1999年获得立法机关通过，并花了5年时间制定关于落实强积金的附属法例。

（二）澳门社会保障

澳门社会保障制度长期以来主要是社会救助。而澳门现代化的社会福利服务，则从20世纪80年代展开，服务项目的数量和性质都不断发展。例如，在亚洲地区当中，澳门拥有一个十分先进及完善的公共卫生和社会福利制度。1984年澳门实施了一个结合西方和中国传统医学的保健服务，大大提高了本地社区的卫生水平。

不过，澳门政府自1990年1月起因设立了社会保障基金，改变了过去单纯以社会工作司为主所负责提供公共援助和社会服务的福利架构。

（三）台湾社会保障

台湾社会保障制度较为健全。台湾自1950年开始实施社会保障制度，1950年实施劳工养老保险计划，1958年实施当局雇员养老保险计划，1965年实施退休当局雇员养老保险计划，1980年实施私立学校职员养老保险计划。20世纪90年代开始计划实行基金制的养老保险计划。

第三节　社会保障基本体系与演变模式

现代社会保障经过100多年的发展与演变，已经形成一种基本的体系，同时，在这个基本体系之下，又可以划分出若干种模式。

一、社会保障的基本体系

从项目上划分，社会保障体系主要由社会保险、社会救济、社会福利、社会优抚和补充保障构成，它们既相互联系又相互区别。其中，社会保险已经成为现代国家社会保障中的一个主要的项目，社会救济、社会福利、社会优抚和补充保障也是不可缺少的，参见图 1-1。

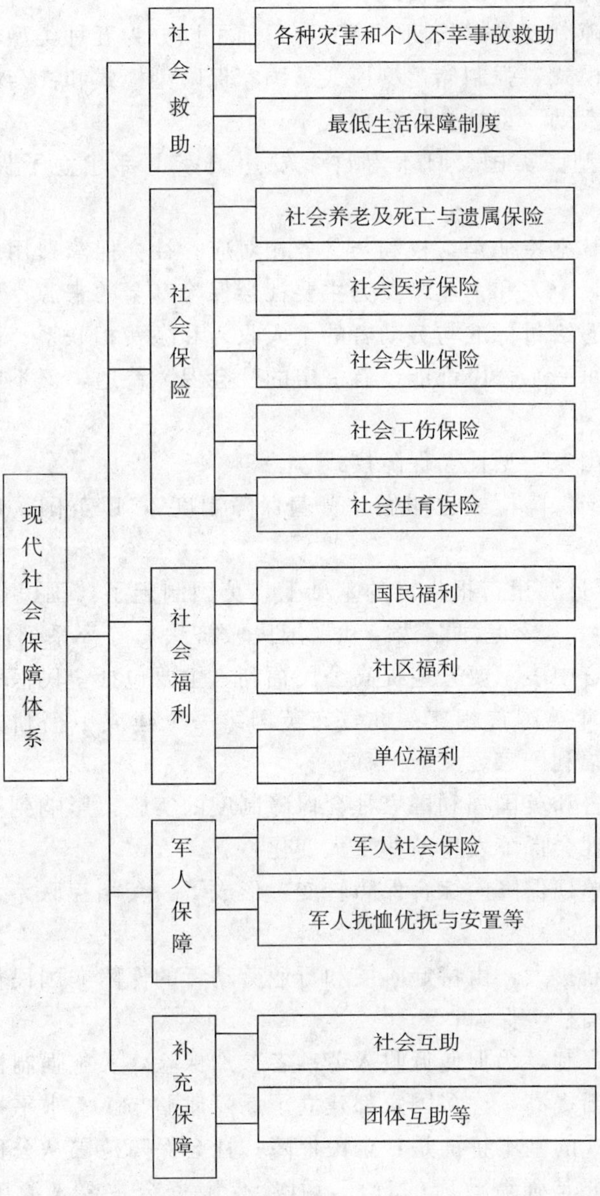

图 1-1　现代社会保障的基本体系

目前，世界上所有的国家和地区都建立了社会保障制度，只是在项目具体设计等方面各有不同。

二、社会保障体系的演变模式

各国社会保障制度经过长期的演变，目前可以分为五种类型，即社会保险型模式、福利国家模式、强制储蓄型模式、国家保险型模式和社会救助模式。

（一）“投保资助”型社会保障模式

以德国为典型。美国、日本等许多发达国家也都建立了保险型社会保障制度。

这一模式的基本特征是：权利与义务相对应；社会保障费用由政府、企业和劳动者三方分担，个人和企业缴费为主要社会保险基金的来源；以保障基本生活水平为原则；待遇给付标准与劳动者的个人收入和缴费相联系；强调公平与效率兼顾，既要保证每一个公民都能享有一定的社会保障待遇，又不能影响市场竞争活动。

（二）“福利国家”型社会保障模式

福利型的社会保障模式也叫做“普遍保障制度”，以英国、瑞典为代表，多见于西欧国家。

在1942年《贝弗里奇报告》的基础上，英国制定了《国民保险法》、《国民卫生保健服务法》、《家庭津贴法》和《国民救济法》等一系列法律。1945年英国工党在竞选宣言中表示要普遍提高公民福利，主要包括全民医疗、社会保险和社会服务。1948年英国首相艾德礼宣布英国第一个建成了福利国家，贝弗里奇也以此获得了“福利国家之父”的称号。

贝弗里奇报告和英国福利国家社会保障制度的实施，影响到了整个欧洲。在这一时期，各国社会保障发生一些重大变化：

保障项目从单项保障向综合保障转变，形成了一套相互联系、共同保障的社会安全网；

保障对象不断扩大，由特定阶层和行业劳动者的保障向国民保障过渡，逐步形成高福利的全面社会保障；

由自愿转向强制，为促使低收入劳动者参加保险，实施强制社会保险；

保障水平不断提高，许多国家都建立了保障津贴与工资水平挂钩的制度。

福利国家模式的基本特征是：全民保障；社会保障范围从公民的生到死，几乎无所不包；主要是强调政府的责任，社会保障资金主要来源于国家一般性税收；实行广泛而优厚的公共津贴制度，津贴与个人收入及缴费之间缺乏联系；财政负担沉重。

（三）“国家保险”型社会保障模式

原苏联模式：社会主义国家的社会保障。

1903 年，第二次俄国社会民主党代表大会通过了党纲确定了工人国家保险总原则。1917 年—1922 年，列宁先后签署了 100 多项关于劳动者社会保障和福利的法令。1918 年，俄罗斯联邦人民委员会批准了《劳动者社会保障条例》。第二次世界大战后，中国和东欧一些国家建立了社会主义国家，也都效仿苏联实行国家社会保障制度。这一新型的社会保障制度是与计划经济体制相适应的，在保护和调动劳动者积极性方面发挥了积极作用，并对资本主义国家社会保障的发展产生了重要的影响。

其主要特点是：国家包办，个人不缴费，待遇与缴费无关而与劳动贡献相关，待遇水平较高。

原苏联和东欧社会主义国家是这种类型，目前，这些国家都对自己的社会保障制度进行了改革，但是，至今仍然或多或少带有传统模式的色彩。

例如，2001 年 3 月俄罗斯国家退休金改革委员会决定，从 2002 年 1 月 1 日起，按规定，每个企业必须向国家养老基金缴纳在职职工工资总额 28%的养老保险费，职工缴纳本人工资的 1%。所有这些缴费由国家养老基金管理和支配，主要用于发放全国退休职工的养老金。企业和单位上缴的退休基金（工资的 28%）分为两部分，一部分作为基本退休金，按照国家制定的居民最低生活标准，向所有工龄不低于 20 年的退休者发放数额相等的基本退休金；另一部分是积累退休金，每一个退休者领取的数额取决于他向退休基金上缴了多少。这一部分退休金将划拨到退休者的个人专用账户里。这有点类似于我国的统账结合的养老金制度。

我们可以看到，俄罗斯的养老金体制改革之后，仍然没有摆脱原苏联的模式，即个人基本上不缴费。

（四）“储蓄保险”型社会保障模式

新加坡模式：强制储蓄型社会保障制度以新加坡、智利为代表。

其基本特征是：建立个人账户，雇主和雇员的缴费全部计入雇员的个人账户；个人账户资金投入资本市场运营，以实现保值增值；雇员退休后的养老保险待遇完全取决于其个人账户的积累额。

特点：完全由个人和雇主缴费。

影响：东南亚国家、南美洲国家。

（五）救助型社会保障制度

上述 4 种类型主要包括发达国家和部分中上等收入国家，而不包括广大低收入国家，这些国家是救助型社会保障制度。

即指国家通过建立健全社会保障的有关规章制度，保证每个社会成员在遇到各种不测事故时，能得到救助而不至于陷入绝对贫困。对于已经处于贫困境遇的人们，则发给社会保障津贴，以维持其基本生活。其特征是：第一，政府通过相应的立法，作为实施救助的依据。公民申请和享受社会救助是其依法应享受的权利，不附带屈辱条件，不同于慈善机构的“施善”或“恩赐”，也不同于资本主义初期的济贫和赈济。第二，社会救助的费用列入政府的财政支出，其资金来源于国家税收，个人不交纳保险费。第三，救助的对象为因失业或天灾人祸而陷入贫困的公民、弃婴、孤儿、残疾人、老年人。第四，救助的标准为低水平，以维持生存为限。

这种救助型社会保障制度是工业化开始前所实行的单项或多项救助制度。按社会保障的标准来衡量，只能说它处于起步阶段，是社会保障制度中的一种初级的、不成熟的、不完备的形式。这种制度目前主要在许多发展中国家实行。

其主要问题：救助标准低，并且救助标准不规范；社会保障缺乏长期的规划、计划。

第四节　社会保障产生与发展的影响因素

社会保障制度在世界各国得到普遍建立，尤其是从 19 世纪末以来的 100 多年的时间里，社会保障制度得到了快速发展，是有其内在的客观原因和理论源泉的。

一、社会保障产生与发展的客观因素

社会保障产生与发展受到许多客观因素的影响，并且，不同的客观因素影响到不同的社会保障项目。

（一）自然灾害因素

频繁发生的大量自然灾害诱发社会危机，这导致了灾害救济制度的产生。虽然各国的生产力水平已经有了巨大的提高，但是自然灾害并没有随之减少和减轻，甚至还有所加重。

（二）社会因素

1. 弱势群体的始终存在是社会保障制度的产生与发展的社会因素之一

任何社会都存在弱势群体，所以任何社会都需要社会保障，社会越是发展、文明层次越高，就越需要这方面的社会保障。

自然经济条件下，社会保障的任务主要依靠家庭承担，叫做家庭保障，弱势群体主要依靠家庭来保护；这时的社会保障是非常弱小的，但毕竟还是存在的。

中外古代国家都经历过这个阶段。

因此，第一，社会保障制度的进一步发展，还需要其他客观因素来推动。第二，具有现代意义的社会保障制度到底能够在哪个国家首先出现，取决于各种客观原因的表现程度。

2. 人口发展模式的转变是社会因素之二

这主要是指：人口寿命的延长；家庭规模缩小；人口流动性增加。

（三）经济因素

1. 工业化大生产和人口城市化使部分人口失去土地保障是现实的经济原因

这里所说的“失去”包括两个方面：一是工业化大生产占用土地，导致部分农民被迫失去土地；二是工业化大生产吸引部分农村劳动力到城市就业，导致部分劳动力自愿性地失去土地。

2. 市场经济的发展是经济体制原因

市场经济的竞争和波动导致个人面临的失败风险加大，需要社会稳定机制。

3. 经济发展水平

社会保障制度一定是建立在物质产品有一定剩余的基础之上的。随着生产力的提高，社会越来越具备建立社会保障制度的基本条件。

（四）政治因素

1. 社会矛盾

社会矛盾的激化程度，对社会保障制度的产生与发展具有一定的催化作用。其中，阶级斗争是促进社会保障产生与发展的重要基层政治因素。

资本主义发展到19世纪后半期，一方面资本家对工人的剥削和压迫变本加厉，工人阶级的贫困问题越来越严重；另一方面，经济危机周期性地频繁爆发，失业大军的队伍不断扩大，绝对贫困人口迅速增加。剥削、贫困和生存无保障激起了工人阶级的愤怒和抗争，工人运动风起云涌，罢工、游行、示威、起义此起彼伏，严重危及资产阶级政权的稳定。如何缓解社会矛盾、维护资产阶级统治，成为摆在资本主义国家政府和社会面前的一大难题。现代意义上的社会保障制度就是在这样一个政治环境较为典型的德国产生。

2. 政权模式

中央集权的政治制度容易导致社会保障制度的产生，分权的政治制度容易抑制社会保障制度的产生。但是当社会保障制度建立之后，中央集权又容易抑制社会保障制度的发展，而分权的政治制度又容易加速社会保障制度的发展。

3. 政治选举是促进社会保障产生与发展的上层政治因素

在和平发展时期，各个政治派别为了争取选票，经常提出增加社会保障开支的竞选政策。

另外，我们还应当注意以下两点：

第一，社会保障制度本身的优越性也是促进社会保障制度持续发展的一个重要动力。人们之所以认同了社会保障制度，是因为由国家来管理社会保障事务，可以更好地降低成本。这一经济学的规律是永远不会违背的。人们之所以认同了社会保障制度，还因为国家的信用度比任何一个私营性质的社会保障组织都高。

第二，各个国家社会保障制度的发展也有一定的偶然性。社会保障制度的产生、发展，与特定历史人物相关联，从而也表现出一定偶然性。如，俾斯麦、李光耀、皮诺切可、撒切尔等权威人物。

二、社会保障产生与发展的理论源泉

（一）中外古代的大同思想

在古代，没有独立的社会保障思想，社会保障思想主要包含在大同思想当中，所以从一定程度上讲，大同思想是最古老的社会保障思想，也是最古老的社会保障模式。

我国社会保障文化博大精深，源远流长。在古代虽没有社会保障这个概念，但济贫、养老、扶幼、助残等思想和行为普遍认同和存在。早在公元前 6 世纪前后，我国古代有孔子的“大同思想”。《礼记》中《礼运·大同篇》提出了“不独亲其亲，不独子其子；使老有所养，壮有所用，幼有所长，鳏寡孤独废疾者皆有所养”的“大同”的理想。

也许是历史的巧合，在中国古代《礼运》提出“大同”论之际，正是西方柏拉图著述《理想国》之时（公元前 404 年），《理想国》包含一定的社会保障理想，《理想国》还在多处出现“生活福利”这个词。

近代，孙中山在继承我国传统的大同思想的基础上，进一步描绘了社会保障的图景。

（二）传统的伦理道德和宗教理念

1. 传统的伦理道德是推动社会救助事业的一个重要因素

“自有人类以来，不可能存在没有道德观念的时候”[①]。在社会保障的起源阶段，传统的伦理道德尤其重要。大约在公元前 2000 年，人们便将乐善好施视为一种高尚的德性。

2. 传统宗教是促进慈善事业发展的重要力量

慈善事业是早期社会保障的重要形式之一。古代基督教的慈善事业，主要是对于基督徒中的贫困者的关怀照顾，或者是基督徒社群之内的相互扶助，直到基

① ［美］路易斯·亨利·摩尔根. 古代社会（下册）［M］. 中译本，北京：商务印书馆，1981：410.

督教信仰人口扩大之后，博爱精神的慈善照顾才扩展到整个社会。在中世纪的时候，基督教会拥有庞大的行政、财政甚至司法权，照顾贫苦的责任因而由教会承担下来。新教信仰中所具有的禁欲主义，并不反对财富的累积，而是主张为了个人或社群的需要而行之财富的合理的与有功效（utilitarian）的使用，也就是在伦理上为上帝所许可，花费在有必要与有用的事情上。因此，和效用的个人主义（utilitarian individualism）相结合之后的新教伦理，不但成为资本主义发展的动力，而且也是慈善事业与社会责任观念的重要支持者。

宗教理念也是现代社会保障制度产生与发展的重要理论源泉。例如，德国威廉一世皇帝根据俾斯麦的建议在1881年11月17日的公告中宣布："最大限度地保障需要帮助的人"，并且声称，这是"每个立足于基督教民众生存道义基础上的国家的最高使命"①。

正因为宗教对社会保障制度的发展做出不可磨灭的贡献，所以在英文中，个人从社会保障中得到的收益，至今不用wage、income，proceeds（货款收入、卖得现金），profit，earnings，gains（挣得收入），avails（效用、用处）等等来表示，而是用"benefit"来表示的。因为，词根bene-表示well，即"好"、"满意"、"幸福"等意思。Benefit表示仁慈、善行、捐款、救济、养老金等，也符合社会保障的本意。如义赛：benefit match；义演：benefit performance；义演晚会：benefit night；慈善音乐会：benefit concert。在中国大陆和港澳台，人们经常把benefit翻译为福利、津贴、补贴等，实际上都不太准确，也不可能有准确的词来表示与这个社会保障相关联的benefit。

（三）人权理论

人权理论促进了社会保障制度由选择保障模式向普遍保障模式发展。人权可分为生存权和发展权。所谓生存权，是指社会中的任何个人都有生存下去的权利，这也就意味着当一个人不论任何原因陷入贫困时，他有从国家和社会获得帮助以维持生存的权利。生存权的确立要求政府和社会应尽可能保障社会成员的生存，这是人权的基础。发展权，指社会中的任何人都有满足、完善、发展自己需要的权利。发展权要求政府和社会要创造一切条件满足社会成员的发展需求，这是人权的最高层次。

社会保障与人权的关系，可以简单归纳如下几点：

首先，社会保障权是一项基本人权。现代社会保障是以肯定社会保障权利的基本人权属性为前提的，并由政府作为承担保证这些权利的主要义务载体。这一理论促进社会保障制度向普遍保障的模式发展。

---

① 霍尔斯特·杰格尔．社会保险入门——论及社会保障法的其他领域［M］．北京：中国法制出版社，1998：8.

其次，社会保障是实现各项人权的直接物质基础。

再次，社会保障对人权的保障正在由保障生存权逐步向保障发展权的阶段转变。

（四）空想社会主义思想

空想社会主义思想促进了现代社会保障制度的到来。16 世纪以后，空想社会主义思潮提出了人人都参加劳动，公平分配，每一个人的基本需要都得到保障，社会弱者和残疾人受到照顾等等思想。并且，在 19 世纪 40 年代之前，空想社会主义思想与当时几乎同时并存的“共产主义”一词是有区别的：空想社会主义是指为了提高劳动群众的福利和保障社会和平而改造社会制度的思想，但是允许财产不平等的存在。也就是说，空想社会主义更重视社会保障制度方面的问题。而“共产主义”是指通过生产资料的公有，来建立社会平等制度，并取消财产不平等。

（五）马克思主义理论

马克思和恩格斯一方面批判当时资本主义社会不关心大众社会保障的行为，另一方面为未来的共产主义社会的社会保障提出了一定的思想萌芽。

所以，马克思主义对社会保障制度的建设的影响主要包括两个方面：一是对资本主义国家社会保障制度的影响，二是对社会主义国家社会保障制度的影响。对于后一方面，人们都注意到了，并且有抬高之嫌；但是对前一点，人们往往忽视了。实际上，马克思主义对资本主义社会保障制度的建立与发展的推动作用也是巨大的。虽然这绝不是马克思的本意。

（六）福利国家论和福利经济学

福利国家论和福利经济学理论构成了社会保障制度建立和发展的直接的、最有力的理论依据。正是在这两者的指导下，各国社会保障制度有了飞速的发展。

国家福利理论强调国家的主要责任是改善和提高公众福利；并把这种“福利国家”与“暴力国家”相对立，即一个国家应当由暴力国家转变为福利国家，为全体人民谋福利应当是一个国家及其当权者义不容辞的职责。

福利经济学从理论上论证了等量财富，对穷人的边际效用大于对富人的边际效用。庇古是资产阶级福利经济学体系的创立者。他把福利经济学的对象规定为对增进世界或一个国家经济福利的研究。庇古认为福利是对享受或满足的心理反应，福利有社会福利和经济福利之分，社会福利中只有能够用货币衡量的部分才是经济福利。

（七）西方经济学其他理论的影响

1. 从配第到斯密和马歇尔的古典主流经济学对社会保障的影响

从配第到斯密和马歇尔的古典主流经济学，对福利的必要性、国家的责任等进行了论证，主要从供给、社会文明的角度进行了论证。

到了 18 世纪，经济学家更加关心社会保障问题，其中英国著名经济学家约翰·斯图亚特·弥尔（John Stuart Mill，1806—1873）较为典型。

2. 凯恩斯主义

凯恩斯主义主要从增加有效需求的角度论证社会保障的必要性。

1936 年，凯恩斯所著的《就业·利息和货币通论》问世。凯恩斯认为资本主义制度下的失业是由有效需求不足造成的，要解决失业问题就必须解决有效需求不足的问题。凯恩斯提出的解决有效需求不足问题的政策工具是扩张性财政政策，主张增加政府支出、赤字预算。财政支出包括军费支出、教育支出、行政司法机构支出等，但社会保障支出亦是其重要部分。

3. 公共经济学

公共经济学主要从公共品的角度论证社会保障的合理性。公共经济学将社会保障作为收入再分配问题来处理，之所以要建立社会（政府）保障制度是因为市场机制的缺陷。斯蒂格里茨说，即使市场经济达到帕累托最优，也不能形成公平的收入分配格局。

主要概念

社会保障	social security	社会保护	social protection
社会保障体系	social security system	社会保障模式	social security model

思考题

1. 什么是社会保障？
2. 社会保障体系包括哪些基本内容？
3. 世界各国的社会保障可以划分为哪几种模式？
4. 阐述社会保障产生与发展的客观原因。
5. 阐述社会保障产生与发展的理论源泉。

阅读资料

1. 贝弗里奇．贝弗里奇报告——社会保险和相关服务［M］．中译本，北京：中国劳动社会保障出版社，2004.

2. A. C. 庇古．福利经济学［M］．中译本，北京：商务印书馆，2006.

3. 尼古拉斯·巴尔（Nicholas Bar）．福利国家经济学［M］．郑秉文等，译．北京：中国劳动社会保障出版社，2003.

4. 郑功成．社会保障学——理念、制度、实践与思辨［M］．北京：商务印书馆，2000.

5. 国际劳工组织网站：http：//www. ilo. org.

第二章　社会保障的功能、特点、规律与原则

社会保障作为社会发展进程中的重要制度安排，具有独特的经济社会功能，体现出社会保障自身的基本特征和基本发展规律，只有深刻认识这些基本关系，我们才能把握好社会保障政策制定、执行的基本原则，社会保障制度才能得到持续稳定的发展，更好地促进经济社会发展。

第一节　社会保障的功能

传统的社会保障，一般只有事后救助的单一功能，而现代社会保障已形成了范围广泛、项目齐全、功能多样的保障体系，在经济社会的发展进程中，发挥着稳定、调节和促进经济社会发展的多重功能。

一、稳定经济社会状态的功能

任何一个社会都需要动力机制与稳定机制，市场机制是现代各国经济发展的首要动力机制，社会保障则充当着重要的社会稳定机制。我们知道，社会经济的发展进步，离不开稳定的社会秩序和社会环境，社会稳定是社会和经济发展的前提，没有稳定的社会秩序，一切发展都无从谈起，建立和谐社会更不可能。所以，稳定是发展的前提条件。

社会之所以会发生不稳定，我们认为主要还是由于各种社会矛盾激化所致。各种特殊事件的客观存在，如人口老龄化、自然灾害、工业事故与职业病、疾病及市场经济条件下的失业现象等等，均不以个人的主观意志为转移，但又往往给社会成员造成群体性的生存危机，导致一部分社会成员丧失收入以至于失去稳定的生活来源。如果政府不能妥善地解决这些问题，那么这部分社会成员因其生存危机便可能构成社会不稳定的因素，社会秩序可能因此而失去控制，并进而破坏着整个社会经济的正常发展。历史上的农民起义多是因为社会动乱，民不聊生，致使部分社会成员生活无着，走投无路，最终做出“今亡亦死，举大计亦死，等死，死国可乎?”[①] 的起义抉择；历史上的工人大罢工也多是在经济衰退、失业严重、生活窘迫的社会背景下形成的。

要消除这些影响社会稳定的社会矛盾，需要建立起能缓解这些矛盾的社会机

① 司马迁. 史记·陈涉世家.

制，可以说，社会保障正是这种长期起作用的社会机制之一。社会保障通过国民收入的分配和再分配，保障社会成员的基本生活需要，缩小贫富差距，防止矛盾激化。同时，又致力于创造良好的社会、经济环境，包括提高全社会的就业水平和福利水平，从而保证了经济发展的稳定以及社会系统的安全运转。

（一）促进经济供求平衡

正如我们所知，经济的健康发展首先需要一个稳定的经济环境，其中特别是商品供求的基本平衡始终是我们追求的目标之一。在当今更多的是供给大于需求的情况下，增加需求、扩大消费是促进经济增长的重要措施之一，然而，消费行为要受到多种社会环境因素的影响，人们往往会在储蓄和消费之间游移，从而在很大程度上牵制着经济发展的进程和平衡。在这个重要问题上，社会保障绝对是有所作为的，也就是说，社会保障实际上是一个影响消费行为的焦点。

我们可以设想，假定预期收入是一定的，当社会保障不够完善时，人们会偏好未来消费，即从考虑老年后消费或意外情况消费出发，将收入在扣除即期消费后，大部分储蓄起来，以备未来之用，从而大大影响了社会消费的即期扩大；再者，如果预期收入不明朗，人们又不能从社会保障中获得更多的收入以保障生活时，上述情况更会加剧。如果社会保障体系十分完善，人们的生、老、病、死都有所保障，那么，即使同样的预期收入，由于社会保障解除了生活上的后顾之忧，人们必然会减少储蓄而大胆消费。此外，社会保障所支付的大量津贴、补助及救济款等，实际上也在增加人们的购买力，或弥补失去的购买力，从而对扩大消费起着良好的推动作用。

我们通常都说，社会保障是调节经济周期的“蓄水池”，这正是从它具有有效的平衡供求作用出发的。我们知道，当经济衰退或萧条时，社会失业率会增加，一部分人因此会失去劳动收入，从而对有效需求产生负面影响。但是，由于失业者不再缴纳失业保险费等而导致社会保障基金收入减少；同时，失业者对社会保障待遇的需求随之增大，又使社会保障基金支出规模扩大。失业保险金或失业救济抑制了这些个人收入减少或失去的趋势，给失去职业和经济衰退导致生活困难的人们以收入支持，在一定程度上唤起了社会的有效需求，从而减缓了经济衰退的冲击，加快了经济复苏的进程。相反，当经济处于高涨或是过热时，失业率下降，社会保障支出在相应减少的同时，通过扩大社会保障基金规模，增加基金的积累，实际上在一定程度上相对减少了个人收入量，从而减缓了社会需求的急剧膨胀，减弱了经济过热所造成的供求失衡，并且最终又使社会的总需求和总供给回到基本平衡点上。如今，社会保障已经成为各国调节经济波动的有力武器，被认为具有“自动稳定阀”的作用。有了社会保障这个重要的社会机制，在一定程度上缓和了供求矛盾对经济发展带来的一次又一次冲击。

(二) 促进社会稳定

通过建立社会保障制度，政府为社会成员的基本生活提供相应的保障，首先是帮助陷入生活困境的社会成员能够安全地从生存危机中解脱出来。如：社会成员遇到难以克服的重大自然灾害和疾病，或者市场经济条件下工人因企业破产或就业竞争失败而失业等困难时，社会救济与失业保险等制度可以对这类社会成员基本生存权利提供保障。其次则是能够满足社会成员对安全与发展保障的需要。各种福利服务的提供，可以有效解除社会成员在医疗、养老及其他生活服务等方面的后顾之忧，显然为社会成员的发展创造了条件。可见，社会保障能够在很大程度上防范与消化社会成员因生存危机而可能出现的对社会、对政府的反叛心理与反叛行为，能够保障社会成员在特定事件的影响下仍然可以平安度过生活的难关，从而有效地缓解乃至消除引起社会震荡与失控的潜在风险，进而维系社会秩序的稳定和健康正常的社会发展。

因此，社会保障通过预先防范和即时化解风险来发挥其稳定的功能，在许多国家被称为“精巧的社会稳定器”或“减震器”。

二、调节经济社会关系的功能

社会保障的调节功能表现在政治、经济与社会发展等广泛领域。

在政治上，社会保障既是各种利益集团相互较量的结果，同时也是调整不同利益集团、群体或社会阶层利益的必要手段，并在不同的社会制度下表现出不同形式的政治功能。在社会主义制度下，社会保障除具有一般的政治调节功能外，还特别促进了社会成员在国家和社会生活中的主人翁地位；在资本主义制度下，社会保障在调节不同社会阶层的政治冲突、促进政治秩序的长期稳定方面发挥着特别重要的政治作用，同时也强化了国民对现存制度的依赖意识。现代社会保障在工业化国家之所以成为党派斗争和民主竞选中的重要议题，正是社会保障具有不容忽略的巨大政治功能的体现。

在经济领域，社会保障的调节功能尤其显著，通过收入再分配手段有效地调节着公平与效率之间的关系。社会保障水平愈高、规模愈大，则意味着国家在公平方面的强制力愈强；而社会保障对公平与效率的合理调节，则是促进经济社会关系持续和谐发展的必要举措。社会保障资金主要来源于国民收入的分配与再分配，并通过税收或征费或“转移性支付”给予保证，进而支付给受保障者或有需要者，正如国际劳工组织为一个发展中国家起草的一份报告中所指出的，“在现代社会保障的各项计划中，可以看到收入再分配的一些机制……它们按照一定的体制，提取一部分生产结果，为遭受职业损害的人们谋利益；由收入较高工人负担一部分费用，以保证低收入工人的最低年金收入；通过适当税收的办法，把社会开支分别用于鳏寡、伤残和其他可能发生的情况；它们呼吁产业部门在整个国家范围内发展基本保健服务，并且，在全面范围重建经济平衡以利于相对的最下层社会”[①]。而在社会保障制度健全的国家，这种调节功能更加显著，它通过社会保障资金的征集与社会保障待遇的给付，在不同的受保障对象之间横向调节收入分配，同时还在代际之间纵向调节收入分配。

在社会发展领域，社会保障有效地调节着社会成员之间及社会成员个人不同人生阶段之间的协调发展。在社会保障制度健全的国家，社会保障构成了调节社会成员中高收入阶层（富人）与低收入阶层（穷人）、劳动者与退休者、就业者与失业者、健康者与疾患者、幸运者与不幸者、有子女家庭与无子女家庭负担者之间利益关系的基本杠杆；同时，每个社会成员在其生命周期的不同阶段可能会扮演着多重不同角色，可能是富人也可能是穷人，可能是劳动者也可能是退休者，可能是就业者也可能是失业者，可能是健康者也可能是疾患者，可能是幸运者也可能是不幸者，所以，事实上社会保障也在调节着社会成员不同人生阶段的协调发展。由此，不同社会阶层之间的利益冲突因社会保障制度调节功能的发挥而得到了有效缓和，社会因收入分配差距等导致的非公正性、非公平性在一定的程度上得到了矫正。

三、促进经济社会发展的功能

社会保障制度在产生初期是一种被动的、消极的事后补救性机制，主要是发挥稳定与调节的功能，发展到现在已经转变为一种主动的、积极的、事前与事后相结合的保障机制，明显地具备了促进经济社会发展的功能。

社会保障在营造稳定的社会环境的基础上促进着经济的发展，对市场经济并非只有单纯的维系润滑作用，还起着一定的促进作用。

（一）促进劳动力再生产

社会保障对劳动力再生产的保障和对劳动力市场的维系，促进着劳动力资源的高效配置和生产效率的提高。我们知道，物质产品再生产和劳动力再生产共同构成了社会再生产，而劳动力再生产在其中发挥了关键性作用。如果劳动力再生产过程受到阻碍，并且不能及时排除，那么，社会再生产的正常进行就无从谈起，其影响是致命的。因为生产的发展和劳动生产率的提高，是一刻也离不开劳动力的维持和延续的。应该看到，除了工资和其他劳动报酬之外，社会保障在保障劳动力扩大再生产上，其作用是十分突出的。关于这一点，我们可以从社会保障对保证劳动者的身体健康、家庭经济生活稳定以及恢复和保护

---

① 国际劳工局社会保障司编著．社会保障导论［M］．北京：劳动人事出版社，1989：141.

劳动力等方面清楚地看出来。例如，劳动者的伤病保障，使劳动者的劳动能力的“修理费用”得到保证，从而恢复其身体健康，扫除劳动力再生产过程中的障碍，使劳动力再生产得以顺利进行。又如，对失业者和生活困难者来说，由于有了社会保障，这些具有劳动能力的劳动者，其生存和家庭生活得以维持，实际上也就保护了这部分劳动力不致萎缩和衰退，并为其再就业创造了条件。此外，社会保障中的生育保障及对其子女的某些保障内容，实际上也为延续后代、培养新生一代的社会劳动力，提供了一定的物质保证，这是社会保障保证劳动力再生产的又一个重要方面。社会保障体系中的教育福利、职业培训、医疗服务等社会福利，又为提高劳动者的知识素质与身体素质等奠定了基础，并对技术市场产生相应的影响。

（二）社会保障基金的融通对资本市场与产业结构优化起促进作用

社会保障的财源主要来自雇主和劳动者的缴税或缴费以及国家和地方政府的财政预算。鉴于国家和地方政府的责任，一般对社会保障的投入不仅有保证，而且随着社会和经济的发展还有所增加，雇主和劳动者的税费都是按工资比率直接缴纳，随着劳动者工资收入的增加，实际税费也有所增加。因此，社会保障的财源不仅比较稳定，而且具有增长性。特别是有些项目，如养老保险金延后支付，经过多年积累，基金规模极为可观，是每个国家都可利用的一笔重要的经济资源。

虽然社会保障基金参与投融资是社会保障基金本身保值、增值的需要，但是，在客观上，通过这种投融资的调节，促进了国家的经济建设和民众生活的改善，并直接促进某些产业的发展；社会保障资金的筹集、储存与分配，直接调节着国民储蓄与投资，并随着基金的融通而对相关产业经济的发展格局产生直接调节作用。比如，庞大的养老基金，不仅可以向国家重点项目和基础设施投资，即刺激这些领域的发展，也可以面向社会成员融资促进住宅业等产业的发展。这样，社会保障基金一方面支援了国家建设，为资本市场提供了长期、稳定的资金来源；另一方面社会保障基金也在频繁的投融资运作中，获得了应有的收益和回报。

（三）促进社会进步

社会保障对全面的社会发展具有十分明显的促进作用。社会保障制度的有效实施可以转变一些落后观念。如社会保障对象通常不分性别的做法，就极大地促进了男女平等，促进国民重男轻女落后观念的转变以至促进人口生育中性别结构的基本平衡，教育福利有助于义务教育的普及以至提高国民素质，养老保险与家庭津贴等也有利于计划生育政策的实施等，这些都从不同侧面促进社会的进步。

可见，社会保障对经济社会发展的促进功能是不可忽略的，我们应进一步挖掘社会保障促进经济社会发展的潜力。

四、促进社会成员互助的功能

社会保障资金来源于社会的多渠道，又被广泛地支付给受保障的需要者，这种分配机制其实是一种风险分散或责任共担机制，风险分散与责任共担本身是以互助为基石并在互助中使风险得到化解；同时，构成社会保障体系重要组成部分的社会福利与社会救助，无论在国内还是在国外，更是体现出了互惠互助以及在互惠互助中的他助与自助，包括资金的互助、物的互助和劳务服务的互助，这表明社会保障制度不仅是一种社会稳定机制，而且也是一种社会互助机制。

在当代社会，生产的社会化与生活方式的社会化，使完全形态的自助成为不可能，而市场机制的作用和人类的私欲，又使完全形态的他助成为不可能。因此，那种希望社会保障完全自助化（完全自我负责）或完全他助化（完全劫富济贫）都是不现实的，也是无法实践的；而强调以互惠为基础，充分发挥社会保障的互助功能，同时发挥社会成员自助与他助的作用，将不仅在理论上有利于正确理解社会保障的真谛，而且在实践上更有利于社会保障得到持续、健康的发展。

五、提高人类社会文明的功能

文明进步是人类改造客观世界的需要，也是人类自身发展的需要。社会的发展和进步不仅需要物质文明的创造，而且需要精神文明的发掘。

在一个健全的社会保障体系下，社会保障会提供较全面的安全保障项目，如养老、失业、医疗、工伤和社会救助等。社会成员生病有医疗保险，失业有失业保险，年老有养老保险，陷入生存危机有救济保障等。社会保障通过为人们提供生存和生活的实际支撑，及时控制贫困风险的发生，有助于消除人们对不幸事件或特殊事件的恐惧感，增强自信心，进而破除封建迷信观念，树立起互助互济、自我负责、积极向上的新观念；也会大大增强社会成员的社会公平度、心理平衡度、人际亲密度及整个社会的亲和力，为社会创造和谐、协调、安定的氛围，从而为社会文明做出积极贡献。

社会保障作为分配和再分配领域的重要手段，是经济基础的一部分，但它又属于政府的社会政策，因此，它也是上层建筑的一部分。一个国家的社会保障制度，从一个侧面反映了这个国家的精神文明和历史传统。社会保障对人的全面发展、整体素质及精神文明提高的推动作用，主要有以下三个方面：

（一）培养集体精神

社会保障覆盖全体社会成员，涉及几乎所有阶层和人群，在这样一个大集体中，人们需要打破私有观念和目光短浅、片面强调个别利益的思想禁锢，同时也要通过积极劳动，为社会创造更多财富，以增强这个共同体的物质基础。

（二）促进社会互助精神

社会互助精神在社会保障中体现得最广泛、最深刻。社会保障中通过税收为财源的社会救助，通过保险费为财源的社会保险，都是促进社会互助的重要方面。由于缴纳税费者不一定是享受者，或者并不是得到对等享受，因此，实际上包含了人与人之间“一人有难，众人相助”的社会互助精神。

（三）发扬人道主义精神

我们知道，“济贫”的功能是社会保障的源头，社会保障首先应是最低生活保障，也就是根据最低的生活标准来判断贫困者，然后给予适当的救济，使其能维持必要的生活。应该说，这种事后救济对于跌入最低生活标准以下的贫困者来说是“雪中送炭”，更是维持其本人及其家庭成员生存的最后社会手段。虽然这仅仅是社会保障的最初级功能，但是，在现代社会和市场经济中，仍然发挥着重要的民众生活“托底”作用。

发扬人道主义精神，过去和现在都是社会保障的一个出发点。人道主义是一种公共道德，也是人类长期坚持的优良传统。由于社会保障主张生存权保障，并特别强调要为社会的弱势人群提供各种社会救助，因此，它在促进社会尊重人、爱护人和同情人等良好风气，以及发挥扶贫济困、友爱互助、敬老爱幼等优良传统方面，有着特别的功能和贡献，而这对整个社会发扬人道主义精神又是不可缺少的。

另外，现代社会保障制度体系的实行，还扩大了教育投入、增强了医疗保健等，提高了社会成员的文化素质和身体素质，进而提高了他们的生活质量和文明程度，从而也促进了人类社会文明的发展。

社会保障的功能是多重的，但在社会保障理论研究与政策实践中，也要警惕将社会保障功能泛化，即警惕泛政治化、泛经济化、泛社会化的现象，如将社会保障的政治功能夸大甚至被当成政治竞争的工具，过分强调社会保障对经济发展与经济增长的贡献，或者过分突出社会保障对效率的追求，或者将社会保障视为资本市场的依靠力量，这些都必然损害社会保障功能的正常发挥。

第二节　社会保障的特点

在现代社会保障体系的实施过程中，社会保障明显地体现出公平性、福利性、互济性和社会化的特点。

一、公平性特点

社会保障的公平性特点，主要表现在以下两个方面：

（一）社会公平性

社会保障的初衷之一是追求社会的公平。社会保障为社会成员解除了许多后顾之忧，维护着社会成员参与社会竞争的起点与过程的公平，同时，通过社会保障资金的筹集与保障待遇的给付，又缩小着社会成员发展结果的不公平。保障待遇的给付标准通常不是随意的，而是以公平为准绳，如贫困家庭的划定使贫困人口的认定及救助标准有了统一的依据，各项社会保险待遇标准的指数化亦为受益者提供了公平的参照系，尽管不同受益者获得的现金或食物援助或劳务服务存在着差异，但这种差异较初次分配表现出来的悬殊差别已经大为缩小，面向贫困人口的社会救助构成了各国社会保障制度的基石，这种对社会收入差距的调节结果体现了保障的社会公平性。

当然由于各种因素的综合作用，社会成员之间保留合理的收入差距也是社会公平的一个方面，社会公平不是平均主义，因此社会保障一般只为国民提供基本生活保障，超过基本生活保障之上的需求通常不能从社会保障途径获得解决。

（二）权益公平性

社会保障通常不会有针对保障对象的性别、职业、民族、地位等方面的身份歧视，只要符合有关的规定条件，就可以纳入到相应的社会保障项目，享受到社会保障的收益。全民保障实现的是全体国民社会保障权益的公平性，选择性保障实现的是覆盖范围内的所有成员在社会保障权益方面的公平性。如福利国家的普通国民年金、香港地区的高龄津贴等，无论贫富，只要达到规定的受益年龄就可以享受这种福利待遇。绝大多数国家的救济政策均规定，只要是低于贫困线或最低生活保障线的居民家庭，均可以获得政府提供的现金或食物援助。

社会保障的公平性特点，并非不讲效率。从宏观上讲，社会保障只是整个社会结构的一个系统，它的公平性需要以社会产品按生产要素分配为基础，并不是取代按劳分配或损害按劳分配，而是通过再分配的方式来促使收入分配更加合理。从微观上讲，社会保障追求社会公平，其本身也是要讲究效率的，只有最大限度地发挥出社会保障资源的效率，才能更好地实现社会公平。

二、福利性特点

福利的概念是非常广泛的，并且为经济学家、政治学家和社会学家等高度关注。在很多时候或很大程度上，福利几乎就是社会保障的代名词，这一方面反映了社会保障制度的福利特性，另一方面也是社会保障制度安排的具体要求。对于福利的含义，我们从交易的角度理解，即凡所得大于所费则具有福利性。如果社会成员用同样多的钱购买同样多的服务，他运用的便只能是市场经济条件下的等价交换原则；如果社会成员用大量的钱构成了小量的服务，这种交易便购买了对购买者的价值剥削；如果社会成员用低于市场价格的花费购买到了这种服务，便含有了福利性的因素在内。社会保障的每一个项目基本上都体现出了一定的福利特征。

（一）社会福利、社会救助等免费项目明显具有福利性

在社会保障体系实施的许多项目中，不少项目是免费的。特别是弱势群体从社会保障中获益最多，有不少特殊群体的保障待遇所得，其个人是无成本付出的，如老人、儿童、残疾人等，社会保障为他们设置了较高的福利待遇以及较广泛的福利保障内容；社会救助对受灾地区的灾害救济、对贫困地区的扶贫救助等也都是免费的。社会救助作为国家的基本义务，受益群体只要符合相应的资格条件而无需付出经济代价就能够享受到这种保障待遇，具有明显的福利特征。

（二）社会保险也体现出福利性

虽然社会保险的受益者通常要付出一定的经济代价，但因政府、雇主及社会各界等在不同程度上分担着个人的生活保障责任及社会保险费用或运行成本等，社会保险者个人获得了所得大于所费的保障待遇，所以，社会保险实际上也具有福利性。另外，军人社会保障项目是在一般劳动者的社会保险项目基础上新建的，和一般劳动者的社会保险相比，还多了一层褒扬的意义，所以具有更大的福利性。

（三）社会保障中其他补充保障项目同样体现出福利性

在社会保障体系中，其他项目除福利性津贴之外，更多的是社会福利性服务：如住房保障主要为低收入家庭发放住房津贴或提供经过补贴的低价房，而团体互助、志愿组织等以提供福利性服务为主。另外，政府或慈善组织或社区组织等主办的职业介绍、职业培训、工伤康复、老年照顾等范围非常广泛的补充保障项目也带有福利色彩。这些社会保障项目，因由国家财政补贴或社会捐献等来充实资金基础，所以大多以免费或低费的形式提供，有需要者可以直接享受所得大于所费的福利待遇。

虽然我们并不认为社会保障就是社会福利，但是在社会保障的内容中，确实存在着许多福利性。由于社会保障事业的指导思想是造福于所有社会成员，其基本目的是非营利的，政府通常要担负其运行机构的管理成本，并且对其资金的筹集和使用管理等风险承担最后“托底”的责任，所以社会保障必然会有浓厚的福利特色。

我们认为，随着社会经济的发展，社会保障的福利特征将有更多体现，将与国民要求、生活质量的提高以及社会的进步相一致。福利性是社会保障制度的一个基本特征，所以社会保障虽然可以引进一定的市场机制，但它在本质上却是市场机制无法调控的。当然，在强调社会保障具有福利特性时，并不意味着赞许福利主义，相反，在强调社会保障福利特性的同时，如果能适当强化社会保障的激励机制则是适宜的，因为只有这样，社会保障才不会成为单纯的消费和福利行为，社会保障的福利特性所产生的正面效应才会更加持久。

对于社会保障，尽管我们不断地讨论它的范围与水平问题，并且政府也要适当控制其范围与水平，但在政策实践中却不可能否定这一制度的福利性色彩。

三、互济性特点

社会保障的资金来源于财政拨款、企业和劳动者缴纳的保险费或其他渠道，由社会成员共享，但社会成员对它的享有不是平均的，更不是谁的贡献大谁就多享受，而是在兼顾公平与效率的前提下，按照需要分别提供，特别是尽可能向社会弱势群体倾斜，突出体现了社会保障的互济性。

社会保障的互济性在市场经济下得到了更充分的体现和贯彻。由于不可预测的事件频频发生，威胁着人们的正常生活，谁都有可能面临一些仅靠个人的力量难以摆脱的困境，这就需要人与人之间、群体与群体之间携起手来共同面对各种危难，共御风险。在社会保障中，人们的一生在不断为他人提供物质帮助，同时也在不断享受他人为自己提供的各种帮助。当然，社会保障的互济力度与社会保障基金的统筹层次密切相关，社会统筹的范围愈大，社会保障的互济能力就愈强。

互济性既是增进整个社会协调发展的重要条件，是社会保障的手段与结果，也是社会保障赖以生存与发展的基础。在理论与实践中，互济性其实是以互惠制为基础的，即我为他人作贡献，他人也为我作贡献，两者互为条件，互相促进。社会保障的制度安排，正是互助或互惠制的强制化、固定化和规范化。

四、社会化特点

社会保障的社会化特点是与生俱来的，它的出现本身就是生产方式和生活方式社会化的产物，就像它的名称一样，“社会”是这种保障的前提、范围和方式。社会保障不同于农业社会中的家庭保障，也不同于计划经济体制下的劳动保险。也就是说，社会保障早已跳出家庭和企业的狭小空间，立足于广阔的社会之中，不仅把社会作为自己的用武之地，同时又从社会中汲取营养，不断发展自我，使“社会”成为社会保障发展成长的土壤。

如今，人们已将社会保障视为一项社会性事业，这是因为社会保障不仅把全体社会成员作为自己的服务对象，而且还把自己融于社会，作为社会的发展目标。可以说，社会保障融入社会的程度和深度，正是衡量社会保障发展程度的重要标志。事实上，社会保障的社会化特点越突出，社会保障与社会的相互推动作用就越显著。

社会保障之所以有别于个人自我保障与家庭保障，主要是因为组织实施的主体是国家，而且是对广大社会成员实行统一的保障制度，资金实行社会范围的统筹和调剂，并实行社会化管理。所以，它不是封闭运行而是向整个社会开放。

社会保障的社会化特点具体表现在：

（一）制度的社会开放性

社会保障制度通常是在向公众开放的条件下确立的，各种社会保障项目都以相应的立法为依据，明确规定相应的资格条件，面向全体社会成员，只要符合资格条件均可被纳入社会保障的保障范围之内，并接受公众的评价与监督。

（二）筹资社会化

社会保障制度是用经济手段来解决社会问题的，它需要相应的资金基础来支撑制度运行，而从各国社会保障制度的实践来看，虽然不同社会保障项目的资金来源不完全相同，但总体而言，社会保障资金的筹集是社会化的，它一般来源于国家财政投入、企业或雇主缴费、个人缴费乃至社会募捐以及福利彩票所得和基金运营收益等多个渠道，充分体现了社会保障资金来源的社会化特色。

（三）组织实施社会化

社会保障制度的实施过程，实质上就是为有需要的社会成员提供经济援助与社会服务的过程，在政府主导社会保障制度的条件下，各项社会保障制度的实施通常需要依赖各种社会组织网络，如养老金的给付通常需要利用邮局、银行等机构的发达网点才能做到方便发放，医疗保险只有通过各种医疗机构才能真正实现其目标，社会救助亦离不开居民委员会或村民委员会等基层自治组织或其他社区组织的配合，各项福利事业更是需要众多的社会福利机构（如养老院、老年公寓、残疾人康复中心等）来承担，因此，社会保障制度愈健全、社会保障事业愈发达，其社会化服务的特色就愈是显著。

（四）管理与监督社会化

一方面，政府通过相应的途径可以将有关社会保障事务委托非政府组织来管理；另一方面，大量的社会福利与公益慈善机构的成立，又直接承担着相应的社会保障事务，它们作为独立的法人团体，实现自我管理。因此，政府在很大程度上只充当着社会保障制度运行过程的监督者角色。此外，工会组织、社会团体、公众传媒以及各界人士等亦会对社会保障制度的实施过程进行自觉或自发的监督。

社会保障的社会化特征体现在社会保障实施的每一个环节中，从保障对象的社会化范围到实践中的每一步操作都离不开社会化的配合与合作，所以，社会保障是在社会化中完成并达到社会化的效果。

第三节　社会保障发展的规律性

根据对各国社会保障制度发展实践的全面考察，可以发现社会保障制度具有发展的渐进性、内容的包容性及社会保障水平的刚性和弹性等规律性。

一、社会保障发展的渐进性

所谓“渐进”，就是要依照经济社会不同的发展阶段，制定不同的社会保障发展目标、发展水平和发展内容等。渐进是一种阶段性的持续发展，之所以要分阶段渐进，是由于社会和经济的发展本身就是分阶段逐步发展的，社会保障所需的资源供给也只能是从少到多。因此，社会保障水平从低到高地渐进，就是一种符合实际发展规律的选择，特别是社会保障的发展，需要一种与其相适应的社会环境和经济条件，必要的环境支持和物质基础，是社会保障能够发展的前提，离开这种实际的可能和允许的程度，社会保障的任何发展都是不切实际的。事实说明，只有渐进地处理好需要与可能的关系，有计划分阶段地发展，才能产生理想的、和谐的发展结果。

实施渐进发展，可以避免因不思进取和安于现状而带来的发展滞后，更可以避免因急功近利和草率行事所造成的严重后果，许多历史教训已证明了这一点。任何不考虑国情、不考虑社会经济发展阶段而盲目发展，对社会保障来说都只会起破坏作用。我国社会保障改革中所提倡的“迈小步，不停步”，正是总结了历史的经验教训，体现了对社会保障发展渐进性的充分认识。

许多国家和地区的社会保障实践，无论是纵向还是横向比较，也无论是成功的经验还是失败的教训，都表明在每一个发展阶段，其社会保障发展水平都不同，而且呈现出渐进发展的轨迹。

二、社会保障内容的包容性

社会保障内容的包容性，就是社会保障的内容可多可少。各个国家及一国不同的历史时期，社会保障涵盖的具体内容都存在较大差别。

从大的方面说，现代社会保障体系一般包括社会救助、社会保险、社会福利、军人保障、补充保障等子系统，但每个子系统内又涵盖许多具体内容，即使同一个社会保障项目在一国之内的不同地区也可能包含着不同的内容。比如：我国的养老、医疗等社会保障项目不仅在城镇和农村规定了不同的内容，而且各省之间、各地区之间的规定也不完全相同。这样，可以适应不同群体的社会保障需求，同时也增加了国民对社会保障项目选择的权利。

由于社会成员的社会保障需求并非是完全统一的，也就不能指望用一种制度来涵盖任何时期社会保障的全部内容，如社会救助在过去主要是对贫困人口的食物保障或生活救助，但现在通常还需要加上医疗救助、住房救助、子女教育救助等多项内容，从而需要在一个制度内部设立多个项目，唯有这样才能更好地满足不同需要并确保这一制度的效能。另外，不同的社会保障项目在待遇水平上也体现出差异，如失业保险待遇与济贫待遇就需要有一定的差别，且通常表现为前者较后者的保障水平要高。因此，社会保障制度体系所包含的内容日益灵活多样，并且相互兼容互补。

从世界各国来看，社会保障制度模式日益多样化逐渐成为现代社会保障制度的一个重要特征，以卑斯麦模式与贝弗里奇模式分别为代表的保障模式风行世界的时代已经成为历史，各国在建立本国的社会保障制度时，通常要考虑本国的国情及所处的时代。各国之间的国情差异与地域差异、各国之间的文化传统差异、各国国民的社会保障需求差异、价值偏好的差异及经济社会的进步等，均决定了社会保障内容的包容性是现代社会保障制度的一个基本规律性现象。

三、社会保障水平的刚性

社会保障水平是指社会成员享受社会保障经济待遇的高低程度，从绝对量方面看，社会保障水平具有单向度发展的一面，即社会保障水平刚性的一面，这表现为社会保障规模只能扩大不能缩小，项目只能上不能下，给付数额只能提高不能降低。世界各国的社会保障实践几乎都证明，缩减社会保障支出，降低社会保障水平，容易引起社会的动荡不安。

绝大多数国家的社会保障发展过程，都体现出社会保障水平的刚性发展规律。社会保障水平在实践中的这一特征，既是社会成员对社会保障需求不断增长的结果，也是现代社会保障走向制度化之后的客观结果。例如，在慈善事业时代与济贫制度时代，各国只有非常简单的救灾济贫保障项目，这种保障并非是制度化的保障，它基本上取决于统治者和实施者的意志及财力；进入工业社会后，各国的社会经济条件发生了巨大的变化，社会保障的对象群体也发生了很大的变化，工业劳动者的年老、疾病、医疗、职业伤害、失业、生育等事件由个人风险转变成群体性社会风险，使建立社会化的养老保险、工伤保险、医疗保险、失业保险、生育保险等制度成为必然，虽然这些项目不一定同时出现，但对于市场经济体制却是缺一不可的。另外，随着社会经济的不断发展，社会成员的福利需求亦会日益增长，国家为了满足这些社会需求，往往通过立法来建立起相应的社会保障制度，从而使保障项目不断增加，最终促使现代社会保障制度走向完备化，一旦社会保障项目通过立法手段得以确立，便很难再行取消。

同时，社会保障的范围与待遇水平也是刚性发展的，即覆盖范围会持续扩大，直到覆盖全体国民，待遇水平只会不断提高而不会下降，因为人类社会的发展不允许倒退，受益群体更不会让一种社会保障制度消逝，不可能允许政府将自己从已经进入的社会保障网络内剔除，更不会同意社会保障待遇水平下降。因此，现代社会保障制度在项目结构、覆盖范围、待遇水平等方面无疑是刚性增长的。这是现代社会保障制度在全部实践过程中表现出来的一个明显的规律性特征，也是现阶段乃至未来处理社会保障发展问题时必须充分注意的。

如果对各国社会保障制度的发展实践作进一步考察，还可以看出它在刚性增长的总体趋势下，还呈现出阶梯式持续发展的规律。即社会保障水平会随着社会经济的发展及社会成员社会性保障需求的增长而阶梯式增加，社会保障体系的内容也会在发展中呈阶梯式膨胀。其中在 19 世纪 80 年代以前属于保障项目有限、保障待遇水平普遍很低的时期，社会保障水平处于低级阶段。进入 19 世纪 80 年代以后，尤其是进入 20 世纪以后，社会保障水平进入了第一个阶梯式膨胀发展阶段，不仅原有的社会保障项目，如救灾、济贫、抚恤等仍然存在并不断发展，而且包括养老保险、工伤保险、失业保险、医疗保险和生育保险等项目在内的社会保险制度得到了全面的发展，并迅速在一些国家的社会保障体系中占据了主体地位。随着社会经济的不断发展，社会成员对社会保障的需求进一步增长，国家和社会的社会保障能力也越来越强，从而使社会保障水平进入了第二个阶梯式膨胀发展时期。不过，由于工业化的程度不同，各国的社会经济发展水平存在着很大差异，加之社会保障体系自身发展进程中的惯性，各国进入这一时期的标志并不像第一个阶梯式膨胀时期那样明显。但从一些发达国家的发展实践来看，第二个阶梯式膨胀发展时期主要表现为各种社会福利或福利性的社会服务项目的增长和水平的显著提高，以及整个社会保障体系的进一步完善等方面。在这一时期，传统的社会救助项目、军人保障项目仍然被保留并得到新的发展，社会保险在进一步普及化的同时也得到了持续发展，而老年人福利、儿童福利、妇女福利、残疾人福利及其他各项福利事业不仅自成体系，而且逐渐成为社会保障体系中新的主体内容，追求社会福利、改善生活质量成为社会成员的普遍性需求。

从上述分析可见，社会保障水平的发展确实具有刚性增长和阶梯式持续发展的规律性，即它的项目发展不是一个一个地增加，而是随着社会的发展变化采取急剧膨胀式发展的方式。如在第一个膨胀时期，社会保险的项目就不是单个出现，而是养老保险、医疗保险、工伤保险、失业保险等项目成批出现，20 世纪 80 年代以后又在部分发达国家增加了护理保险等；在第二个时期，社会福利体系亦是由老年人福利、残疾人福利、妇女福利、儿童福利等多个项目共同组成。社会保障制度在工业化国家尤其是在福利国家可能完成了阶梯式膨胀进程，但刚性增长规律仍然会持续发挥作用，一些国家的社会保险项目亦在向普遍性的福利服务发展，如生育保险在多个国家演变成为普遍性的生育津贴，养老保险在部分国家亦形成了普遍性的国民年金制度等等。

各国在发展自己的社会保障事业时，必须充分注意到社会保障刚性发展的规律，采取有效措施以防止社会保障走到超度发展的极端状态。

四、社会保障水平的弹性

前面我们考查社会保障水平自身的发展趋势，反映出单向性增长的刚性规律，如果把社会保障水平与经济发展水平结合起来考查，我们会发现，社会保障水平还具有弹性发展规律。

在这里用相对量来衡量社会保障水平，为了在宏观的层面上反映一国或一地区社会保障发展的深度，我们用人均社会保障支出额占人均国内生产总值 GDP 的比重来衡量社会保障水平，即 $S=S_a/G$，其中，S 代表社会保障水平，S_a 代表人均社会保障支出额，G 代表人均国内生产总值 GDP。

国外社会保障发展的历史事实表明，社会保障水平的发展轨迹不是无限地直线上升，而是一条适度性发展的倒 U 型曲线。表 2－1 列出北欧国家自 20 世纪 90 年代至 21 世纪初的社会保障水平，从中可见一斑。

表 2－1　北欧国家社会保障水平（人均社会保障支出额占人均国内生产总值的%）

	1990	……	1993	1994	1995	1996	……	2004
丹麦	29.8		32.8	34.2	33.7	31.3		30.7
芬兰	25.5		36.2	34.7	32.7	32.1		26.7
瑞典	34.6		40.3	37.8	35.8	35.2		32.9
挪威	26.4		29.1	28	27.4	26.1		23.7

资料来源：根据 Frank Dahlgaard Statistics Denmark. Nordic Statistical Yearbook（2006）等资料整理。

社会保障水平的发展总趋势，如图 2－1 所示。

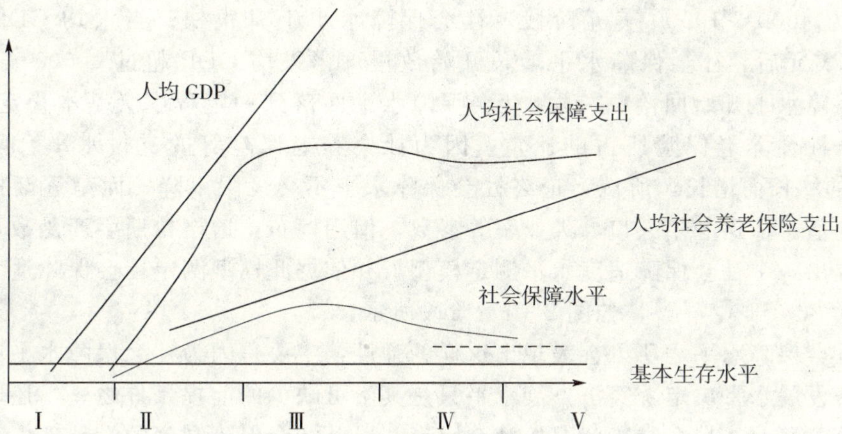

图 2-1 社会保障水平倒 U 型曲线发展轨迹

从理论上说，一个社会的经济发展水平整体趋势是不断向前发展的，人均 GDP 是不断增长的，在图 2-1 中用一条向右上方延伸的斜线表示；而社会保障水平曲线并不是一直向右上方延伸的直线，而是一条倒 U 型曲线。

从经济社会发展的不同历史阶段来看，在人均国民生产总值仅能维持人们生存的历史时期，不可能存在现代意义的社会保障，我们可以把它称为“前社会保障时期”，如图 2-1 中的Ⅰ阶段所表示。当经济发展到较高水平，人均国民生产总值超过人们生存基本需求的水平线并有了相当程度的发展后，现代意义的社会保障才可能形成并逐渐发展起来，我们可以称它为“社会保障形成时期”，如图 2-1 中的Ⅱ阶段所示。当国民经济发展到很高水平，人均国民生产总值远远超过人们基本生存需求水平线时，两极分化严重，社会保障水平也会迅速上升，并达到较高程度，我们可以把它称为“社会保障水平上升时期”，如图 2-1 中的Ⅲ阶段所示。当社会保障水平达到较高程度之后，我们没有发现继续无限增长的情况，而是出现了回落的势头。因为社会保障的基本目的是为了保证贫困者和老年人的基本生活，社会保障水平的高低及其发展轨迹主要取决于国内老年人口比重和贫困者比重。据预测，老年人口比重的限度为不超过总人口的 1/3，即 33%左右；同时，随着工业化和现代化的发展，社会阶层的发展趋势是中产阶层逐渐扩大，贫困阶层逐渐缩小，即两头小中间大的社会阶层结构，因而从总体上说，社会成员个人自我保障的能力会越来越强，相应的，社会保障对贫困阶层的保障支出越来越少，所以社会保障支出的总比重就会下降，即当国民经济发展到中产阶层占绝对多数，贫困人口较少时，社会保障水平将会回落，我们可以把它称为“社会保障水平回落时期”，如图 2-1 中的Ⅳ阶段所示。这样，从上升到回落，就形成了一个社会保障水平的倒 U 型曲线发展轨迹。以北欧国家为例，在人均

GDP为4000～10000美元阶段，社会保障水平上升很快；当人均GDP超过10000美元后，社会保障水平增长开始放慢；当人均GDP超过20000美元后，社会保障水平开始回落[①]。预测社会保障水平回落到一定程度会基本稳定下来，略高于社会养老保险所占的比重，因为社会养老保险等的支付水平会随人均GDP的增长而增长，所以，最终社会保障水平不会无限下降，而是逐渐接近某个固定值。依据老年人口、失业率等参数，借用柯布－道格拉斯生产函数，有学者曾提出一个社会保障适度水平测定模型，并依据此模型测定社会保障适度水平上限为26.16％左右[②]，如图2－1Ⅴ阶段所示。

社会保障水平之所以会表现出这样的弹性，主要是因为社会保障水平不仅仅由经济发展水平决定，经济发展水平只是其不可缺少的前提条件之一，还取决于社会分配情况、社会结构状况等社会因素，以及社会保障制度的设计理念和目标等诸多方面。

第四节　社会保障的基本原则

社会保障的基本原则是建立这一制度应当奉行的基本准则，它通常包括公平性原则、普遍性原则、适度性原则与法制性原则。

一、公平性原则

社会保障制度安排，是属于公共产品或者半公共产品在公共领域中的分配，因此，缩小社会贫富差距、创造并维护社会公平，是社会保障制度的基本出发点，也是社会保障政策实践的归宿。尽管不同的国家与不同模式的社会保障制度安排，在公平方面存在着程度不同的差异，但现代社会保障制度的产生与发展，基本上还是普遍遵循着公平原则。

根据公平原则，在社会保障制度设计中，必须打破各种身份限制，公平地对待每个国民并确保其享受到相应的社会保障权益；在社会保障实践中，必须更多地维护好弱势群体的利益，以此达到缩小贫富差距、促进整个社会健康和谐发展的目标。

当一个国家只有少数人能够享受社会保障时，社会保障的公平原则只能在享受者中得到有限的体现，总体上还是不公平的。所以，公平原则的最充分体现，是建立覆盖全民的社会保障体系，让全体国民普遍享受社会保障。只有当全体国民普遍享受到社会保障并通过社会保障制度使生活水平与生活质量获得改善与提

---

① 李珍．社会保障理论［M］．北京：中国劳动社会保障出版社，2001．

② 穆怀中．中国社会保障适度水平研究［M］．沈阳：辽宁大学出版社，1998．

升时，社会保障的公平原则才真正地得到了全面贯彻。公平原则需要循序渐进地落实，社会保障制度的发展进程，即是这一原则日益得到落实的过程。

强调社会保障的公平原则，实际上包含以下几个方面的含义：

（一）突出公平优先

我们知道，市场经济信奉的是效率至上，因为只有讲求效率，厂商才能获利，国家才会有税收，生产力才能迅速提高。但是，如果过度强调效率和效益，由此引起的优胜劣汰，必然会使一部分人陷入困境甚至遭到市场淘汰，引发社会动荡。因此，市场经济需要一种弥补机制，来补救市场缺陷和社会的不公平，社会保障就承担了这个责任。

社会保障突出公平优先，针对的正是市场效率至上所带来的弊端。在国民收入的分配中，由于每个人的能力和机遇不同，出现收入差距是正常的，但是，如果这种收入差距过分悬殊，甚至贫富两极分化，那么，就必须要改变这种状况，就要努力缩小这种过大的贫富差距。由于社会保障本身是一种分配行为，极其重视公平，奉行公平优先原则，不仅强调权利与义务相对应，更强调向社会弱势群体倾斜，非常有利于社会公平分配，能够在效率优先的前提下，尽可能实现社会成员之间的合理分配。因此，社会保障在缩小国民收入的分配差距方面的独特功能，能够为社会成员之间的公平分配做出特有的贡献。

（二）追求社会公平

我们知道，在广泛的社会生活中，存在着两种不同的公平，即个人公平和社会公平。社会保障追求的是社会公平，虽然社会中个人境遇会有不同，对社会保障的贡献也不一样，但最终他们从社会保障中所获得的待遇却是基本一样的，相差不会太大，这对于某些个人来说可能并不公平，但对社会来说却是一种妥善、公平和合理的结果。因此，社会保障的公平原则，必须放在社会这个大环境中去衡量，社会公平是社会保障始终追求的基本目标。

（三）以公平促效率

我们知道，公平与效率的关系错综复杂，这两个目标有时是相互促进的，然而，不容否认的是，在很多情况下，这两个目标却是相互矛盾的：一方面，为了提高效率，有时必须忍受更大程度的不平等；另一方面，为了增进公平，有时又必须牺牲一定的效率，正如阿瑟·奥肯所说：“如果平等和效率双方都有价值，而且其中一方对另一方没有绝对的优先权，那么在它们冲突的方面，就应该达成妥协……无论哪一方的牺牲都必须是公正的。”[①] 社会保障有责任在公平与效率之间起权衡作用。

---

① ［美］阿瑟·奥肯．平等与效率——重大的抉择［M］．北京：华夏出版社，1987：80.

要实现社会公平，就要集中一部分国民收入再分配给低收入者，但集中的那部分国民收入在分配中能扩大需求，并由于给予低收入或无收入者以帮助，稳定社会，因而也会产生社会收益，这一社会收益有利于效率的提高。而这部分被分配的国民收入或资源是可以用来投资于其他部门并产生效率的，这样就带来了机会成本。如果机会成本大于收益，则效率为公平做出的牺牲就太多，得不偿失，说明公平本身还需要从制度安排上加以改进；反之，如果机会成本小于收益，则得大于失，公平与效率能够相互促进。

公平必须以效率为基本前提，如果社会保障制度阻碍了经济发展，尽管是公平的，也毫无意义，没有效率的公平是无本之木。所以，真正的公平是有效率的公平，效率是公平的保证。但如果财富分配非常不公，就会引起社会动荡，效率也只能是空谈。公平又是效率的保证，没有公平的效率是不会长久的。因此，在初次分配领域中追求效率，而在社会保障领域内应更多地关注公平，实现在一个有效率的经济体系中增进平等。

社会保障制度的主旨在于公平，同时也促进效率的提高。如：对贫困阶层的救助使他们安然度过生活危机，更好地投入生产劳动；医疗保健方面的保障投入可以提高劳动者的身体素质，以及对低收入劳动者的教育和培训等既可以提高这些劳动者的生产效率，又可以改善整个社会的收入分配，进一步维护社会的稳定。由此可见，几乎社会保障的每一个项目在公平与效率两方面都同时起作用，所以公平与效率在社会保障中是两位一体的关系。

社会保障作为社会公平与经济效率关系的调节杠杆，主要凭借公平手段发挥着稳定和谐机制的作用。只要能在社会公平与经济效率两者之间把握适度的尺寸，那么社会保障制度在推进社会公平的同时也在促进经济效率。

二、普遍性原则

社会保障的普遍性原则，是1942年贝弗里奇提出的一项基本原则，它要求国家在确立社会保障制度时，其对象、范围不能局限于贫困阶层，而应当使全体国民均能够享受到相应的社会保障与福利。按中国化的说法就是“广覆盖”，即把社会成员中所有符合资格条件的人都纳入到社会保障体系的相应保障项目中来，使他们的生活、劳动、收入都有所保障，即使遇上意外情况而陷入困境，也能在社会大家庭中，通过公助、互助、自助的形式度过生活难关。

正如我们所知，现代社会保障的根本目的就是为了基本人权这一崇高理想的实现，所以，使所有社会成员都能普遍地享有社会保障的权利。正是对这一理想的追求和实践，也是一个国家和文明社会对每一个公民所做出的承诺。社会保障把全体公民作为自己的发展对象，并尽可能地创造条件扩大覆盖范围，力争“普及再普及”，使更多的人群能够纳入到社会保障网中来，享有社会保障的权利。提高全体社会成员的安全和生活质量，是社会保障在当今社会的首要目标。

此外，根据分散风险的大数原则，社会保障的参加人数越多越有利于抵抗社会风险，社会保障资金需求的不断增加也要求社会保障的普遍发展。扩大覆盖面，让更多的人加入到社会保障体系中来，可以大大增强社会保障的实力，提高抗风险的整体能力，社会保障的功能才能更充分地发挥出来。

三、适度性原则

所谓“适度”，就是社会保障的发展水平和发展程度要坚持适度，这种“适度”集中反映在既要与生产力发展水平相适应，又要与其他方面，如人口再生产速度、人口结构、文化传统等相适应。社会保障的发展受多方面因素的制约，不仅离不开国民经济的发展状况和国家的综合国力，也离不开人口变化以及国家的历史传统和特有的国情等。社会保障水平客观上存在一个“适度区域”，过低或过高的社会保障水平对于社会保障制度自身运行和社会经济的发展都会产生不良的影响。由于每一个社会保障项目均需要有相应的财力支撑，在物质财富尚未达到十分丰富的阶段时，公平原则只能循序渐进地加以推进。在社会保障制度建设与发展进程中，它通常表现为项目建设日益健全、覆盖范围持续扩大、保障水平逐渐提高这样的规律，但在经济发展的每一个阶段又存在一个与之基本相适应的社会保障水平。

社会保障是国家用经济手段来解决社会问题，因此，社会保障水平的发展必须与社会及经济发展相适应。一方面，社会发展变化决定着社会保障制度的结构变化。如工业化带来机器大生产，产生了工人阶级，也就很自然地需要建立起相应的社会保险制度，如果工业化国家仍然只有农牧社会中的救灾济贫政策，则工业社会所带来的各种职业风险与社会风险便不可能得到化解；再如人口老龄化高峰的到来，不仅需要建立相应的养老金制度，亦需要有发达的老年福利事业，如果没有养老金保障和相应的老年服务体系，则长寿将不会是一件幸福的事情。另一方面，社会保障制度的确立无一例外地需要相应的财力支撑，如果没有相应的财力，社会保障制度就会变成无源之水、无本之木，即使建立起来也无法持续下去。因此，经济发展是社会保障水平的物质基础，它事实上决定着社会保障的最高发展水平。

中外社会保障制度的发展实践表明，社会保障制度只有与社会经济发展相适应，才可能在解决相关社会问题的同时获得健康、持续的发展。如果滞后于社会经济的发展，其功能便难以充分发挥，社会问题将持续恶化，进而妨碍整个社会经济的健康发展。因此，与社会经济发展相适应是各国建立社会保障制度的基本原则，当然也要全面理解社会保障的适度原则，既不能单纯强调社会发展的需要，也不能单纯强调与经济水平发展相适应，而是需要综合考虑社会发展需要与经济发展的承受能力，否则，便会顾此失彼，使社会保障制度在实践中陷入被动。事实也正是如此，社会保障的发展程度和发展水平不仅是动态的，而且是有节制的，它的发展要受到许多因素的制约，必须考虑需求与供给的平衡，特别要从以下几个方面强调适度：

（一）发展目标要适度

虽然社会保障的总体目标基本上都是改善和提高国民生活质量、增加国民福利来实现整个社会的和谐发展，但在实践上，在具体实施过程中却客观地要求要根据不同的国情国力从低到高分别制定出不同层次的比较适度的目标。因此，在制定社会保障目标时，要从实际出发，综合考虑多方面因素，量力而行，不能好高骛远、盲目地追求“超度”的保障水平。

（二）待遇水平要适度

社会保障待遇水平的确定是社会保障制度的核心，只有把社会保障待遇水平放到适度的位置上，才能更有效地利用有限的社会保障资源，实现既促进社会公平和稳定，又促进经济发展的目标。我们知道，可供社会保障支配的资源是有限的，只能根据可以投入的资源总量来设计社会保障的待遇水平，并要求这种待遇水平既有利于社会公平，促进社会稳定又能保证效率提高，促进经济发展，否则，就不是“适度”水平。

（三）负担要适度

社会保障制度的制定，除了注意待遇水平要适度外，还要综合考虑政府、企业和个人等多方的经济承受能力，即各方的负担也要讲求“适度”，因为我们的社会保障发展程度和水平，都必须建立在社会的承受力基础之上，也就是社会保障的负担程度要以政府、企业和个人都能承受为前提。

实际上，我国目前正在社会保障领域中推行的“基本保障”，正是强调待遇适度和负担适度的最好体现。由于坚持了“基本保障”国策，使我国社会保障的发展能维持在一个可行水平上，它不仅能够较长时期地满足大多数国民的保障要求，而且还能为避免需求失控和供给不足创造最现实的条件。人们已经越来越清楚地认识到，如果我们不坚持适度原则，走向不适度或“超度”，那么，引致的后果是严重的，不仅社会各方面负担加重、财政紧张、企业成本上升、效益下降和生产活力受挫，而且还会使社会惰性滋长、懒汉思想泛滥，以及社会前进的动力进一步被削弱，所有这一切都将使历史走向倒退，这是有史可鉴的。

四、法制性原则

社会保障旨在切实保障国民的收入安全与基本生活。社会保障制度必须以立法为依据，以社会保障法律作为制度确立的标志，以社会保障法律作为实施社会保障项目的依据，以社会保障法律作为政府管理与监督社会保障事务的依据，不仅企业与个人需要依法承担相应的社会保障义务和享受相应的社会保障权益，政府管理与监督社会保障事务亦必须依法行政，而不能越权行事。

一方面，社会保障资金的筹集由于涉及国家、企业及其他法人团体与个人的权利、义务及经济利益，必须以相应的法律、法规作依据，并借助政府的行政权力才能完成筹资的任务。没有完善的法制规范，便不会有社会保障制度稳定的财政基础，进而也不会有真正的社会保障制度安排。另一方面，作为一种社会稳定机制与利益调整机制，有关各方的权利与义务亦必须由法律明确规范，并要求严格依法办事。没有法制规范，社会保障制度便可能滑出正常运行的轨道，因为从社会保障资金的筹集到社会保障待遇的给付，均是市场机制难以发挥作用的。

社会保障制度的法制规范原则，主要体现在法律的规范与强制方面。首先，法律的强制规范为社会保障的运行提供了必须遵守的行为准则。其次，政府只能根据法律的规范与授权，并在法律允许的范围内对社会保障制度的运行进行干预，换言之，政府的强制植根于法律的规范，并服从于法律的规范。再次，即使不是由政府直接管理而由民间举办的社会保障事务（如慈善公益事业），也必须由相应的法律、法规来规范，才可能健康发展。

因此，现代社会保障制度自产生之日起，便以立法规范为前提，以政府干预为条件，法律的硬约束与政府的强势干预即是社会保障制度强制性的具体体现。尽管社会保障体系的强制性因民间参与程度的提升和政府责任的限制而存在着弱化趋势，但法制规范性这一原则将始终不会改变。

主要概念

社会稳定功能	function for stabilizing society
公平性	equity
社会保障水平刚性	rigidity of social security level
法制规范性	normality by law

思考题

1. 社会保障具有哪些功能？
2. 社会保障具有哪些基本特点？
3. 社会保障体现出什么样的规律性？
4. 社会保障应遵循哪些原则？

阅读资料

1. Alexander S. Preker and John C. Langenbrunner. 明智的支出——为穷人购买医疗卫生服务［M］. 北京：中国财政经济出版社，2006.

2. 高鉴国，展敏. 资产建设与社会发展［C］. 北京：社会科学文献出版社，2005.

3. 穆怀中. 中国社会保障适度水平研究［M］. 沈阳：辽宁大学出版社，1998.

4. ［法］卡特林·米尔斯. 社会保障经济学［M］. 北京：法律出版社，2003.

5. 中国人力资源和社会保障部网站：http：//www. mohrss. gov. cn.

第三章　社会保障的理论核心

社会保障属于交叉性的边缘学科，涉及经济学、政治学、管理学、社会学和法学等多个学科领域，因此本章拟从多学科的视角来对社会保障的理论核心进行阐释。首先，公平与效率的关系是社会保障理论最为核心的问题；其次，作为产品的一种，社会保障究竟是应当由政府还是应当由市场来提供，是一个关系到社会保障制度基本模式如何建立的问题；再次，社会保障如何实现促进经济与社会及其自身的可持续发展，这是一个关系到社会保障制度如何发展和自我完善的问题。

第一节　社会保障与公平、效率

社会保障的产生主要源于人们对公平的追求。公平是社会保障的根本原则与价值内核，而社会保障在发展过程中也总要不断地受到效率问题的挑战。因此，公平与效率问题始终都是社会保障理论最为核心的问题。

一、公平与效率的一般理论

（一）公平与效率诠释

1. 公平

“公”是一个会意字，上半部分的“八”表示两人相背，下半部分的“厶”同“私”，所以“公”就是“与私相背”①；“平”则意指均等、平等。公平最基本的含义是公正、平等，通常指处事不偏袒，或者指在经济、政治以及文化等方面的权利人人平等。公平是在各种关系的比较中获得的一种评价，公平之所以能够成为人类社会的理想目标，就因为它体现着人对某种道德理想的追求。通常谈到公平，或是指经济公平，或是指社会公平，而经济公平实际上往往就是达成社会公平的方式或手段。这两者都可以包含起点公平、过程公平以及结果公平。也有人用机会均等来概括起点公平和过程公平，而用收入均等来代替结果公平。在英文中，“fairness”、“equity”和“justice”等词都可以用来表示公平，有时也可互换，但更多的场合下人们分别用公平、平等和正义来进行区分。公平和平等往

① 据《韩非子·五蠹》篇所说，在黄帝时代的史官仓颉造出的文字中，公字即有自环者谓私而背私为公的意思。中国传统思想对公平的理解，更多表现为一种人与人之间交往的和谐，体现出一种朴素的公平观念。

往强调的是过程或程序，而正义关注的经常是结果。

公平是古往今来最富有生命力的话题之一，人人都可以作主观上的评判，但人人又都难以准确定义。公平经常和分配以及权力等问题紧密地联系在一起，而由于人们无法统一对公平的认识，所以也就正如现实社会中不断重复的那样，对怎样才算公平人们常常众说纷纭，而对什么是不公平却往往很容易取得一致意见。所以，公平的概念与界定因人、因时、因地而异，受到各种主观条件和客观环境因素的影响和制约。公平永远都会是一个开放而且趋于扩散的概念。

2. 效率

效率原是物理学中的概念，一般定义为有效输出量相当于输入量的比值，主要是衡量产出与投入的比值。效率的概念在经济学意义上被频繁使用，通常至少包含两层含义：

一是生产效率（productive efficiency），如果不减少其他产品的生产就不可能生产更多的某种产品时，一个经济就是生产上有效率的。通常满足生产效率的条件有三个：资源的充分利用（充分就业）、既定投入下的产出最大化、厂商间投入的有效配置。市场可以通过完全竞争达到生产效率。

二是配置效率（allocative efficiency），也叫经济效率（economic efficiency）。当任何消费者对任何产品的消费不存在通过消费数量的改变可以产生帕累托改进时，该经济在配置上就是有效率的。所以配置效率又被称为帕累托效率（Pareto efficiency）。完全竞争的市场也倾向于经济上的效率。

（二）关于公平与效率关系的主要观点

公平与效率在现实中的复杂关系造成关于公平与效率关系的论争从未间断，尤其是自20世纪70年代西方福利国家陷入危机之后。公平与效率之间，无论是在经济意义上还是在社会意义上，往往都必须通过让步或交易来实现某种均衡，所以就经济与社会政策的制定而言总是表现为两难的抉择。多年以来，有关公平与效率关系的观点和理论主要呈现出以下几种形式：

1. 公平至上论

尽管公平既无法准确界定又难以有效度量，但是关于公平的各种思想和讨论却是从未停止。各个时期的不同人物，从不同的视角得出了不同的结论。其中，公平至上的观念自始至终都有着广泛的影响，并传承至今，我们可以称之为“公平至上论”。

公平至上论的思想源远流长，在中国可以追溯到两千五百年前孔子的“有国有家者，不患寡而患不均，不患贫而患不安”[①] 的思想；在古代西方，可以追溯

---

① 孔子. 论语·季氏.

到基本与孔子同时代的柏拉图的空想共产主义思想。

公平至上的理念本身也是不断发展进步的，诺贝尔经济学奖获得者、印度籍经济学家阿玛蒂亚·森[①]在福利经济学上的贡献就证明了这一点。他强调平等公义，积极提倡在医疗与教育方面进行投资，以推动社会发展。正统经济学的观点认为人是效用最大化的自利者，但森认为对他人福利的关心是个人福利的一部分，并且人们采取行为的复杂动机往往也被忽略了。森将传统的福利经济学称为“福利主义”（Welfarism），并对以萨缪尔森[②]为代表的社会福利函数理论进行了批判。森认为社会福利并不仅仅依赖于个人效用，社会还要考虑到诸如虐待、剥削等道德规范，反对以单纯的效用指标来衡量幸福。例如，一个人如果物质财富被剥夺，或许他会调整他的偏好来适应微薄的收入，逐渐学会“眼睛向下”。从效用方面看，如果把幸福等同于偏好的满足程度，那么他的满足程度可能是没有降低，如此诸如财富被剥夺等现象都将成为合理。

为此，森提出以“能力”（Capability）中心观来取代幸福的效用观，即个人的幸福是他所能做各种事情的能力的函数。个人在某些特定方面的能力对个人可以获得的效用水平而言是重要的，而其他能力，如识字能力、竞争政治职位的机会等，尽管可能不与效用直接相关，但同样是衡量幸福的重要因素。

所以，森的福利经济学理论体现出，公平需要在包括人的各种能力在内的各种要素的不断全面发展的过程中才能实现，是一种动态的公平观。

2. 效率优先论

效率优先的思想，可以说在整个18到世纪末到20世纪初古典经济学占统治地位的时期，都基本上居于主导的地位。根据著名的萨伊定理，供给会创造自己的需求，从而可以推论出总供给和总需求之间存在恒等关系。所以，资本主义经济可以自行调节到供求相等的充分就业状态，而不会出现生产过剩的危机。古典经济学的思想和基本观点，实际上就是在完全竞争的前提下来论证萨伊定理。例如，英国古典经济学家亚当·斯密[③]，其为世人所熟知的“看不见的手”的理

---

① 阿玛蒂亚·森（Amartya Sen，1933—），印度籍经济学家，曾担任伦敦经济学院、牛津大学以及哈佛大学等著名大学经济学教授，以及经济计量学会会长、美国经济学会会长、国际经济学会会长、英国剑桥大学三一学院院长等职位。他在经济伦理学、福利经济学以及社会选择理论等领域都有着重要贡献。

② 保罗·A. 萨缪尔森（Paul Anthony Samuelson，1915—），经济学界巨匠之一，毕业于芝加哥大学和哈佛大学，美国第一个诺贝尔经济学奖得主（1970年）。萨缪尔森的研究涉及经济理论的诸多领域，是经济学界罕见的通才，其研究成果对当代微观经济学和宏观经济学许多理论的发展都有一定的影响。萨缪尔森的《经济学》，从1948年第一版问世至今，仍然是经济学教科书的常青树。

③ 亚当·斯密（Adam Smith，1723—1790），英国古典政治经济学的主要代表人物之一。他在经济学上的主要贡献是，创建了政治经济学的科学体系。在价值论上，不仅论证了劳动价值论，而且还确定了这一原理的最早理论体系。他的深刻见解为后来的古典政治经济学奠定了理论基础。他针对资本主义经济的内在发展规律，提出了自由主义经济理论，反对国家干预经济，促进了资本主义经济的发展。

论，强调政府不应当干预经济生活，而应当只是充当“警察＋灯塔”的角色，认为市场才是最有效率从而应该是主导的资源配置方式。

虽然1929—1933年资本主义世界的经济危机动摇了传统西方经济学的宏观理论体系，主张政府干预经济生活的凯恩斯主义开始盛行，表面上看似乎是以牺牲效率为代价的，但凯恩斯主义的政策主张实际上仍是以追求效率为根本目的的。20世纪70年代，西方发达国家出现“滞胀”（stagflation）现象，严重动摇了凯恩斯主义的统治地位，货币主义（Monetarists）和理性预期（Rational Expectations）学派开始盛行。市场机制的有效性和政府干预的必要性成为宏观经济学争论的焦点，而承认市场机制的有效性、否定政府干预的必要性实际上奉行的就是效率优先的理念。例如，美国当代经济学家米尔顿·弗里德曼[①]作为货币主义的代表人物，其理论除了强调货币作用，就是坚持经济自由，实际上也就是强调效率优先。弗里德曼在其代表作之一的《自由选择》中写道：“一个社会把平等——即所谓结果均等——放在自由之上，其结果是既得不到平等，也得不到自由。使用强力来达到平等将毁掉自由，而这种本来用于良好目的的强力，最终将落到那些用它来增进自身利益的人们的手中。另一方面，一个把自由放在首位的国家，最终作为可喜的副产品，将得到更大的自由和更大的平等。”在这里，公平或平等被视为自由（实际上就是效率）的“副产品”。

3. 效率与公平调和论

这种观点认为，效率与公平是有矛盾的，但是，这种矛盾是可以调和的。既要讲效率，也要讲公平，有时候，公平要为效率让步，有时候，效率要为公平让步[②]。二者之间的关系处理得好，可以互相促进。正如阿瑟·奥肯[③]所主张的：“在一个有效的经济体中增进平等”，在奥肯看来，公平与效率的相互冲突正是两者相互需要的原因。

由世界银行发布的主题为“公平与发展”的《2006年世界发展报告》，对公平与发展问题的研究和福利经济学作出了重要的贡献。以世界银行首席经济学

---

① 米尔顿·弗里德曼（Milton Friedman，1912—2006），美国经济学家，以研究宏观经济学、微观经济学、经济史、统计学及主张自由放任资本主义而闻名。1976年获诺贝尔经济学奖，以表扬他在消费分析、货币供应理论及历史、稳定政策复杂性等方面的贡献。

② 在世界银行的《2006年世界发展报告》中有一个有关社会经济地位的代际继承性的例子：根据研究，即使是在美国这个人人都信奉机会均等原则的国度，一个收入为平均水平一半的家庭，想要达到平均收入水平，至少要经过五代人的努力。

③ 阿瑟·奥肯（Arthur M. Okun，1928—1980），美国经济学家，他先后于1949年和1956年从哥伦比亚大学获得文学学士学位和哲学博士学位。他于1952年开始在耶鲁大学任教，1963年成为经济学教授。曾先后任肯尼迪总统和约翰逊总统经济顾问委员会成员，1968年被任命为该委员会主席。《平等与效率》是其主要代表作之一，他在理论上的主要贡献是分析了平等与效率的替换关系，提出了估算“可能产出额”的“奥肯定理”（Okun's Law）。

家、负责发展经济学的高级副厅长佛郎西斯科·布吉尼翁为首的报告编写小组认为，公平是指在追求自己所选择的生活方面个人享有均等机会，而且最终不应出现极端贫困的结果，并且“公平性与追求长期繁荣是相辅相成的”[①]。其原因可以分为两大类：

第一，市场存在失效的领域，特别是信贷、保险、土地和人力资本的市场。从而造成资源未必流向回报最高的地方。

第二，如果经济和政治的不平等程度高，在经济制度和社会制度安排上，会系统性地偏向于影响力较大者的利益。这种不平等的制度会产生经济成本。

所以，对公平性的追求，包括机会均等和分配正义，是能够促进效率水平的提升的。反之，提升效率的路径将会被堵塞。

综上所述，我们认为所有有关公平与效率的讨论，事实上都是就短期而言的。在长期，公平与效率是相辅相成的，以公平促进效率是对公平与效率之间相互关系的最好阐释和最佳定位。由此，社会保障的实施，就是要以收入再分配等增进公平的手段来促进效率水平的提升，从而实现更高层次的社会公平。

二、社会保障与宏观公平、效率的关系

社会保障与宏观层次的公平、效率的关系，主要就是指社会保障与经济增长、社会发展之间的关系。

（一）社会保障的根本目的就在于实现宏观公平

现代社会保障是以法律为依据并由政府主导实施的，主要通过收入再分配和转移支付来给予陷于生活困境的劳动者以物质帮助，被誉为“安全网”。作为法律赋予每个劳动者应该享有的基本权利，社会保障体现了劳动者作为社会成员，在遭遇生存危机时应当得到政府和社会帮助的一种基本的公平观。单个劳动者是无法构成人类社会的，而社会化大生产又是以分工协作为前提的，所以，人类社会生产与发展所取得的成果凝结着每位劳动者的努力和汗水。从这个意义上说，社会保障机制的建立能够促进社会的发展与进步，是完全符合人类社会生产与发展规律的。

（二）现代社会保障本身体现出一定的效率取向

现代社会保障由政府主导实施，或者说政府逐步介入社会保障其实是有着相当的效率原因在内：第一，社会保障体系规模庞大，由统一掌握人力、物力和财力并具有行政和执法权力的政府来实施，具有其他主体难以比拟的规模经济效应，从而可以节省许多不必要的开支并提高效率；第二，社会保障涉及在不同利

---

① World Bank，2005. World Development Report 2006：Equity and Development，Oxford University Press，P. 17.

益主体之间的再分配和转移支付问题，只有政府主导实施才能避免出现不同主体难以达成协议的现象，否则社会保障机制就无法顺利运行。当然，如果社会保障水平过高，与现有的社会经济发展水平不相适应，也有可能会出现曾一度困扰北欧福利国家的“福利病”问题，这就是社会保障导致经济运行与社会发展效率低下的例子。

（三）社会保障的完善可以促进经济增长与发展

社会保障对经济增长的促进作用主要体现在：第一，作为工业社会的产物，社会保障的产生与发展，符合社会化大生产条件下劳动者生存安全与保障，以及劳动力自身再生产的需要。在社会化大生产条件下，劳动者面临着各种各样的风险和危机，其中养老、医疗、工伤以及失业等都并非完全由个人行为导致，也无法完全由个人来承担；第二，社会保障体系的建设与完善可以增加劳动者对自身以及整个社会抵御风险和危机的信心，为经济发展创造良好的环境。根据理性预期学派以及货币学派的观点，个人对未来的预期对于经济政策效果的影响是至关重要的。如果社会保障体系残缺不全，劳动者对未来的收入及安全预期非常糟糕，那么至少总需求的水平就会大大降低，进而波及生产和整个经济增长的水平。最后，社会保障体系的建立可以通过社会保障基金来调节国民储蓄，平抑经济波动，并能促进资本市场的发育。

（四）经济增长与社会发展可以为社会保障提供经济基础和精神支持

首先，经济增长为社会保障事业发展提供物质基础。无论社会发展到哪个阶段，一定的物质基础总是社会发展与进步的基本前提，社会保障事业的发展当然也不能例外。只有政府和社会拥有一定量的剩余产品和经济资源，才可能对需要帮助的成员提供物质帮助。因此国民经济的长期增长与发展是社会保障事业发展的根本保证。

其次，社会的文明进步可以为社会保障的发展提供精神动力和支持。社会保障的发展史表明，在人类进入工业文明之前，劳动者的生、老、病、死等都主要是家庭和劳动者个人采取的自我保障的形式来应对的，其后政府的逐步介入是与人类社会文明的发展与进步分不开的。一个国家或地区的文明程度越高，就越有利于社会保障事业的发展和完善。

因此，社会保障与经济增长、社会发展之间的关系，总的来说是表现为一种互相牵制、相互促进的辩证关系。社会保障既可以促进宏观层次公平与效率的实现，也可能产生宏观层次的不公平和效率低下问题。社会保障与宏观公平、效率的协调统一，在一定程度上，依赖于社会保障自身的调整和良性运行。

三、社会保障与微观公平、效率的关系

社会保障与微观公平、效率的关系主要涉及的是社会成员和组织（主要是企

业）之间的社会保障方面的利益分割问题。

从个人的角度看，社会保障的实行不但会影响到同代社会成员之间的利益分布，还会涉及代际之间利益分布。例如在社会失业保险制度上，始终存在着公平与效率之争。有人认为在市场公平、机会均等的条件下，个人应当对自己的失业完全负责，失业保险待遇的发放只会增加“养懒汉”的几率并延长失业时间，因而既不公平也无效率。也有人认为失业保险制度可以有效地化解市场不确定性给劳动者带来的失业风险，可以缓冲危机、体现社会公平，因而有利于劳动者个人和经济的长远发展，我们更倾向于这种观点。在社会养老保险制度方面，由于现收现付制的筹资方式实际上存在着代际之间的交换问题，因而被很多人认为会造成代际之间的不公平。而完全积累的方式又面临着保险基金难以有效地保值增值的运行效率问题。

从企业的角度看，在养老、医疗、失业以及工伤等社会保险制度方面，不同的企业往往面临着不同的缴费负担水平。在具体的社会保障体系和政策环境中，企业的具体情况不同，如退休人员数量、费（税）率水平以及企业的规模和经济效益等，就会面临着不同的制度成本，甚至在有些情况下会出现负担的畸轻畸重现象。

所以，以上仅从社会保险方面的分析就可以得知，社会保障与微观层次的公平、效率问题同样是紧密联系在一起，把社会救济与社会福利等内容考虑进来也会得到同样的结论。

第二节　社会保障与市场、政府

现代社会保障是由政府主导实施的，然而从资源配置的角度来说，市场也是资源配置方式的一种，因此讨论社会保障就不可避免地需要从政府与市场关系的角度来进行考察。

一、市场发育与失灵

（一）市场及其发育

市场的概念早已为大家所熟知，完整的市场体系是由家庭（个人）、企业和政府三个相对独立的主体组成的。作为一种具备独特效率优势的交易机制，市场既可以是有形的，也可以是无形的。然而我们这里所讲的市场与通常所指的市场含义并不相同，而是特指以市场为主导的资源配置方式。最理想的市场是完全竞争市场，它有如下几个重要特征：

第一，市场主体独立决策和契约自由。完全竞争的条件下，劳动者能够依据自身效用最大化的原则，充分享有自身的劳动力产权，能够独立决策、自主参与市场交易。企业的需求决策行为也根据自身经济利益最大化的准则进行，这样才能保证市场主体的经济理性不被市场之外的因素干扰和扭曲，也才能保证各种生产要素的自由流动和各种资源的优化配置。

第二，单个劳动者或者厂商无法左右市场交易的价格和数量。这也就是说市场的交易价格——工资、利率以及股价等是完全由市场供求关系决定的，任意的劳动者个体或单个企业的市场交易行为都不能够对市场交易的价格造成实质性影响，单个企业或劳动者都是市场价格的被动接受者。同时，单个企业或劳动者进入或退出市场的行为所造成的供求数量上的变动，对于整个市场的交易量而言也都是微不足道的。

第三，市场信息的完全与对称性。在完全竞争的市场模型中，信息充分与信息对称是必要的前提，如果存在信息的不对称甚至垄断，则会造成决策困难，市场交易费用上升，甚至会产生信息充分一方的欺诈行为。

第四，收入分配按照生产要素的稀缺程度及其在市场上的价格来进行。市场经济中，国民收入的分配主要依照的是效率原则，各种生产要素的稀缺程度和市场价格决定了其在收入分配格局中的地位。

市场发育的过程其实就是在以上四个方面的不断优化，尤其是独立决策和契约自由，它是市场机制效率优势的根本保证。另外，其他诸如统一有效的市场规则等市场机制要素的不断完善也是市场发育不可或缺的重要方面。

（二）市场失灵

通常我们谈到市场机制在资源配置上的效率优势，都是以严格的完全竞争为假设前提的。在现实中，市场并不能够完全具备这些条件，其资源配置功能也不是万能的。市场机制存在着自身难以克服的固有缺陷，我们称之为“市场失灵”(Market Failure)。市场失灵主要表现为以下几个方面：

1. 垄断（Monopoly）造成社会福利损失

依照帕累托最优标准，垄断市场是缺乏效率的。因为在垄断市场的均衡状态下，价格高于生产的边际成本，从而存在着帕累托改进的可能。为了说明垄断对社会福利的影响，我们假定垄断厂商的平均成本等于边际成本，从而平均成本曲线和边际成本曲线是一条直线，如图 3-1 中的 P_c。图中纵轴表示价格（P），横轴表示产量（y）。厂商根据需求曲线 D 对应的边际收益曲线 MR 与 P_c 相交决定的产量 y_m 进行生产，并索要价格 P_m。

如果该厂商处于完全竞争市场上，则价格水平 P_c 代表的供给曲线，与需求曲线 D 的交点上，确定产量 y_c。通过比较垄断市场和完全竞争市场的生产，可以发现垄断造成的社会福利损失。在完全竞争条件下，当厂商生产 y_c 时，此时

社会的净福利为 P_cAE_c。在垄断条件下，社会净福利则仅为 P_cAE_mF。所以，三角形 FE_mE_c 的面积就度量了垄断造成的社会福利损失。

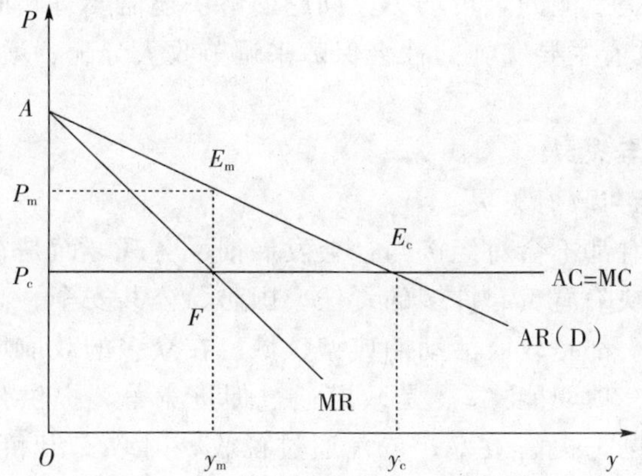

图 3－1　垄断造成的社会福利损失

2. 市场不关心外部性（externalities）影响

又称外部经济影响，是指一个经济行为主体的经济活动对另一个经济主体所施加的“非市场性的”影响。这里所说的“非市场性的”影响是指一种活动所产生的成本或利益未能通过市场价格反映出来，而是无意识地强加于他人的。施加这种成本或利益的人并没有为此付出代价或者得到收益。外部性对资源配置效率的影响在于，它会使得私人成本和社会成本出现差异，即私人成本低而社会成本高，如环境破坏。

3. 市场难以提供公共品（public goods）

公共品是正外部性的极端情况，它是指具有非排他性和非竞争性的商品。由于公共品具有不同于私人物品的特殊性质，公共品很难由市场来提供，至少是市场供给不足。国防就是公共品最好的例子之一，由于无论是否愿意为国防安全付费的人都能得到保卫，从而如果由市场来提供这种产品，就会出现“搭便车”的现象，最终会导致没有人愿意为此付费。

4. 市场导致收入分配不均

在市场经济条件下，收入在不同社会成员之间的分配是由其拥有的生产要素的数量和价格决定的，收入分配形式直接与其提供给市场的要素相对应。如资本所有者根据资本量取得相应利润，土地所有者根据所有权获得地租，而劳动者根据投入的劳动量获取劳动报酬。由于他们拥有的要素数量和质量以及稀缺程度不同，他们的收入也就不会均等。所以，市场调节收入分配，尤其是初次分配，往往会产生不良后果：一方面，一部分人难以获得维持最低生活需要的收入；另一方面，财富在一部分人手中积聚。穷者愈穷，富者愈富，既不利于劳动力的再生产，也在很大程度上增加了社会风险①。

所以，市场不是万能的，市场失灵问题的解决还需要有政府这只“看得见的手”，例如，需要政府主导实施的社会保障来调节收入分配、增进公众福利等等。

二、政府管理与失灵

（一）政府职能与政府失灵

任何国家的政府都不会对经济与社会发展袖手旁观，而是在现实的经济生活中针对市场机制的缺陷肩负起许多的责任。国防、公共安全、高速公路以及本书所讨论的社会保障，都是政府活动的典型领域。在众多的政府职能中，政府对于市场经济主要存在三项职能②：一是政府通过促进竞争、提供公共品以及控制诸如污染等外部性问题来提高效率；二是通过税收、财政支出和社会保障等手段，向某些群体进行倾斜性的收入再分配，从而增进平等；三是通过财政政策和货币政策保证宏观经济的稳定和增长——在鼓励经济增长的同时减少失业，降低通货膨胀。

然而，市场经济需要政府进行干预并不能说明政府干预就总是有效的。市场机制存在着失灵的问题，政府机制同样也存在着干预失效的现象，我们可以把它称为政府失灵（Government Failure）。政府失灵可能发生在许多方面，就社会保障而言，主要有：

1. 政府的强制制度束缚了个人和单位的自由选择权

政府的强制制度束缚了个人和单位的自由选择权，抑制了个人、家庭和社会组织自我保障的动力，导致社会保障制度的单向发展。

2. 政府管理的社会保障制度具有劫富济贫的性质，也可能降低劳动者的积极性

社会保障制度本来具有互助互惠的功能，但是由于政府的直接管理，尤其是采用征收社会保障税的方式，使得人们之间的互助互惠不是直接实现的，而是通过政府这个巨大的多环节的中间渠道实现。结果，互助互惠成为劫富济贫。

3. 政府管理的社会保障制度低效率

政府管理社会保障最容易遭受质疑的一个方面就是效率问题。随着社会经济发展水平的提高，社会保障的覆盖面不断扩大，社会保障项目不断增多，基金积累水平也迅速提高，从而政府有效管理社会保障事业的难度也在不断加大。从以

① 孙光德、董克用．社会保障概论［M］．北京：中国人民大学出版社，2004：119.

② ［美］保罗·萨缪尔森、威廉·诺德豪斯．宏观经济学（第十六版）［M］．萧琛等译．北京：华夏出版社，1999：22－25.

往的社会保障实践来看，政府管理社会保障很多时候都会受到机构膨胀、体制僵化、工作效率低下、官僚主义等问题的困扰。

4. 政府管理的社会保障制度缺乏竞争机制的压力

政府管理的社会保障，往往形成一种垄断态势，缺乏竞争力。在制度运作方面，缺乏竞争压力和机制。

（二）政府失灵的原因

政府管理的社会保障出现失灵的原因主要可以归结为三个方面①：

1. 政府未必能够依照社会利益进行决策。这可以分为两种情况：一是政府代替社会成员进行选择，存在委托—代理风险，因为政府机构作为代理人可能不为选择带来的后果负直接责任，选择带来的利益或损失都将由全社会来承担；二是在投票决定公共政策时可能存在"投票悖论"，政府依据个人投票作出的社会选择并不必然体现社会偏好。

假定 A、B、C 三人面临 X、Y、Z 三项政策选择，个人的偏好情况如表 3-1 所示：

表 3-1　投票悖论

投票者	投票者的政策偏好顺序		
	X	Y	Z
A	1	2	3
B	3	1	2
C	2	3	1

X 和 Y 的投票结果对比是 X 以 2 比 1 获胜，Y 和 Z 的投票对比结果是 Y 以 2 比 1 获胜。这就是说，对于 X 和 Y 而言，社会偏好 X；对于 Y 和 Z 而言，社会偏好于 Y。那么，对于 X 和 Z，社会应当偏好于 X。但是，从 X 和 Z 的投票结果看是 Z 以 2 比 1 获胜。

2. 政府干预受到客观条件的限制。政府在很短的时间内收集、分析和处理大量的社会保障方面的信息，这不仅要花费相当的代价，同时也面临着技术上的障碍。所以，政府在社会保障管理和政策制定上的失误就在所难免。

3. 政府纠正市场失灵的能力是有限的。政府直接掌握社会保障基金投资的决策权，其效率也是值得怀疑的。由于公共投资反映社会偏好，其投资选择方向可能与市场机制的调节方向不一致，投资效果也可能不理想，从而社会保障基金

① 杨瑞龙等．社会主义经济理论［M］．北京：中国人民大学出版社，1999：281—283．

的安全与收益就会存在风险。

因此，市场与政府都不是万能的，社会保障事业的健康发展既离不开市场，也离不开政府，而是必须将两种方式与手段紧密结合，各取所长加以运用才能获得最佳的效果。

三、社会保障功能与失灵

在对公平与效率、市场与政府问题的讨论的基础上，我们可以具体地来看社会保障的功能与失灵问题。

（一）社会保障功能

社会保障所具有的最基本的功能是通过向社会成员提供基本生活保障和增进全民福利，为一个国家或地区的社会经济的良性运行创造良好的环境，从而实现经济与社会的协调发展。具体而言，社会保障功能主要体现在以下几个方面：一是稳定经济社会状态的功能，因为社会保障构筑了一张“社会安全网”；二是调节经济社会关系的功能，这主要体现在社会保障对收入分配所具有的调节作用上；三是推动经济社会发展的功能，这是稳定和调节功能实现的必然结果；四是促进社会成员互助的功能，因为互助精神是社会保障的核心理念；五是提高人类社会文明的功能。

（二）社会保障功能失灵的原因

社会保障的功能失灵是指由于社会保障自身或者外界环境条件的原因，导致社会保障的功能不能有效发挥，甚至是对社会经济发展和其自身发展起消极作用。为了把问题限定在一定的范围之内，我们所探讨的主要是由于社会保障体系自身不完善所导致的功能失灵现象。作为一种收入再分配机制，主要从经济意义上考查，社会保障功能失灵主要原因：

1. 社会保障体系不健全

社会保障是一个包含社会救济、社会保险以及社会福利等一系列内容的复杂体系，体系的不健全会导致社会保障对于稳定社会、调节和促进经济发展等功能的有效发挥。例如，在一个国家或地区中，如果仅仅有一小部分社会成员被囊括在社会保障体系中，而另外有相当一部分人甚至是大部分人都没有被政府主导的社会保障制度所覆盖，那么其社会保障的稳定功能就会大打折扣，甚至会造成新的不公平。此外，作为一个有机的整体，社会保障体系之中若干子项目的缺失，也会使得社会保障作为整体的增进公平、促进发展的功能受到影响。

2. 社会保障水平过高或过低

社会保障水平指的是社会保障开支占 GDP 的比重情况。社会保障存在着一个与当前社会经济发展的阶段相适应的适度水平，如果低于这个适度水平就会造成劳动者合理的社会保障需求得不到满足；如果高于这个适度水平，就造成保障过度，给经济与社会发展带来沉重的负担。例如在20世纪70年代以后，福利国家开始出现危机，西方经济的滞胀导致高福利难以维持是一个重要原因，而慷慨的福利制度本身也难辞其咎。高福利与高税收本是“瑞典模式”的两大支柱，结果却也正是高福利与高税收导致了消费的过度膨胀，生产与投资则相对大大地萎缩。从20世纪60年代开始，瑞典的增长速度明显放缓，70年代末到80年代初，瑞典生产率的增长率甚至处于停滞状态。“福利与发展”不再是“瑞典模式”的代名词，取而代之的是“瑞典病”，福利支出的刚性、经济活力的降低以及难以应付人口老龄化等种种弊端都开始突出地显现。

3. 社会保障管理的低效率

社会保障的组织和实施必须由专门的社会保障管理机构和组织来进行，主要内容包括法制管理、行政管理、信息管理以及基金管理等。社会保障体系发挥正常的功能，必须有规范、畅通、有效的管理运营机制作保证。在法制管理方面，如果没有权威的社会保障立法或相应法律体系不健全，社会保障的组织和实施就没有充分的法律依据，难以有效施行；在行政管理方面，如果经办机构不能很好地依照社会保障立法，对社会保障缴费（税）、资格审查、待遇发放等各项具体事务进行有效的管理，就会使得社会保障制度难以起到应有的作用；在基金管理方面，如果对社会保障基金（尤其是养老保险基金）不能很好地进行投资运营的管理，不能保值增值，就会威胁到劳动者的养老安全，引发社会危机。

（三）社会保障功能如何有效发挥作用

社会保障的稳定、调节以及促进经济与社会发展等功能，首先需要具备一定的外部环境，其次是要求社会保障体系本身要与社会经济发展水平相适应。

社会保障功能有效发挥的外部环境条件包括的范围很广，既有经济环境、政治环境，也还包括社会环境和文化环境等等。

第一，经济增长与发展是社会保障的物质基础，没有一定的物质条件，社会保障制度作为一种收入再分配的机制即使再先进，由于没有可供再分配的份额而将成为空谈。

第二，政治稳定和社会民主也是社会保障功能有效发挥的重要前提，没有政局的稳定和社会的民主，整个社会对于社会公平的诉求就无法得到响应和实现，社会保障的建立与发展就失去了基本的前提。

第三，法制建设与完善为社会保障功能的有效发挥提供法律保证，社会保障不但要遵循公平性和普遍性的原则。而且要遵循法制性的原则。立法的不断改进是社会保障不断完善和功能有效发挥的重要保证。

社会保障功能有效发挥还要求社会保障体系的建设与社会经济发展水平相适

应。建设与社会经济发展水平相适应的社会保障体系，既是整个社会经济发展的必然要求，也是社会保障自身建设与完善的客观规律。社会保障发展存在渐进性的规律，包括项目体系的完备、保障机制的完善以及待遇水平的提高都具有明显的渐进性特征。如果超越经济发展水平或社会历史文化的发展阶段，都只能导致社会保障发展误入歧途，最终陷入困境。

第三节　社会保障与公共品

本节从公共品原理角度阐明社会保障产品所具有的公共品特征，从而帮助我们从理论高度准确地把握政府在社会保障产品供给方面的主导作用。

一、公共品的一般理论

（一）公共品的概念与特征

公共品（public goods）也常被称为公共物品，是与私人物品（private goods）相对应的，通常被定义为由公共部门提供的用来满足社会性的共同需要的商品和服务（goods and service）。公共品具有两个密切相关的特征：非排他性（non-excludabity）和非竞争性（non-rivalness）。那些同时具有非排他性和非竞争性的物品是纯公共品。萨缪尔森最早给纯公共品下的严格定义为："纯粹的公共品是指这样的产品或劳务，任何一个人消费该产品或劳务不会减少其他任何人对这种产品或劳务的消费。"[①]

排他性是指某个消费者在购买并得到一种商品或服务的消费权之后，就将其他的消费者排斥在获得该商品或服务的利益之外。排他性是私人物品的典型特征，大部分公共品都不具有排他性。例如国防和警察的服务等。公共品的非排他性造成在一般意义上通过市场交换来提供商品和服务的机制出现失灵。每个经济上理性的人都会有成为"免费搭车者"（free rider）的冲动。这就意味着如果由市场来提供公共品就会由于无法获得抵补生产成本的收益，而使得没有厂商愿意生产和提供这些物品，从而使得公共品供给不足。

竞争性是指消费者或消费数量的增加会引起商品或服务的生产成本的增加。大多数公共品都不具有竞争性，例如，广播、电视、公路等。在正常的情况下，消费者人数的增加并不会带来生产成本的提高，这时的边际成本为零。

（二）公共品的供给

根据公共品的定义我们可以得知，公共品的供给无法像私人物品那样由消费

---

① Paul A. Samuelson，1954. "The Pure Theory of Public Expenditure"，Review of Economics and Statistics，Nov. PP. 386－389.

者承担费用或者成本。如果把某种商品的总量表示为 X，用 X_i 表示单个消费者的消费量，那么在私人物品的情况下 $X=\sum X_i$；而在公共品的情况下则是 $X=X_i$。这就是说私人物品在消费者之间可以分割，而公共品则无法分割，也有人把它视为公共品的又一特征，即效用的不可分割性（non-divisibility）。

与私人物品一样，公共品的最优供给量也是由该物品的需求与供给共同决定。但是，由于公共品无法分割，所有消费者同时消费同一数量的商品，因而公共品的市场需求曲线并不是所有消费者沿需求量方向相加，而是在既定数量前提下所有消费者愿意支付的价格才是该数量下的需求价格。即公共品的市场需求曲线是所有消费者需求曲线纵向相加而得到的。如图 3－2 所示：图中，D 表示公共品的市场需求曲线，S 表示公共品的供给曲线。于是，D 与 S 的交点就决定了公共品的均衡供给量 y^*。

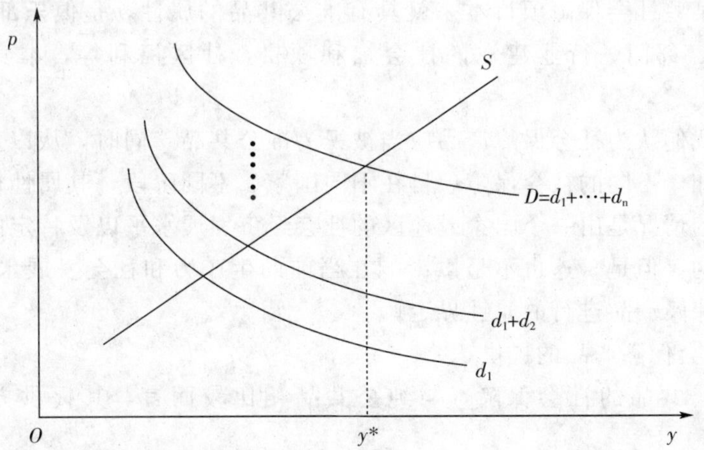

图 3－2　公共品的需求曲线和均衡供给

二、社会保障的公共品特征

（一）社会保障产品的属性界定

社会保障本身包含着比较复杂的内容，不同的保障项目有着不同的性质和特征。如果将社会保障视为供社会成员购买和消费的产品，并作为整体来看待，社会保障既不是纯公共产品，也不是私人物品，而应当被视为准公共品（quasi-public goods）。这样说的原因有四个：

第一，社会保障产品的主要功能在于满足全社会的共同需要，即公共需要（public wants）。社会保障产品系列中，无论是养老、医疗、失业等社会保险，还是社会救济，都是现代工业社会中劳动者的共同需求。并且在社会化大生产条件下，单个劳动者无法很好地满足自身的这类需求。同时，满足公共需要是政府的职责，所以社会保障产品绝不能等同于私人物品。

第二，社会保障产品具有一定程度的非排他性。社会保障主要包括社会救济、社会保险和社会福利等内容，其中，社会保险具有比较明显的排他性，而社会救济和社会福利等项目则在一定程度上具有消费的非排他性。因为社会保险待遇的发放是以就业的劳动者缴纳规定的社会保险费为前提的，不缴费则无法享受。而社会救济等项目待遇的发放常常不要求劳动者直接为此支付费用，只要是社会保障制度覆盖范围内的劳动者都可以享受。

第三，社会保障产品中的大多数项目具有消费的竞争性。社会保障产品的竞争性主要体现在无论是社会保险还是社会救济，享受社会保障待遇的劳动者的人数的增加，都会引起提供社会保障产品的成本的增加。因为，社会保障待遇的支付总是要消耗一定量的经济资源的。

第四，某些社会保障项目本来就具有准公共品的属性，是俱乐部产品。如，企事业单位、部门、行业建立的社会福利项目，社区福利等，本身就是准公共品。

所以，我们认为社会保障产品应当被视为准公共品。同时，从以上的分析我们也可以得知，不同的社会保障项目在不同国家、不同阶段，其属性也可能是不同的，具体的情况是由一个国家或地区的社会经济发展水平以及特定的社会保障模式所决定的。但是，这也不足以影响在当前的生产力和社会发展水平条件下，我们对社会保障产品进行的属性界定。

（二）社会保障产品的提供

作为准公共品的社会保障，与纯公共品相比较而言，其提供方式更为多样化：

第一种方式，政府直接独立提供。这种方式主要见于实行国家保障型和福利国家型的社会保障模式之下。政府通过立法确立社会保障的法律地位，保障对象为全体劳动者或公民，其支出主要或全部由政府负担，例如在一些发展中国家和北欧福利国家等。政府直接提供社会保障的优点是劳动者的社会保障权利能够得到有效的保证，并且政府可以运用社会保障这一收入再分配手段直接调节经济与社会运行。这种方式的缺点在于政府直接面对广大劳动者，责任无限，并且需要高额税收的支持。一旦出现问题，政府就会面临支付危机和信用危机。

第二种方式，政府和企业、个人三方负担，共同提供。这实际上是多数国家已经采取或将要采取的方式，代表着一种发展趋势。例如在养老保险制度筹资模式上，世界银行曾主张实行“三支柱”模式：以政府为责任主体的资金来源于政府财政的公共养老金，以企业为责任主体的资金来源于企业缴费的强制储蓄，以个人为责任主体的资金来源于个人缴费的自愿储蓄。这种社会保障产品的提供方式优点在于实现了资金来源渠道的多元化，能够调动企业和劳动者个人的积极性。缺点在于管理难度较大，三方之间负担比例难以合理确定等。

第三种方式，企业和个人负担，政府资助。这种方式主要见于实行保险型社会保障模式的国家，如美国、德国等发达的工业化国家。在这种方式之下，社会保障产品的提供主要强调企业和个人的责任，政府通过补贴以及免税等政策予以资助或扶持。采取这种方式，使得政府由"台前"转为"幕后"，主要负责是提供基本的经济安全保障和承担最终的"兜底"职能。因此，其优点在于政府不再负有无限责任，并有助于政府节约财力；缺点则在于社会保障的公平性难以得到有效保证。

第四种方式，完全由企业和劳动者个人承担。例如在新加坡、智利等国，作为社会保障产品核心内容的社会保险完全由企业和劳动者个人承担筹资责任，政府不提供任何财政补贴而只负责监督。虽然这种私有化的提供方式一度备受关注甚至是推崇，因为其具有明显的权利与义务的对应性和较好的资金上的可持续性等优点，但这实际上就是一种由政府强制推行的自我保障制度。由于劳动者之间、雇主之间以及政府与民众之间缺乏应有的互济性，其公平性必然要大打折扣。

因此，社会保障产品的提供，就其准公共品的属性而言，完全由政府提供并非总是科学合理的，现实中经常是多样化的混合提供的方式，例如适当地引入市场竞争机制从而提高社会保障产品的供给效率。并且，不同的社会保障项目，提供方式是不同的。而就特定的社会保障项目而言，不同国家在不同时段也很可能有着不同的提供方式，它同样也是由特定的社会经济发展水平和社会保障制度模式所决定的。

第四节　社会保障与可持续发展

走可持续发展的道路是人类文明发展的新阶段，而社会保障的不断发展与完善既是实现经济与社会可持续发展的必然要求，同时也是实现自身可持续发展的重要基础和条件。

一、可持续发展的一般理论

（一）可持续发展的概念

许多年以来，将经济增长与社会福利总水平增加等量齐观的传统发展观曾一直占据着主导地位。在这种传统的经济增长观念中，自然资源和生态环境一直都被作为外生变量来对待。然而，随着许多自然资源濒临枯竭、生态环境不断恶化，人类开始对传统的经济发展模式进行反思，“可持续发展”概念的提出就是这种反思的结果。

可持续发展（Sustainable Development）的思想最早见于1962年美国海洋生物学家卡森的著作《寂静的春天》。这本论述杀虫剂、特别是滴滴涕对鸟类和生态环境具有毁灭性危害的著作，使卡森一度备受攻击、诋毁，但书中提出的有关生态的观点最终还是被人们所接受。1972年，一个名为“罗马俱乐部”的非正式的知识分子组织发表名为《增长的极限》的报告在全世界引起了巨大的反响。报告指出：人口增长与经济增长“都已经达到了空前的水平”，“人们被迫考虑他们的行星的有限大小，以及他们在这个行星上存在和活动的上限。调查无限制的物质增长的代价和考虑持续增长的替代办法，第一次成为生死存亡的问题”①。1987年，联合国世界与环境发展委员会（World Commission on Environment and Development，WCED）向联合国大会提交了题为《我们共同的未来》的长篇报告，报告将“可持续发展”定义为“既满足当代人的需要，又不对后代人满足其需要的能力构成危害的发展”。1989年，联合国环境署第15届理事会通过了《关于可持续发展的声明》，最终将“可持续发展”定义为“系指满足当前需要又不削弱子孙后代满足其需要之能力的发展”。这一定义得到了世界范围内的认同并广为流传。1992年6月，联合国在巴西里约热内卢召开了世界环境与发展大会，通过了《里约宣言》和《21世纪议程》等重要文件，确立了可持续发展是当代人类发展的主题，并成立了“联合国可持续发展委员会”（Commission on Sustainable Development）。

（二）可持续发展的内容与原则

1. 可持续发展的内容②

从一般意义上说，可持续发展包括三个方面的内容：

（1）生态的可持续性。可持续发展的概念最早就是由生态学家提出来的，指的是经济与生态环境之间的动态平衡，即所谓的“生态持续性”（Ecological sustainability）。由于经济行为所导致的环境污染会使得生物种类减少，环境质量下降。这样，从长期看，系统就不能够保持持续地发展③。

（2）经济的可持续性。就是经济的可持续发展，指的是在一定的资源环境基础上使当代人的经济福利不断改善的同时，能保证后代人所得到的经济福利不小于当代人所能享受到的经济福利。可持续的经济发展既是可持续发展的重要手

① ［美］丹尼斯·米都斯等．增长的极限——罗马俱乐部关于人类困境的报告［M］．长春：吉林人民出版社，1997：118－142.

② 杨文进．可持续发展经济学教程［M］．北京：中国环境科学出版社，2005：7－16.

③ M. Redelift，1991. “The Multiple Dimensions of Sustainable Development”，Geography，PP. 36－42.

段，也是可持续发展的主要内容。

（3）社会的可持续性。现有的社会制度和各种社会关系的发展，不但应该能够在发展过程中满足当代人各方面的发展需要，而且应当能够保证满足后代人在社会制度和社会关系等方面的需要，同时还要能够符合满足生态的可持续性和经济的可持续性发展的要求。社会的可持续性是经济可持续发展的制度保证。

2. 可持续发展的原则

（1）公平性（Fairness）原则

所谓的公平性是指机会选择的平等性。这里的公平具有两方面的含义：一方面是指代际公平，即世代之间的纵向公平，另一方面是指同代人之间的横向公平。可持续发展不仅要实现当代人之间的公平，而且也要实现当代人与未来各代人之间的公平。这是可持续发展与传统发展模式的根本区别之一。公平性在传统发展模式中没有得到足够重视。从伦理上讲，未来各代人应与当代人有同样的权力来提出他们对资源与环境的需求。可持续发展要求当代人在考虑自己的需求与消费的同时，也要对未来各代人的需求与消费负起历史的责任，因为同后代人相比，当代人在资源开发和利用方面处于一种无竞争的主宰地位。

（2）可持续性（Sustainability）原则

这里的可持续性是指生态系统受到某种干扰时能保持其生产率的能力。资源环境是人类生存与发展的基础和条件，离开了资源环境就无从谈起人类的生存与发展。资源的持续利用和生态系统可持续性的保持是人类社会可持续发展的首要条件。可持续发展要求人们根据可持续性的条件调整自己的生活方式，在生态可能的范围内确定自己的消耗标准。可持续发展的可持续性原则从某一个侧面反映了可持续发展的公平性原则。

（3）和谐性（Harmony）原则

可持续发展不仅强调公平性，同时也要求具有和谐性，正如《我们共同的未来》报告中所指出的，“从广义上说，可持续发展的战略就是要促进人类之间及人类与自然之间的和谐”。如果每个人在考虑和安排自己的行动时，都能考虑到这一行动对其他人（包括后代人）及生态环境的影响，并能真诚地按“和谐性”原则行事，那么人类与自然之间就能保持一种互惠共生的关系，也只有这样，可持续发展才能实现。

二、社会保障与经济社会的可持续发展

（一）经济与社会的可持续发展要求社会保障不断发展和完善

作为“安全网”与“稳定器”，社会保障是现代市场经济运行机制的重要组成部分。现代市场机制的核心就是价格与竞争机制，其效率优势对促进经济与社

会的可持续发展是举足轻重的。但是市场也不是万能的，由市场配置资源也存在种种失灵现象，其中最突出的是由市场所决定的初次收入分配可能存在巨大的不公平。注重公平性是可持续发展与传统发展模式的根本区别之一，社会保障所追求的增进公平、促进发展的目标以及对社会公平（包括代内和代际公平）的突出强调，正是经济与社会的可持续发展的内在要求之一，所以，要实现经济与社会的可持续发展就必然要求不断发展和完善社会保障。

经济与社会的可持续发展要求有效的保障机制能够化解社会风险和消除社会危机。社会保障能够通过向遭遇生存危机和暂时性困难的劳动者提供物质帮助和精神照顾等，来有效地化解各种社会风险和危机。工业化时代，社会化大生产条件下，劳动者可能会遭遇各种个人无法应对的诸如养老、医疗以及工伤、失业等社会性的系统风险，社会保障的实施可以化解这些风险并防范可能由此导致的社会危机，从而为经济与社会的可持续发展创造稳定的经济与社会环境。

（二）社会保障是实现经济与社会可持续发展的条件和手段

社会保障是社会经济发展到一定阶段的产物，它可以对安定团结的政治局面以及和谐的社会环境起到稳定和维护的作用。“社会保障是实现可持续的社会和经济发展的手段”[①]。社会保障制度的建立使得由于各种原因导致收入中断或者减少的社会成员可以得到基本生活保障，消除贫困与危机，使每个社会成员都能生有所食、病有所医、老有所养，让每个社会成员都能分享社会经济发展的成果。例如，在二战之后的滞胀时期，发达国家由于有比较完善的社会保障体系作为后盾，从而大大缓和了劳资之间的矛盾，维系了社会的稳定。作为一种以互济互助为特征的风险共担机制，社会保障也为社会的长期良性运行和发展创造了有利条件。

社会保障能够有效地平抑经济波动，调节总需求，促进经济增长。社会保障作为一种收入再分配机制，对经济增长的促进作用是非常重要的。首先，在经济衰退时期，失业率上升、生活水平下降，社会救济和失业保险等的实施，能够通过弥补购买力来拉动有效需求，从而促进经济复苏；当经济过热时，社会保障又可以通过降低支出、积累资金来抑制需求的膨胀。其次，社会保障基金的长期大规模积累有助于提高国民储蓄水平、刺激经济增长，基金的投资运营则能够促进资本市场的完善。再次，社会保障可以维护家庭和个人的经济安全，有利于劳动力自身的再生产。当家庭和个人在教育、医疗保健等方面的投资能力不足时，政府可以通过社会保障给予一定资助。

因此，社会保障与经济社会的可持续发展是有机地联系在一起的，社会保障

① 国际劳工组织．社会保障：新共识［M］．北京：中国劳动保障出版社，2004：2．

既是社会稳定机制的重要组成部分，又能够通过储蓄和收入再分配来调节并促进经济增长。社会保障的建立与发展，无论在长期还是在短期，都符合可持续发展的原则与要求。

三、社会保障本身的可持续发展

社会保障本身的可持续发展是经济与社会可持续发展战略的一个子系统，它与经济社会的可持续发展相互依存、相互补充。社会保障可持续发展就是要求社会保障能够依照社会发展的客观规律、遵循增进公平和促进发展的目标，持续而有效地发挥其各项功能。其核心内容是社会保障财务或基金的可持续发展问题。现代社会保障制度自建立以来，通过对老年人口、失业人员以及贫病人口等社会弱势群体提供物质帮助，对维护社会稳定和促进经济发展方面发挥了十分重要而积极的作用，但是从 20 世纪 70 年代以来，社会保障的可持续发展开始面临严峻的挑战。

（一）传统社会保障模式的不可持续性

1. 社会保障供给成本过高

随着世界各国社会保障水平的不断提高，社会保障的成本过高问题首先开始显现。许多国家的社会保障制度都面临着社会保障支出负担沉重，抑制经济效率与增长的问题。造成支出膨胀的主要原因有：第一，人口年龄结构的变化。随着社会生产力的不断发展，医疗保健水平的提高，人口预期寿命不断延长，同时出生率有所下降，从而造成越来越严重的人口老龄化[①]问题，有人形象地称之为“银发浪潮”。第二，经济发展放缓，失业水平上升。随着二战后“黄金时期”的终结，全球经济都存在着发展放缓、失业水平上升的趋势。失业不仅是劳动力资源的巨大浪费，造成社会福利的损失，更是对当时的社会保障支出形成巨大的压力。第三，过高的待遇水平和管理成本提高了社会保障的成本。

2. 社会保障面临财务危机

社会保障面临的财务危机主要体现在养老保险所面临的待遇支付危机。由于人口深度老龄化阶段的到来，老年人口所占总人口的比重不断增加，养老保险的财务危机开始显现，许多国家都面临着巨大的养老金缺口。在传统的现收现付模式由于人口老龄化而遭遇巨大的支付风险的情况下，许多国家都开始转向完全积累模式，但在这个过程中也同样面临着巨大的隐形债务和转轨成本。因此，巨大的支出缺口反映出了传统社会保障模式在财务方面的不可持续性。

---

① 人口年龄结构的变动是多方面因素综合作用的结果，老龄化问题不但与预期寿命延长、出生率下降有关，各国也有自身的一些特殊原因。例如，二战后发达国家的人口出生高峰（Baby Boom）以及中国的人口计划生育政策等，都对自身的人口年龄结构变化和老龄化有着重要的影响。

3. 缺乏良性运行与发展的机制

主要体现在两个方面：一是社会保障管理效率低下；二是不能适应劳动就业状况的变化。在传统的社会保障模式下，社会保障管理存在着种种效率低下的问题，如机构臃肿、多头管理、权责不清以及成本递增等。另一方面，在传统的社会保障模式中，社会保障基本上都是以具有稳定职业和劳动关系的劳动者为主要对象的。但是，随着经济与社会的发展，非正规部门的发展催生了大量的“非正规就业”① 劳动力，这就对传统的以稳定劳动关系为特征的社会保障制度提出了严峻挑战。大量自我雇佣、非全日制就业的劳动者，因为无法建立或者暂时没有稳定劳动关系，而被排除在传统的社会保障制度之外，这不但不利于劳动者的生存安全与保障，也给社会保障制度本身的可持续性带来影响。

（二）社会保障可持续发展的路径

1. 社会保障可持续发展必须与经济可持续发展相协调

经济的可持续发展是社会保障可持续发展的必要前提。只有经济的可持续发展创造出一定的物质基础和条件，社会保障的各项功能和作用才可能有效地发挥出来。同时，社会保障的可持续发展又可以推动经济可持续发展。因为社会保障是工业社会的产物，是市场经济正常运行的必要条件：一方面，建立社会保障制度有利于改善市场环境，调节收入分配；另一方面，社会保障的实施可以调节和促进经济的增长与发展。

2. 社会保障可持续发展的关键是财务上的可持续性

社会保障的实施主要是通过物质帮助和提供服务来进行，财务上的可持续是根本保证。首先，财务上的可持续需要有多样化的资金来源和筹集方式。基金来源始终是社会保障的核心问题，没有充实的基金来源，一切都只能是空谈。随着劳动力市场的不断变化以及整个经济与社会的不断发展，传统的社会保障筹资模式也需要变革，单一的现收现付或完全积累都各有利弊，政府主导、多方负担才是合理而有效的解决途径。其次，财务上的可持续需要投资运营机制的不断完善。社会保障基金的投资运营必须遵循安全性、收益性以及流动性的原则，最首要的是能够保证基金的安全，追求的收益也是安全稳定的收益，大规模地进入资本市场进行风险投资在任何时候都是不可取的。再次，财务上的可持续性需要社会保障待遇支付的合理节制。“开源”和“节流”并举才能实现社会保障财务上

① “非正规就业”应该是“非正规部门就业”的简称，也有人称之为“灵活就业”。20 世纪 70 年代初，国际劳工组织提出了“非正规部门”的概念，它主要是指规模很小的从事商品生产、流通和服务的单位。主要包括微型企业、家庭型的生产服务单位、独立的个体劳动者。所以，从就业方式的正规性而言，非正规就业主要是指：自我雇佣、家庭内就业、阶段性就业、从事非全日制的弹性工时工作、钟点工、临时工、季节工等。

的可持续性，面对支出膨胀问题，必须采取严格待遇支付条件、合理降低待遇支付水平，如延长缴费期、提高退休年龄等。

3. 社会保障可持续发展有赖于良性运行机制的建立和完善

社会保障的可持续发展还有赖于建立和完善良性的运行机制，重点在以下几个方面：第一，完备的社会保障法律体系。社会保障既然是由政府主导的，同时也是每个社会成员的基本权利，就必须有相应的社会保障法律作为实施依据。从社会保障的发展进程来看，加强相应的社会保障立法是有效推行社会保障的重要措施，社会保障立法的完善能够加快和促进社会保障的发展。第二，统一、高效的社会保障管理机构。社会保障管理机构是实施社会保障的重要组织保证，机构的统一有利于政府社会保障政策的有效推行，否则就会造成多头管理、政策分散。同时，社会保障管理效率的提高也要求有统一的社会保障管理和经办机构。第三，健全的社会保障基金管理体制。社会保障基金的管理是社会保障制度运行的核心环节，从基金的筹集到存储、投资运营，再到最后的待遇支付，都需要有严格规范的管理。如此才能确保基金的安全并实现增值，满足待遇支付的需要。

主要概念

公平	equity	效率	efficiency
市场失灵	market failure	外部性	externalities
公共品	public goods	可持续发展	sustainable development

思考题

1. 社会保障与宏观公平、效率的关系是怎样的？
2. 社会保障究竟应当是效率优先，还是公平优先？
3. 社会保障功能失灵的原因主要在于哪些方面？
4. 试述传统社会保障模式的不可持续性。
5. 试述社会保障可持续发展的路径。

阅读资料

1. 阿瑟·奥肯．平等与效率［M］．王奔洲等译．北京：华夏出版社，1999.

2. J. M. 布坎南．自由、市场与国家［M］．上海：上海三联书店，1989.

3. 罗兰德·斯哥．地球村的社会保障——全球化和社会保障面临的挑战［M］．北京：中国劳动社会保障出版社，2004.

4. ［美］罗伯特·威廉·福格尔．第四次大觉醒及平等主义的未来［M］．北京：首都经济贸易大学出版社，2003.

5. 罗伯特·霍尔茨曼（Robert Holzmann），约瑟夫·E. 斯蒂格利茨（Joseph E. Stiglitz）．21世纪可持续发展的养老金制度［M］．北京：中国劳动社会保障出版社，2004.

第四章　社会保障的协调发展

社会保障的产生与发展、社会保障作用的发挥，都是在一定的经济社会环境下实现的，所以，社会保障的发展必须与经济社会许多领域的发展相协调，主要包括家庭、国家职能、劳动就业、收入分配、非政府组织。在一定程度上，社会保障是与这些领域有机融合在一起的。要深入理解和研究社会保障，就必须掌握社会保障与这些领域的关系。

第一节　社会保障与家庭保障

要想真正理解“社会保障”，就必须充分理解“家庭保障”以及“社会保障”与“家庭保障”的关系。

一、家庭保障及其演变

（一）家庭保障的形成

家庭是社会的基本单位，也是最基本的保障单位。在人类的发展史上，家庭是不断由大变小的，而不是由小变大的。也就是说，在远古社会以及封建社会，人类成员的基本生活主要是由依靠“大家庭”来保障的。

在漫长的传统农业社会，由于生产力水平低和人们的生产活动范围有限，家庭特别是大家庭（家族）通常是世世代代居住在一个地域，集生产和消费的功能为一体，个人的生活依赖家庭成员的互相保障。并且，很长时间以来，国家和社会提供的保障都十分有限。所以，个人通常只能通过家庭获得基本的生存保障（就业、疾病、养老等）。而这种保障方式实质上是将个人的生存风险在家庭成员范围之内进行分摊，显然，家庭的规模越大，风险化解能力就越强。

当然，家庭的规模毕竟有限，从而使得这种风险化解的能力也是有限的。于是，当家庭的能力不足以化解个人的生存风险时，个人生存就出现危机，当这种危机普遍出现时，社会的动荡就会产生。

家庭保障是指家庭成员之间相互提供包括经济保障、服务保障和精神慰藉等内容在内的生活保障，它在保障社会成员的生活方面长期与国家和社会负责的社会保障并驾齐驱，越是在远久的时代，家庭保障的作用就越大。

实际上，家庭是人们最初的和最后的保障屏障，英文有一句名言：

Charity begins at home. 意思是：慈善从自家开始。虽然，这句话往往是一些人拒绝提供慈善捐助的理由，但是它也在一定意义上说明了家庭保障的重要性。

中国《孟子·梁惠王》一书中有一句名言："老吾老以及人之老，幼吾幼以及人之幼"。这句话无非是说：希望人们在社会保障方面，像对待自家人那样对待所有社会成员。但是这句话也隐含着"保障从家庭开始"之意。

（二）家庭保障的基本功能

家庭保障的基本功能如下：

1. 家庭养老保障功能

家庭可以为老年人提供基本的生活养老功能。家庭的养老功能主要包括：老年人经济生活来源的提供、老年人日常生活的照顾、老年人疾病的治疗和护理。

在人口老龄化不断加重的背景下，家庭养老功能日益重要，甚至到了家庭已经无法完全承担养老负担的程度。

2. 家庭抚幼保障功能

家庭为未成年人提供全方位的保障，主要包括：生活照顾、家庭教育、提供上学的费用、传授劳动技能和生活经验。

3. 家庭住房保障功能

家庭为各个成员提供一生或者一段时期的住房。住房是每个家庭的固定生活场所，更是一种物质保障。

4. 家庭就业保障功能

家庭可以为其成员提供一定的就业保障。在农业社会，家庭为其成员提供自然就业的基本保障，因为家庭自己拥有一定的耕地、牧场、果林等农牧业生产资料。在工业化社会，家庭的这种功能虽然被削弱，但是，家庭仍然可以为其成员的就业提供物质帮助、信息服务等。

5. 家庭精神保障功能

家庭是人们亲情的源泉和情感的寓所。这主要包括夫妻之间、代际之间、同辈之间的感情交流、精神鼓励与勉励。

（三）家庭保障功能的演变

家庭保障功能的演变基本上是一个由强到弱的演变过程。

在原始社会，家庭是一个模糊的组织，也是一个模糊的概念，整个的原始群落就是一个"家庭"。在这个"大家庭"里，人们共同劳动和生活，互相帮助，互相保障，一个人离开这个群体，是根本无法生存下去的。这时，家庭保障与社会保障是无法分开的，二者是合而为一的。

随着原始社会进入农业社会，家庭保障与社会保障出现"分工"。由于经济社会发展水平较低，许多本来应当由社会承担的职责和功能，也被家庭承担下来了，如教育。

进入工业化社会之后，家庭的社会保障功能逐步被削弱了。如，教育的功能越来越被社会所承担；治病方面，医院和公共卫生的作用越来越多；养老方面，各种养老机构越来越多，尤其是养老金制度的建立更使得社会养老的成分增加；就业方面，人们越来越走出家庭，到社会上就业；甚至劳动技能的培训，包括农业技能的培训，越来越依靠学校。关于家庭规模的缩小与社会文明进步的关系，参见图 4－1[①]。

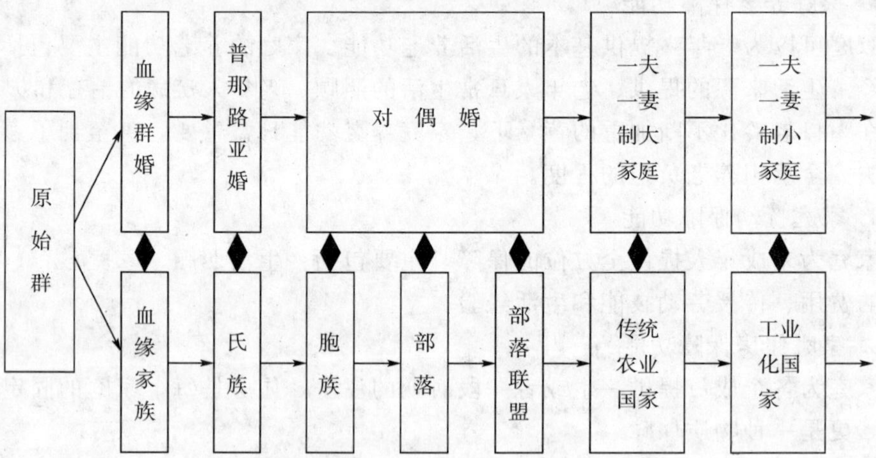

图 4－1　家庭规模缩小与社会文明进步的关系

在图 4－1 中，“原始群”是指原始社会中人类的最初组织状态，没有社会组织，也没有婚姻规则。

“血缘家族”是由原始群分成的若干个小团体，每个小团体就是一个血缘家族，“血缘家族是第一个‘社会组织形式’”[②]。其婚姻制度：一是同辈男女之间仍然可以随意发生婚姻关系，而不同辈之间的男女不得发生婚姻关系；二是仍然实行族内婚。这就是与“血缘家族”相对应的“血缘群婚”，其婚姻范围有所缩小，一是不同辈分之间不得通婚，二是不同血缘家族之间还没有通婚，所以从这个意义上说，当时的“家庭”规模缩小了。

① 参见：林耀华主编．原始社会史［M］．北京：中华书局，1984：50，72，73，185，190，192，324，349，508.

② 马克思．摩尔根<古代社会>一书摘要［M］．北京：人民出版社，1978：20.

“血缘群婚”进一步发展就是“普那路亚婚”[①]，或者叫做“普那路亚群婚”，这种婚姻或者说家庭的主要特征：一是在血缘群婚的限制规则基础上进一步把母方的兄弟姐妹排除在婚姻关系之外；二是实行族外婚。但是普那路亚群婚仍然是在一定的婚姻范围内相互的共夫共妻，不过进一步排除了血亲婚姻。所以其“家庭”规模又缩小了。一般认为，正是在普那路亚群婚的基础上产生了“氏族”这一更高级的社会制度。

氏族制度进一步发展就是胞族，胞族可以发展成部落，部落可以发展成部落联盟，部落联盟距离“国家”似乎只有一步之遥。与胞族、部落、部落联盟对应的婚姻家庭是对偶婚。简单地讲，对偶婚就是不稳固的一夫一妻制。

部落联盟发展成传统农业国家，相应婚姻制度产物是对偶婚发展成相对稳定的一夫一妻制。但是这种一夫一妻制往往仍然是较大的家庭，如几世同堂（三世或者四世等），并且有着强大的家族、宗族背景。所以家庭规模虽然缩小了，家庭保障功能削弱了，但是仍然有家族和宗族作为家庭保障的一个支撑点。

社会进入工业化之后，家庭进一步缩小成一夫一妻制的小家庭，即“核心家庭”。核心家庭是指一个家庭只有一对夫妇和他们的孩子。

总之，家庭保障功能的演变是由于家庭婚姻形式和家庭规模在不断变化，而家庭婚姻形式变化的基本趋势就是家庭规模不断缩小，这导致家庭保障功能逐步削弱。这个演变的根本前提就是社会制度在不断创新和完善。

二、社会保障与家庭保障的关系

家庭是社会保障网络的一个网结。家庭是社会的一个基本单位，也是社会保障网络的一个网结。社会保障与家庭保障之间是一种互相渗透、此消彼长、若离若合的关系，这主要表现为以下几个方面。

（一）社会保障对家庭保障的影响

社会保障的建立与发展对家庭保障产生重大影响

1. 社会保障是家庭保障的升华和替代

从家庭保障与社会保障各自功能的演变来看，社会保障是家庭保障一定程度的升华和替代。人类社会的每个成员都是需要生活方面的保障的，问题只是由谁来承担而已。经济社会发展越是落后，家庭承担的保障任务就多一些，社会承担的任务就少一些；经济社会发展越是进步，家庭承担的任务就少一些，社会承担的保障任务就多一些。

---

① “普那路亚”（punalua）是夏威夷语，意即“亲密的伙伴”。学者是首先在夏威夷发现了这种婚姻形式，所以就称为“普那路亚婚”，以后陆续在世界各地都发现过，但是名称就习惯成自然了，而没有改变。

从一定意义上说，社会保障就是家庭保障功能的不断弱化和家庭保障内在矛盾不断激化而转化为外在矛盾的一个结果。

总的历史发展趋势是：社会保障的功能越来越多，越来越强，社会保障逐步替代了一部分家庭保障的功能，特别是在工业化社会，城市居民的家庭没有了土地，从而也就没有了土地保障，这就必然使得城市家庭对社会保障的依赖性更大一些。

2. 社会保障制度对家庭规模的影响

缺乏基本的社会保障制度会导致人们趋向于增加人口，建立大家庭。如在落后的农业国家。

健全的社会保障制度会抑制人口增长，这主要是因为养老、医疗及其相关的各种服务，都可以由社会保障制度和相应的机构来解决和提供，使得家庭对子女的需求明显减弱。当然，社会保障制度会抑制人口增长，并不是建立和发展社会保障制度的目的，可是，社会保障制度本身在客观上的确具有这种功能。所以在西方国家，由于人口出生率低下，劳动力供求不足，所以许多国家采取刺激生育的政策，其社会保障对多子女家庭提供着优厚待遇，社会保障又成为刺激生育的重要措施。

所以，一般情况下，控制人口增长的政策需要社会保障制度提供养老福利，以替代家庭养老的功能；刺激人口增长的政策需要社会保障制度提供生育福利，以减轻家庭抚幼的负担。

（二）家庭保障对社会保障的影响

家庭保障对社会保障也会产生一定的影响和制约。

1. 社会保障需要家庭保障为桥梁和载体

纵观社会保障发挥作用的路径，我们可以发现，社会保障作用的有效发挥，社会保障资源的有效利用，必须依赖于家庭保障这个桥梁和载体。

首先，许多社会保障资源的分配和使用，是通过家庭这个桥梁来实现的。社会保障资源的最终分配往往是分配到家庭的，甚至是以家庭为单位分配的。

其次，社会保障资源的消费往往最终是在家庭消费的，许多社会保障功能的实现也是在家庭实现的。如，建立养老社会保险制度，可以为每个退休者发放养老金，但是这不等于最终消费的实现，这并没有给退休者提供消费的场所和条件。大部分养老金还是在家庭这个载体中消费的。

2. 家庭保障是社会保障建立和发展的参照物

从某种程度上看，家庭保障就是社会保障建立和发展的参照物。

首先，社会保障项目的建立往往是根据家庭保障的需要建立的，家庭有什么样的需要，就建立什么项目的社会保障。这样，社会保障才能够解决家庭保障解决不了的问题和矛盾。

其次，社会保障许多项目标准的确定，往往是根据家庭的某些状况来制定的，如，贫困线的建立。

（三）家庭保障与社会保障之间具有互补性

社会保障离不开家庭保障，社会保障不会完全替代家庭保障。因为家庭保障有自己的优势。

首先，因为社会保障不可能对每个社会成员的生活都规划、计划，照顾得无微不至。只有家庭保障才能做到这一步。

其次，家庭保障更有利于物质资源、劳务资源、精神资源的充分利用。尤其是在劳务资源和精神资源的利用方面，家庭保障具有社会保障无法替代的作用。

（四）社会保障与家庭保障之间存在一定的矛盾

社会保障与家庭保障之间的主要矛盾表现在两个方面：

1. 社会保障与家庭保障的责任不清

社会保障与家庭保障之间没有绝对的界限，当社会保障建立之后，人们可能把家庭应当承担的保障义务，转嫁给社会保障。

2. 社会保障导致家庭规模进一步缩小

社会保障产生与发展的原因之一是家庭规模缩小，从而家庭保障功能下降，需要社会提供保障。但是，社会保障发展起来之后，导致家庭规模进一步缩小，从而对社会保障提出新的任务和要求。

发达国家高待遇的社会保障制度导致家庭规模明显缩小，人口负增长，这并不是社会保障制度所追求的目标。所以这些国家的社会保障制度当中有一些相互矛盾的政策：一方面为老年人提高丰厚的福利和养老金，这导致人们少生育；另一方面又出台鼓励生育的福利项目，但是鼓励却见效甚微。

在我国，社会保障制度具有抑制生育的政策倾向，尽管这对人口老龄化有加重的作用。

一个合理的、科学的社会保障制度应当能够充分发挥家庭的保障功能，实现家庭保障与社会保障的有机衔接。

第二节　社会保障与国家职能

社会保障的产生与发展，与国家是分不开的。因为国家是社会保障的主体，这涉及国家职能的演变。

一、国家职能的演变

国家是经济社会发展到一定阶段的产物，或者说国家是为了满足社会发展的需要而产生的，这其中的需要之一就是需要国家来保障人们的基本生活。

国家的职能是指国家必须履行的职责、必须完成的任务。国家职能可以分为对外职能和对内职能。对外职能主要是处理国家之间的外交关系、经济关系、战争关系，其中战争关系分为发动战争和防御战争两种不同性质的战争关系。管理职能包括社会保障职能。

就对内职能而言，国家职能又可以划分为统治职能和管理职能。

但是，随着时代的变迁，国家职能也在演变。在对外职能方面，在古代，发动战争或者防御战争曾经长期是一个国家的最主要职能，而社会保障职能只能是放在较为次要的地位。当然即便如此，社会保障制度和事业还是在缓慢发展，甚至战争本身有时也能在一定程度上推动社会保障制度某个方面的发展，如给退役战士发放养老金、建立军人抚恤制度，往往在许多国家出现得很早。随着人类文明的发展，尤其是人类追求和平的愿望和力量的强大，国家之间的战争越来越少了，国家的职能也发生了转换，即战争方面的职能在减弱，而保障本国公民基本生活方面的职能在加强，应当讲，这是历史性的进步。

在对内职能方面，随着时代的进步，国家的统治职能不断弱化，管理职能不断强化，即国家的统治、镇压职能不断削弱，管理职能不断增强。国家对内职能逐步转变为主要是推动经济社会发展、组织和建立国家政权和各个具体的制度、保障本国公民的基本生活。当然对外职能也包含一定的保障本国居民基本生活的内容。

国家对外和对内两个方面职能转换的突出标志就是战争开支占财政支出的比重下降，社会保障方面的开支占财政支出的比重在提高，尤其是从第二次世界大战之后，许多发达国家的社会保障开支在财政中成为第一大项目，与战争（国防）有关开支从第一位的位置上退了下来。

例如，中国国民党统治大陆期间，国民党政府军费开支是非常高的，1927—1936 年，军费开支占财政支出的比重，一般在 40%以上，最高年份达到 88.4%，最低年份也为 27.1%。这其中还不包括内债和外债的开支，这些债务开支实际上大部分用于军费，所以，如果把这些债务开支包括到军费开支当中，1927—1936 年，军费开支占财政支出的比重达到 70%以上，最低年份为 69.8%，最高年份为 89.5%。1937—1945 年，不包括债务开支的军费开支占财政比重达到 60%。1946—1948 年（1—7 月），这项比重仍然达到 60%以上①。1949 年新中国成立之后，中华人民共和国国防开支占财政的比重，1950 年是 41.1%，1951 年是 43.0%，1952 年是 32.9%，1953 年是 34.2，1954 年是 23.6%，此后这一比

① 中国财政史编写组．中国财政史［M］．北京：中国财政经济出版社，1987：273，575，578，581.

例很快降到10%以下[①]。

美国是世界头号军事强国，但是美国军费开支占财政支出的比重也是经历了一个由低到高，又由高到低的变化过程：1902年这一比重为9.9%，1942年上升到58.3%，1946年为53.5%，此后迅速下降，1960年为32.3%，1970年为25.3%[②]，2001年为16.6%[③]。而社会保障开支占财政支出的比重，1902年为6.3%，1942年为6.5%，1960年为18.3%，1970年为23.9%[④]，2001年为52.1%[⑤]。

第二次世界大战之后，西方发达国家的社会保障开支占财政支出的比重，基本上都超过了军事开支的这一比重。

二、社会保障与国家职能的关系

目前，世界各国社会保障制度和事业发展得如此迅速，与国家职能的转变是分不开的。

（一）建立和发展社会保障制度是国家职能的重要方面

国家是一个政治统治工具，同时，国家也是为公民服务的工具。社会保障是国家为公民服务的重要方面。从现代社会保障制度的产生与发展过程看，正是国家的积极参与，才使得现代社会保障制度得以建立和不断完善。例如，从英国旧济贫法和新济贫法到德国1883年至1889年一系列社会保险法的实施，再到美国1935年社会保障法的实施，无不如此。

归纳起来，国家在社会保障方面的主要职责是：

第一，制定法律和相关制度，推动社会保障的建立。

第二，组织实施社会保障制度，发展社会保障事业。

第三，动员和协调社会各方面力量，参与社会保障事业的发展。

第四，协调本国与外国在社会保障方面的关系，参与国际社会保障活动，包括提供国际社会保障援助。

---

① 国家统计局．中国统计年鉴［M］．北京：中国统计出版社，1992：215，220；2006：283.

② The United States Bureau of the Census. The Statistical History of United States［M］. New York：Basic Books，Inc.，Publishers，1976：1120.

③ The Census of U. S.. National Defense and Veterans—Summary：1900 to 2002［EB/OL］（2003－12－31）（2007－08－09）. http：//www. census. gov/statab/hist/HS－51. pdf.

④ The United States Bureau of the Census. The Statistical History of United States［M］. New York：Basic Books，Inc.，Publishers，1976：1120，1121.

⑤ The Census of U. S.. Government Transfer Payments to Individuals—Summary：1948 to 2001［EB/OL］（2003－12－31）（2007－08－09）. http：//www. census. gov/statab/hist/HS－17. pdf.

（二）国家职能不能完全代替社会保障

对于现代社会保障来说，国家是社会保障的主体，但是国家在社会保障方面的职能不能代替整个社会保障。否则，“社会保障”就变成了“国家保障”。所谓“社会保障”，就是要充分发挥社会各方面的力量，实现社会成员的互相保障，共同保障。

家庭保障、社会保障、国家职能，三者之间的关系、功能需要正确协调，才能促进社会保障不断完善。健全的社会保障，应当是家庭、社会、国家三方面的有机组合。

第三节　社会保障与劳动就业

社会保障与劳动就业紧密相关，劳动就业是社会保障的直接前提和物质基础，劳动就业的方式和状态直接制约着社会保障的发展。

一、劳动就业的制度化发展

劳动创造了人类，劳动是创造物质财富和精神财富的过程，劳动也是人类生存与发展的保障。

所谓就业，是指劳动者从事合法的社会劳动，创造一定的经济价值和社会价值，并以此获得劳动报酬或经济收入的过程。

就业制度是指国家关于人们合法获取就业机会、维护社会就业行为的根本规定，包括就业准入制度、就业安全制度、就业职业资格证书制度、就业报酬制度、就业培训制度以及退休制度等。

就业与劳动的区别就在于：第一，劳动不一定与报酬相联系，而就业是与报酬相联系的。第二，就业是与失业相对应的，而劳动不与失业对应。先有劳动制度，后有就业制度。

但是，劳动与就业又是相关联的：就业肯定是劳动，就业是一种要求取得相应的报酬的劳动活动。

但是人类的就业曾经长期是无制度的状态。在工业化过程中，人类才逐步建立起就业制度。就业制度的建立以及与就业相伴随的失业制度，就要求有相应的保障制度。

二、社会保障与劳动就业的关系

劳动就业从无制度的自然就业状态，发展到有制度的社会就业状态，对社会保障制度提出了新的要求。

从一定意义上说，劳动就业是最好的保障，所以，社会保障制度首先应当保护劳动者、保护劳动过程的安全性。社会保障与劳动就业的关系主要体现在以下几个方面。

（一）社会保障与劳动力市场的关系

1. 完善的社会保障制度有利于劳动力流动

从国内外实践来看，社会保障制度是否健全以及覆盖面的大小，是影响劳动力流动从而影响整个社会就业程度的重要条件。社会保障对劳动力流动的影响，在不同的条件下有不同的表现。

简单地说，分割的、不完善的社会保障制度会阻碍劳动力流动；统一的、健全的社会保障有利于劳动力的流动。

2. 社会保障制度可以调解劳动力供求关系

社会保障制度对劳动力供给的影响具有双重性，既有积极作用，又有抑制作用。

（1）社会保障制度可以增加劳动力供给。

首先，失业保险制度可以保护劳动力，提供再就业的机会。

其次，社会保障制度采取以就业为导向的失业保障措施，各种职业和技能培训也提高了劳动者的素质，提高劳动力对市场的适应能力，提高劳动力应付职业环境变化的能力，从而客观上也起到了增加劳动力供给的作用。

再次，社会保障制度刺激消费，带动生产，有利于扩大就业。社会保障通过对陷入困境的社会成员提供经济援助，可以保持其一定的支付能力，在一定程度上有利于刺激消费，扩大内需，促进经济增长，增加就业岗位，从而又有扩大劳动力需求的一面。

（2）社会保障制度也有阻碍劳动力供给的一面。

第一，由于社会保险费（税）的征收，使劳动者当期收入减少，可能会使他选择以更多的闲暇替代劳动（此谓替代效应），减少工作。

第二，失业者的失业保险待遇过高可能导致自愿失业。

第三，过高的养老金水平可能导致人们提前退休。

第四，社会保险费的缴纳可能导致企业对劳动力的需求下降。

综上，社会保障对劳动力供求的影响是复杂的，需要全面考虑。

（二）社会保障与促进就业的关系

在当今世界上，社会保障的一项重要任务就是如何促进就业和减少失业，而减少失业又可以反过来使得社会保障的物质基础得到加强。

1. 社会保障可以促进失业者实现就业

第一，社会保障可以通过保障失业者基本生活等方式，给予失业者寻找就业的时间和机会。

第二，社会保障可以通过教育福利的实施和对劳动者进行职业和技能培训，提高劳动者素质和劳动能力。

第三，社会保障可以通过提供就业信息与咨询服务，提高劳动力流动性和信息对称度，减少就业壁垒和摩擦性失业，可以缩短劳动者的失业周期，提高就业率。

2. 就业促进社会保障发展

第一，就业是最好的社会保障、是社会保障的直接源泉。从狭义上讲，社会保障（尤其是占主体地位的社会保险）通常是以就业劳动者为参保主体的，劳动者及其单位的缴费构成了社会保障基金的主要部分，为社会保障制度的运行提供了最基本的经济基础。

第二，就业是社会保障制度的宏观基础。就业所推动的经济发展为社会保障制度提供了最终、最根本的经济后盾。

3. 利用社会保障促进就业的措施

第一，建立统一、健全、完善的社会保障体系，为劳动力市场发育提供良好的制度环境，消除劳动力流动壁垒，实现就业市场化，提高劳动力资源配置的有效性。

第二，建立就业导向型的失业保障制度，变失业保障为就业保障，实现充分就业。

第三，努力提高社会保障制度促进就业的功能。如最低生活保障制度中如果实行一定的收入豁免政策，将促使贫困家庭有劳动能力的成员积极参与社会劳动，进而使其收入增加，生活状态得到改善，等等。

第四节　社会保障与收入分配

社会保障与收入分配之间存在十分密切和复杂的关系，从一定意义上看，社会保障就是一种收入分配，收入分配也是一种社会保障。

一、收入分配对社会保障的影响

收入分配从收入分配水平、收入分配差距、收入分配制度几个方面影响社会保障。

（一）收入分配水平影响社会保障

社会保障建立在一定收入水平的基础之上。人们得到的社会保障收益既包含一定的初次分配，也包含一定的再分配，但是，这种收入要受整个收入水平的影响。收入分配整体水平的高低决定了社会保障的保障能力和水平的高低。

所以，从这个意义上说，提高人们的收入水平才是提高生活水平的关键和根本，社会保障只能在有限的程度上改善人们的经济状况。

（二）收入分配差距影响社会保障

社会保障的分配作用之一就是缩小收入差距。所以，当收入差距较大时，就需要社会保障来加以缩小。反之，当收入差距不大时，反而显得社会保障有点“无用武之地”。

（三）收入分配制度影响社会保障

目前，我国分配制度有按劳分配、按需分配和按生产要素分配三种基本方式。

关于按劳分配，较为普遍的理解是指在社会总产品做了必要的扣除之后，以每个劳动者为社会贡献的劳动数量和劳动质量作为依据分配收入，多劳多得，少劳少得，不劳不得。按劳分配作为分配方式的主体，为社会成员参与社会产品的分配提供了基本的原则和前提，为提高经济活动的效益提供了内在动力，是市场经济最大限度发挥劳动者生产积极性的最佳形式。目前，在我国作为初次分配领域最主要的分配方式，按劳分配遵循效率优先、兼顾公平的原则。

按需分配是指按社会成员的实际需要分配社会收入。按需分配既有高级社会的按需分配，也有初级社会的按需分配。

社会保障作为一个多层次多项目的复杂分配系统，其中既有按劳分配的成分，又有按需分配的成分。从按需分配的角度看，目前，社会保障的按需分配主要是初级社会的按需分配，并且可以不断向高级社会的按需分配发展。

（四）社会保障与收入分配之间存在一定差异

1. 收入水平提高并非必然导致社会保障制度产生

社会保障制度的产生，以一定的收入水平为基础。但是，社会保障制度的产生还需要其他方面的条件，如在第一章中提出的各种客观条件和理论依据。

2. 收入水平与社会保障的保障水平、社会保障制度的发展水平之间没有必然的联系

收入水平最高的国家，其社会保障水平不一定是最高的，其社会保障制度不一定是最好的。

3. 收入水平的波动与社会保障水平的波动之间，可能是一致的，也可能是不一致的

当人们的收入水平出现小的、短期的波动时，恰恰需要社会保障的保障能力来熨平这种波动；当人们的收入水平出现大的、长期的波动时，社会保障的保障能力就难以熨平这种波动，这时就显得无能为力了。

二、社会保障对收入分配的影响

社会保障既受整个收入分配格局的影响，同时，也直接影响收入分配格局。

（一）社会保障参与收入分配

社会保障是收入分配的一个方面、一条渠道。一方面，社会保障的资金主要来源于国家税收和向雇主与劳动者个人征收的社会保险费等；另一方面，社会保障又按照各个项目的规定将这笔资金分配给受保障者，使社会成员获得基本的生活保障，并维持劳动力再生产的延续性。社会保障主要从四条途径对收入分配产生影响，一是经济活动直接扣除，二是财政支出，三是社会捐助，四是社会保险基金投资收益。社会保障制度对收入分配的影响主要表现在四个方面：

第一，对劳动者个人不同时期的收入影响，即以收补欠。

第二，对同代人之间的收入分配的影响，即以富济贫。

第三，对代际之间的收入分配的影响，即代际转移或者代际交换。

第四，对于参加社会保险的人口群体，具有收入均等化的作用，可以缩小收入的分化，尤其是缩小退休后收入的分化；但是对于没有参加社会保险和参加社会保险这两个人口群体来说，社会保险具有扩大这两个人口群体之间收入差别的作用。

（二）社会保障弥补初次分配的不足

社会保障制度可以保障人们的基本收入，从而弥补初次分配的不足。

初次分配是最重要的分配，但是，由于种种原因，初次分配往往存在一定程度的扭曲或者不足。这种不足不仅在微观领域存在，而且也在宏观领域存在。这种不足是难以在初次分配领域调整过来的，所以，这就需要社会保障来加以弥补。

（三）社会保障缩小收入分配差距

社会保障的分配目标是缩小贫富差距、减少贫困，最终实现社会公平。

社会保障制度有助于缩小收入差别、协调平等与效率（或者公平与效率）的关系。但是，社会保障制度的这种作用并不是绝对的、普遍的。大体上说，社会保障制度的覆盖面越大，这种作用就明显；反之，社会保障制度的覆盖面越小，这种作用就越小，甚至还可能扩大收入差别。

面对我国收入差距扩大的现实状况，应该加强社会保障功能，加强对困难群体的社会援助，包括城市和农村最低生活保障制度的普遍建立，实现应保尽保。

国际上以洛伦茨和基尼系数表示贫富差距，基尼系数超过了 0.4 即超过了警戒线。

1. 洛伦茨（Max Otto Lorenz，1903—?，奥地利统计学家）曲线（Lorenz

curve）

洛伦茨曲线是指，在直角坐标系中，以横轴代表人口的百分比，根据收入水平从低到高排列；以纵轴代表相应部分人口收入的百分比，把人口百分比的累计额和对应的收入百分比的累计额在坐标上描绘出来，所得到的曲线就是洛伦茨曲线，参见图 4 - 2。

用公式表示：$Y=aX^b$

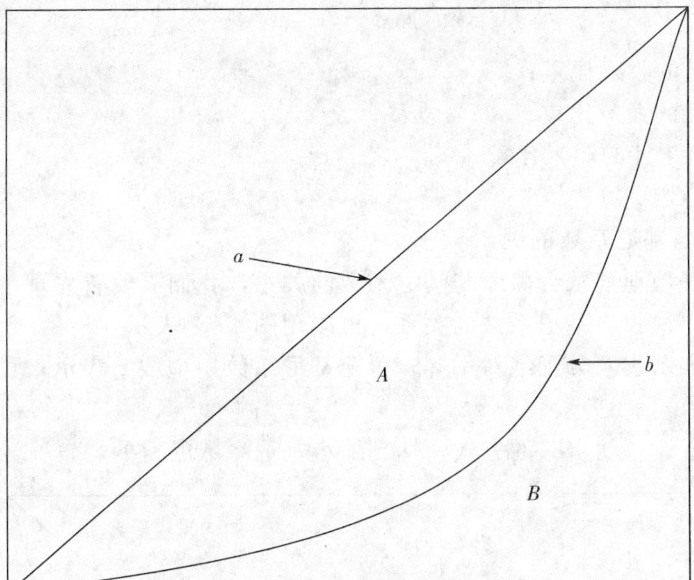

图 4 - 2　洛伦茨曲线

2. 基尼（Corrodo Gini，1884—1965）系数（Gini Coefficient）

20 世纪初，意大利经济学家基尼，根据洛伦茨曲线找出了判断分配平等程度的指标，设实际收入分配曲线和收入分配绝对平等曲线之间的面积为 A，实际收入分配曲线右下方的面积为 B。基尼系数计算公式为：

$$G=\frac{A}{A+B}$$

如果 A 为零，基尼系数为零，表示收入分配完全平等；如果 B 为零则系数为 1，收入分配绝对不平等。该系数可在零和 1 之间取任何值。收入分配越是趋向平等，洛伦茨曲线的弧度越小，基尼系数也越小；反之，收入分配越是趋向不平等，洛伦茨曲线的弧度越大，那么基尼系数也越大。如果个人所得税能使收入均等化，那么，基尼系数即会变小。联合国有关组织规定：若低于 0.2 表示收入绝对平均；0.2～0.3 表示比较平均；0.3～0.4 表示相对合理；0.4～0.5 表示收入差距较大；0.6以上表示收入差距悬殊。

公式1：

$$G=1-\frac{2a}{b-1}$$

公式2：

$$G=\sum_{i=1}^{n} y_i p_i+2\sum_{i=1}^{n} p_i\ (1-v_i)\ -1$$

y_i＝各组的收入比重；

p_i＝各组的人口比重；

v_i＝各组累计的收入比重；

n：各组数。

3. 税收与基尼系数的关系

为了较好地理解社会保障与基尼系数的关系，我们需要首先理解税收与基尼系数的关系。税收与基尼系数的关系，可以用图4-3表示。

直线 a 表示收入分配绝对平等；税前基尼系数用虚线 c 表示；税后基尼系数用实线 b 表示。

税收是通过“劫富”的方式，达到缩小基尼系数的目的。

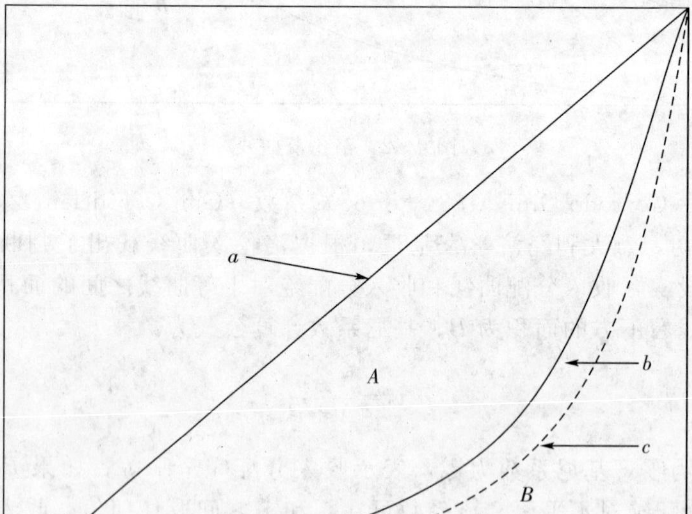

图4-3 税收与洛伦茨曲线、基尼系数的关系

4. 社会保障与基尼系数的关系

税收可以降低基尼系数，社会保障也可以降低基尼系数，参见图 4－4。曲线 a、b、c 的含义同图表 4－3。

社会保障分配作用实现之后的洛伦茨曲线即加粗的虚曲线 d，进一步靠近直线 a，实际上也是基尼系数降低。

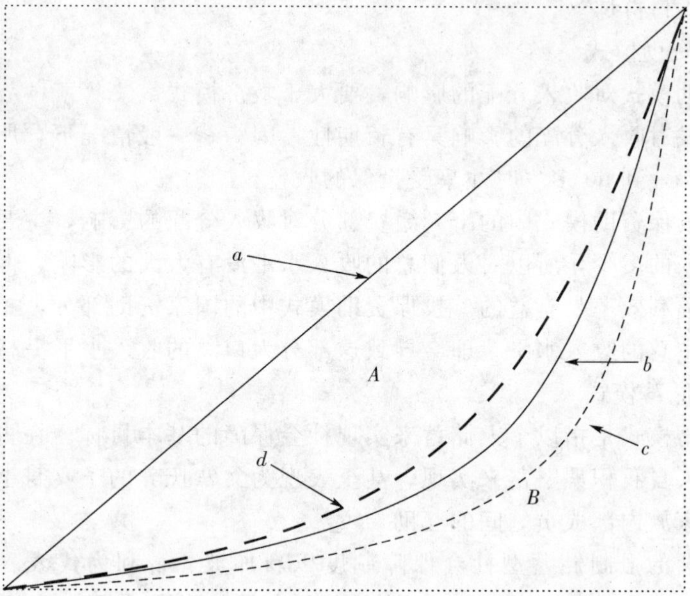

图 4－4　税收、社会保障与洛伦茨曲线、基尼系数的关系

总之，社会保障通过“济贫”的方式，达到缩小基尼系数的目的。

（四）社会保障制度的模式对收入分配的影响

虽然社会保障给人们带来的福利、收益，也是一种收入分配，但是，不同模式的社会保障制度对国民收入分配的影响是不同的。

各国的社会保障制度，基本上可以划分为五种模式：救济模式、投保资助模式、个人储蓄模式、福利化模式和国家保险模式。

1. 救济模式

救助型社会保障制度是指国家在社会成员在遇到各种不测时，给予救助而不至于使他们陷入绝对贫困。救助的对象为因失业或天灾人祸而陷入贫困的公民、弃婴、孤儿、残疾人、老年人。救助的标准为低水平，以维持生存为限。

这种救助型社会保障制度是工业化开始前所实行的单项或多项救助制度。按社会保障的标准来衡量，只能说它处于起步阶段，是社会保障制度中的一种初级的、不成熟的、不完备的形式。这种制度目前主要在许多发展中国家实行。

救济模式的社会保障制度对收入分配的影响最小。因为它所支配的社会财富的规模最小。救济模式也是社会保障制度的最初发展形态、阶段。救济措施的实施，最终结果是提高了一些人的收入水平，或者说福利水平。

并且，救济模式的社会保障制度主要是对一部分人口在一定时期内的收入分配产生影响，是局部性的影响。这里的“局部”有两个含义：一是指局部地区，二是指局部人口群体。

2. 投保资助模式

投保资助模式对收入分配的影响，要大于救济模式。

这种模式对收入分配的影响具有长期性，因为，一般情况下，所谓投保，都是年轻时投保，到 60 多岁时才享受投保的收益。

所以，投保资助模式中的个人缴费部分对收入分配的影响，主要是影响人们不同时期收入的多少，所以对人们总的收入水平没有太大的影响，但是对于提高人们财富的福利效率是有益的。投保资助模式中的国家资助部分，主要是影响一些人口群体中总的收入水平，即会导致这部分人口总的收入水平提高。

3. 个人储蓄模式

个人储蓄模式是指以个人储蓄来实现社会保障的基本目标。在古代社会，这主要是靠个人自我积累财富来实现，甚至表现为父辈抚养的子女身上，并辅之以家庭内部、家族内部成员之间的互助。

现代社会的强制储蓄型社会保障制度以新加坡、智利为代表。其基本特征是：建立个人账户，雇员自己，或者雇主和雇员的缴费全部计入雇员的个人账户；个人账户资金投入资本市场运营，以实现保值增值；雇员退休后的养老保险待遇完全取决于其个人账户的积累额。其特点是完全由个人和单位缴费，国家财政不给予任何资助。

这种模式对收入分配的影响也是大于救济模式。

不过这种模式对收入分配的影响，主要是对直接个人不同时期收入的影响，而对宏观收入分配的影响则是间接性的。

4. 福利化模式

福利化模式对收入分配的影响最大。福利化的社会保障制度会导致整个社会的福利水平提高。

并且这种模式会比前几种模式更加促进收入的均等化。

5. 国家保险模式

国家保险模式主要特征是国家和劳动者的工作单位为劳动者缴纳社会保险的费用，个人不缴纳，或者缴纳的数额占本人工资比例很低。这种模式也带有福利化的特征，在收入分配上，国家和单位负担过重。

三、社会保障中的第三次分配

所谓第三次分配，是指在初次分配和再分配之后，出于个人自愿，在习惯与道德的影响下个人把可支配收入的一部分捐赠出去，资助那些需要资助的人们。如果说再分配是对初次分配的调节，是政府弥补市场之不足，那么第三次分配则可以视为对初次分配和再分配的补充，即民间捐赠弥补市场初次分配和政府再分配之不足。

人们得到的社会保障收益，可能是通过国家制定的社会保障项目来分配得到的，我们可以把这种分配理解为一种规范的分配制度；也可能是通过个人自愿基础上的互助、捐助来得到的，我们可以把这种分配理解为一种非规范的分配制度。

在古代社会，社会保障制度中的非规范分配是主要的分配渠道，规范的分配是次要的分配渠道。并且，在古代和近代，由于社会保障制度本身不健全和法制不健全，以及其他方面条件的限制，许多国家有关社会保障方面的法令等，往往仅仅落实在纸面上，至多是局部实施、暂时实施，并没有全面实施和持续实施。这也使得非规范的分配制度显得重要。

随着经济社会的发展，尤其是社会保障制度本身的发展，规范的分配制度越来成为主要的分配渠道，非规范的分配成为次要的分配渠道。

在现代社会，人们得到的社会保障收益，大部分是通过国家制定的社会保障项目来分配的，小部分是通过个人自愿基础上的互助、捐助来实现的。

当然，不管是现在还是未来，非规范的分配制度仍然是重要的、必要的，并且在某些方面，非规范的分配制度的作用是规范的分配制度所无法替代的。第一，非规范的分配制度具有更多的友爱、同情、互助、鼓励等方面的精神鼓舞和安抚作用。第二，非规范的分配制度往往有时不是表现在物质保障方面，而是表现在人力资源的提供和援助方面，如志愿者服务、时间储蓄。第三，非规范的分配制度往往具有速度快、效率高的特点。因为它的实施，不需要任何机关、部门的审批手续。所以，我们仍然要提倡和发扬社会成员互助的精神和行为。

由于第三次分配是建立在社会捐献基础上的自愿的、非制度化的分配方式，缺乏稳定性常常成为其发展的制约因素。在我国，第三次分配功能尚十分微弱。从目前的情况看，中国现代意义的慈善事业还非常落后。资料显示，中国内地虽已建立了成百上千计的慈善公益机构，但获得的民间捐助每年不足50亿元人民币。而在美国，1996年的慈善性捐款达1500多亿美元，相当于该国GDP的2%，人均捐款达700美元。目前，在发达国家，慈善捐助一般相当于GDP的1%～2%。

四、社会保障分配的属性

有人说，社会保障制度对收入分配的影响是第三次分配，也有人说是第四次分配。实际上这两种说法并不准确。因为社会保障不同项目的分配属性不同。从社会保障的项目构成看，社会保障主要由社会保险、社会救济、社会福利、军人保障、个人储蓄保障和社会互助六个部分组成。它们各自的分配属性不同。

（一）社会保险更多地带有国民收入初次分配的性质

目前有些文章有意无意地把企业养老社会保险纳入国民收入初次分配层次中，也有更多的文章把它纳入国民收入再分配层次中，理由是企业养老社会保险中也存在互济功能，财政也参与征税和管理，并且财政也时常给予补助，等等。但是这种“再分配论”是站不住脚的。

1. 从企业养老社会保险及整个社会保险都属于必要劳动的角度看，它们只能属于初次分配，绝不应该属于再分配。

2. 企业社会养老保险的互济功能只能存在于参加社会养老保险的人口群体中，而不惠及全体国民；更重要的是这一功能不是社会养老保险必备的。如，新加坡的以社会养老保险为主的中央公积金就根本没有互济作用。从目前各国的经验和教训看，这种互济功能越弱，社会保险制度的破产风险就越小，引起的社会动荡的可能性就越小。至于财政参与征税和管理、时常给予补助，也不意味着社会养老保险属于再分配，因为这种征税只是代征，这种税是专款专用的税，有的国家把它叫做“捐”或“缴款”（contribution），并且某些国家没有采取税收的形式。这种管理只是监督管理，并且还有其他部门也参与监督管理。财政给予补助只是暂时的，并且是不正常的，许多国家财政根本不补助养老社会保险制度。财政给予补助，是违背养老社会保险属于初次分配的原则的（养老保险制度转轨时期除外），从而会破坏养老社会保险制度自身的内在刺激——约束机制，盲目抬高养老社会保险给付水平，使财政形成新的软预算而背上沉重负担。现在，许多学者强调养老社会保险的互济功能。这种观点是错误的，这种实践是有害的，每个正常的经济人都愿意少缴费、多收益。那些生活有困难的人，主要应该通过社会救济来解决，而不应该通过抬高养老社会保险金的给予水平来解决。养老社会保险的正常互济功能应当是：那些提前死亡的缴费者及其法定遗属不会得到其全部保险收益；那些寿命延长的缴费者，所得到的保险收益会超过自己的缴费额、更超过提前死亡者得到的保险收益。如果一定要设立一个最低养老社会保险金给付水平，那么就应该同时设立一个最低养老社会保险费缴纳水平，并且两者要互相比照，同向调整。

3. 如果把养老社会保险纳入国民收入再分配，会损害那些没有参加社会保险的劳动者的利益。许多国家正是这样做的，即把养老社会保险纳入了国民收入再分配，结果必然是损害那些没有参加社会保险的劳动者的利益。这里是指，当养老金支付过程中出现缺口，不是通过提高缴费比例和（或者）降低支付水平来弥补，而是通过一般的财政收入的转移支付来弥补，这就损害了一些纳税人的利益，这些人由于种种原因没有参加养老保险制度。

例如，美国联邦政府支付的养老社会保险金中的9%[①]来自于一般收入所得税，这对于那些缴纳了收入所得税、又没有参加养老社会保险制度的就业者是极不公平的。

当前，只有新加坡、智利等少数国家，不允许一般财政收入用来弥补养老金缺口。恰恰是这些国家真正维护了社会公平与效率，减少了财政赤字。

还有人认为：养老社会保险制度中的个人账户是国民收入的初次分配，社会统筹是国民收入的再分配[②]。这样理解只能把本来意义的国民收入初次分配和再分配的概念搞混了。因为本来意义的初次分配和再分配是根据直接物质生产劳动和非直接物质生产劳动的标准，在全体国民中划分的，而养老社会保险中的互济功能只涉及参加者，与非参加者无关。可见，个人账户和社会统筹都是初次分配中的一部分。

所以，企业、企业性质的单位及普通农民的养老社会保险和他们参加医疗社会保险、失业社会保险、工伤社会保险、生育社会保险项目，都属于国民收入初次分配。纯事业单位和公务员社会保险、军人社会保险、农民干部用公益金等形成的社会保险，单位缴费，属于国民收入再分配，个人缴费仍然带有初次分配的属性。

（二）社会救济、社会福利、军人保障属于多层次分配

社会救济、社会福利、军人保障的大部分属于国民收入再分配。社会救济、社会福利、社会优抚中的剩余小部分既不是初次分配也不是再分配，既不是政府分配也不是市场分配，而是第三次分配，或者叫做“社会分配”，如民间捐献给民政部门和各种基金会的资金、实物等。社会分配是一种道德分配。

（三）社会互助基本上属于第三次分配

社会互助的大部分属于第三次分配，小部分是享受税收优惠的部分，属于再分配。

（四）个人储蓄保障中的享受税收优惠也属于国民收入再分配

个人储蓄保障中的享受税收优惠的部分，属于国民收入再分配，利息收益属于按资分配，本金部分不属于任何分配。

可见，第一，社会保障中的不同部分或者不同项目的分配属性不同，不能一概而论，既不应当说整个社会保障的分配都是再分配，也不应当说整个社会保障都是初次分配。第二，社会保障的不同部分或者不同项目，分别参与了国民收入

---

① A. H. 罗伯特．美国的社会保障［M］（中译本）．北京：中国人民大学出版社，1995：64.

② 李跃东，温海池．论我国养老保险基金制度的改革［J］．南开经济研究，1997（6）.

的初次分配、国民收入的再分配、社会分配，即参与了三个层次的分配。

另外，市场价格变动对享受社会保障各个项目收益产生不同影响。这是市场经济、市场机制造成的分配，是市场分配。

总之，社会保障分配是一种包含多层次的综合分配，共 4 个层次的分配、4 种性质的分配，即每个层次的分配的性质各不相同。

第一层次分配：是国民收入的初次分配，主要指社会保险项目的分配。而相对于全体国民，在参保人员内部有可能具有再分配的性质和功能，即统筹账户的存在。但这不是国民收入再分配。

第二层次分配：是国民收入再分配。这主要是指社会救济、社会福利和军人保障中的来自各级财政拨款的部分。

第三层次分配：市场价格变动对享受社会保障各个项目收益的不同影响。这是市场经济、市场机制造成的市场分配。

第四个层次分配：社会互助和慈善捐助（社会捐助），是社会分配、道德分配。

前两个层次分配是正规分配，后两个层次分配是非正规分配。

前三个层次的分配是经济机制作用下的分配，第四个层次的分配是道德机制作用下的分配。

我国社会保障参与前三次国民收入分配的份额在整个国民收入分配额中的比重，参见表 4-1。可以看出，改革开放以来，城镇居民转移性收入[①]占其全部收入的比重大幅度提高，农村居民这一比重不仅没有提高，反而有所下降。

表 4-1　城乡居民人均转移性收入占人均全部收入的比重（%）

年份	城镇居民人均转移性收入占人均全部收入的比重	农村居民人均转移性收入占人均全部纯收入的比重	全国居民人均转移性收入占人均全部收入的比重
1985	8.8	7.5	8.0
1990	21.7	5.2	12.5
1995	17.0	6.8	12.1
2000	22.9	6.4	16.5
2005	23.4	6.1	18.6

资料来源：历年《中国统计年鉴》。

① 转移性收入是国家统计局公布的一个居民收入指标，主要是指居民从社会保障方面得到的收入。包括的项目很多，有些项目不属于或者不完全属于社会保障的范畴，如："在外人口寄回和带回"收入、"保险赔款"收入。但是"转移性收入"没有单独列出这些项目的数据，所以也就无法剔除。

第五节　社会保障与非营利组织

非营利组织对社会保障的发展具有积极意义，从某种意义上说，社会保障本来就是从非政府组织中发展起来的。

一、非营利组织的内涵

非营利组织（non-profit organization）指的是不以获取利润为目的，为社会公益或共益而服务的独立机构，包括各种慈善机构、志愿组织等。它们所从事的是政府与私营企业"不愿做、做不好或不常做"的事。由于强调的角度与重点不同，对于非营利组织，国际上还有许多不同的称谓，但内涵大致相同，如独立部门（independent sector）、非政府组织（non-government organization）、志愿者组织（voluntary sector）等。

1995年，美国学者莱斯特·萨拉蒙（Lester Salamon）提出，凡是符合以下六个特征的组织可被视为非营利组织：（1）组织性：意味着有内部规章制度，有负责人，有经常性活动；（2）民间性：意味着在体制上独立于政府，既不是政府的一部分，又不受制于政府。但这并不意味着它不能接受政府的资助，或不能让政府官员参加活动；（3）非营利性：非营利组织成立的目的不是为其拥有者谋求利润，但不是说它不能产生利润，而是利润必须服务于组织的基本使命，不能在其所有者和管理者中进行分配；（4）自治性：意味着各个组织自己管理自己，既不受制于政府，也不受制于企业，还不受制于其他社会组织，比如宗教组织；（5）志愿性：意味着参与这些组织的活动是以志愿为基础，但这并不意味组织收入的全部或大部分来自志愿捐款，也不等于说工作人员的全部或大部分是志愿者，只要参与者是志愿即可；（6）公益性：即非营利组织的目标是为社会公众利益服务，组织的一切活动都是围绕着这一目标展开。

第二次世界大战结束以来，随着社会保障制度的普遍建立和迅速发展、社会保障事务的日益复杂化，政府在社会保障面临的内外矛盾日益尖锐。各类非营利组织的兴起、社会机制的建设完善为社会保障制度的发展与完善提供了新的机遇。社会保障事务的日益复杂多变，完全由政府来承担这复杂的事务是不现实的。政府不可能将全部社会保障纳入管理范围。而政府对社会保障的管理，并不是管得越多越具体就越好，而是要充分考虑管理的正当性、有效性。现在提倡的"小政府，大社会"正是出于这样一种目的。从社会的发展趋势来看，大量社会保障事务必须由社会自行来管理，某些特定的事务由政府组织来管理。因此，政府亦不是社会保障事务唯一的治理者，它要依靠众多第三部门、广大民众来共同治理。而非营利组织正是承担这方面任务的最好社会组织。

非营利组织一般在出现政府失灵和市场失灵的情况下才会产生。当国家体系中的政府不能有效地配置社会资源（政府失灵）、市场体系中的企业又囿于利润动机不愿提供公共物品（市场失灵）的时候，非营利组织便出现了。非营利组织不同于政府，不是以政治权力为核心，不存在自上而下的等级制统治体系，而是以志愿公益为宗旨，以受益者的需要为导向，能够实现公益资源的有效配置；非营利组织也不同于企业，不是以牟利为动机，不受市场规律盲目左右，因此能够实现更大范围的社会公平。实践表明，非营利组织作为一种新的资源配置体制，弥补了政府和企业这两种主要的资源配置体制的不足。

二、非营利组织参与社会保障的理论依据

在政府失灵和市场失灵的社会背景下，人们寻求政府和市场之外的机制，以解决政府和市场不能很好解决的问题，这就使得非营利组织的介入成为必要。

（一）社会保障的准公共品属性决定了非营利组织参与的必要性

从经济学角度说，大多数的社会保障品不是私人品，主要是准公共物品，具有一定的非排他性和非竞争性，更具有公益性。这种公益性需要公众的参与。

社会保障是为社会提供准公共品，但因为每个人对公共物品在量和质方面的偏好不可能是一模一样的，而政府对此的解决方式是提供满足中等人士需求的物品或服务，这样，一部分人的高水平需求得不到满足，另一部分人的特殊需求也得不到满足。特别是对于妇女、儿童、残疾人和赤贫者等社会弱势群体而言，他们往往最需要社会的帮助，但是政府在提供公共物品时却很容易忽视他们；同时，存在大量的利益集团对政府的公共选择活动施加压力，争取获得对本集团有利的政策，因而对于社会而言，福利降低了。

从一定程度上所，非营利组织参与社会保障，是社会保障的“社会性”的回归。

（二）非营利组织的高效率说明了非营利组织参与的必要性

政府作为科层制组织，具有官僚组织的弱点，往往缺乏竞争等动力机制，因此往往导致政府在提供公共物品的过程中出现浪费和高成本、低效率，甚至贪污腐败问题。

非营利组织以其独特的社会动员机制、独立的组织方式和资源筹集方式开启了巨大的社会资源网，整合了分散于民间的社会资源，为处在保障体系中的弱势群体提供弥补性服务，消除改革可能遇到的阻力。非营利组织参与社会保障，能够避免仅靠政府机构发挥社会保障主体地位所必然带来的成本增大、效率不高、服务机制难以适应需要的弊端，推动社会保障体制的改革。

三、非营利组织参与社会保障的路径选择

非营利组织参与社会保障的路径有许多，从外国和中国的实践经验看，主要有以下几个主要途径。

（一）参与城市社区服务

城市社区服务是非营利组织的发源地和主要服务领域。1869 年在伦敦成立了世界上第一个慈善组织协会，1884 年创设了第一个社区服务中心，以城市贫民为对象开展社区服务，从此，城市社区服务就一直成为非营利组织的主战场。

在中国，随着经济体制改革的推进和政府职能的转变，城市社会结构也发生了急剧变化，“单位人”逐渐成为了“社会人”。在特定的社区内，居民对社区建设和社区服务的要求大大增加，尤其是日趋严重的城市人口老龄化更加增强了对社区非营利组织的需求，人们希望社区开展各种各样的服务。所以，为了维持社会的协调运行，必须有一些社会组织来承接原来主要由企事业单位所承担的那些社会保障管理职能，并扩充新的职能和服务内容。这就对社区非营利组织提出了新的要求，即由过去主要为军烈属、孤老户、特困户、残疾人等服务，转变为为整个社区居民的多种需求服务，推动社区建设和社区发展，并采取各种方式筹集资金，开发社区内的人才资源，开展多样化的服务项目，使社区非营利组织成为转型期中国社区建设和社区发展的重要力量。

（二）促进城乡就业

根据美国萨拉蒙教授的研究，西方很多非营利部门所吸收的就业人数占整个就业人口的比例较高。如，1995 年，美国非营利部门就业的人数占全国非农劳动力就业人数的 7.8％，非营利组织的受薪雇员每年有 1000 多万人，是其解决就业问题不可缺少的领域。此外，积极参与这一部门工作的志愿人员达到 9000 万人，成为社会稳定的重要因素。到 2001 年，达到 1250 万人，占美国总就业人数的 9.5％；2004 年，已达到 1410 万人，占美国总就业人数的 10.8％。这无疑是对解决我国就业问题的重要启示。

我国这几年的就业压力不断增大，主要是政府机构改革使大量的政府公务员转岗分流；企业改革、经济结构调整，引起就业结构的变化，导致部分职工下岗失业；大学生第一次就业的就业率有所下降。

而非营利组织本身的运作成本低，自身容量和发展空间很大，能够直接创造就业机会，与此同时，非营利部门的各类社会活动，又能为社会创造新的就业机会。大量从第一产业转移出来的剩余劳动力和随着第二产业结构调整、技术进步转移出来的大量劳动力，都可以吸收进入从事第三产业的非营利组织。非营利组织不仅是转岗分流和下岗失业人员再就业的广阔天地，同时也是对转岗分流和下

岗失业人员进行培训的重要基地。

（三）缓解养老工作的压力

非营利组织的介入可以缓解现阶段低水平的养老保障对经济发展的压力，支持我国社会保障体系的可持续发展。同时，非营利组织在精神上为老人提供广阔的活动空间，让他们充分享受生活的愉悦；在生活上由受过专业训练的人员为老人提供价格低廉且有质量保证的服务。

（四）促进城乡扶贫事业

非营利组织可以通过多种方式参与扶贫开发。

改革开放以来，中国经济飞速发展，取得了举世瞩目的成就，但地区差异与地区经济发展不平衡依然是困扰新世纪中国发展的重大问题。在城市，贫困阶层日趋明显；在广大的中西部地区，扶贫仍然是解决当地发展问题的重要举措。然而政府在反贫困治理结构中存在较浓的政治色彩，没有具体界定清楚扶贫对象，过度强调政府行为而缺乏贫困群众的积极主动参与等缺陷，导致扶贫效果大打折扣。

因此，非营利组织可以介入，通过建立一系列有针对性的、扶贫性的非营利组织，针对不同类型、不同地区分别设置生存扶贫、技术扶贫、教育扶贫、合作扶贫、文化扶贫或者综合扶贫等不同的项目以提高贫困人口的福利。项目的设立、推行要进行严格的科学论证与监督。

非营利组织不仅致力于解决各种社会问题的症状，还尝试解决产生问题的根源，并努力突破在狭小范围活动的局限性，谋求在宏观上发挥影响力，建立了一系列有全球影响的国际组织和国际网络。可见，非营利组织必将在社会保障领域发挥更大的作用①。

世界各国中，非营利组织在各个领域都起到了举足轻重的作用。如：环境保护、扶贫发展、权益保护及社区服务等方面。其中，非营利组织与各国的社会保障制度的关系也甚为密切。

香港政府非常重视非营利组织的发展，使各种非营利组织在社会保障制度中起到了很大的作用。如在社会服务方面，香港政府重视发挥社会团体——非政府福利机构的作用。1995—1996 年度，政府对非营利组织的资助达 33 亿元。而得到政府资助的机构，必须用以达到非政府机构的特定目标，令受助人得到应有水准的服务。这些社会福利服务社团，亦充分发挥了自身的主观能动性，与政府携手为老弱病残妇幼等群体服务，因而很好地为政府解决了政府失灵所造成的保障不力的问题。

---

① 刘芳．非营利组织参与社会保障的路径选择［J］．法制与社会，2006（6）．

但是，总的来说，我国非营利组织所承担的社会保障责任还是远远不够的。

四、非营利组织也需要社会保障制度的保护

虽然非营利组织是具有志愿性的组织，但并不意味着非营利组织的工作人员不能要求得到合理的工作报酬和福利。非营利组织在不同程度上都是要依赖志愿者为其工作的。这里，志愿者的含义是：人们愿意不拿报酬或者在低于正常报酬水平下为该组织工作。非营利组织的理事们通常都是没有薪金报酬的，很多非营利组织工作人员也是没有薪金报酬或者只拿有限的工作津贴的。但是，作为一种专业化的工作，非营利组织是需要具有特定素质的职业工作人员的，这些职业工作人员是需要养家糊口和实现自我发展的。所以，一定的、合理的工作报酬和福利对非营利组织的职业工作人员来说是必须的。过低的报酬待遇将难以吸引高素质的专业人员把非营利组织当作一种职业。而个人的报酬待遇过高，又会有过度谋取私利之嫌。

非政府组织难以留住人才是目前非常普遍的现象，这不仅在于工资待遇的差距，更重要的在于人事制度上的不规范。由于非政府组织在编制问题上缺乏与其他部门的衔接，非政府组织的专职就业人员在户口、档案管理、人事流动、职称、工资、福利、社会保障等方面的一系列困难，都成为制约非政府组织吸引和留住优秀人才的重要因素。解决非政府组织员工就业和相关的社会保障等问题，关键在于建立非政府组织自己的人力资源管理体系和相关的制度规范，并将之纳入市场经济条件下社会整体的人事、福利、社会保障体系，包括建立人才交流中心，对非营利组织的档案管理制度，在医疗、退休养老、劳动、失业等保险金的缴纳方面，制定非政府组织相应的标准等。

例如，美国联邦政府针对非营利组织的工作人员，制定 403（b）税收条款，凡是依据 501（c）（3）税收条款建立的教育机构和非营利组织等，其工作人员都可以建立 403（b）养老金计划。403（b）是确定缴费型私人养老金计划，叫做避税年金（tax-sheltered annuity）、避税账户（tax-sheltered account（TSA））、避税托管账户（tax-sheltered custodial accounts）。403（b）计划的运作与税收待遇和 401（K）计划十分相似，但又不完全相同，并且税收优惠更多。首先，只有免所得税的组织或机构如政府部门、教育或慈善团体、部分非政府组织（NGO）才有资格主办或资助 403（b）计划，其投资方式和 401（K）不完全相同，只限于购买年金或共同基金。同 401（K）计划一样，参加 403（b）计划的雇员将其年薪的一部分通过纳入 403（b）计划，其缴纳的金额从当期应税收入中扣除而达到减税的目的。其次，403（b）计划允许个人每年向自己的账户缴纳的免税金额更多，2007 年的最高免税缴费额是 15500 美元，如果达到 50 岁，最

多可缴纳20500美元。另外，美国联邦失业保险税是美国社会保障税体系中相对独立的税目，只对雇主征收，雇员不必缴纳。根据《美国国内收入法典》501（C）（3）条款规定，以宗教、慈善、教育等为宗旨的非营利组织，其支付给雇员的工薪免交联邦失业税。

所以，我国应当出台有关非政府组织员工就业和社会保障方面的法规政策。

主要概念

家庭保障　family security
国家职能　state functions and powers
就业制度　employment system
收入分配　income distribution
非营利组织　non-profit organization

思考题

1. 如何理解家庭保障与社会保障的关系？
2. 如何理解社会保障与国家职能的关系？
3. 社会保障如何促进就业？
4. 社会保障如何影响收入分配？
5. 非营利组织参与社会保障的路径是什么？

阅读资料

1. ［美］加里·斯坦利·贝克尔．家庭论［M］．北京：商务印书馆，1998.
2. ［美］鲍莫尔．福利经济及国家理论［M］．北京：商务印书馆，1982.
3. ［美］阿兰·J. 奥尔巴克、马丁·费尔德斯坦．公共经济学手册［M］．北京：经济科学出版社，2005.
4. 莱斯特等．全球公民社会——非营利部门视界［M］．北京：社会科学文献出版社，2002.
5. 中国NPO网站：http：//www. npo. org. cn/cn.

第五章　社会保障管理

社会保障管理是通过一定的机构与程序，采取一定的方式和手段，对社会保障各方面事务进行计划、组织、协调、控制与监督；社会保障管理的内容主要包括社会保障对象管理、社会保障行政管理、社会保障业务管理、社会保障信息化管理、社会保障监督管理。

社会保障管理是一种公共事务和社会政策管理，致力于提供公共服务和公共产品，属于公共管理范畴。

第一节　社会保障对象管理

社会保障对象管理就是指对社会保障直接服务的公民或者人口群体的管理，其本质就是服务。

社会保障管理的最终目的就是要保护社会保障对象的合法权益，并为之提供完善的社会服务。因此，社会保障对象管理的过程实际上是对社会保障对象提供一系列必要服务的过程。这种服务不仅包括物质的提供，还包括日常生活的照料、健康方面的服务以及社会生活的提供等。一般而言，对在职的社会保障对象的管理大多依托其所在单位进行，而对其他社会保障对象，则需要进行社会化管理。主要包括退休人员、鳏寡孤独以及丧失劳动能力者、失业者、残疾人等。

对社会保障对象的管理工作包括：社会保障对象的登记、审查；保障金的发放；丧失劳动能力的医务鉴定；劳动技能的培训和职业介绍；无生活自理能力人员的家务助理或院舍转介等。

一、社会保障对象的确认

社会保障对象的确认对社会保障制度的实施来讲是至关重要的一环，它关系到政府的责任和保障任务将落实到何处的根本问题。其实，一个国家或政府在确立自己的社会保障体系项目时，就已在宏观上锁定了相应的保障对象。但是，不同的项目对保障对象的确认有不同的方法和要求。

（一）社会保险制度的保险对象的确认

一般来说，社会保险制度的保险对象最为明确，也最易于确认。凡符合参保社会保险条件的各类在职员工都可认为是社会保险制度的保障对象。该保障对象的管理，往往需要所在单位参与。

但是，对于离开工作单位或者本来就没有工作单位的人员的社会保险管理，还是有一定难度的。如，要准确确认其领取失业保险金的资格，就有一定难度。对于未就业的贫困者要具体确认其领取失业保险金的资格，就必须确认他们无收入和无财产，因而不能维持其最低限度生活水平。此类失业者如果经新的职业培训后能够重新就业的，则还应当补贴其职业培训费用，待其就业后便取消其社会救助资格。在德国、瑞典及北欧其他一些国家实行的“积极的劳动力市场政策”，就是一种将救济与职业培训相衔接的做法，即对具有劳动能力但失去劳动机会的人（在我国为失业者、下岗者）进行各种相适应的职业培训（在我国称为转业或转岗培训），对其培训费用，通过社会救助金给予补贴。

（二）社会福利制度的保障对象的确认

社会福利制度的对象较为复杂，可以按不同的标准进行划分，不同的人口群体享受不同项目的社会福利。如在职职工福利对象、离退休人员福利对象、学生福利对象，等等。

以残疾人福利对象的确认为例。

残疾人福利制度是国家和社会保障残疾人基本物质生活需要的福利制度，包括为残疾人在生活、工作、教育、医疗和康复等方面提供设施、条件和服务，是整个社会福利的一个重要项目。根据我国《残疾人保障法》等法律法规的规定，残疾人主要包括以下几种情况：

残疾人是指由于生理或心理上的缺陷，如视力、听力、肢体、智力缺损等，造成劳动生产、生活、学习上的障碍者。残疾人分为若干类：听力及语言残疾、智力残疾、肢体残疾、视力残疾、精神病残疾。某些人两种或两种以上残疾并存，这类残疾人称为综合残疾人。判定是否为残疾人，有一套借助医学的标准，并且根据残疾人日常生活活动能力以及感官、智能和情绪等方面障碍的程度，将残疾程度分为重度残疾、轻度残疾等。

（三）社会优抚制度的优抚对象的确认

社会优抚是一种补偿和褒扬性质的特殊社会保障，直接服务于国防建设和军队建设。社会优抚的对象是军人及其直系亲属。在我国，社会优抚制度以军人及其家庭成员为主要保障对象，这些对象是指为维护国家民族利益，保护国家和民族的安全，牺牲个人利益，影响个人需求或利益发展的那部分人。主要有“三红”（退伍老红军、西路军红军老战士、红军失散人员）、“三属”（烈士家属、因公牺牲军人家属、病故军人家属）、伤残军人、老复员军人、退伍军人、现役军人及其家属等 11 类人员。

（四）社会救助制度的救助对象的确认

社会救助对象的确认大多有附加条件，如劳动者的年龄、身体状况、婚姻及家庭状况、收入状况，有的甚至要考察劳动者为社会做出的贡献，最后由社会救助经办机构根据劳动者及其家属提出的申请，依据规定的条件和确定的标准，确认救助对象，并支付相应的社会救助待遇。

1. 贫困救济项目的社会救助对象

(1) “三无”人员。首先要确认“三无”状况，即无劳动能力（是指依靠自身能力不能维持最低限度的生活水平）、无生活来源（是指既没有维持其最低限度生活水平的财产，又没有维持最低限度生活水平的收入，包括现金或实物）、无法定扶养义务人或法定扶养义务人没有扶养能力的。同时具备这三个条件的人，即应确定为社会救助对象。

(2) 低收入人员。家庭人均收入低于当地最低生活保障标准的人员。

(3) 特殊困难人员。在社会救助中，应当依法将处于特殊生活状况的人列入社会救助对象。在此，应当将医疗保险与社会救助有机地衔接起来，后者侧重于救济其因疾病造成的个人和家庭成员的生活严重困难。

另外，对虽有扶（抚）养义务人的老年人、残疾人、未成年人，因其严重疾病需支付数额很大的医疗费用时，也应当将其确定为临时性的社会救助对象，救济其医疗费用。

2. 灾害救济项目的社会救助对象

因遭受自然灾害而生活发生严重困难者，国家应当对自然灾害的性质、程度作出具体界定，以便准确地确认遭受何种性质及程度的自然灾害的人为社会救助对象。我国的社会救助立法，应当把救助灾民确认为重点救助对象之一。因为中国面积大人口众多，每年都发生多种自然灾害。自然条件和气候等多种因素不可避免地直接给相当数量的公民带来不同性质的、不同程度的灾害。因此，在立法时，要具体规范出不同类别的灾民救助对象以及对其适应的救助标准和方式等。

3. 农村五保供养制度的社会救助对象

五保供养制度是为农村缺乏劳动力、生活没有依靠的鳏寡孤独残疾人提供生活帮助和照顾的一项制度。所谓五保，就是对五保对象在五个方面予以保障，即为：保吃、保穿、保住、保医、保葬（未成年人保教）。

五保供养的对象是农村村民中符合下列条件的老年人、残疾人和未成年人：

(1) 无法定扶养义务人，或者虽有法定扶养义务人，但是扶养义务人无扶养能力的；

(2) 无劳动能力的；

(3) 无生活来源的。

只有同时具备上述三个条件的人才有资格成为五保对象，三个条件缺一不可。

凡有法定扶养（抚养、赡养）义务人，而且抚养义务人有负担能力的，不得定为五保对象，特殊情况需经过村民同意，经乡、镇政府批准。

4. 农村部分计划生育家庭奖励扶助对象确认

夫妻及丧偶现无配偶者同时符合下列基本条件，享受奖励扶助待遇：

（1）为农业户口，有承包责任田，未享受城镇居民社会保障和福利待遇。

（2）2001年12月29日（不含29日）《中华人民共和国人口与计划生育法》颁布前，没有违反计划生育法规、规章或政策规定数量生育行为。

（3）生育一个子女或者两个女孩。

（4）夫妻1933年1月1日（含1日）以后出生，年满60周岁。

二、社会保障对象的跟踪管理

社会保障对象的生活与经济活动空间是不断变化的，其收入水平、身体状况和家庭状况等也是不断变化的，所以，社会保障对象需要跟踪管理。社会保障对象的跟踪管理主要是社会保险对象和社会救助对象的跟踪管理。

（一）社会保险对象的跟踪管理

社会保险的对象可以分为两个部分，一是在职的劳动力，二是离退休的人员。

1. 在职的劳动力跟踪管理

在职的劳动力跟踪管理主要包括劳动力调动尤其是跨省市劳动力流动的跟踪管理、劳动力收入水平和家庭经济状况跟踪管理、劳动力失业与再就业跟踪管理、劳动力技术培训跟踪管理。

加强劳动力跟踪管理的一个很重要内容是社会保险关系转移与社会保险费的续缴。由于我国社会保险制度还没有实现全国统筹，所以，这方面往往存在一些实际问题。

2. 离退休人员的跟踪管理

作为社会保障的管理对象，离退休人员有两大特点，一是基本上与原单位脱离了关系，二是居住分散，甚至远离工作单位，回到千里之外的原籍。这就为对他们的管理带来许多困难。但是出于多方面的需要，又必须加强跟踪管理。

第一，为了关心离退休人员，必须加强跟踪管理。例如，应当及时了解离退休人员及遗属补助人员生存状况；对于需要由他人代领养老金的离退休人员，养老金发放点应当建立特殊照顾登记卡，定期送款上门，为他们排忧解难，同时了解该离退休人员的身体状况及生活情况。

第二，为提高离退休养老金社会化发放管理水平，必须加强跟踪管理。社会化发放养老金是我国社会养老保险制度改革的一项重要内容，为了真正实施社会化发放，就必须实施跟踪管理。

第三，为了保证离退休养老金的安全，杜绝虚报冒领，必须加强跟踪管理。如，对离退休人员异地居住的，每年寄送一次离退休人员调查登记表，离退休人员要据实填写，并要求其居住地出示生存状况证明。

（二）社会救助对象的跟踪管理

1. 建立救助标准的动态跟踪机制

社会救助标准应当依据法律规定适时地进行调控，即根据国家在一定时间内的经济发展和财政状况、居民年均纯收入水平和物价指数等综合因素的变化，及时调整社会救助待遇的给付标准。一般来讲，主要需关注以下指标：国民生产总值、物价指数、消费水平、失业率等，这些指标的变化，会直接影响人的生存状况，如果不能及时调整救济标准，很可能会发生救助不公平、救助依赖、救助失效等一系列社会后果，影响救助制度设立的目的和宗旨。

2. 救助对象的变化

救助对象在被救助的过程中，可能因其他原因发生某种改善自己生活状况的轻微变化，也可能因突发原因使自己境遇比原来更趋于恶化，在此情况下，应及时调整救助标准，减少、免除或增加救济数额。

3. 救助方式的变化

某些救助对象（如患病者、残疾人）在被救济过程中，因治疗或康复等手段使其身体状况好转，以致达到从事某种轻微劳动时，应当调整对其救助的方式或标准。例如，可由现金救助改为实物救助，可由长期救助改为定期救助，也可以以无息或低息贷款或其他优惠政策方式对其救助。

4. 对慢性病患者健康跟踪管理

通过对慢性病患者健康跟踪管理，增强病人对健康认识，采取健康的行为及科学的生活习惯来恢复和保持健康。增强从医行为，使疾病控制在预防之中，提高人们的生活质量。

5. 扶贫资金的跟踪管理不容忽视

扶贫资金必须强化跟踪管理，提高资助效果。中央的扶贫方针体现了“一方有难，八方支持”的社会主义制度的优越性和共同富裕的理想。如果忽视管理，可能事与愿违。例如，扶贫资金大部分属无偿使用或低息使用，帮扶单位使用往往大手大脚、不精打细算，结果造成铺张浪费。

三、社会保障对象的社会化服务管理

1. 非在职的社会保障对象需要社会化的服务管理

社会保障对象的管理工作，从总体上说，属于社会性服务工作。尤其对于已经离开或者未曾参加工作的社会保障对象，则更需要进行社会化的管理。对于这些社保对象，需要在政府的领导下，通过社会组织开展管理和服务工作。由于这项工作涉及社会的各个方面，所以需要由政府制定政策和出面协调各方面关系；另一方面，由于社会保障涉及的工作烦琐复杂，其具体问题需要发动社会力量来解决，应特别注意发挥工会、社会组织等方面的作用，使专职人员和普通公民相结合。从社会各界聘请义务工作者参与社会保障事业，是很多国家的一条成功经验。这些义务工作者也包括身体健康、有一定工作能力的社会保障对象。由社会保障对象直接参与社会保障工作，有利于改进社会保障管理，加强社会保障工作的针对性，提高工作效率。

对于这些社保对象的各种要求，需要分别不同情况采取不同办法，包括：组织残疾人参加福利企业、社会事业工作，组织贫困户发展生产脱贫致富，对失业人员进行职业培训，组织他们积极进行生产自救，为离退休人员发放离退休金，报销医疗费等。对于这些特殊对象的日常生活要求，如对丧失劳动能力又无亲属者提供衣食住行的帮助，对老年人的生活困难问题，由社会组织包括社区组织给予细致的安排，提供必要的照顾。

2. 建立街道社区社会保障工作平台

街道和社区工作平台的建设，是劳动保障工作一项重要的基础工作，是做好就业和再就业工作的当务之急和长远战略，是社会保障管理社会化的迫切需要，是劳动社保部门转化职能的必然要求。

所以，应当抓紧在街道和工作任务重的乡镇建立劳动保障工作机构，在社区聘用专门的服务人员，并提供工作经费，使城乡基层组织承担起做好下岗失业人员再就业和企事业单位退休人员管理工作，服务城市的街道都要建立起职责明确、管理规范、运行良好的劳动保障工作机构，构筑街道和社区基层服务网络和工作平台，使人民群众得到及时便捷的劳动保障服务。

第二节　社会保障行政管理

所谓社会保障行政管理，就是指政府凭借国家政权力量，依靠行政组织和行政机构，以发布行政命令、规定、指示或指令性计划等行政手段和方式，来管理和控制社会保障事业的运行和发展；社会保障行政管理主要包括组织社会保障法律和政策的实施、制订发展规划和计划、落实各项业务服务管理。

当前世界许多国家政府社会保障部门都将注意力放在了改革社会保障行政管理、提高服务手段与效果、降低行政管理成本的层面上。要达到此目标，关键是明确社会保障行政管理、业务管理和监督管理的责任、机构和分工，即职责分明，分工明确。

一、社会保障行政管理的内容与特点

（一）社会保障行政管理的内容

社会保障行政管理包括：

一是拟订社会保障发展规划和计划，统筹协调社会保障政策，统筹处理地区和人群之间的利益和矛盾。

二是制定社会保障法律、法规和政策，以及相关法律的实施办法。其基本内容应包括：社会保障的实施范围和对象，享受社会保障待遇的基本条件，社会保障资金来源，基金管理和投资办法，待遇支付标准，社会保障中有关方面（国家、单位和个人）的责任、权利、义务和违法处罚等。

三是贯彻、组织和实施各项社会保障法律法规，并负责监督、检查。

四是受理社会保障方面的申诉、调解和仲裁。

五是建立和完善社会保障信息化、社会化服务体系。

六是培养、考核、任免社会保障管理干部。

此外，社会保障行政管理的内容还包括：设置高效的社会保障管理机构，配置精干的社会保障管理人员，明确社会保障管理组织的职责等。

（二）社会保障行政管理的特点

由于社会保障行政管理必须与整个国家政权的性质相一致，同时还具有社会职能的属性，因此，它具有以下几个方面的特点：

1. 政治性：社会保障行政管理是国家行政管理的一个重要组成部分，代表着国家，所以具有一定的政治性。

2. 服务性：社会保障行政管理的对象和范围日益扩大到社会经济生活和文化生活的方方面面，社会保障行政管理为促进社会主义事业的发展和保障国民生活的正常秩序服务。

3. 法制性：社会保障行政管理要求行政管理过程要始终贯彻法制原则，并严格实施法制监督，保证各级行政人员严格按照有关法律规定行事，依法行政，违法必究。

4. 效率性：社会保障行政管理注重科学性，即用现代化的科学理论和方法以及先进技术手段实施管理，不断提高社会保障行政管理的质量和效率。

二、社会保障行政管理模式

根据政府在社会保障管理体制中的角色，社会保障的行政管理模式一般有以下四种：第一是政府直接管理模式，第二是政府与公法机构共同管理模式，第三是政府与工会共同管理模式，第四是政府与所属单位共同管理模式[①]。

（一）政府直接管理模式

在这种管理模式下，政府除了执行社会保障法律、颁布相关法规和实行监督以外，还要负责社会保障的具体业务管理。社会保障的具体业务管理包括受保人的登记、审查及社会保障基金的征集、计算和支付等。这种管理模式又可分为以下两种具体方式：

第一是集中统一方式，由中央政府设立一个专门管理机构，并直接受中央政府领导。这个机构实行统一政策、统一制度、统一标准的行政管理。

第二是分权管理方式，它又可以分为以下两种：一是上下分权，中央政府制定和颁布基本法律与法规，地方政府可根据本地的实际情况制定、颁布具体政策和措施，如美国的管理模式；二是左右分权或者横向分权，各部门实行分工管理，如卫生部管理医疗保险、农业部管理农村社会保障等。

（二）政府与公法机构共同管理模式

在这种管理模式下，政府负责社会保障方面的政策法规和监督，公法机构则负责社会保障的具体业务管理，即对执法监督和具体业务实行分开管理，防止“一条龙”行政管理带来腐败等问题。这种模式是目前世界各国在社会保障行政管理上的发展方向。法国是这种管理模式的代表。

公法机构既区别于政府部门，又区别于私有性质的单位，是一种具有相当自治权的公共机构，执行立法机构颁布的社会保障法律和政府法规，并开展社会保障业务活动。公法机构与政府之间的关系是：政府对它具有指导权、监督权和审查权，但无权干涉它的正常业务，它有权拒绝某些行政部门的不符合国家政策、法规的要求。

（三）政府与工会共同管理模式

这种模式是社会主义计划经济体制下的产物，首先在苏联开始实行，后来，其他社会主义国家也纷纷参照苏联的这种做法，在计划经济时代采用了这一模式。这一模式的理论基础是列宁的社会保障思想，其特征是劳动者管理自己的社会保障事业。

在这一模式中，政府颁布社会保障方面的法规、政策，工会执行这些法规、政策，并开展社会保障的具体业务活动，工会是社会保障的管理机构，而劳动部门则是社会保障的监督机构。因此，工会拥有相当大的权力，它拟订社会保障预算与决算报告，并提交政府部门审批，负责具体制定实施办法，总结社会保障执行情况。

---

① 郭士征．社会保障学［M］．上海：上海财经大学出版社，2004：85～86.

（四）政府与所属单位共同管理模式

在这种管理模式中，政府负责颁布社会保障方面的法规、政策，由受保人的所属单位具体执行，开展社会保障的具体业务活动。但是，受保人所属单位并没有像政府与工会共同管理模式下的工会那样拥有相当大的权力，而仅仅是一个社会保障具体业务的执行部门。

这种模式存在着一个固有缺陷，即缺乏互助互济功能，这实际上违背了社会保障的基本原则。我国在社会保障制度改革之前采用了这种管理模式，因此，改革的两项基本内容就是实行社会统筹和社会保障管理的社会化。

三、社会保障行政管理分工

社会保障的行政管理是一项繁杂的系统工程，其管理工作的落实需借助组织机构的设置。

（一）我国社会保障行政管理机构及分工

我国社会保障行政管理机构设置，是在国务院的统一领导下，采取条块结合、以块为主的分级管理体制。

我国现行的社会保障行政管理机构，从纵向上看，依据行政管理权限大小，大体分为三个层次：第一层次，即高层行政机构，是国务院下设的劳动和社会保障部与民政部，属于领导和决策层次。第二层次，即中层行政机构，是在各省、自治区、直辖市人民政府内设立的劳动和社会保障厅（局）、民政厅（局），属于辅助决策、实施领导和传递层次。第三层次，即基层行政机构，是在省辖地级市、区、县人民政府设立的劳动和社会保障局、民政局，属于执行层次。

我国现行的社会保障行政管理机构，从横向上看，主要由国务院下设的人力资源和社会保障部、民政部和人事部组成。其中人力资源和社会保障部负责城镇和农村社会保险事务，而民政部则负责城乡社会救济、社会福利和优抚安置事务。三部内设立的主管社会保障的机构及其行政管理分工如下：

1. 人力资源和社会保障部

中国人力资源和社会保障部部属组织机构共计 15 个，其中 3 个是部直属事业单位。具体名称见表 5－1。

表 5－1　中国人力资源和社会保障部部属组织机构

办公厅	法制司	规划财务司
培训就业司	劳动工资司	养老保险司
失业保险司	医疗保险司	工伤保险司
农村社会保险司	社会保险基金监督司	国际合作司

资料来源：中华人民共和国人力资源和社会保障部网站。http：//www.mohrss.gov.cn/gb/jgxx/jgyzz.htm

（1）办公厅。组织协调和综合处理部政务、行政管理工作。

（2）法制司。综合管理劳动和社会保险法制工作。

（3）规划财务司。负责劳动和社会保险事业发展规划，综合管理统计、科技、经费、国有资产，世界银行援款、贷款项目等工作。

（4）培训就业司。主管城乡就业与职业培训工作。

（5）劳动工资司。主管劳动关系调整和企业工资分配宏观调控等工作。

（6）养老保险司。主管城镇企业职工和机关、事业单位人员养老保险工作。

（7）失业保险司。主管失业保险及相关事务工作。

（8）医疗保险司。综合管理城镇企业职工和机关、事业单位人员医疗保险和生育保险工作。

（9）工伤保险司。综合管理机关、企事业单位人员工伤保险工作。

（10）农村社会保险司。主管农村养老保险工作。

（11）社会保险基金监督司。综合管理各项社会保险基金监督工作。

（12）国际合作司。劳动和社会保障部综合管理国际交流与合作工作。

（13）直属事业单位。例如：社会保险事业管理中心，负责全国社会保险经办机构的指导与管理；社会保险研究所，负责社会保险理论与政策的研究工作。它们虽然不在行政序列之中，但又直接为社会保险管理服务。地方各级政府中的劳动和社会保障行政部门，一般照此设置内设机构。

2. 民政部

民政部是中央政府中又一个十分重要的社会保障主管部门，它负责管理全国的社会救助、社会福利、优抚事业等。民政部内设的相关机构主要有：

（1）救灾救济司。负责管理灾害救助、贫困救助与特殊救助事务。

（2）最低生活保障司。负责管理面向低收入阶层的最低生活保障事务，组织和指导扶贫济困等社会互助活动，审批全国性社会福利募捐义演；指导地方社会救济工作。

（3）社会福利与社会事务司。负责管理全国的社会福利事务（包括老年人、孤儿、五保户等特殊困难群体的福利）、福利彩票及城市生活无着落的流浪乞讨人员的救助管理。

（4）优抚安置局。负责管理军人及其家属的优待、抚恤及补助事务，以及国家机关工作人员伤亡抚恤等事务；此外，还有转业军人的安置工作等。

（5）政策研究中心。负责研究社会救助、社会福利等各项民政工作的政策。

地方各级政府中的民政部门亦通常照此设置自己的内设机构，专门负责有关社会保障事务的管理。

3. 其他部门

除上述主管部门外，在中央政府中，还有一些部门承担着相应的管理与监督职责。如卫生部不仅负责全国医疗卫生事业，而且承担着农村合作医疗、全民卫生保健等事务的管理职责；财政部设置有专门的社会保障财务司，负责管理中央财政社会保障支出及财务制度等；审计署设有专门的社会保障审计司，负责对社会保障事务进行审计监督；国家发展和改革委员会亦设有社会发展司等机构，负责制定社会保障发展的中长期规划等。

国务院还于2000年设置了全国社会保障基金理事会，它虽然不是政府机构而是一个事业单位，但它肩负着管理主要源于财政拨款、国有股减持等形成的中央社会保障储备基金的责任，并负责这笔基金的投资营运管理。

此外，一些半官方性质的组织与社会团体，亦不同程度地参与社会保障事务的管理。如中华全国总工会、中华全国妇女联合会、中国残疾人联合会等机构就不同程度地参与了社会保障事务的管理。

（二）各国社会保障行政主管机构设置情况

根据国际劳工局的有关资料，在统计的世界上115个国家中，89个国家由一个政府部门主管社会保障事务；26个国家实行多头管理，由多个政府部门管理社会保障事务。具体统计如下①：

1. 单一政府部门主管社会保障的国家共89个，具体又可分为五类：

（1）由劳动（劳工、就业等）和社会保障（保险、福利、事务等）部主管，共50个国家。例如，意大利由劳工和社会福利部主管。

（2）由劳工（劳动）部主管，共19个国家。例如，印度、新加坡由劳工部主管。

（3）由社会保障部主管，共15个国家。例如，瑞典、匈牙利由全国社会保险管理局主管；利比亚由社会保障部主管。

（4）由卫生和社会保障部主管，共3个国家，即冰岛、芬兰和玻利维亚。

（5）由财政部主管，共2个国家，即科威特和瓦努阿图。

2. 多个政府部门分管社会保障的国家共26个，具体见表5-2。

---

① 宋晓梧．中国社会保障体制改革与发展报告［M］．北京：中国人民大学出版社，2001：215～218.

表 5-2 主要国家或地区社会保障行政管理机构设置情况

国家或地区	管理社会保障事务的主要政府部门
英国	工作与养老金服务部　卫生部　国内税务部
法国	卫生和社会保障部　经济和财政部　联合征收机构　财政部
德国	劳工和社会政策部　联邦德国养老金保险机构
荷兰	社会保险银行　劳工部　国民收入部
美国	社会保障署　劳工部　财政部　联邦人事局
智利	劳动和社会福利部　卫生部　社会保障总监
澳大利亚	家庭—社区服务—土著事务部　就业与工业关系部　税务局
意大利	劳动和社会福利部　经济和财政部
加拿大	社会发展部　税务局　卫生部　人力资源和技术部
俄罗斯	联邦养老基金　卫生和社会发展部　联邦社会保险基金
日本	厚生省　劳动省　卫生和福利省
韩国	劳动事务部　卫生和社会事务部
中国	大陆人力资源和社会保障部　民政部　卫生部　财政部

资料来源：US. Social Security Administration. Social Security Programs Throughout the World，2006［M］. Washington，DC：2006.

第三节　社会保障业务管理

一、社会保障业务管理概述

1. 社会保障业务管理的含义

社会保障业务管理是对社会保障管理的具体执行，即在社会范围内统筹、调剂社会保障基金，对社会保障对象给予一定的物质帮助，提供一系列必要服务的过程。

2. 社会保障业务管理机构

社会保障的具体业务应由社会各方的代表建立起的社会保障业务管理机构和社会服务机构负责实施。社会保障的经办机构也称执行机构，属非营利的事业单位，具体办理社会保障基金的收支和管理，开展对社会保障对象的管理服务。

我国社会保障经办机构是 1998 年以来建立的，名称统一为社会保险事业管理局或社会保险管理中心。

到2004年底，全国各级经办机构7 293个，工作人员近12万人，加上街道社区社会保障工作人员，从事社会保障经办工作的人员已超过20万人。社会保障经办机构的主要业务包括：①社会保险登记；②社会保险档案管理；③社会保险申报；④社会保险缴费；⑤社会保险基金管理（社会保险费分账管理、收支两条线管理、个人账户基金管理、监督审计、统计、报表等）；⑥社会保险监督、检查，报告人力资源和社会保障部进行行政处罚；⑦社会保险经办机构人事、财务、教育等管理。

3. 社会保障业务管理程序

社会保障业务管理通常要经过六个环节，即：缴税（费）核定、税（费）征集、缴税（费）记录处理、待遇审核、待遇支付、基金会计核算与财务管理。

4. 社会保障业务管理分类

社会保障业务管理是一个大的概念，如果按社会保障项目划分，具体可分为养老保险业务管理、医疗保险业务管理、失业保险业务管理和最低生活保障业务管理等。由于各项社会保障项目在管理对象、基金模式等方面千差万别，所以在业务管理方面也各自形成一整套体系。如果按社会保障基金流程划分，具体可分为社会保障缴费管理、社会保障给付管理、社会保障财务管理等。

二、社会保障缴费管理

（一）社会保障缴费管理三个环节

社会保障缴费管理是社会保障业务管理的首要程序，包括缴税（费）核定、税（费）征集、缴税（费）记录处理三个环节。

1. 缴税（费）核定

及时建立和调整所辖地区单位和职工的基础档案资料，为保证社会保障税（费）收、支的准确性，单位和职工基础资料应全面、翔实。

2. 税（费）征集

根据缴税（费）核定环节提供的单位和职工的基础档案资料，整理、掌握单位开户银行、账户名称、账号、联系人、负责人姓名及联系电话等有关情况，并与单位建立业务联系；及时了解社会保障税（费）征集落实情况；对于符合缓缴条件的单位，按规定办理缓缴手续，并要求缓缴单位制订出补缴计划；向本部门和有关领导报告社会保障税（费）征集情况，提出加强社会保障税（费）征集工作的意见和建议。

3. 缴税（费）记录处理

在计算机中为每个单位和职工建立基础档案库，及时建立职工参加养老、医疗保险的个人账户，将实际征集到的社会保障税（费）按规定分配到各项目下，记载职工养老、医疗保险个人账户实际支出情况，计算和登记职工养老保险、医疗保险个人账户的本息和职工缴税（费）年限。

社会保险记录主要包括：

1. 根据用人单位和个人社会保险登记资料和缴费状况建立用人单位和个人社会保险数据库。

2. 根据每月用人单位和个人缴纳社会保险费台账，分别生成用人单位缴费记录和职工缴费记录，并建立个人养老保险、医疗保险个人账户。

3. 社会保险经办机构至少每年向社会公布社会保险费征收状况。

4. 社会保险经办机构至少每年要向个人发送一次养老保险、医疗保险个人账户通知单，并随时接受个人对其账户存储状况的查询。

（二）社会保障缴费管理方式

社会保险缴费方式主要有报表制和印花制两种。报表制是雇主按规定和实际情况填写报表，按报表缴纳保险费，适用于有长期合同的员工。印花制是雇主按雇员的保险卡以印花票缴纳保险费，适用于季节工和临时工。我国目前使用报表制缴费。

我国 1999 年出台了《社会保险申报缴纳管理暂行办法》规定，社会保险缴费可按月、季、半年、或年缴费，拖欠保险费的，按日加收 2‰的滞纳金。滞纳金并入社会保险基金，任何单位和个人无权擅自处理这部分资金。

（三）用人单位缴纳社会保险费

首先，各省、自治区、直辖市政府要明确社会保险费由税务机关征收，还是社会保险经办机构征集。其次，负责征收的部门要规定具体的缴费时间。按人力资源和社会保障部《社会保险费申报缴纳管理暂行办法》规定，由社会保险经办机构征收社会保险费，用人单位要在其缴费申报被核准后 3 日内缴纳社会保险费。再次，要明确规定用人单位和职工应当以货币形式全额缴费，并且可以采取直接到社会保险经办机构缴纳或到用人单位开户银行缴纳等不同方式。最后，要明确规定对不按规定申报缴费的用人单位和个人处罚的程序和措施。

（四）社会保险费征收的账务处理

征收的社会保险费应及时进入社会保险经办机构在国有商业银行开设的社会保险基金收入户。社会保险经办机构要按规定将收到的基金存入财政部门在银行开设的财政专户。

社会保险经办机构对征收入账的用人单位缴费（包括代扣代缴额），按以下程序记账：对个人缴纳的社会保险费，按不同项目规定的比例分别计入养老保险基金、业务保险基金等，同时记录养老保险、医疗保险个人账户，对用人单位缴纳的社会保险费，也分别按项目计入各项基金。

三、社会保障给付管理

社会保障给付管理也是社会保障业务管理的重要程序，包括待遇审核、待遇支付两个环节。

（一）社会保障待遇审核

被保险人发生劳动风险事故后，应按有关规定提出申请。社会保险经办机构根据单位填报的《社会保险待遇审批表》、单位和职工基础档案资料和社会保险有关法规、政策，逐项予以审查、核准社会保险待遇。对医疗保险，需审核其出具的医院有关证明和费用结算手续；对工伤保险，需审核其出具的当地劳动和社会保障行政部门认定的工伤通知书及劳动鉴定结论证明。根据有关政策，对享受社会保险待遇人员待遇标准予以审核认定；定期调查离退休（职）人员及享受遗属津贴人员现状，定期审核、调整其应享受的待遇标准。确定其是否具有保险金给付的资格条件，由社会保险机构确定给付标准或提供相应的服务。

例如缴费审核，内容包括：员工人数、工资总额、员工缴费工资、缴费期限等。最低社会保障待遇申请由其所在地的街道办事处或者镇人民政府初审，并将有关材料和初审意见报送县级人民政府民政部门审批。需要时，管理审批机关可以通过入户调查、邻里访问以及信函索证等方式对申请人的家庭经济状况和实际生活水平进行调查核实。

（二）社会保障待遇支付

社会保障待遇支付方式可以分为两大类：现金支付和证券支付。现金支付方式主要有通过营业窗口支付、通过雇主支付和金库工作人员登门支付三种方式。证券支付主要有汇票支付和社会保障证券两种方式。

1. 对待遇审核环节提供的单位及其职工享受社会保险待遇的有关资料予以确认，编制享受社会保险待遇人员名册与台账。

2. 根据有关规定，确定享受社会保险待遇人员社会保险待遇的具体支付方式和时间。

3. 及时填制社会保险待遇拨付通知单，按确定的时间办理支付手续，通过银行或其他方式，将应支付的社会保险待遇发放给享受对象。

4. 对各项社会保险待遇的支付情况，及时登记并妥善保管有关凭证和资料。

5. 与银行、代办所、社区或单位等承担待遇支付的部门建立并保持经常性的业务联系，适时协调相互间的工作关系，保证社会保险待遇支付渠道的畅通。

6. 对各项社会保险待遇落实情况进行跟踪调查，发现未落实问题，配合有关部门及时查明原因予以纠正，并对纠正情况实施监督。

四、社会保障财务管理

（一）社会保障财务管理的含义

社会保障的财务管理是对社会保障管理机构的资金收支活动的管理。具体来说，社会保障的财务管理是社会保障机构根据国家的有关法律、法规，根据社会保障基金运动的客观规律，建立社会保障财务制度，编制财务计划，加强经济核算和实行财务检查，开展财务分析等，正确处理财务关系的一项管理工作。

社会保障的财务管理是社会保障管理机构整个管理过程的一个重要组成部分，其内容也随着社会保障事业的发展而不断增加。社会保障的财务管理根据社会保障项目，可以分为社会保险财务管理、社会救济财务管理、社会福利财务管理和社会优抚财务管理。社会保险等又可以分为若干个更低层次的财务管理，如养老保险财务管理、医疗保险财务管理等。

（二）社会保障财务管理的意义

对社会保障基金的收支活动实施财务管理，能够准确、迅速地反映社会保障基金的征收、保管、投资运行以及支付情况，因此，社会保障的财务管理是社会保障决策的依据和基础。

社会保障的财务管理是正确处理社会保障管理机构与其他部门之间财务关系的基准。社会保障基金的运行是否合理，可以在社会保障财务管理的会计核算、统计中反映出准确而真实的信息，这也是财政部门、审计部门进行正确监督和检查的基础。

（三）社会保障财务管理的职能

1．社会保障财务管理的反映职能

社会保障财务管理的反映职能是指社会保障的财务管理可以依靠记录、分类、报告、分析等手段，将社会保障的各项经济业务内容转换为财务信息，全面、系统、综合地反映社会保障基金的财务状况。社会保障事业是一项复杂的系统工程，其制度的设计、实施和完善等都需要财务管理提供准确和及时的信息。

与其他反映活动相比，社会保障财务管理的反映职能具有以下三个特征：第一，从反映对象来看，社会保障财务管理反映了社会保障基金的运行情况。第二，从反映的程序与方法来看，社会保障财务管理的反映具有更高的规范性。社会保障的财务管理要严格根据规定的程序和方法，对社会保障基金的运行活动进行计量和报告，任何单位和个人都不能随意更改财务管理反映的程序与方法。第三，从反映的结果来看，社会保障财务管理提供的财务信息具有客观性、全面性和准确性。

2. 社会保障财务管理的监督职能

社会保障财务管理的监督职能是指社会保障基金的财务管理能够通过其本身的活动，对社会保障基金运行的合法性、合理性和有效性进行监督。

与其他监督活动相比，社会保障财务管理的监督职能具有以下三个特征：第一，社会保障的财务管理监督属于内部监督，它是指社会保障管理机构通过财务内部控制制度对社会保障基金的运行情况进行的一种监督。第二，社会保障的财务管理监督在整个监督体系中，是第一层次的监督。第三，社会保障的财务管理监督是一种全过程的监督，社会保障监督体系中的其他监督基本上属于事后监督，而财务管理监督则既是事后监督，又是事前监督和事中监督。

（四）社会保障财务管理的内容

社会保障财务管理的内容主要包括以下三个方面：

第一，正确计算负担比例，合理筹集社会保障基金。正确确定社会保障费率，计算出单位和个人负担费用的合理比例。这既要考虑社会保障事业发展的实际需要，又要考虑单位和个人的经济承受能力。

第二，正确制定各项社会保障支付费用，保障国民的基本生活需要。

第三，编制财务计划，分析基金的财务收支状况，定期进行预报和预测，以便及时调整。

（五）基金会计审核与财务管理

根据会计制度审核整理原始凭证，定期汇总记账凭证，填制记账凭证科目汇总表，试算平衡后登记总账，并将明细账和总账核对，无误后进行结账。按照《会计法》要求，妥善保管、发放、收回、销毁各种结算凭证、账簿以及其他有关财务管理资料。年终，根据上年预算执行情况和本年度收支预测，分别编制年度预算草案和决算草案，报有关部门审核备案；制定本单位内部基金的服务管理制度，发挥会计的反映、监督职能。

第四节　社会保障信息化管理

随着信息技术的飞速发展和网络社会的到来，信息化已经成为当代社会的重要特征之一。在社会保障领域，信息技术也越来越受到人们的关注。据国际社会保障协会统计，1986 年世界上就已有 84.1％的国家和地区使用计算机处理社会保险数据；而在一些发达国家，例如美国，社会保障系统网络是仅次于美国国防部网络的第二大网。因此，推进社会保障管理的信息化是社会保障管理的一项重要内容。

一、社会保障信息化管理的一般概述

（一）社会保障信息化管理的含义

信息是以数字、文字、声音、图像或者其他符号所表示的对于客观事物及其变化的描述。社会保障信息化管理是指以计算机、通信网络为主体的信息技术在社会保障管理领域中的应用。

社会保障管理信息系统是政府管理信息系统的一个重要组成部分，由计算机、通信网络、数据库和相应的管理软件，各种专业技术人员包括系统分析人员、程序编制人员、数据库管理人员组成。信息来源于劳动者个人和基层单位，通过对社会保障及相关数据的采集、输入，加工、处理，输出、分析，形成多种有用的信息，提供给各级劳动保障部门的决策者、管理人员和社会公众，以满足不同层次、不同人群的信息需求，达到信息共享，实现信息资源的有效利用①。

（二）社会保障信息化管理的意义

第一，信息化有利于提高社会保障管理工作的效率，确保数据的安全可靠。随着社会保障制度覆盖面的扩大、项目的增多和基金规模的增大，产生的数据量迅速膨胀。

第二，信息化有利于社会保障管理的规范化。一般来说，手工处理业务随意性比较大，而计算机系统能够对业务实行严谨科学、规范高效的管理。

第三，信息化有利于增加社会保障管理工作的透明度和决策的科学性。实现信息化管理之后，对于需要公开的信息，工作人员可以随时调阅查询，参加社会保险的人员也可以通过计算机网络进行查询，方便地了解各项社会保险政策信息及个人账户管理情况。

第四，信息化有利于提高社会保障的社会化程度。健全的信息网络是实现社会保障服务社会化的技术支持，它可以超越地域的隔离、时空的限制、人工的局限，在更高的层次、更广泛的范围上完成更细致的业务项目。

第五，信息化有利于整合优化社会保障资源的配置，降低管理成本，实现系统化管理。通过信息系统将各类信息有机地组织在一起，实现信息共享，既可以节约资源，又可以协调各方的行为，充分发挥社会保障体系的整体效益。

二、社会保障信息化管理的基本内容

（一）信息系统的组成结构

社会保障管理信息系统是由一个统一组织、精心设计、统一管理的数据库和

---

① 丁建定．社会保障概论［M］．武汉：华中师范大学出版社，2006：169～170．

若干相互协调的子系统组成的。这些子系统按照其所具备的功能划分，可以分为宏观决策子系统、业务管理子系统、基层单位管理平台和办公子系统四部分。

第一，宏观决策子系统。作为社会保障管理信息系统的核心部分，它主要包括：①统计信息管理系统，通过多种渠道采集和整理统计数字信息，并进行汇总、交换和分析、发布；②基金监测系统，对基金管理状况进行监控；③决策支持系统，利用已有的统计数据、监测数据和政策参数，对基金调剂进行指导，对政策进行敏感性分析，对基金支撑能力进行中长期预测。

第二，业务管理子系统是社会保障管理信息系统的主干部分，可分为事务处理层和管理决策支持层。

事务处理层也称社会保险业务前台，主要功能是对各级社会保险经办机构的各项业务进行计算机处理，将采集到的信息存入资源数据库中。管理决策支持层也称后台，主要功能是对数据库进行加工处理，通过统计分析和模拟决策过程的专用模型等方法提供分析预测报告，为管理决策提供支持，同时，向前台发送控制性反馈信息，并由前台进行响应。

事务处理层和管理决策支持层通过数据库进行衔接。数据库是各类数据存放、交换、管理和处理的集散地，是宏观决策的重要数据来源，通过数据库可以获取准确、及时的信息。另外，社会保障业务管理部门还需要与银行、税务、邮政、公安等多家机构进行联系，因此业务管理系统要具有与外部系统的数据接口功能。

第三，基层单位管理平台是社会保障管理信息系统的基础部分，是用于企事业单位人事、工资、社会保险以及岗位、劳动关系管理，并与财务管理和企业生产管理相衔接的系统软件。

第四，办公子系统包括办公管理系统、查询系统、运转系统等方面的内容。这些系统就信息内容而言相对独立，各系统软件开发也相对独立。

（二）管理信息的内容

社会保障管理信息系统所管理的信息主要有：①政策信息，包括政策参数、政策法规等。②基本信息，包括单位基本情况，定点医疗机构、定点零售药店、在职人员、离休退休人员基本情况等。③业务信息，包括登记、申报、缴费核定、费用征集、个人账户管理、费用审核、费用支付等。④财务信息，包括基金收入、基金支出、基金结余情况等。⑤统计信息，包括人员信息、缴费基数信息、职工工资信息、费率信息、基金缴拨计划执行情况信息、替代率信息等。⑥社会保障管理部门信息，包括机构情况、人员情况、经费情况等。⑦其他相关信息，包括人口信息、就业信息、经济信息等。

这些信息将按照方便应用、兼顾效率的原则，遵循统一的编码规则，组织到不同的数据库中。这些数据库既能满足业务系统前台日常管理工作的需要，也能满足后台管理决策的需要。在中心城市，这些数据库通常就是资源数据库。通过网络对中心城市的资源数据库进行数据采集，可以满足宏观决策系统的需要①。

（三）信息管理中的注意事项

社会保障信息管理需要建立五个数据库：人口统计、雇主注册、被保险人收入记录、缴费记录及社会保障待遇发放。在被保险人的信息管理中，要注意以下几个方面的工作：

（1）双向信息沟通。社会保障顺利运作需要持续的双向信息沟通，公众需要被告知社会保障制度操作的基本规程，有关权利、义务和责任，同样，经办机构需要掌握受益人的最新情况和需求。

（2）参与人信息。社会保障管理必须建立在可识别个体的信息系统基础上，每个缴费人被分给一个账号以便记录，在很多国家，社会保障账号已经被看作是通用的身份证。

（3）受益人收入信息。社会保障管理机构必须为每个受益人建立记录生平工资报酬的程序。该程序必须保持低成本、高准确性，为通常的经济分析、政策法律的制定和制度改革奠定实用的基础。

（4）初始待遇发放记录。建立初始待遇发放的步骤包括审查受益资格、计算待遇金额、建立记录，以保证定期支付。

（5）现有领取者记录。经办机构必须定期复查待遇领取人的记录，每当受益规则改变或者受益人的经济状况改变，必须重新计算待遇金额，输入地址、银行账目信息的变化，确保社会保障待遇持续正确地发放②。

三、“金保工程”

（一）“金保工程”的总体目标

“金保工程”就是对劳动保障信息化建设的总称。作为国家十二“金”工程之一，“金保工程”是在全国统一规划下，利用先进的信息技术，以部—省—市三级网络为依托，支持劳动和社会保障业务经办、公共服务、基金监管和宏观决策等核心应用，覆盖全国的、统一的各级人力资源和社会保障部门主要业务的电子政务工程。

“金保工程”的总体目标是，在政务统一网络平台上，构建部—省—市三级劳动保障系统网络；在此基础上建立网络互联、信息共享、安全可靠的全国统一的社会保险信息服务网络；以网络为依托，优化业务处理模式，建立规范的业务

① 洪进．社会保障导论［M］．合肥：中国科学技术大学出版社，2006：61～62．

② 穆怀中．社会保障国际比较［M］．北京：中国劳动社会保障出版社，2002：148～149．

管理体系、完善的社会服务体系和科学的宏观管理体系。

（二）“金保工程”的主要内容

“金保工程”所包括的内容是非常丰富的，但它可以概括为“一二三四”四个字：

1. 一个工程，即在全国范围建设一个统一规划、统筹建设、网络共用、信息共享、覆盖各项劳动和社会保障业务的电子政务工程，统一建设一个主干网络。

2. 两大子系统，即社会保险信息子系统和劳动力市场信息子系统。社会保险信息系统主要为各项社会保险业务经办、管理和服务提供支持；劳动力市场信息系统主要为劳动力资源管理、公共就业服务、职业培训和工资价位确定以及劳动力合同管理等提供技术支持。

3. 三级结构，即由中央、省、市三层数据分布和管理结构组成。市级信息化建设的主要任务是建成标准统一的覆盖劳动保障业务的集中式资源数据库；资源数据库包括当地参保单位、参保人员的基本信息和基金信息，包括一定时期劳动力市场供求基本信息；市域网终端延伸到全部业务经办窗口、街道、社区和定点医院、定点药店等相关服务机构。省级数据中心要建立省级资源数据库和省内异地交换数据库，实现与所辖各市的联网和各类业务数据的网上传输，支持省内异地信息交换和业务办理。中央数据中心主要建立全国数据中心，建立中央级统计数据库和覆盖全国的异地交换数据库，实现与各省数据监测中心的联网，为宏观决策和跨省异地信息交换及业务办理提供支持。

4. 四项功能，即指具备业务经办、公共服务、基金监管和宏观决策四项功能。

四、社会保障卡建设

社会保障卡是利用集成电路卡（即 IC 卡）技术，实现劳动者与用人单位社会保障信息收集、识别、共享和交换的一种工具，也是持卡者与社会保障管理信息系统的一种交互接口。IC 卡是对网络和数据库的一种补充，网络和数据库是 IC 卡应用的前提条件。社会保障卡作为全国行业性 IC 卡应用已被列入国家 IC 卡的 10 个领域重点应用项目之中。社会保障卡不仅要应用于社会保障管理工作，而且要在就业服务、职业技能培训和鉴定、劳动合同管理、工资收入管理及劳动与社会保险争议等方面应用。

第五节　社会保障监督管理

社会保障监督管理主要是指政府对社会保障政策法规执行情况、社会保障预算和执行情况、日常工作和社会保障基金的收支活动进行监督检查，制止和纠正社会保障业务活动中的违规行为。

在我国，对社会保障政策法规执行情况的监督检查，主要是由劳动和社会保障部以及民政部等社会保障主管部门来完成，而对社会保障基金的收支活动进行监督检查则是由财政部门、审计部门和金融管理部门等非主管部门来完成。

对社会保障运行的监督，是通过具有监督权力的监督系统来实施的。它一般包括行政监督、专门监督、法律监督、内部监督、社会监督等五个系统，各系统均根据法律赋予的特定职责行使不同的监督权力，并严格按照自己的职责分工分别运行。本章主要介绍内部监督、审计监督和社会监督的相关内容。

一、社会保障内部监督

社会保障内部监督是指承担社会保障管理工作的各机构内部建立一套严格的业务制度和检查制度，通过机构内部自我约束和机构之间相互制约机制，达到内部监督的目的。社会保障主管机构、社会保障经办机构、社会保险基金财政专户管理机构、医疗卫生机构、银行和邮政机构等都是内部监督链条的重要环节①。

根据国务院规定，人力资源和社会保障部门作为我国社会保险事务的主管部门及社会保险基金监管机构，它主要依据劳动法、社会保险法及其配套法规，并通过内部设置的基金监察机构等行使自己的监督权力。其监督的主要内容包括用人单位是否依法缴纳社会保险费，有无违背最低工资保障线的规定，社会保险机构的运行是否正常，社会保险基金是否安全，社会保险机构有无损害企业或劳动者的正当权益等。民政部作为中国社会福利事务、社会救助事务和军人优抚安置事务等的主管部门，它的监督内容主要是社会福利事务、社会救助事务、军人优抚安置事务的财政拨款、待遇发放等是否符合法律与政策规定，民营公益事业团体和慈善团体的运行是否规范等等。

二、社会保障审计监督

（一）审计监督的一般概述

审计监督是由专门从事审计业务的部门对社会保障基金收支、社会保障基金使用和投资运营的效益和违反财经纪律的行为所进行的监督。审计监督具有地位超脱、监督内容全面深刻、监督结果比较公正的特点。

从事社会保障审计监督的主体是国家审计机关。同时，各级社会保障业务经办机构应当建立相应的内部审计机构，健全内部审计制度。另外，在国家审计机关的授权之下，社会审计组织也可以从事社会保障审计。

---

① 丁建定．社会保障概论［M］．武汉：华中师范大学出版社，2006：179～180.

（二）国家审计的监督

审计监督主要靠国家审计，因此国家审计机关必须把社会保障审计作为经常的和重要的审计项目。国家审计机关对社会保障经办机构的财务收支进行审计，具体来说，即对社会保障基金财务核算和会计资料的真实性进行审计；各种会计账簿和会计决算是否真实准确地反映了社会保障基金的真实运行情况；会计核算是否符合国家有关会计制度，财务管理是否符合国家有关财务会计制度。

审计部门是财经法纪的维护者，它与社会保障机构不存在直接的关系，它是独立行使国家赋予的审计监督的权力，这使其更加具有超脱性。审计监督的内容主要是社会保障机构是否遵守了国家财经纪律和社会保障财经制度，其职责是使国家、企业、社会成员个人的利益都能够得到公正的维护。

目前，我国社会保障审计的主要对象是那些由国家强制实行的社会保险，包括养老、失业、医疗、工伤、生育保险和住房保障等六项基金，这是社会保障体系的主体部分。其次是由国家财政支撑的保障项目，包括社会救助、社会福利、优抚安置、社区服务四项。这是《审计法》赋予审计机关的神圣职责。

总之，审计在财务管理中发挥着关键作用。它审查和评价过去的活动，以确定公共机构是否准确记录，是否进行了充分的内部控制，是否满足法律要求，以及是否贯彻了管理预期。这一信息能被用于纠正簿记问题，找出控制、管理和计划的不足之处，并且在一些情况下，纠正公共机构或非营利机构所采取的非法或不恰当的行为。

审计部门的监督是社会保障监督系统中最重要的监督，它应当经常化、制度化。但它对社会保障机构日常工作的情况和内部控制制度情况不如社会保障内部审计机构那样熟悉和了解，不能进行日常的审计监督，因此，它也需要社会保障内部审计机构的配合。

三、社会保障社会监督

（一）社会保障社会监督的含义

社会监督是指社会保障的直接利害关系者或者其他群众组织，借助媒体、舆论的作用及其影响，对社会保障管理进行监督。它是一种群众性的、以维护公共利益为目的的监督，尽管它没有行政监督的权威性，也没有审计监督的超脱性和专业性，但它的社会性也对社会保障管理部门的管理行为产生很大的约束性，有时它的作用甚至超过前者。

社会监督系统属于群众性、社会性、非强制性监督系统，符合普通民众的需求与意愿。基于垄断性的社会保障机构可能存在的官僚主义或不负责任的事件，并可能导致社会保障运行的低效率甚至是严重的浪费、挪用社会保障基金等现象，社会保障制度的运行需要社会监督。

（二）社会保障社会监督的内容

社会监督是非官方的、非专门的监督，在我国主要包括工会组织监督、妇联组织监督、企业团体监督、社会舆论监督等几个方面：

1. 工会组织监督

从理论上讲，工会组织是代表工人利益、反映工人意愿的群众组织，对社会保障制度及其运行应当能产生巨大影响。如工会要求建立或修订某种社会保障制度，均会产生重大的社会影响，并必然涉及国家在社会保障方面的决策。工会以现行的社会保障法律制度为依据，以维护职工利益为最高宗旨，自觉监督各种社会保障制度的实施；而社会保障系统也需要高度重视工会的监督作用，并主动接受工会组织的监督，以便不断改进工作。

2. 妇联组织监督

妇联作为妇女、儿童利益的代言人，应当能担负起对有关妇女保障和儿童保障制度及其运行的监督责任，并依法维护妇女、儿童在社会保障方面的合法权益。

3. 企业团体监督

企业是当代社会保障制度中的主要义务责任主体，具有自己的独特利益，亦通过企业团体组织来监督社会保障制度的运行过程，维护企业自身利益。企业团体组织可以通过派代表参加专门的监督系统，也可以将监督社会保障制度的运行纳入自己的工作。

（三）设立社会保障监督委员会

依据国际经验，社会保障的社会监督应设立社会保障监督委员会。该委员会应由政府、用人单位和劳动者三方结合起来组成。受保方的代表由工会组织的代表和受保人员推荐的代表担任。该委员会在同级人民代表大会常委会的领导下，负责对社会保障管理活动进行监督。委员会为非常设机构，其具体办事机构可设在社会保障主管机构内。其议事规则是，由主管部门牵头，政府、用人单位、劳动者三方代表参加，并吸收财政、审计、监察、社会保障专家等代表参加，听取审议社会保障管理机构关于基金的收支状况以及基金的投资、运营、增值状况的报告，并将审议结果和改进措施上报权力机关和政府首脑。

社会保险经办机构应当定期向社会保险监督委员会提供下列情况：

1. 执行社会保险法律、法规、规章的情况；

2. 社会保险经办机构内部制度建设情况；

3. 社会保险基金的收支情况；

4. 社会保险基金的运营情况。

第 3、4 项经社会保险监督委员会审查核实后，向社会公布。

监督委员会对经办机构的工作提出的改进决定或者决议，社会保险机构应当采纳。

对经办机构及其工作人员的违法行为，监督委员会应当提交有关部门依法处理。

以上管理工作的有机结合，构成了一个统一协调的综合性的社会保障管理系统工程。将社会保障管理视为一个系统工程，就是要求用系统工程的思想、方法和技巧，为社会保障管理选择最优模式，提供最佳实施方案，创造效率高、成本低的管理体系，保证国家的各项社会保障政策得以顺利实施。

主要概念

社会保障管理	social security management
社会保障对象管理	social security service on beneficiary
社会保障行政管理	social security administration
社会保障业务管理	social security profession administration
社会保障监督管理	social security supervise administration

思考题

1. 社会保障管理的主要内容有哪些？
2. 社会保障对象是如何确认的？
3. 社会保障行政管理的模式有哪些？
4. 社会保障行政管理是如何分工的？
5. 社会保障监督管理的主要内容有哪些？

阅读资料

1. 本书编委会．最新社会保险管理规范与操作实务全集［M］，北京：银声出版社，2004.

2. 褚福灵．社会保障职位模拟教程［M］．北京：中国人民大学出版社，2003.

3. 康士勇．社会保障管理实务［M］．北京：中国劳动社会保障出版社，2003.

4. ［美］杰尔·S. 罗森布鲁姆（Jerry S. Rosenbloom）．员工福利手册（第 5 版）［M］．北京：清华大学出版社，2007.

5. 国际雇员福利计划基地：http：//www. ifebp. org.

第六章　全球社会保障制度的发展与改革

社会保障制度是现代经济和社会制度的基本组成部分，是经济与社会运行和发展的内在稳定器，是人类社会发展和文明进化的共同成果。但从世界范围内考察，在社会保障制度建立与发展的100多年历史里，它一直处于不断的调整、变革和完善之中，到目前为止，世界上还没有一个国家敢于宣称自己的社会保障制度是完善的。可以说，改革与发展是社会保障永恒的主旋律。

第一节　世界各国社会保障发展的基本状况

现代社会保障制度是随着社会化生产、市场经济的逐渐形成而建立起来的，它是社会的“减震器”和“安全网”。作为市场经济的一种重要的稳定机制，世界各国都非常重视社会保障制度的建立和完善。

一、社会保障制度建立状况

19世纪80年代，德国俾斯麦政府颁布的一系列社会保险法令，标志着社会救济制度开始演化到社会保险制度，社会保障趋向法制化和制度化，现代社会保障制度由此产生，世界社会保障制度进入了建立和发展的阶段。继德国之后，奥地利、瑞典、匈牙利、丹麦、挪威、英国、法国、罗马尼亚、卢森堡等欧洲国家先后实施了单项或几个项目的社会保险制度。英国在19世纪末和20世纪初也颁布了一系列社会保险法规。这样，在20世纪初，德国、英国以及其他欧洲国家普遍实行了社会保险制度，表明社会保障制度首先在欧洲大陆确立。

20世纪30年代，美国也开始实行以社会保险制度为核心的社会保障制度。1935年，在罗斯福总统的领导和主持下，美国通过了历史上第一部《社会保障法》，包括老年社会保险、失业社会保险、参保者贫穷补助、参保者残疾补助、参保者的遗属补助等。继美国之后，阿根廷、墨西哥、巴拿马等美洲国家也先后建立了社会保险制度。

社会保障制度是具有稳定作用的“安全阀”与“稳定器”，是社会稳定机制的重要组成部分。它的建立使由于各种原因而导致收入中断或减少的社会成员得到基本生活保障，使每个公民都能分享社会经济发展的成果；有效地保证了劳动力的再生产，有利于促进社会的稳定和经济的发展。因此，各国政府比较重视本国社会保障制度的设立与发展。到2005年为止，在世界所有的国家和地区中，有172个国家和地区建立了社会保障制度，参见表6-1。另据联合国的有关数据，到2005年全世界共有177个国家和地区。可以说，几乎所有的国家和地区都建立了某种程度的社会保障制度，剩下的几个国家和地区的人口规模都非常小，甚至只有几千人。

表6-1　世界各国社会保障发展概况（表中数据为国家个数）

年份	任何一种保险	老年、残疾、遗属保险	疾病和生育保险	工伤保险	失业保险	家庭津贴
1940	57	33	24	57	21	7
1949	58	44	36	57	22	27
1958	80	58	59	77	26	38
1967	120	92	65	117	34	62
1977	129	114	72	129	38	65
1989	145	135	84	136	40	63
1995	165	158	105	159	63	81
2005	172	167	120	159	75	95

资料来源：1940—1995年数据见：崔少敏，凌吉敏译著．世界社会保障制度大全［M］．北京：中国物资出版社，1996：36. 2005年数据见：Social Security Administration Office of Research and Statistics，USA. Social Security Programs Throughout the World：Africa，2005；Americans，2005；Asia and the Pacific，2006；Europe，2006. Washington：Social security Administration，USA.

二、社会保障覆盖人口状况

对于一个具体国家或地区来讲，社会保障覆盖的人口，即社会保障应该包括哪些社会成员取决于以下诸种因素：经济发展水平、国家财政、企业财务及个人负担的能力、工业化发展程度、历史文化、社会保障部门自身管理水平高低等。

从经济发展水平看，在经济发展水平较低的时期，社会保障的范围比较小，一般限于城市。随着经济发展水平不断提高，社会保障的覆盖面也逐步扩展。经济发达国家一般都实行了广泛的社会保障，无论是生活在城市或者在农村，所有居民都可以享受政府举办的社会保障计划内的项目。而经济发展水平较低的发展中国家，由于受经济承受能力的制约，社会保险范围一般只限于城市，有的甚至只限于在首都或主要大城市，受保人员也只限于国家公务员、军人、城市的工商企业雇员。在保险项目方面，发达国家目前已建立了对社会成员的生、老、病、死、伤、失业等方面提供保险的所有项目，而发展中国家只有工伤保险、养老保险和家庭津贴等项目。

从社会保障的类型看，实行普遍性社会保障的国家将其居民或公民都纳入被保险的范围。实行与工作相联系的社会保障，直接取决于是否存在雇佣关系，其中包括劳动者及其家属。从经济状况调查中看到的社会保障，通常是针对那些生活水平在政府规定的水准线以下的困难户，由他们本人申请，再经保险机构对其进行收入调查后，由管理机构依法根据个人的具体情况做出相应的保险决定。

从世界社会保障的进程来考察，各国根据具体时间、空间和对象而不断扩展社会保障覆盖面，它是一个发展变化着的动态概念，会随着前面所述条件的变化而变化，或者扩大，或者改变其保障范围。欧洲国家的社会保障覆盖范围已经达到极限，即100%，其中某些项目的覆盖率的发展历程与现状，参见表6-2。

表6-2　欧洲福利国家社会保障部分项目的覆盖率变化情况（占劳动力总人口的比重,%）

年份	工伤保险覆盖率	健康保险覆盖率	养老保险覆盖率
1900	16.17	9.83	5.83
1910	30.67	15.42	8.25
1920	39.85	33.23	22.69
1930	50.46	46.62	44.00
1940	52.92	56.58	66.83
1950	60.77	66.69	76.85
1960	71.54	73.69	90.54
1970	78.15	90.23	92.69
1980	85.13	93.40	95.90
1990	88.88	97.40	98.50
2000	—	97.30	96.80

注：这些数据是西欧国家的平均值，具体指奥地利、比利时、德国、芬兰、法国、丹麦、爱尔兰、意大利、荷兰、挪威、瑞典、瑞士和英国。

资料来源：1900—1990年的数据见：Bela Tomka. “Western European Welfare States in the 20th Cetury：Convergences and Divergences in a Long-run Perspective”，in International Journal of Social Welfare，12（2003）。2000年的健康保险覆盖面是指被覆盖人口占总人口的比例，见：Francesca Colombo and Nicole Tapay. Private Health Insurance in OECD Countries：The Benefits and Costs for Individuals and Health Systems［EB/OL］（2004－12－31），http：//www.oecd.org/dataoecd/34/56/33698043.pdf. 2007－10－15. 2000年的养老保险覆盖率（不含奥地利、法国、挪威、瑞士）见：Sub－Group（ISG）of the Social Protection Committee（SPC）. Current And Prospective Thoretical Pension Replacement Rates. http：//ec.europa.eu/employment_social/social_protection/docs/isg_repl_rates_en.pdf.

但是在其他国家和地区，社会保障的覆盖面还是很小的，世界各国平均计算，社会保障的覆盖面也是较低的。21 世纪初，世界人口中只有 20%的被社会保障充分覆盖，有 50%的缺乏任何一项社会保障制度的覆盖。在中等收入国家，社会保障的覆盖面在 20%～60%。在撒哈拉以南非洲和南亚，在业者当中仅有 5%～10%的被社会保障覆盖。

三、社会保障开支状况

第二次世界大战以后，特别是在 20 世纪 60—70 年代左右，西方工业化国家在社会保障方面的政策取向是高福利、高待遇。这种高福利的政策使广大劳动者和全体国民受益匪浅，对稳定劳动力市场、促进经济发展起到了不可忽视的作用。但是，这也使社会保障费用的支出随之扶摇直上。

另外，随着社会的进步，人类寿命普遍延长，再加上上世纪中期生育高峰期出生的人口逐渐步入老年期，使得老年人口比率大幅度增加，各国政府用于社会保障，尤其是养老保险和医疗保险费用的支出急剧攀升。如美国仅联邦政府举办的社会保障制度内，目前领取退休金的人数约为3 500万人，随着美国人口老龄化进一步加剧，到 2023 年预计领取的人数会翻一番。

在欧盟，"社会保护"概念接近于"社会保障"。欧盟社会保护开支占 GDP 的比重参见表 6-3。

表 6-3　社会保护开支占 GDP 的比重（%）

国家	1993	1995	2000	2004
比利时	27.6	25.9	25.0	27.9
丹麦	30.7	31.0	28.1	29.8
德国	26.7	27.1	28.2	28.4
希腊	21.2	21.5	24.9	25.2
西班牙	23.4	20.9	19.2	19.5
法国	28.7	28.7	27.7	29.3
爱尔兰	19.3	18.0	13.4	16.3
意大利	24.6	23.2	23.8	25.2
卢森堡	22.5	20.0	18.8	22.2
荷兰	30.7	28.9	24.7	26.6

（续表）

国家	1993	1995	2000	2004
奥地利	27.2	27.8	27.3	28.3
葡萄牙	18.5	19.1	19.4	23.2
芬兰	33.3	30.6	24.3	25.9
瑞典	37.4	33.8	30.1	31.7
英国	27.6	26.9	26.1	25.8
欧盟15国平均	27.5	26.6	25.8	26.6
捷克	—	16.9	18.9	18.9
爱沙尼亚	—	—	13.8	13.2
塞浦路斯	—	—	14.6	17.5
拉脱维亚	—	—	14.8	12.2
立陶宛	—	—	15.4	12.9
匈牙利	—	—	18.9	20.3
马耳他	—	—	16.1	18.6
波兰	—	—	19.0	19.6
斯洛文尼亚	—	—	24.3	23.8
斯洛伐克	—	17.8	18.7	16.6
欧盟25国平均	—	—	25.5	26.2
冰岛	18.3	18.5	19.0	22.6
挪威	27.6	26.1	24.1	25.8
瑞士	22.6	23.5	24.9	27.5

资料来源：Statistics Sweden. Social protection expenditure by function in the EU，Iceland，Norway and Switzerland in relation to（%）GDP 1993—2004. http：//www. scb. se/templates/tableOrChart______139620. asp

而在发展中国家，社会保障开支占GDP的比重明显低于发达国家，但是发展中国家之间的差距较大，参见表6-4。

表 6-4　发展中国家社会保障开支占 GDP 的比重（%）

国家	1985	1990	1996
所有国家		14.5	
欧洲		24.8	
拉丁美洲与加勒比地区		8.8	
非洲		4.3	
贝宁	0.7	1.3	2.2
博茨瓦纳	4.0	2.5	2.7
埃及	4.8	4.8	5.4
埃塞俄比亚	3.4	3.2	3.7
马达加斯加	2.2	1.6	1.3
毛里求斯	3.4	4.8	6.0
摩洛哥	1.7	2.4	3.4
突尼斯	6.0	7.0	7.7
亚洲		6.4	
马来西亚	2.0	2.7	2.9
土耳其	3.9	5.9	7.1
北美洲		16.6	
加拿大	16.4	17.6	17.7
美国	13.4	14.1	16.5
大洋洲		16.1	
澳大利亚	14.0	14.5	15.7
新西兰	17.6	22.2	19.2

资料来源：国际劳工组织．2000 年世界就业报告［M］．中译本．北京：中国劳动社会保障出版社，2001：222～224.

第二节　发达国家社会保障的改革

现代社会保障制度是 19 世纪首先在工业化国家开始实施的。一个多世纪以来，发达国家建立起较全面的社会保障制度，对稳定社会、提高社会凝聚力、促进经济发展和改善人民生活等方面起到十分积极的作用。但是，从 20 世纪 70 年代开始，发达国家的社会保障制度弊端丛生，人们开始反思问题的症结所在，并着手进行改革。

一、发达国家社会保障的主要问题

（一）社会保障支出膨胀

正如表6－3所显示的，大多数发达国家的社会保障开支占GDP的比重不断攀升，支出不断膨胀。造成支出膨胀的因素有：

第一，人口年龄结构的变化，出生率的下降，人口预期寿命的延长，产生了人口老龄化的问题；

第二，经济发展缓慢，失业人数增加，失业者不仅无法对社会保障基金有所贡献，还要花费大量的社会保障基金；

第三，过高的福利待遇造成的浪费和对社会保障制度的依赖；

第四，过高的管理成本。

（二）社会保障抑制经济效率的提高

在发达国家，人们普遍认为，过高水平的社会保障削弱了企业的市场竞争力。在许多西欧国家，社会保障费用在劳动力成本中的比重很大。如奥地利、比利时、法国、德国、意大利和瑞典等国，社会保障费用已占到劳动力成本的25％－30％；与此同时，这些国家的失业率已达10％左右。随着世界经济一体化进程的加快，这些国家非常担心由于过高的社会保障费用，经济的市场竞争力会进一步下降，雇主会进一步减少雇佣量，对经济的发展产生不利影响。

（三）社会保障管理效率低

在发达国家，随着生活水平的提高和现代科学技术的发展，人们对社会服务的要求也越来越高，这就对社会保障管理提出了更高的要求。由于原有社会保障管理机构臃肿、效率低下、服务欠佳，改革管理体制的呼声越来越高。

（四）社会保障制度未能随社会保障对象的变化进行调整

长期以来，社会保障特别是社会保险的对象，一直是职业生涯稳定的产业工人。但是，近年来，发达国家的劳动力市场发生了很大变化，妇女劳动力参与率提高、职业流动性提高、非全时工作和非正规部门就业人数增加，再加上人口预期生命延长，使社会保障的对象发生了很大变化，而社会保障制度并没有做出相应的变革。

（五）提前退休加剧社会保障基金的风险

一方面是人口寿命大幅度延长，另一方面由于拥有丰厚的多项社会保障待遇，人们又越来越提前退休。提前退休明显加剧了社会保障基金的风险，这主要包括两个原因：一是提前退休直接减少了养老保险制度的缴费者人数，从而减少缴纳的养老保险费；另一方面又增加了养老保险金的领取者人数。有关数据参见表6-5。

表6-5　某些国家实际退休年龄和法定退休年龄（1997—2002）

国家与地区	预期寿命	男性退休年龄		女性退休年龄	
		实际	法定	实际	法定
澳大利亚	79	63.2	65	60.6	62
奥地利	78	59.6	65	58.9	60
比利时	78	58.5	65	56.8	62
加拿大	79	63.1	65	61.4	65
捷克	75	62.0	61.2	58.3	59.3
丹麦	76	65.3	67	62.1	67
芬兰	77	60.8	65	59.8	65
法国	79	59.3	60	59.4	60
德国	77	60.9	65	60.2	65
希腊	78	62.4	58	60.9	58
匈牙利	71	57.8	62	56.0	58
冰岛	80	69.6	67	67.8	67
爱尔兰	76	65.2	66	66.2	66
意大利	79	61.2	65	60.5	60
日本	81	69.6	60	65.7	60
韩国	73	68.0	60	66.8	60
卢森堡	77	59.8	65	59.8	65
墨西哥	73	73.8	65	67.2	65
荷兰	78	61.0	65	59.1	65
新西兰	78	64.3	65	61.3	65
挪威	79	63.7	67	62.3	67
波兰	73	60.9	65	58.8	60
葡萄牙	76	65.8	65	63.5	65
斯洛伐克	73	59.4	60	56.1	55
西班牙	78	61.6	65	61.3	65

（续表）

国家与地区	预期寿命	男性退休年龄		女性退休年龄	
		实际	法定	实际	法定
瑞典	80	63.5	65	62.0	65
瑞士	80	66.6	65	63.2	63
土耳其	70	62.5	60	61.9	58
英国	77	63.1	65	61.2	60
美国	77	65.0	65	62.9	65
经合组织	—	63.3	63.9	61.4	62.6
欧盟	—	61.8	63.5	60.8	63.2

资料来源：根据有关外文资料整理。预期寿命是指 2001 年男女平均的出生人口的预期寿命。

二、发达国家社会保障改革的主要措施

20 世纪 70 年代至今，发达国家从各个方面入手对社会保障制度进行改革。同时，人们也逐步认识到，技术性改革已无法根除社会保障制度的弊病，必须在基本结构和政策上做出调整。

（一）改革具体制度，增收节支

1. 养老保险方面

（1）提高缴费年数或者领取养老金的年龄。如法国将可以享受足额养老金的缴费年限从 37.5 年提高到 40 年；意大利从 1994 年到 2000 年将男女的退休年龄分别提高 5 年，即男性 65 岁，女性 60 岁；葡萄牙将女性养老金的支付年龄逐步从 62 岁提高到 65 岁，与男性持平。

（2）改革养老金计发办法，降低支付水平。如法国将计发基数从过去按收入最高的 10 年改为按退休前 25 年的平均收入计算，降低了支付水平。葡萄牙将计发基数从按退休前 10 年中最高 5 年改为按退休前 15 年中最高 10 年的收入平均值的办法。

（3）改革养老金调整方法。过去往往是根据工资和其他经济因素的变化进行调整，现在则只随消费价格指数进行调整；也就是说，只保证养老金不贬值。

（4）从给付确定制（defined benefit）向缴纳确定制（defined contribution）转变。所谓给付确定制，是指雇员未来领取养老金的待遇标准，事前在在职期间就已经确定，如事先规定退休时按照退休前工资报酬的一定百分比领取退休金。所谓缴纳确定制，是指雇员在退休时能领取多少退休金完全取决于雇员和雇主对

基金的缴纳水平以及这一基金的增值状况。可以清楚地看出，给付确定制的风险主要是由承保人（雇主或政府）承担的，它相当于对未来的一种承诺，如果到雇员退休时出现支付困难，承保人必须想办法筹集资金支付给退休者。当然，如果企业的补充养老保险是给付确定制，雇员实际上也承担着相当大的风险，因为如果企业破产，其补充养老保险很可能落空。而缴纳确定制的风险主要是由雇员承担的，其风险来自两个方面：一是其在职期间所缴纳费用的多少，会对其退休后的待遇产生直接影响，如果在职期间工资报酬波动较大，特别是低工资报酬的时期较长，缴纳的费用就很可能无法保证其退休后的生活。二是基金的保值增值问题。如果基金出现贬值，对退休者的生活也会产生影响。正因为如此，工会往往主张实行给付确定制，而不是缴纳确定制。但是，对于那些流动性强、职业生涯变化大、高工资报酬的机会较多的雇员来讲，缴费确定制更有吸引力。发达国家变革的趋势是，除加强私营部门在养老保险领域的作用之外，缴纳确定制在逐步发展。

2. 失业保险方面

（1）限制领取失业保险金的期限。如 2003 年，德国修改了之前的一个人失业后可领取长达 2 年的失业保险金的规定。按照新的改革方案，所有 55 岁以下的失业者最多只能领取 12 个月的失业保险金，55 岁以上的失业者领取失业保险金的最高时限也只有 18 个月。

（2）延长领取失业保险金的等待期。比利时、瑞士、法国都延长了等待期或提高了领取的标准。新西兰则规定将对青年的补助从 16 岁提高到 18 岁，对 18 岁以下的青年人要求由其家长负责。

（3）实施积极劳动力市场政策（active labor market policy），促进再就业以减轻社会保障的负担。现在越来越多的工业化国家正在探讨用失业保险与就业、职业培训相结合的方式来增强人们的自力更生能力和劳动力市场的正常运转。为此，他们采取的办法是控制享受失业保险金的条件，多渠道提供职业培训机会，甚至提供一些物质补助。例如，提供政府补助，降低企业为新雇用的失业人员所缴纳的社会保险费用，对参加职业培训的失业人员可给予交通和午餐补助等，这样做的目的，是为了减少失业者对社会保险的依赖，促使其重新就业。

3. 医疗保险方面

发达国家医疗保险制度改革的目标，一是公平，即保证所有的公民都享有均等的最低医疗服务；二是提高宏观经济效益，即医疗支出不能超过国家资源的一定比例；三是微观经济效益，即在保证顾客满意的情况下实现成本的最小化。改革的措施主要有：

（1）将竞争引入医疗领域。办法是由公立医院提供免费服务，由私立医院提供有偿服务，其费用来自患者自愿参加的医疗保险公司或非营利性的健康保险机构。

（2）注重对住院医疗费用的改革。由于在许多国家住院医疗费用占全部医疗费用的一半，所以，往往需要通过合理使用昂贵的医疗设备、严格报销制度、替代住院的治疗方法等措施降低住院医疗费用。

（3）改革费用支付方式。例如，德国 2004 年起在全国强制实施按病种分类付费（DRG）制度。这种病种分类收费方法借鉴了澳大利亚的疾病分类方法，并结合德国国情实施分类和临床应用。住院医疗保险按病种分类收费，除了精神病和心理病之外，有 824 种病例都实行按病种付费制度，特殊病例有特殊病例付费法。

（4）调控药品价格。例如，英国现行的《药品价格调控方案》中规定，制药企业的净收益只能占投资额的 17％至 21％，最高利润不得超过目标利润的 25％左右；否则，药品必须降价或将超额利润上缴卫生部。此外，政府鼓励使用普通药，在其《药品报销目录》中，功效相同的药物只允许普通药物进入；在医学教育和住院医师教育中鼓励使用普通药。政府出台了《限制药品目录》，被列入该目录的药品不予报销，并且该目录还会定期增补；制药企业为防止其产品被收录在内，不得不大幅度降低价格。另外，英国也采取药品价格全面削减的措施。

4. 工伤保险方面

现在许多发达国家的工伤保险制度，推行的是“预防—补偿—康复”三位一体的模式，改变了原来的工伤保险只注重对因工负伤或职业病者的工伤补偿的做法。这种模式比较重视对工伤事故的预防，使工伤事故防患于未然；通过预防工伤事故的发生，也可以减少工伤保险费用的支出。补偿是按照法律规定对工伤事故的发生者给予必要的现金补偿或长期待遇。康复工作越来越受到工伤保险的重视，它力求通过对工伤者的医疗康复、身体康复、心理康复，使其肢体和心理得到最大限度的康复。并力争一部分人能够重新回到工作岗位。由于工伤保险费用支出逐年增加，享受津贴的人数增多，目前大多数国家更强调残疾人再就业。他们用各种办法促使其重新就业，如完善康复计划、加强职业培训等。有的国家还采取物质刺激办法，如荷兰政府对雇佣残疾人的企业予以补贴。

（二）应对就业模式变革对社会保障制度的挑战

面对非全时就业和各种灵活就业模式的兴起，传统的社会保障体制也必须做出相应的改革。各发达国家纷纷将临时就业、非全时就业和岗位分享等劳动者纳入社会保障体系之中，使他们享有与其他就业者一样的权利。例如，美国于 2000 年 7 月通过了《临时工人平等法》（Equity for Temporary Workers Act），规定临时工人如在 12 个月内工作满 1000 小时以上，应和正规雇员获得同样的津贴。而在此之前，《联邦家庭和病假法》规定临时工人须在上年工作 1250 小时以上才可享受正规工人所享受的津贴。

（三）改革社会保障管理体制

在这一点上，许多发达国家改革的经验表明，单一的国家管理体制和单一的私营管理体制，可能都不是社会保障制度改革的良好模式，都无法实现社会保障的功能；而两者的结合，即政府承担基本保障，企业或私营机构承担补充保险，可能是一种较好的解决模式。但两者如何结合以及比例如何确定，则取决于不同国家的国情。

发达国家的社会保障制度的改革一直在进行着，但也一直存在着强大的阻力。长期的高福利政策造就了很多的既得利益集团，由于他们的存在，社会保障制度改革往往成为政治和政党斗争的焦点，从而使改革步履维艰。

三、发达国家社会保障改革的借鉴意义

（一）社会保障制度的设立要从国情和国力出发

各国采取何种社会保障方式必须从国情出发，重点是要考虑国民经济所能提供的物质资源及政府与社会的承受能力。

（二）建立多层次的社会保障体系

可以现金收付为主，并辅以各种实物性和服务性的福利；可以基本保障为主、并以补充保障为援助；可以国家为导向，地方、民办福利事业一起发展，相辅相成。

（三）加强社会保障基金的管理，建立统一的社会保障管理体系

为了既保证基金的安全性、给付的及时有效性，又保证基金的保值增值，一个健全的预算体制和投资计划是必要的。保障基金的运营，还可同国家的经济发展计划相联系。

（四）必须建立、健全社会保障监督和约束机制

社会保障是道德风险和心理风险较大的保障，尤其是对医疗保障，一旦缺乏约束，将导致保障费用的过度消费。必要的监督和约束机制，将有利于控制保障费用的非正常支出。

（五）建立多支柱的老年社会保障体系

在完善“三支柱”养老保障模式的基础上，可以考虑建立“五支柱”养老保障模式，即补充建立以税收为基础的社会最低养老金制度和以家庭为基础的非正式老年保障体系，从而建立全面覆盖的老年社会保障体系，应对人口老龄化趋势。

第三节　发展中国家社会保障的发展

20世纪90年代以来，发展中国家的社会保障制度得到了很大发展，社会保障的覆盖面在扩大，社会保障的项目在完善，社会保障待遇水平在提高。但在此过程中，与发达国家一样，发展中国家也遇到了很多难解之题，只能不断摸索前行。

一、发展中国家社会保障的主要问题

（一）农业人口众多，覆盖面较窄

发展中国家一个普遍特征，就是农业人口众多，这无疑是发展社会保障的一大难题，再加上社会保障发展历史不长，因此覆盖率都很低。目前多数发展中国家，都是把适用对象限制在城市部分工资劳动者范围内，因而导致享受社会保障的人数在总人口或在经济活动人口中的比例过低。以养老金制度为例，到20世纪末秘鲁、哥伦比亚和墨西哥3国即使在改革养老保险制度后参加的社会成员在经济独立人口中的比重仍然不够理想，分别为32%、35%和38%；而玻利维亚则更低，参保的社会成员只占经济自立人口的12%[①]。极低的适用率导致这些国家不仅无暇顾及农村，就是城市里也有大批人员未被组织进社会保护网之内，这些人比起工资劳动者来说，他们更迫切需要有效的医疗，以及适当的生活保障，但目前相当一部分是生活在自生自灭的无援境地里。因此，社会保障的社会性、互济性功能，不能得到有效发挥。

（二）财力薄弱，导致给付水准较低

发展中国家的社会经济发展水平较低、国家的财力极为有限，这就很大程度上阻碍了社会保障的发展，尤其是水准的提高，即使是社会保障的对象，也因给付水准过低，而失去了保障意义。目前，发展中国家的社会保障支出占GDP的比例，一般都在0.5%～2.5%之间徘徊，最高的也不超过5%。如2004年中国的财政社会保障支出为3440.26亿元，仅占GDP的2.15%[②]。如此薄弱的财力，当然也就力所不能及，社会保障给付只能是低水准的，从而影响到社会保障应起的保障作用。

（三）技术欠缺，引致运营失调

发展中国家目前虽都努力整备管理体系，但在社会保障制度的操作技术方面

---

① 刘纪新．拉美国家养老金制度改革研究［M］．北京：中国劳动保障出版社，2004：145.

② 贾品荣．社会保障：现代市场经济的第一要义［EB/OL］．(2007—07—09)［2007—08—06］．http://www.cet.com.cn/20070709/FOCUS/200707091.htm.

还存在许多困难。例如，社会保障“申请—裁定—给付”的周期过长；劳动者的频繁移动以及登记工作跟不上，致使筹资的征收出现障碍；由于信息和手续衔接不良，甚至出现继续给已经死亡的人员发放养老金的失误。此外，担当社会保障的职员素质不高，常因不正当行为引起在管理运营上的多种具体问题，其中训练不足也是原因之一。这些年来，发展中国家大量引进了国外先进运营手段，但是因消化不良或生搬硬套，导致运营管理脱节。

（四）项目不全，全面化程度低

发展中国家的社会保障体系与许多工业发达国家的社会保障体系相比还有很大的缺陷。社会保障项目中除了工伤和养老以外，其他项目在许多国家残缺不全，或者根本还没有建立。如非洲，直到 1999 年，至少 1/3 的非洲国家还没有关于患病医疗保障的专门立法；家庭津贴制度在非洲的英语国家也非常少见，除了毛里求斯和南非分别在 1961 年和 1992 年建立了这一制度以外，其他英语非洲国家均未设立这类制度①。

发展中国家在革新社会保障制度的过程中也遇到其他一些具体问题，如养老金制度转制带来的隐性债务问题、个人账户“空账”问题、失业问题以及社会保障基金的管理问题等等。这些问题的解决，对发展中国家社会保障制度的发展与完善也是至关重要的。

二、发展中国家社会保障发展的主要措施

（一）扩大社会保障覆盖范围

目前，许多国家正利用把社会保障适用范围扩大至个体劳动者、中小产业部门和农村，以及借新制度、新规定的导入之机，以较快的速度，增扩社会保障覆盖面，例如，拉美地区的很多国家就利用新的基金制养老金制度来不断提高制度的覆盖率。相关数据表明，从 1999 年到 2002 年，阿根廷个人账户成员增加了 16%，玻利维亚增加了 47%，萨尔瓦多增加了 17%，墨西哥增加了 89%，秘鲁增加了 35%，乌拉圭增加了 15%，2001 年刚刚建立混合式养老金制度的哥斯达黎加增加了 32%②。另外，在许多发展中国家，非正规部门的就业者人数非常多，如何将他们容纳进社会保障体系之中，是发展中国家面临的大问题。尽管有许多困难，有些国家还是开始了种种尝试，取得了不少经验。

（二）养老保险制度的改革

1. 建立个人账户

20 世纪末以来，众多发展中国家纷纷借鉴智利私营养老金制度的改革，引

---

① 杨光，温伯友．当代西亚非洲国家社会保障制度［M］．北京：法律出版社，2000：25.

② 刘纪新．拉美国家养老金制度改革研究［M］．北京：中国劳动保障出版社，2004：142.

入个人账户。如俄国新一轮养老制度的改革规定于 2002 年 1 月 1 日正式生效。按照政府制定的三个阶段远景计划，2002 年养老基金完全由政府管理，即个人向俄联邦养老基金供款，再交由国家任命的代理人投资债券；2003 年养老基金将供款转入个人账户，个人可选择将基金转出至经政府授权的资产管理公司如银行经营，或是继续留在养老基金中；2004 年雇员有权进一步选择公司进行投资和将个人账户中的养老金资本转入私营养老基金[①]。

2. 改革养老基金的管理市场

拉美国家的养老基金一般由私营基金公司管理，在行业竞争的过程中，养老基金管理市场出现了集中化趋势，为避免价格垄断和管理费过高的情况出现，拉美的许多国家对养老基金的管理进行了改革。例如，墨西哥在 1995 年建立个人储蓄账户的改革中已形成 2 家银行控制着 60%以上个人账户的情况，为了避免这种情况在 1997 年建立的新制度中再次出现，改革法规定，新制度运行的前 4 年，每家基金公司的市场占有率不能超过 17%，4 年后可以达到 20%。2001 年 7 月 1 日生效的阿根廷第 438 号法也规定，每个基金公司对市场的占有份额不能超过 27.5%。

3. 降低隐性债务和“转制”成本

有些拉美国家改革前的公共养老保险计划的待遇非常优厚。为了降低公共制度的隐性债务和从旧制度向新制度的转轨成本，这些国家在个人账户制度正式启动前将公共养老金替代率降低。如乌拉圭，其旧制度的替代率达工资的 80%，新制度启动前，公共养老金计划的替代率被降低到 50%，同时提高了退休年龄[②]。但总体来看，发展中国家在这方面的改革成效并不理想，仍需进一步地探索和努力。

（三）改革医疗保险制度

发展中国家医疗制度改革的内容与发达国家有所不同，主要是在扩大医疗保险覆盖面的基础上，进一步改革医疗保险制度。比如菲律宾从 1995 年开始实施一项覆盖全体居民的健康保险政策。又如，匈牙利对医疗保健管理体制进行了改革，主要是建立与市场经济相适应的医疗保险体制：实行医疗保险自治，医疗保险费由个人和用人单位共同负担，其中雇主缴纳 11%，雇员缴纳 4%（后降低到 3%）；生活贫困者，经有关部门核实，可继续享有免费医疗；医疗保险局与医院、诊所和家庭医生之间签订医疗服务协定；投保者可根据其所居住区域就近选择诊所和家庭医生[③]。

---

① 陈星，李珍．俄罗斯退休养老金制度改革研究［J］．黑龙江社会科学，2005（1）：80～81.

② 刘纪新．拉美国家养老金制度改革研究［M］．北京：中国劳动保障出版社，2004：161～162.

③ 张翼．匈牙利社会保障制度改革及其对中国的启示［EB/OL］．（2007－07－25）［2007－08－08］．http：//www．cird．org．cn/cirdbbs/dispbbs．asp？boardID 12&ID 135653&page 1.

（四）改革失业保险制度

中东欧的转型国家为缓解失业造成的社会压力，相继颁布"劳动法"、"就业法"和"就业与失业法"等法律法规，并多次修订。如匈牙利法律规定，长期失业者（指失业一年以上）最多可以得到为期2年的失业救济，救济金额最高为最低退休金的80%。立陶宛劳动法规定，雇主在并非劳动者自愿的情况下解除劳动合同时，应向劳动者支付中断劳动关系赔偿金，赔偿金按劳动者在本单位工作年限长短，一次性支付1—36个月的平均工资不等。另外，许多国家还建立了较完善的职业培训机构，帮助失业者重新找到工作①。

（五）提高效率，健全和改善业务管理

一些国家在广泛调研基础上，正在进行新管理方法的实验，比如扩大适用对象，有些国家已有适当的发展计划，在财力有限的前提下，实行分阶段分地区逐步引入。又如针对筹资的征收和申请给付经常延误的情况，决定简化手续，并提请社会团体和部分职业团体代行，以切实提高效率。

当然，提高效率也离不开管理手段现代化。许多发展中国家现在已在或正在社会保障业务管理中配置和建立了计算机联网的查询系统，对长期保存的大量记录和文件，实施了缩微胶卷化，因而迅速提高了这些国家管理机构的工作效率，可以预见这种管理硬件现代化的进程将在今后相当时期内继续下去。

现代社会保障制度的产生及其在发展中国家的引入和发展的经历告诉我们，这种经济和法律制度的出现是生产力发展的结果，它的发展水平是与经济发展水平相一致的。而多数发展中国家的经济发展水平是比较低的，因此从根本上说，发展中国家的社会保障制度的进一步完善将取决于它们的经济发展。

三、发展中国家社会保障的借鉴意义

（一）社会稳定和经济发展是基础性保障

一个动荡的社会、一个人们对未来预期不稳定的社会，人们的生活不可能是安定的。中东欧众多转型国家所面临的经济起伏、通货膨胀、外资垄断、民族经济欠发展等一系列问题，给社会稳定和经济发展设置了重重障碍。在这样的社会环境中，即便是建立了较完备的社会保障制度也难以发挥其应有的功能。

（二）扩大覆盖面，关注弱势群体，坚持低水平保障

目前，许多发展中国家面临人口众多、未富先老的严峻形势，因此社会保障事业的发展应着眼于广覆盖、低水平。一方面，要把众多的私营企业、城市出现的新贫困人口和个体劳动者等逐步纳入保障覆盖范围，既可以增加筹资渠道又可

① 纪军．中东欧社会保障制度的重建［J］．社会保障制度，2007（2）：74～75．

以防止将来出现严重的社会问题；另一方面，在待遇上要充分考虑经济发展水平与保障水平相适应，这决定了各国政府只能提供相对较低水平的保障，而且一个不可逆转的趋势是政府将进一步通过强制收费机制强调个人责任。此外，还要实现收入货币化、透明化。

（三）积极发挥政府的主导作用

政府在社会保障体系中的主导作用主要体现在政府应努力形成政府、企业、个人的责任共同分担的机制，应充分调动其他社会资源作为有益的补充。同时需要注意三个问题：一是在财政投入中应该明确区分政府的历史责任和现实责任，以有利于估算新制度的运行成本，恰当界定政府财政投入的合理范围。二是为避免政府多重角色的错位以及效率低下，在不同的项目中，政府应该进行合理的角色调整。例如在社会保险中，政府应该逐渐放弃全部或部分直接管理的责任，更多地担当政策的制定者和监督者，为诸如个人、企业、市场等社会力量的参与创造良好的政策环境。三是统一地方政府的财权和事权，使地方政府成为组织社会保障事务的主要领导力量。

（四）努力实现社会保障资金来源多元化

努力实现社会保障资金来源多元化，可以构建普遍社会保障与弱势群体救助机制相结合的社会保障体系。发展中国家经济落后的现实距离建立起全民普及的社会保障体系目标尚远，但应抓住经济发展和财政增收的大好时机，在居民收入水平较低的条件下，加快公共财政建设步伐，发挥财政筹集社会保障资金主渠道的作用，并充分发挥市场机制作用，扩大融资渠道；尽快建立政府、市场与个人相结合的社会最困难群体最低生活、医疗救助保障体系，使城市低收入、失业群体、老残、贫困农民等拥有最起码的生存、医疗和受教育保障权。

（五）完善社会保障法律体系，强化社会保障基金的征管力度

强化社会保障资金的筹措和监管，是发挥社会保障体系作用的基础。各国的社会保障法规还很不健全，改革措施执行力度较弱，社会保障资金征管水平较低；社会保障基金欠缴现象较严重，社会保障资金缺口较大。此外，社保资金的管理和使用方面也缺乏合理有效的监督机制，使得有限的社会保险基金漏洞很大，亟待规范和强化管理。

第四节　全球化与社会保障

全球化是一个整体性的历史发展过程。在这一过程中，全球化尤其是经济全球化会进一步加剧经济和社会发展的不平衡，进而影响社会保障功能的发挥，各国社会保障制度也随之进行了调整。

一、全球化对各国社会保障的影响

（一）全球化

全球化是20世纪80年代以来在世界范围日益凸显的新现象，是当今时代的基本特征。

全球化还没有统一的定义。一般讲，从物质形态看，全球化是指货物与资本的越境流动，经历了跨国化、局部的国际化以及全球化这几个发展阶段。在此过程中，出现了相应的地区性、国际性的经济管理组织与经济实体，以及文化、生活方式、价值观念、意识形态等精神力量的跨国交流、碰撞、冲突与融合。总的来看，全球化是一个以经济全球化为核心、包含各国各民族各地区在政治、文化、科技、军事、安全、意识形态、生活方式、价值观念等多层次、多领域的相互联系、影响、制约的多元概念；“全球化”可概括为科技、经济、政治、法治、管理、组织、文化、思想观念、人际交往、国际关系等方面的全球化①。

全球化使人们的生活比以往任何时候都更加深刻、紧密和迅捷地联系在一起，这也就赋予了现时的全球化以新内涵：一是新市场——外汇和资本市场广泛地联系在一起，每天24小时远距离实时运行；二是新工具——互联网连接、蜂窝移动电话、媒体网络；三是新角色——诸如权威性超越国家政府的世界贸易组织（WTO），经济实力比许多国家政府更为强大的跨国公司，非政府组织（NGOs）的全球网络和超越国界的其他集团；四是新规则——有关贸易、劳务和知识产权的多边协定，凭借其有力的实施机制，对各国政府有更强大的约束力，并且使各国政策的影响范围不断缩小②。

全球化是以经济全球化为核心的一种过程，而社会保障制度既是一种社会制度，也是一种经济制度，因此，不可避免地，全球化会对社会保障制度产生直接影响。

（二）全球化对社会保障的影响

1. 全球化背景下劳动力的跨国流动对社会保障的影响

经济一体化使世界各国的劳务市场进一步开放。据国际劳工组织的估算，全世界约有1.4亿人在国外工作，每年全球劳动人口流动达6 000万人，而且还在不断增加③。而不同国家的社会保障制度有所差异，甚至相去甚远，因此，劳动力的跨国流动，必然带来养老、失业、医疗、工伤等社会保障的国际问题。

---

① 罗兰德·斯哥．地球村的社会保障［M］．北京：中国劳动社会保障出版社，2004：3～14.

② 《1999年人类发展报告》编写组．1999年人类发展报告［M］．北京：中国财政经济出版社，2001：1.

③ 崔岩．国际劳动力流动现状及发展趋势［J］．国际工程与劳务，2006（8）：15.

2. 全球化背景下劳动就业危机对社会保障的影响

经济全球化进程中的劳动就业危机，突出地表现为全球范围内的大规模失业。失业已成为近20年来最严重的社会问题。与以往的失业相比，此次失业具有范围广、规模大和明显的结构性特征，失业不仅波及大部分发展中国家，而且波及了主要的发达国家。目前，欧盟的失业人数已超过1 800万，失业率一直在11%左右徘徊；失业浪潮不仅席卷了工业部门，而且正向劳动就业的最后避难所——服务业蔓延。据估计，仅美国商业银行和互助储蓄机构管理的重新设计，就会失去70万个工作岗位①。

另外，西方一些国家长期实行以牺牲效率、保证公平与政治稳定为特征的社会福利制度、失业保障制度与就业制度也是导致劳动就业危机的主要因素。德国著名经济学家赫舍教授一贯主张：德国经济危机不只是外界因素，而主要是由于德国僵化的经济社会和福利制度已经使德国市场机制失灵，德国社会已经从一个竞争者或工作者社会变成了一个剪息票者的社会。政府的过多转移支付和各种法律制度对劳动力市场的干预使得德国有着世界上最昂贵的劳动力，从而使企业成本上升、竞争力下降和失业率上升。

3. 全球化背景下劳资问题对社会保障的影响

全球化的蓬勃发展打破了原来在一国国内建立起来的资本与劳工达成的一种均衡。因为经济全球化中，资本可以全球流动，寻找廉价劳动力。如欧洲发达国家高水平的福利制度使得劳动力成本居高不下，而拉丁美洲和亚洲的一些国家和地区迅速发展，劳动力相对便宜，所以资本就迅速向这些国家流动。可见，经济全球化使资本对工人的依赖大大降低，但工人还得依赖资本。双方关系发生转化，即资本地位的日益强势化与劳工地位的相对弱势化，这就使社会保障在维护劳工权益方面产生了危机。人们发现一个国家内部原先建立起来的社会保障制度已不能应付经济全球化。

4. 全球化对社会保障筹资的影响

随着跨国公司和外国直接投资的发展，每个国家都在千方百计地吸引、留住企业、投资和外国资本。一些国家用工资、社会保障缴费和税收方面的特惠条件鼓励跨国公司在本国设立子公司并生产出口产品。世界各国都很关注税收和社会保障负担是否高于邻国或贸易伙伴，并且只要一有可能都尽量让其低于邻国及贸易伙伴的水平，以取得竞争优势。这些因素使各国迫不得已降低税收和缴费水平，使得社会保障筹资问题日益困难。

与此同时，在经济全球化和激烈的国际竞争摩擦中产生了许多竞争失利者或

---

① 孔德威．经济全球化时代的劳动就业危机［J］．经济论坛，2001（19）：33.

牺牲者。在这种情况下，为帮助经济战争和全球竞争中的“伤者”，社会保障尤为必要。这也就使得许多国家的公共当局进行干预，尤其要加大社会保障投入，以保护国民，抵御对外开放带来的风险。这样，全球化又给社会保障带来了另一层影响，即增加社会保障支出。

二、各国社会保障政策的调整与协调

（一）协调社会保障制度，适应地区经济一体化

在世界经济一体化的背景下，地区经济一体化的步伐也在加快，如欧盟。在欧盟成员国中，劳动力是可以自由流动的，但欧盟各国的社会保障制度却不尽相同。为了保障劳动力不因为流动而使社会保障利益受到损害或受到不公平待遇，欧盟采取了协调的办法，即通过了三条共同的准则来协调各国已有的社会保障制度：确保流动的劳动力得到与所在工作国其他劳动力同等的待遇；如果劳动者要到欧盟另一国家工作，那么，他在原来国家已经积累的享受社会保障的资格应当仍有效；无论劳动力居住在欧盟哪个国家，确保流动的劳动力和其家庭都会得到他们理应得到的最重要的社会保障福利。

近年来，随着一些东欧国家加入欧盟，欧盟中不同国家经济发展水平的差异进一步扩大，劳动力是否仍然可以像未扩大之前那样自由流动，还是一个争论中的问题。但这种协调地区社会保障制度的方式值得世界各国借鉴。

（二）改革社会福利制度、失业保障制度和就业制度

在全球化的浪潮下，发展中国家的劳动力到发达国家从事低收入的、艰苦的劳动，甚至占据了低收入的行业。这一方面加剧了发达国家的失业压力，另一方面也使得发达国家看到了本国的劳动就业政策和社会保障政策存在的高福利的弊端，认识到改革本国劳动就业政策和社会保障政策的必要性。

发达国家的基本改革方向是：“在保留保护功能的同时，恢复市场的激励机制，从简单地保护失业者转为促进他们再就业。”1999年，英国议会通过了《福利改革与养老金法案》，对以前的福利制度进行了彻底的改革。新法案把帮助和鼓励人们通过从事工作来摆脱贫困和对福利的依赖，获得体面的生活保障当作首要目标；并推行了一项大规模的“从福利到工作”计划。政府承诺承担起为公民改善就业机会的责任，同时要求有劳动能力的人也要承担起自己的责任，否则将失去失业救济。富有的美国，在领取失业救济金的条件、数量以及期限上，也变得更为苛刻，目的就是促使人们积极地去寻找新工作，不要依赖失业救济金生活。另外，许多国家还加大了对再就业培训计划的投入。如近些年，美国政府拨款资助的再就业培训计划使100万左右的失业人员接受了培训，约有70%的失业者在培训后找到了新工作，平均工资相当于以前收入的92%。美国政府近几年

每年为就业培训计划拨款近70亿美元。欧盟在1995年—1999年共拨款28.7亿欧元来支持再培训计划[①]。

（三）建立社会保障国际协调机制

有些学者认为现在资本已经实现全球化，但是劳工还没有全球化，福利体系还没有全球化。而分散的社会福利体系无法应付联合起来的资本。现在的问题是各国的社会福利体系在全球化的背景下都面临着两难的选择。过多提高社会福利水平的话，国际资本就不来了；但如果任随福利水平的降低，又会使普通民众的利益受到损害，甚至带来严重的社会问题。并且，在经济全球化的背景下，如果单个国家通过降低自身福利水平去获得国际竞争力，其他国家也很可能进行相应的竞赛，但如果大家都这么做的话，最终是一个零和游戏，损害的是各国的劳动者权益，获益的是国际资本。因此，通过协调各国社会福利体系，建立基本的劳工标准，就有可能最大程度地保护各国劳动者的正当权益。

（四）调整社会保障筹资来源，建立国际社会基金

为了缓释全球化给社会保障筹资带来的双重影响，世界各国尤其是发展中国家纷纷拓展社会保障资金的筹集渠道，如政府、雇主和雇员三方共同承担社会保障费用，提高社会保障的缴费率，拓宽社会保障的覆盖面等等。

另外，国际社会也应当考虑建立国际社会基金。国际社会基金可以交由国际劳工组织负责管理，由该组织向符合条件的国家提供援助，并监督援助资金的使用。资金可以考虑通过征收以下几种世界税予以解决：一是对国际资本流动征收“托宾税”；二是征收外国直接投资税；三是征收世界能源税和排污税；四是征收国际航空运输税等[②]。建立国际社会基金的目的主要是帮助发展中国家扩大和加强社会保障制度。这样做，也有利于缩小发达国家和发展中国家在人工成本和社会条件方面的巨大差距。

全球化，尤其是经济全球化给世界社会保障政策带来的影响是全面的、深刻的。而世界各国面对这不算是突如其来的变化，却显得有些手足无措，社会保障政策的调整和协调苍白无力，甚至是狭隘的、肤浅的。社会保障如何应对全球化浪潮，应当是全球发展中的核心问题之一，引人深思。

---

① 韩玉奇，方惠．试论经济全球化进程中的各国就业政策［J］．北京市计划劳动管理干部学院学报，2002（10）：19.

② 罗兰德·斯哥．地球村的社会保障：全球化和社会保障面临的挑战［M］．北京：中国劳动社会保障出版社，2004：28～29.

主要概念

社会保障制度改革	the reform of social security system
社会保障覆盖面	social security coverage rate
全球化	globalization
经济全球化	economic globalization

思考题

1. 发达国家在社会保障方面遇到了哪些问题？它们是如何解决的？
2. 发展中国家在社会保障方面遇到了哪些问题？它们是如何解决的？
3. 发达国家和发展中国家的社会保障改革对我国社会保障的完善有何借鉴之处？
4. 全球化对世界社会保障有哪些影响？你认为各国政府与国际组织应如何应对？

阅读资料

[1] 罗伯特·霍尔茨曼等．21世纪的老年人收入保障［M］．北京：中国劳动社会保障出版社，2006.

[2] 穆怀中．社会保障国际比较［M］．北京：中国劳动社会保障出版社，2001.

[3] 林闽钢．走向全球化的中国社会保障制度改革［M］．北京：中国商业出版社，2001.

[4] 王洪春，卢海元．美国社会保障基金投资管理与借鉴［M］．北京：中国社会科学出版社，2006.

[5] 欧盟网站：http：//www. oecd. org.

下篇 社会保障制度

第七章 社会保障基金

社会保障基金是社会保障制度的主要物质基础，是社会保障政策和目标得以实现的物质保证，也是社会保障制度实现可持续发展的重要条件之一；社会保障基金的安全和收益也关系到公民的切身利益；社会保障基金的投资运营与金融市场尤其是证券市场关系密切。因此，学习社会保障基金的基本知识和相关知识十分必要[①]。

第一节 社会保障基金概述

首先，我们应当对社会保障基金的概念、性质、特点和意义有深刻的理解。

一、社会保障基金的概念

基金是用于某种特定目的的资金。

社会保障基金就是国家和社会从已有的社会财富中提存、积累并用以援助或补偿社会保障对象的资金，是社会保障制度得以确立并能够解决特定社会问题的物质基础，社会保障基金主要包括社会保险基金、社会救助基金、社会福利基金、军人保障基金、社会保障储备基金等，社会保障基金的基本表现形态是货币基金。

二、社会保障基金的性质

（一）宏观：属于国民收入的初次分配和再分配

从宏观上看，社会保障基金实质上是从国民收入的初次分配和再分配过程中形成的一种消费性社会后备基金。国民收入经过初次分配形成国家、企业或集体、个人的原始收入，政府通过财政拨款、企业或单位统筹以及个人缴费等方式建立社会保障基金；然后，根据法定条件和不同项目的社会保障对象提供经济补

① 有关中外社会保障基金的数据，请参见本教材的附录。

偿或福利服务，这样，对一部分国民收入进行分配和再分配，从而改变国民收入原有的比例，使国家、企业和个人三者之间的分配比例发生变化，即将一部分原属于国家和企业的份额转移到个人消费领域。

（二）微观：属于必要劳动与剩余劳动

从微观上看，社会保障基金属于必要劳动与剩余劳动。劳动力价值包括三部分，即劳动者维持自身生存所必需的生活资料的价值、劳动者养活家属所必需的生活资料的价值和劳动者为了掌握一定的生产技术所必须花费的受教育训练费用。随着劳动者生活水平的提高，必要劳动将会扩大，这时劳动者的必要劳动不仅包括维持和再生产劳动力所必需的生活资料价值，还应包括劳动者丧失劳动能力后维持生存所必需的生活资料价值，因此，社会保障基金基本上属于必要劳动的范畴。

社会保障基金并非全部由必要劳动所创造，还有部分来源于剩余劳动。例如，社会保障基金投资营运所获利润；再例如，国家各级财政直接对社会保障项目拨款，也属于剩余劳动。国家为非物质生产部门的劳动者提供的社会保障基金来自于物质生产部门劳动者的剩余劳动。

（三）社会再生产：属于消费基金

从社会再生产的角度看，整个社会再生产基金分为生产基金和消费基金，社会保障基金在社会再生产中，最终属于消费基金，但是在消费之前可以暂时属于生产基金。

消费基金分为社会消费基金和个人消费基金。对于社会保障基金来说，社会保障基金的一部分属于社会消费基金，如集体福利基金。另一部分属于个人消费基金。例如，社会保险各个项目的基金，基本上属于个人消费基金，尤其是社会养老保险和社会医疗保险中的个人账户基金，以及职工住房公积金，更是个人消费基金。社会保障基金中还有一部分在最终支付之前，难以确定是社会消费基金，还是个人消费基金，如部分社会救助基金、社会福利基金，可能用于集体消费，也可能用于个人消费。

三、社会保障基金的特点

社会保障基金有两个突出特点。

（一）储备性

社会保障基金的储备性是指社会保障基金是用来防范未来某个不确定的时间里社会保障资金收不抵支的风险的。这种风险主要来自三个方面：一是人口老龄化的风险，这是最主要的风险；二是突发性的大的自然灾害风险和宏观经济波动风险；三是管理风险，如管理不善将造成透支风险。

各国在建立社会保障制度之初，往往没有考虑建立社会保障基金。这是因为，当时人口平均年龄低，养老保险金和相关的医疗保险金等支付压力还很低。另外也与人类对社会保障发展的规律认识还较为肤浅有关。但是随着时间的推移，人们逐渐发现，社会保障开支压力越来越大，国家财政赤字的主要原因就是社会保障开支，并且一些突发灾害也往往需要很大一笔费用。从 20 世纪 90 年代以来，许多国家建立了社会保障基金。不管基金积累制社会保险制度，还是现收现付的社会保险制度，都加大了储备的力度和规模。

可以说，储备性是社会保障发展的一个客观要求；人们现在能够不断增加社会保障储备基金，是人类认识上的一个进步，是社会保障制度不断成熟的一个标志。

（二）互济性

社会保障基金的互济性是指社会保障基金的分配与使用，主要根据不同人口群体甚至个人的实际需要，不是完全与其来源对应或者挂钩的，也不是与个人对社会保障基金做出的贡献完全挂钩的。因为每个人发生的风险概率和风险大小是不等的。社会保障基金主要用于那些最需要帮助的人，不是平均分配。这也是社会保障的应有之义。

四、社会保障基金的意义

（一）增强社会保障制度抵御支付风险的能力，保证社会的安定

社会保障基金通过积累的基金，可以增强社会保障制度本身抵御支付方面的风险，做到未雨绸缪。并且，不同项目的社会保障基金有不同的防范风险的作用。

如，社会养老保险基金主要防止不断加重的人口老龄化带来的支付风险。社会失业保险基金主要是防止在经济发展出现衰退时失业人口增加的失业保险金的支付风险。社会工伤保险基金主要是防止突发性工伤事故带来的支付风险。

（二）发挥保险互济的作用，增强社会的凝聚力

如上所述，社会保障基金具有互济特点，这种互济性，有助于增加社会成员之间的凝聚力，起到我为人人、人人为我的作用。这主要在于社会保障的抵御风险的能力远远大于个人和家庭自我保障的能力，也大于单位自我保障的能力。

（三）发挥基金的经济功能，促进经济的发展

社会保障基金可以为经济发展提供资金。社会保障无论采取现收现付型财务管理模式，还是采取完全积累型财务管理模式，都会形成一笔数目不小的资金积累。这一方面面临保值增值的压力，另一方面可以把社会保障基金与资本市场有机地结合起来，并在促进经济发展的过程中实现基金的保值增值。

第二节　社会保障基金构成

按社会保障项目的专门用途及其功能划分，社会保障基金可以分为社会救助基金、社会保险基金、社会福利基金、军人保障基金、社会保障储备基金等。

一、社会救助基金

社会救助基金由两部分组成，一是国家通过经常性预算和财政性拨款等形成的基金，主要用于救助困难群体的生活，有一部分用于生产救助。二是社会捐助筹集的基金，专门用于救助困难群体，也有一部分用于生产救助。

如，灾害救助基金，往往是大部分用于生活救助，小部分用于生产救助。扶贫基金主要是用于生产救助，小部分用于生活救助。

政府财政性基金存储在各级财政账户和各级民政账户。民间慈善基金当中用于社会救助的部分，主要由各级、各个民间慈善基金组织负责管理和发放。

二、社会保险基金

社会保险基金是指由雇主与雇员共同缴纳社会保险费的方式形成的基金，用于保障劳动者在丧失劳动能力或失去劳动机会时的基本生活需要的基金。社会保险基金是社会保障基金的主要部分。大多数国家的社会保险基金由雇主与雇员缴费形成，同时，国家给予税收和利率优惠，以及适当的财政资助，体现国家、雇主和雇员三方责任共担的原则。

社会保险基金一般由养老保险基金、医疗保险基金、失业保险基金、工伤保险基金和生育保险基金构成，其中养老保险基金包括基本养老保险基金、补充养老保险基金（包括公务员补充养老保险基金、企业员工企业年金，企业年金也叫做职业年金）和个人储蓄养老保险基金。

按照社会保险基金营运管理方式划分，社会保险基金可分为财政性基金、市场信托管理基金、公积金。财政性基金分为预算内管理资金和预算外管理资金。市场信托管理基金是按契约或章程，由雇主和雇员缴纳，并记入个人账户，由基金法人委托受托人进行管理的基金。公积金基金是按法律、法规规定，由雇主和雇员缴纳，并记入个人账户，产权归个人所有的基金。公积金往往只能用于特定用途，如养老、医疗。我国的住房公积金只能用于住房支出。

另外，按照社会保险基金筹资模式分类，社会保险基金可以分为现收现付统筹制形成的社会保险基金、完全基金积累筹资制形成的社会保险基金、社会统筹和个人账户相结合筹资制形成的社会统筹基金和个人账户基金。

三、社会福利基金

社会福利基金是指国家和社会用于提高人民物质和精神文化生活水平而建立的社会保障基金，包括财政性福利基金、民间机构福利基金和单位自有的福利基金。

财政性福利基金是指由中央财政和地方各级财政按照有关政策，通过财政预算拨付的资金，有时也会有临时财政拨款，形成福利基金。

民间机构的福利基金主要是指一些慈善机构、社区组织等筹集的基金。

单位自有福利基金是指由单位通过多种途径筹集的基金，主要用于改善本单位员工的生活福利。

社会福利基金规模的弹性比较大，与社会救济基金的界线有时难以分开。

四、军人保障基金

军人保障基金是为实施军人社会保障而筹集积累的资金，它包括优抚基金、安置基金、军人保险基金等。

五、社会保障储备基金

社会保障储备基金是指通过特定途径筹集，并且长期储备的基金，主要是为了应对未来社会保障基金支付压力而设立的，所以，一般情况下，在设立之后的较长时期内，这笔资金只积累，不支出。

（一）国外社会保障储备基金

社会保障储备基金制度的创立，可能最早始于挪威。挪威于 1966 年成立国民保险基金，其目的是通过逐步建立金融储备，用于应付日后的社会保险支出。资金来源于 1966—1979 年间每年的财政盈余，1979 年以后由于财政不再盈余，只靠国民保险基金本身投资收益来增大基金总额，所以规模缓慢增长，无法实现补充社会保障支出的目的。因此政府把该基金与社会保障使命脱钩，仅仅作为一种不限定特定用途的财政储备资金。1990 年 6 月，挪威正式颁布了第 36 号法案，决定建立一个“石油基金”，“石油基金”的历史使命有两个，一是作为一个“缓冲器”来“熨平”短期内石油收入的变化；二是作为解决人口逐渐老龄化的一个储备基金，为子孙后代转移一部分财富。

从 20 世纪 90 年代开始，许多国家建立了类似于挪威的国民保险基金和石油基金的社会保障基金。各国社会保障储备基金名称不一致，不过许多国家都冠以“全国”或者“国家”二字，如“全国社会保障储备基金”、“国家社会保障储备基金”。

葡萄牙有“社会保障财政稳定基金”（Social Security Financial Stabilization Fund），成立于1989年。爱尔兰有“全国养老储备基金”，成立于2001年4月。其融资渠道一是来自社保体系参保者增加的缴费部分，二是一次性从“爱尔兰电信”私有化收益中转移出62亿欧元，三是至少在2055年之前每年财政转移支付相当于GDP总量1%的预筹基金。爱尔兰、挪威和法国的社会保障储备基金管理架构，参见表7-1。某些国家社会保障储备基金相当于GDP的比重（%），参见表7-2。

表7-1　爱尔兰、挪威和法国养老储备基金管理架构及其职责

国家	爱尔兰	挪威	法国
基金名称	养老储备基金	石油储备基金	养老储备基金
管理机构	储备基金理事会	财政部	储备基金监管委员会
代理机构	爱尔兰公债管理局	挪威中央银行	执行董事会
政府监管部门	财政部，审计师委员会		经济部、预算部、社会保障部
管理机构职责	管理基金资产，负责投资运作； 制定投资政策，确定投资策略，确定可投资的资产类别，包括金融衍生工具和其他金融工具，制定投资收益评估标准； 审查投资策略的执行情况，对代理机构、管理人和托管人进行审计，评估投资绩效； 选择代理机构，任命投资管理人、托管人；向财政部长提交工作报告。	对基金管理运作中的重大问题进行决策； 以公认市场指数为基础编制投资基准，制定投资目标，风险控制指标； 对管理业绩进行评价； 向国会提交年度报告。	确定基金资产的总投资政策指引； 监督基金的投资运作； 任命独立审计师，对基金运作绩效进行审计； 批准基金财务会计报告； 准备基金管理年度报告并向公众披露。
代理机构职责	负责具体的管理运作； 按照理事会要求，提供涉及理事会职责的建议和协助。	代表财政部负责基金的日常管理； 选择外部管理人、托管人； 按照财政部规定的方针提交基金管理报告； 向全社会公布基金管理运作情况。	成立专门部门，按照投资政策指引，具体负责管理运作，并至少每六个月向监管委员会做出报告； 向监管委员会提出基金资产总投资政策指引建议； 代表基金签署所有协议，并对运作绩效进行监管； 负责基金行政管理；向监管委员会提交基金财务会计报告。

资料来源：根据有关资料整理。

表 7-2 某些国家社会保障储备基金相当于GDP的比重（%）

国家	2001	2002	2003	2004
挪威	40.2	39.9	54.0	60.5
日本	38.9	39.2	39.9	39.5
瑞典	25.0	20.8	23.6	25.8
美国	12.0	13.2	14.0	14.5
韩国	—	13.7	13.4	—
爱尔兰	6.8	5.6	7.0	8.1
芬兰	5.0	3.4	5.4	4.8
加拿大	1.3	1.6	2.6	4.0
新西兰	0.0	0.0	2.2	3.6
西班牙	0.2	0.8	1.3	2.4
法国	—	—	—	1.2

资料来源：根据有关资料整理。

（二）我国社会保障储备基金

1. 我国社会保障储备基金的管理

为了筹集和积累社会保障资金，合理分摊社会保障转型成本并更好地应对人口老龄化，中国政府于2000年9月建立“全国社会保障基金”，并设立“全国社会保障基金理事会”，挂靠在财政部。全国社会保障基金是国家重要的战略储备，它肩负着化解社会保障制度转型中出现的历史债务和应对人口老龄化带来的养老金支付高峰的重要职责，是我国社会保障制度保持良性运行的重要保证。全国社会保障基金由中央政府直接筹集、管理。它作为国家社会保障储备基金，既不同于社会保险基金，也不同于其他社会保障基金，而是在社会保险基金和社会救助基金出现财务危机时，充当着补充、调剂基金的作用。全国社会保障基金作为储备基金也需要保值增值。

全国社会保障基金的管理单位是全国社会保障基金理事会，它受中央政府——国务院的委托，负责管理作为国家社会保障储备基金的全国社会保障基金。理事会的主要职责有：

（1）管理划入基金的股权资产，管理减持境外上市国有股所获收入、中央财政拨入资金及其他方式筹集的资金；

（2）制定基金的投资经营策略并组织实施；

（3）在规定的投资范围内对基金资产直接进行运作；

（4）选择并委托专业性机构对基金资产进行运作；

（5）根据国务院指定部门下达的指令和确定的方式拨出资金；

（6）定期向社会公布基金年度财务会计报告。

2. 我国社会保障储备基金的来源

（1）中央财政拨款。

（2）减持国有股收入。减持国有股是指向社会公众及证券投资基金等公共投资者转让上市公司（包括拟上市公司，下同）国有股的行为。国有股减持主要采取国有股新增发行的方式进行。根据现行政策，凡国家拥有股份的股份有限公司（包括在境外上市的公司）向公共投资者首次发行和增发股票时，均应按融资额的10％出售国有股；股份有限公司设立未满3年的，拟出售的国有股通过划拨方式转由社会保障基金理事会持有，并由其委托该公司在公开募股上时一次或分次出售。国有股出售收入，全部上缴全国社会保障基金，以充实国家社会保障储备基金。这项政策从2001年6月实施，由于股市大幅下跌，2001年10月，境内上市公司停止了执行这项政策，境外上市公司继续执行这项政策。

（3）发行彩票收入。国家规定彩票收入的部分要进入全国社会保障基金，成为补充社会保险、社会救助基金不足的一个资金来源。

2006年底，社保基金资产总规模为2828亿元，比上年底增加710亿元。扣除作为负债核算的代管行业统筹基金58亿元、个人账户基金权益46亿元后，社保基金权益2724亿元，比上年增加770亿元。其中，财政拨入资金581亿元，已实现收益196亿元。在财政拨入的581亿元中，预算拨款100亿元，国有股减持114亿元，国有股转持293亿元，彩票公益金74亿元。按累计数算，截至2006年12月31日，中央财政预算拨款1348亿元，国有股减持和转持751亿元，福利彩票与体育彩票[①]划拨的公益金249亿元，已实现收益360亿元。

（4）投资收益。全国社会保障基金理事会在国内外资本市场上进行了积极的尝试，并取得了一定的成效，但是，2008年也遭遇到风险。

表7-3　全国社会保障基金投资收益与比较

年份	投资收益率（1）	物价上涨率（2）	实际收益率（3）＝（1）－（2）
2001	2.25％	1.55％	0.70％
2002	2.75％	－0.8％	3.55％
2003	2.71％	1.2％	1.51％

① 有的报道和文章讲，全国社会保障基金包含福利彩票收入，这个说法是不全面的，实际上，还包含体育彩票收入。

（续表）

年份	投资收益率（1）	物价上涨率（2）	实际收益率（3）＝（1）－（2）
2004	3.32%	3.9%	−0.58%
2005	3.12%	1.8%	1.32%
2006	9.34%	1.5%	7.84%
2007	38.9%	3.8%	35.1%
2008	−6.79%	5.9%	−12.69%

资料来源：根据有关数据整理。

注：物价上涨率是指全国居民消费品的物价上涨率。

（三）我国社会保障储备基金的投资

我国社会保障储备基金的投资范围，包括银行存款、国债、证券投资基金、股票、信用等级较高的企业债、金融债等有价证券。

一般来说，风险小的投资直接由全国社会保障基金理事会直接投资，主要形式有银行存款和在一级市场上购买国债。按照有关规定，经中国人民银行和财政部同意，全国社会保障基金理事会开展了协议存款业务和国债一级市场的直接投资运作，同时还进入了全国银行间债券市场，加入了银行间市场国债承销团，并建立了自己的国债交易室。

对于风险较大的投资，包括股票、企业债券、金融债券的投资以及在二级市场上买卖国债，则需要委托国内外专业性投资管理机构进行投资。

六、专项社会保障基金

我国专项社会保障基金包括住房公积金、计划生育扶助奖励基金。

我国住房公积金是用来解决职工（含私营个体企业职工、农民工）购买和装修住房的资金，由单位和个人分别按照不低于个人工资的5%、不超过个人工资的12%的比例缴纳，税前扣除。

计划生育扶助奖励基金是由中央财政和地方财政共同筹资形成，为落实计划生育政策的农村家庭夫妇的养老问题而设立，从2004年实施。

七、民间社会保障基金

各种民间组织自发筹集的、用于特定目的的社会保障基金，主要是各地慈善机构成立的基金。

第三节　社会保障基金管理与监督

社会保障基金管理是指有关机构对社会保障基金的征缴、存储、投资、支付等全过程的指挥、调节控制和监督。

一、社会保障基金的管理机构

一般情况下，各项社会保障基金分别由不同部门和组织进行运营和管理。

1. 社会救助、社会福利基金

社会救助、社会福利基金主要由民政部、社会团体管理。由单位和行业自筹的社会救助、社会福利基金，一般是由各个单位和行业自己管理。

2. 城乡基本社会保险基金

城市五大基本社会保险基金、农村社会保险基金，归人力资源和社会保障部管理。农民工社会保障基金如果建立在城市，也是归该市人力资源和社会保障部管理。相关部门，如财政部、银行、审计部门参与管理和监督。

3. 企业年金（补充养老保险基金）与个人储蓄养老基金

企业年金所有权归个人，但是个人不得随意提前支出。在个人领取之前，在管理上，首先归企业管理。但是企业可以委托证券投资机构、金融投资机构管理，银行部门进行监管。

个人储蓄养老基金所有权归个人，但是个人也不得随意提前支出。在个人领取之前，在管理上，如果个人储蓄养老基金是与企业年金“捆绑”缴纳，那就按照企业年金的管理制度进行管理；如果个人储蓄养老基金是完全独立账户，那就按照国家有关政策另行管理。

4. 军人社会保障基金

军人社会保障基金一般分别属于民政部门和军队管理。转业安置、优抚抚恤等基金主要归民政部门管理。军人社会保险基金，在军人没有转业之前，归军队管理，军人转业之后，这部分基金随军人本人转交地方人力资源和社会保障部门管理，实现与地方社会保障制度的衔接。

5. 社会保障储备基金

各国社会保障储备基金的管理可以分为两种类型：一是独立运行的，不隶属于任何部门，二是归社会保障部门等管理，某些国家的社会保障储备基金管理体系，参见表 7 - 4。我国的全国社会保障储备基金在机构归属上，目前是由挂靠在财政部的全国社会保障基金理事会管理，并委托投资机构投资，与人力资源和社会保障部没有隶属关系。

表 7-4　某些国家社会保障储备基金管理机构与经营机构

	储备基金作为社会保障部门的一个部分管理				储备基金在法律上独立于社会保障部门		
	保持独立、限制用途①	是整个社会保障基金的一个部分	由社会保障机构经营	其他	由独立机构经营	由社会保障机构经营	其他
巴巴多斯		是	是				
巴西	是		是				
加拿大	是			是②			
丹麦		是	是				
芬兰	是		是				
曼岛	是			财政部			
泽西岛							财政部
约旦	是		是				
菲律宾	是		是				
波兰						是	
葡萄牙					是		
沙特	缺信息	缺信息	是				
赛拉利昂		是	是				
斯洛伐克						是	
坦桑尼亚		是	是				

说明：①限制用途是指已经确定了具体使用目的。

②加拿大养老金计划投资理事会（Canada Pension Plan Investment Board）。

资料来源：International Social Security Association，2007. Public Scheme Reserve Funds：Helping Sustain PAYG Pensions — Survey Report［R］. Geneva：2007. ISSA Publications.

6. 专项社会保障基金

专项社会保障基金是指国家为了解决某个特定的问题而建立的基金。如住房公积金、计划生育扶助奖励基金。

各国管理部门有一定的差别。我国的住房公积金是由建设部管理。在新加坡，住房公积金是由中央公积金管理局统一管理。

计划生育扶助奖励基金是我国在 2004 年建立的一项特有的基金。来自各级财政拨款，主要由国家人口和计划生育委员会管理，相关部门参与管理。

7. 民间社会保障基金

民间自发筹集的社会保障基金，由民间组织管理，接受社会和审计部门的监督。

二、社会保障基金的监督

社会保障基金的监督主要包括内部监督与外部监督、社会监督与专业监督。

1. 内部监督与外部监督相结合

内部监督是指各个拥有社会保障基金的部门和组织机构，对本部门、本单位的社会保障基金进行日常监督，主要看是否按照有关规定筹集、存放、支付社会保障基金。

外部监督是指各个拥有社会保障基金的部门的外部力量进行监督，包括外部的政府部门、全国人民代表大会等。外部是相对的，如，劳动与社会保障部门管理的基金需要财政监督，财政部门管理的社会保障基金也需要劳动与社会保障部门监督。

2. 社会监督与专业监督相结合

社会监督是指来自社会各方面的监督，如群众、新闻媒体、群众组织等。社会监督往往是对基层的社会保障基金方面的问题进行监督和反映。如最低社会保障对象的确定是否存在虚假行为、发放到群众手里的社会保障基金是否按时和足额、单位和个人是否存在逃缴社会保险费的行为。

专业监督是指由各级审计部门、社会会计事务所进行的监督。这类监督主要是通过查账，检查缴费单位与个人是否存在逃缴社会保险费的行为、社会保障基金管理部门是否挪用社会保障基金。

第四节　社会保障基金筹集

一、社会保障基金的来源

社会保障基金的主要来源有：财政拨款、强制性征缴和社会筹资。

（一）财政拨款形成的社会保障基金

财政性社会保障基金直接来源于国家各级财政拨款，体现了各级政府在社会保障方面的财政责任。一般而言，财政性社会保障基金通过经常性预算和财政拨款的形式形成，其结构与功能，通常取决于国家的社会保障规模以及财政体制与相关社会保障制度的结合程度。在实行现收现付制社会保险制度的国家，社会保障覆盖面越大，财政拨款的规模可能就越大；在基金积累制社会保险制度的国家里，社会保险基金独成系统，与财政的关系较为松弛，财政性社会保障基金的规模通常较小。

在中国，现阶段的社会保险基金在财政系统之外运行，政府财政直接承担的社会保障拨款责任应当只限于救灾济贫、公务员保险、军人保障及社会福利。但是，由于中国社会保险基金制度是社会统筹与个人账户相结合的制度，一方面，财政承担社会统筹账户的最后“担保人”的责任，另一方面，中国社会保险制度正处于转轨时期，社会保险的历史欠账还没有清算，所以，财政对统筹账户还需要加大拨款规模。

在社会保障各个项目中，国家财政对不同社会保障项目的资助力度是不同的。一般来说，社会救助基金、社会福利基金和军人保障基金以国家财政拨款为主导，甚至完全由国家财政拨款形成；而在社会保险基金中，国家财政资助只是处于最终“担保者”的地位。通常在社会保险基金面临较大支付压力时，国家才在资金方面对社会保险基金予以支持，以缓解社会保险基金的支付矛盾。

政府在承担社会保障财政责任时，拨款的主体通常有中央政府财政和各级政府财政多个层级，具体分工还要受到一个国家政府管理是联邦制还是中央集权制的制约，其拨款方式也有两种：

在联邦制国家，中央政府和地方政府的拨款，一般是分工运行、各负其责，如美国。

在中央集权制国家，中央政府拨款与地方政府拨款混合使用，往往中央政府承担更大的拨款任务，如中国。

财政性社会保障基金不论由国家财政部门直接管理，还是财政部门与有关社会保障职能部门共同管理，都是政府站在社会保障前台并承担直接责任的标志。

国家财政对社会保障的支持，可以概括为三种方式。

1. 政府直接拨款实施社会保障项目

有些社会保障项目主要通过政府财政拨款来筹集。如社会救助基金、军人保障基金及有关公共福利基金。

2. 实行税收优惠或让利和贴息，这是一种间接资助形式。

（1）税收优惠又可以分为三种形式：

第一，企业和个人征收所得税前缴纳社会保险费。

第二，国家对社会保障机构筹集的基金实行免税优待。

第三，对社会保障对象享受的社会保障待遇可以不征税。目前中国不对个人得到的社会保障收益征税，美国对个人得到的社会保障收益征税。

（2）让利和贴息有三种方式：

第一，国家让利表现为国家对存储于国家金融机构的社会保障基金不征收利息税。

第二，国家对于社会保障机构投资收益不征税。

第三，对于部分社会保障项目，由银行负责支付和管理，国家财政支付利息给银行（也叫“贴息”）。

3. 国家财政承担社会保障管理费用

目前，各国社会保障的行政管理费用一般都是由财政拨款来负担。个别国家不是由财政拨款负担，而是由社会保障基金本身负担，如新加坡、智利。

但是，企业年金的管理费用，一般是由年金本身负担，国家财政不承担管理费用。

其中，第一种方式，即财政直接拨款的方式是最主要、最重要的。

（二）雇主和个人强制性缴费

雇主与个人缴费是现代社会保障基金的重要筹资渠道。

雇主包括企业主、单位和政府部门。政府部门与公务员或公职人员的关系也是雇佣关系，政府也是雇主，也需要承担雇主的责任和义务，不过，这种雇主缴费的来源是国家税收形成的财政资金。

强制性征缴形成的社会保障基金是指政府依照社会保障法或相关立法，强制要求雇主、雇员或规定范围的其他国民，缴纳社会保障费或税，形成社会保障基金，缴纳的标准和待遇给付的标准等均由国家法律、法规统一确定。强制性征缴形成的社会保障基金主要有社会保险基金和住房公积金，其中社会保险基金包括养老保险、医疗保险、失业保险、工伤保险和生育保险基金。

社会保险基金来源的构成，主要有三方负担、双方负担和单方负担等三种负担方式：

三方负担型。由雇主、雇员和政府三方负担，许多国家采取这种方式。

双方负担型。一是雇主和雇员双方负担型，这是大多数国家采取的方式；二是由雇员和政府双方负担，部分国家的部分社会保险项目采取这种分担方式；三是由雇主和政府双方负担，如日本、德国等国的工伤保险，意大利的失业保险以及瑞典等国的疾病生育保险就采用这种负担方式。

单方负担型。如智利的养老金缴费完全由劳动者承担。绝大多数国家的工伤保险缴费均由雇主一方全部承担，而过去一些社会主义国家的国家保险则是由政府全部负担。

（三）社会筹资

社会筹资的渠道主要是指接受社会捐赠、发行福利彩票、接受国际援助（如灾害救助）等。这些基金的管理和使用往往较为分散。

社会捐赠是许多国家筹集社会保障资金的一个非正式的却又非常流行的渠道。

在中国，包括中国红十字会、中国残疾人福利基金会、中华慈善总会、中国青少年发展基金会、中国人口福利基金等机构均是依靠社会募捐并从事慈善公益事业的机构。

（四）其他渠道

除了上述几个主要渠道之外，还有以下几个渠道也是社会保障基金的来源。它包括：社会福利服务收费、基金运营收益、发行特种国债、国有资产变现（含国有股减持或者转持）等。

二、社会保障基金的筹措方式

从社会保障资金的筹措方式来看，世界各国的社会保障筹资方式主要有三种方式，即征税方式、征费方式、强制储蓄方式，另外还有自由筹资。

（一）征税方式

征税方式是根据国家立法规范，由政府运用行政权力采取税收形式强制筹措社会保险资金的一种筹资方式。西方发达国家通常采取这种方式来筹集社会保障基金。就社会保险制度而言，目前世界各国社会保险缴税制的形式也是多种多样的，有专门开征社会保险税的，也有通过征收个人所得税和其他税收来筹集社会保险资金的。

征税方式的好处在于强制性强，负担公平，有利于提升社会保障的社会化程度；保险项目简单明了，缴税和支付有章可循，管理简便。

征税的不足之处在于税收形成财政资金后，基本上就切断了个人缴费与个人收益之间的联系，容易导致人们逃税。

此外，征税方式通常只能与现收现付型社会保障制度相适应，而不能适应完全积累型社会保障制度的要求。当然，目前，有的国家也在尽力弥补现收现付制度的这个缺陷，这主要是加强预算管理，提前预测未来所需的社会保障基金，从而及时采取对策。如，美国联邦政府的社会保障基金安排就是这样。

（二）征费方式

征费方式是指政府职能部门依据有关法律规范，强制向企业与劳动者征收并用于社会保障具体项目的筹资方式，它一般仅限于社会保险。

征费方式的特点，是在强制征收的同时具有一定的灵活性。与征税制相比，征费方式根据不同的社会保险种类设置不同的缴费率，向不同的社会保险管理机构缴纳，实行收支两条线管理。

征费方式不仅可以与现收现付制社会保障相适应，同样也可以与完全积累型社会保障制度相适应。

征费的机关，可以是社会保障部门，也可以是税务部门，税务部门这时是代征。

（三）强制储蓄制

强制储蓄制也称个人账户制，是指雇员和雇主按规定的缴费率将社会保险费存入为雇员设立的个人账户，需要时按规定从个人账户中支取基金的一种筹资模式。在国家立法规范下，覆盖范围内的任何单位和个人都必须根据有关法律、法规规定参加强制储蓄，不得擅自更改或中途退出。强制储蓄制一般仅适用于完全积累型的养老保险等社会保险项目。

（四）自由筹资

除了以上三种常见的方式之外，社会保障基金的筹资实际上还有多种方式。例如，发行福利彩票，可以募集到社会保障基金；而向服务对象收取一定的服务费用，则构成了福利事业的重要经费来源；还有社会募捐等。

以福利彩票为例，我国自 1987 年开始发行福利彩票，截至 2005 年底，中国福利彩票累计发行1 637.31亿元，共筹集公益金 560 亿元，其中，上缴中央财政 184.2 亿元。2006 年中国福利彩票销售 495 亿多元，连续第 6 年创历史新高。中国福利彩票 2006 年为国家筹集公益金 171 亿多元，其中 50％已上缴国家财政。

我国福利彩票的发展潜力还很大。据统计，2006 年我国人均购买福利彩票量占人均纯收入的 0.663％，尚未达到世界公认的 1％～2％的平均水平。

民政部《民政事业发展“十一五”规划》要求，在“十一五”期间（2006—2010），中国福利彩票发行量将保持 10％以上的年增长速度，5 年累计发行福利彩票2 500亿元，为发展社会福利和社会公益事业提供更多的资金支持。

自由筹资也可以是完全独立的、自由选择的个人账户。如美国的延税年金退休计划（Tax-Sheltered Annuity，TSA）、节俭储蓄计划（Thrift Savings Plan，TSP）等等。

另外，社会保障基金的筹集也是有一定弹性的。例如，自然灾害多的年份，筹集的社会救助基金就会多一些。

第五节　社会保障基金给付

一、社会保障基金给付的制度安排

社会保障基金的给付涉及公平与效率的大问题，涉及社会保障制度的可持续发展的问题，所以社会保障基金给付是有严格的制度规定的。

（一）社会保障基金给付范围

一般情况下，社会保障基金给付范围是与社会保障制度当中设立的各个项目相对应的，并且应当做到专款专用，不能用于其他目的。

从第二章关于社会保障的特点和原则上看，社会保障对象应当包括所有国民，社会保障基金可以向所有国民给付。

但是，社会保障基金的给付还是有条件的，不是平均分配，这里应当掌握两点：

第一，一个国家的不同时期，社会保障基金给付的标准不同。这主要是由经济发展水平、生活水平尤其是财政支持力度决定的。

第二，不同国家，社会保障基金给付水平相差较大。这不仅与各个国家的经济发展水平、生活水平有关，而且还与历史文化等有关。

（二）社会保障基金给付原则

在社会保障制度的发展与完善过程中，人们逐步总结出社会保障基金给付的一些基本原则。

1. 保障基本生活需要的原则

保障国民的基本生活是社会保障制度的最基本的要求，所以社会保障基金给付的首要原则就是保障受保障者的基本生活需要。

同时，这一原则也意味着社会保障基金的给付水平不宜过高，否则会带来一些不应有的不良影响和后果。

2. 随物价变动调整待遇水平的原则

物价水平是不断变化的，并且总的趋势是不断提高。社会保障基金给付水平应当随着物价水平变动而及时调整，要保证社会保障基金给付水平不会因为物价水平的提高而变相下降，否则就会导致无法保障受保障者的基本生活需要。这一原则也是与第一条原则相一致的，是第一条原则的内在要求。

3. 让受保障者分享经济增长成果的原则

生产力水平在不断提高，经济不断增长，人们的生活水平也是在不断提高。从代际关系上看，这往往表现为新一代人的收入水平和生活水平高于前一代人。但是，现在的经济发展水平都是在前一代人贡献的基础上实现的，所以，应当让以老年人为主的受保障者分享经济增长成果。

同时，经济增长的成果是所有社会成员共同努力的结果，这个成果就是应当在所有社会成员当中分享，这是社会保障应有的含义。

当然，对于“分享”还要正确理解和把握。“分享”不是“全部获得”，“分享”不能“分”过了头。

（三）社会保障基金给付的支付手段

社会保障基金给付的支付手段有三种：

货币支付：直接或者间接给付货币，受保障对象的收益表现为货币。这是世界各国社会保障基金的主要支付手段。

实物支付：以实物形态支付，如发放救助物资、发放食物券等。这种支付有其优越性，因为有时候，受救助对象需要的不是货币，而是特定的物资。另外，这也可以提高物资的利用率。

服务支付：以提供免费或者低费的劳务手段，为一定的人口群体提供保障。这些人口群体主要是老年人、残疾人。这也可以提高人力资源的利用率。

二、不同种类社会保障基金的给付

不同的社会保障项目的给付范围不同。

（一）社会救助待遇给付

社会救助基金给付是对社会成员在陷入生存危机或不能维持最低限度生活水平时，由国家和社会按照一定标准向其提供满足最低生活需求的物质帮助。如，灾害救助，只能是向当前遭受自然灾害的人口群体支付；困难家庭救助，只能是向那些确实没有劳动能力，或者劳动收入过低以及没有其他收入来源的家庭、遭受特殊重大困难的家庭支付。

社会救助给付可以是货币给付、实物给付，也可以是劳务服务。

（二）社会保险待遇给付

社会保险待遇给付是社会保障基金给付中最重要的给付项目，并且主要是货币给付，其次是劳务给付。

社会保险待遇给付的标准，一般较为明确，主要是根据享受者的工作年限、缴费年限、缴费数额等确定。

（三）社会福利待遇给付

社会福利基金的给付手段主要有三种，即货币、实物和服务。

不同项目的社会福利有不同的给付标准。一般情况下，制度安排的社会福利项目，给付标准较为严格，非制度安排的社会福利项目，给付标准较为宽松，甚至没有什么明确的标准。

第六节　社会保障基金投资与风险

一、社会保障基金投资运营的必要性

（一）社会保障基金的投资运营有利于社会保障基金的保值增值

在物价总体水平上升和货币相对贬值的条件下，社会保障基金的购买力要保持不变，只有通过投资获得收益并将这些收益充实到基金中去，才能抵御通货膨

胀的冲击，增强社会保障给付能力。

（二）社会保障基金的投资运营有利于减轻政府、企业和参保人的负担

通过投资运营不仅可以避免通货膨胀对社会保障基金的侵蚀，还可以增加社会保障基金的总量，即可以做大社会保障基金这个“蛋糕”，从而减轻财政支付压力，减轻企业单位和个人缴费的压力。

二、社会保障基金投资工具

可供社会保障基金投资选择的投资工具，可以划分为金融投资和实业投资两类。

（一）金融投资

社会保障基金投资的金融投资工具，包括储蓄存款、债券、公司股票、以资产为基础的证券、衍生证券等。

1. 银行储蓄存款

储蓄分为活期储蓄和定期储蓄，其中定期储蓄还包括大额定期储蓄。储蓄是最安全的投资，但是也是收益率较低的投资。

社会保障基金必须有一部分以银行储蓄的方式存在。因为社会保障基金每月甚至每日都需要给付。

大多数国家把银行存款作为社会保障基金投资的首选对象，并且很可能还有存款比例的规定。我国目前的有关规定是：隶属于人力资源和社会保障部管理的社会保障基金的80%必须是银行存款和购买国债，其余20%用于当期支付。

社会救助基金、社会福利基金基本上也是以银行存款的方式存在，不得在证券市场投资，也不得在其他领域投资。

至于企业年金和社会保障储备基金的投资，各国政府一般另有规定，不受上述比例约束。

2. 货币市场基金

这里的“货币”不是指一般的货币，而是货币市场中的特定货币。

货币市场是指交易期限在一年以内的短期金融工具交易市场，其功能在于满足市场参与者的资金流动性需求。货币市场又称短期金融市场。资本市场则是指交易期限在一年以上的中长期金融工具交易市场，主要满足市场参与者的中长期资金需求。

通常，货币市场工具的流动性较高，利率风险和违约风险较小，主要包括银行间同业拆借市场、银行间债券市场、商业票据市场、大额可转让存单市场、短期信贷市场等多个子市场。

社会保障基金投资于货币市场，可以是直接参与货币市场，也可以是间接参

与货币市场，如购买货币市场基金。

货币市场基金（money market fund（s））是以货币市场工具为投资对象的基金。从功能上看，货币市场的交易对象是充当货币职能的“货币”，因此，货币市场主要用来满足经济主体的支付性需求，其运行结果是调节各经济主体之间的货币供求。

各级社会保障基金都需要较多的具有流动性的资金。但是，如果这些资金都存为活期存款，显然利率过低，不可取。如果这些资金存为定期存款，虽然利率比活期存款提高了许多，但是与国债相比，仍然是低的，并且提前支取的利率损失很大。如果这些资金购买国债，虽然利率又提高了一点，但是，国债不是随时都可以购买得到的，并且提前支取仍然存在利率的损失。

有没有更好的投资组合呢？答案是肯定的，这就是货币市场基金。

货币市场基金的安全性比活期储蓄还是要稍低一点的。其风险在于：在基础利率做大幅度调整的时候，货币市场基金有可能会出现短时间的跌破面值的情况，但是基础利率调整的次数肯定不会很多，所以一般很少出现亏本，即便是出现亏本，亏损的幅度也很小。据有关专业人士的测试，即便偶然出现利率上调或下调（一般是上调影响基金收益），只要能够连续持有 13 天，即便是亏损一点，13 天也可以补回来，持有 1 个月以上，基本不会亏本。

货币市场基金的流动性和活期储蓄差不多，定期储蓄虽然也可以随时提取现金，但是在定期未满之前提取现金，就等于活期存款，必然损失大部分利息；而货币市场基金就像活期储蓄，不但可以随时提取现金，而且没有利率收益的损失，同时货币市场基金的利率收益要高于活期储蓄。

3. 债券

债券是政府或企业为筹资依照法定程序向公众发行具有一定期限和利率、到期后还本付息的书面凭证。债券作为一种证明债权债务关系的凭证，一般是用具有一定格式的票面形式来表现。

债券在性质上，属于有价证券，是一种虚拟资本，是债权的表现。

债券可以分为许多种类，如可以分为政府债券和企业债券，政府债券分为国债和地方政府债券（我国目前没有地方政府债券），企业债券分为公司债券和金融债券。按是否上市划分，债券可以分为不上市债券和上市债券。不上市债券是指该债券没有到证券交易所挂牌交易，上市债券是指在证券市场挂牌交易。

购买债券较为安全。因为，第一，发行债券一般都是有担保人做担保的，政府债券是以国家政权作为担保，企业债券是以他人企业作为担保的。第二，债券是到期还本付息的，即不仅归还买债券人的本金，而且按照约定的利率支付利息。

债券投资也有一定的风险：主要是通货膨胀的风险。在持有债券的期间，遇到通货膨胀，债券的利率是不会随之调高的。

4. 股票和金融衍生品

股票是证券商品中最主要的一个品种，是证券市场中的主体要素，也是对经济发展最重要的一种证券。作为人类文明的成果，股份制和股票也适用了我国社会主义市场经济。股票一般有较高的收益率，而且变现能力强，成为社会保障基金投资的一种重要工具。

收益性是股票最基本的特征，它是指持有股票可以为持有人带来收益的特性，持有人有权从公司领取股息或红利，获取投资的收益。股票收益可分成两类：第一类来自于股份公司。认购股票后，持有者对发行该股票的公司就享有经济权益，这种权益的实现形式是从公司领取股息和分享公司的红利。股息和红利的大小取决于股份公司的盈利水平和公司的盈利分配政策。第二类来自于股票流通时价格的上涨。股票持有者可以持股票到市场上进行交易，当股票的市场价格高于买入价格时，卖出股票就可以赚取差价收益，这种差价收益称为资本利得。以美国可口可乐公司股票为例。如果在 1983 年底投资1 000美元买入该公司股票，到 1994 年 7 月便能以11 554美元的市场价格卖出，赚取 10 倍多的利润。在通货膨胀时，股票价格会随着公司原有资产重置价格上升而上涨，从而避免了资产贬值。股票通常被视为在高通货膨胀期间可优先选择的投资对象。

股票的风险直接来源于股票价格的波动，股票价格要受到诸如公司经营状况、宏观经济政策、市场供求关系、大众心理等多种因素的影响，因此，股票投资是一种高风险的投资活动。

其次是收益风险，即股票投资者能否获得预期的回报，取决于企业的盈利情况，利大多分，利小少分，亏损时就没有盈利了。

三是上市公司破产的风险，上市公司一旦破产，投资所购买的股票可能变得一钱不值，甚至可能变为负值。

金融衍生品是指从原有金融品种或基础性金融工具中派生出来的新的证券交易品种。它以原生证券为基础，其价格也受原生证券价格的制约，但是又在交割到期之前，游离于原生证券，进行次数不定的转手交易。

按照原生资产的类型，金融衍生品可以分为利率类、股票类、货币类和商品类。利率类金融衍生品是利率产生的衍生品。股票类金融衍生品是股票和股票指数产生的衍生品。货币类金融衍生品是货币产生的衍生品。

金融衍生品按其产品形态和交易方式划分，可以分为四大类：金融远期、金融期货、金融期权、金融互换。其中，金融期货、金融期权是主要的品种。

在上述各种投资工具当中，金融衍生品的风险是最大的，也是收益率最高的。

金融衍生品虽然风险大，但是它又是规避风险的工具，如，可以提前锁定收益与风险、分散风险、转移风险。人们发明金融衍生品的本意就是为了规避风险，而不是为了冒风险。

在以前，金融衍生品是社会保障基金从不涉足的领域，但是最近几年，一些国家的养老基金也在这个领域投资。投资收益结果还有待于进一步观察和总结。

我国企业年金和社会保障储备基金的投资，国家限制较小，可以在证券市场投资。

但是也有个别国家和地区，对本国的各种社会保障基金的投资限制都很小。如智利、香港等。

（二）实业投资

除了金融投资工具外，社会保障基金还可以进行实业投资。实业投资包括房地产、基础设施等不动产。这些领域的投资风险较小。

三、社会保障基金在证券市场投资的风险

社会保障如果没有基金，就会产生没有基金所引起的问题和风险。社会保障拥有基金，又会带来基金方面的新问题和风险。当然，两害相权，拥有基金所带来的新问题和风险，还是小于没有基金所引起的问题和风险。

社会保障基金在证券市场投资过程中，必然会面临证券市场的一些风险。从投资者的风险与收益的关系来看，证券投资风险可分为系统风险和非系统风险。

（一）系统性风险

系统风险又称不可分散风险或市场风险，是上市公司外部、不为上市公司所预计和控制的因素造成的风险，是指由影响整个市场的因素所引起证券收益变动的风险。这些因素包括利率变化风险和宏观经济状况变化的风险。所以，系统风险主要是宏观性质的风险，但是有时也有属于微观性质的风险。如一位与证券市场发展关系密切的伟人的去世，可能成为一个系统风险。

宏观经济形势的好坏，财政政策和货币政策的调整，政局的变化，汇率的波动，资金供求关系的变动等，都会引起股票市场的波动。对于证券投资者来说，这种风险是无法消除的，投资者无法通过多样化的投资组合进行证券保值，这就是系统风险存在的原因所在。

1. 系统风险的特征

第一，系统风险由共同性因素引起。所谓共同因素，就是能够在同一时间影响几乎所有同一种类型证券的价格的因素。

第二，系统风险对证券市场大多数证券商品都有影响。有的教科书中武断地

说，系统风险对所有证券商品都有不利的影响。这是不准确的。例如，战争爆发对大多数企业不利，但是对军工企业有利。再如，日本东京股市指数在1989年12月达到23000多点的高峰，就一路下滑，到2003年初，跌破8000点，跌去了70％。但是，在此期间，罗姆公司的股票上升了528％，佳能公司的股票上升了144％，东京电子公司的股票上升了114％。

第三，系统性风险难以通过投资分散化来达到分散风险的目的，因为大多数证券商品的价格都是大幅度下滑。

第四，系统风险与预期投资收益成正比例。越是预期收益大的证券商品，风险就越大。

2. 系统风险的种类

系统性风险的来源主要由政治、经济及社会环境等宏观因素造成。其构成主要包括以下四类：

第一，政治和政策风险。政治风险指由于证券所属国家的政治事件，如领导人的变动、大政方针的转变、法令规章的更改等而造成的风险。

政府的经济政策和管理措施可能会造成证券收益的损失，这在新兴股市表现得尤为突出。经济政策的变化，可以影响到公司利润、债券收益的变化；证券交易政策的变化，可以直接影响到证券的价格。而一些看似无关的政策变化，比如对于私人购房的政策，也可能影响证券市场的资金供求关系。因此，每一项经济政策、法规出台或调整，对证券市场都会有一定的影响，有的甚至会产生很大的影响，从而引起市场整体的较大波动。

第二，利率风险。在证券交易市场上，证券的交易价格是按市场价格进行，而不是按其票面价值进行交易的。市场价格的变化也随时受市场利率水平的影响。一般来说，市场利率提高时，证券市场价格就会下降；而市场利率下调时，证券市场价格就会上升，这种反向变动的趋势在债券市场上尤为突出。

第三，信用交易风险。即券商或者说中介机构贷款给投资者购买证券。一旦出现亏损，贷出者就强行把投资者的证券卖出，收回的金额就直接被贷出者截去。

第四，汇率风险。外汇市场风险与证券市场风险的关联。外汇市场风险，分为一般性外汇市场风险和突发性外汇市场风险。一般性外汇市场风险，是指在开放经济条件下，由于汇率的日常波动而引起的收益损失。突发性外汇市场风险，是指一国货币在国际货币市场上出现大幅度贬值，外国投资者和投机者争相抛售该国货币的可能性。这种可能性一旦变为现实，就成为人们经常所说的金融危机或货币危机。从某种程度上讲，一般性外汇市场风险，不会对社会经济产生严重影响，因此，人们把更多的注意力放在突发性外汇市场风险上。

一般情况下，越是规范的、成熟的证券市场，系统风险在整个证券市场风险中占的比重就越低；反之，比重就越高。某些国家证券市场的系统风险在整个风险中的比例，参见表7－5。

表7－5　某些国家证券市场的系统风险在整个风险中的比例

美国	英国	法国	德国	加拿大	瑞士	中国
26.8%	34.5%	32.7%	36.8%	20.0%	23.9%	65.7%

资料来源：中国的数据见：施东晖．上海股票市场风险性实证研究［J］．北京：经济研究，1997.10。其他国家的数据见：张人骥．上海股市系统性风险分析［J］，上海：申银万国证券研究，1998.3。

（二）非系统性风险

非系统风险又称可分散风险或某公司特有的风险。单个股票价格同上市公司的经营业绩和重大事件密切相关。公司的经营管理、财务状况、市场销售、重大投资等因素的变化都会影响公司的股价走势。这种风险主要影响某一种证券，与市场的其他证券没有直接联系，投资者可以通过分散投资的方法，来抵消该种风险。

非系统性风险主要包括以下四类：

1. 经营风险

经营风险主要指公司经营不景气，甚至失败、倒闭而给投资者带来损失。公司经营、生产和投资活动的变化，导致公司盈利的变动，从而造成投资者收益本金的减少或损失。例如经济周期或商业营业周期的变化对公司收益的影响，竞争对手的变化对公司经营的影响，公司自身的管理和决策水平等都可能会导致经营风险。

影响公司经营业绩的因素很多，投资者在分析公司的经营风险时，既要把握宏观经济大环境的影响，又要把握不同行业、不同所有制类型、不同经营规模、不同管理风格、不同产品特点等对公司经营业绩的影响。

2. 财务风险

财务风险是指公司因筹措资金而产生的风险，即公司可能丧失偿债能力的风险。公司财务结构的不合理，往往会给公司造成财务风险。公司的财务风险主要表现为：

第一，无力偿还债务风险。由于负债经营以定期付息、到期还本为前提，如果公司用负债进行的投资不能按期收回并取得预期收益，公司必将面临无力偿还债务的风险，其结果不仅导致公司资金紧张，也会影响公司信誉程度，甚至还可能因不能支付而遭受灭顶之灾。

第二，利率变动风险。公司在负债期间，由于通货膨胀等的影响，贷款利率发生增长变化，利率的增长必然增加公司的资金成本，从而抵减了预期收益。

第三，再筹资风险。由于负债经营使公司负债比率加大，相应的对债权人的债权保证程度降低，这在很大程度上限制了公司从其他渠道增加负债筹资的能力。

财务风险按风险强弱可分为轻度风险、中度风险和破产风险。

我国上市公司的平均资产负债率等，都远远高于国际标准。另外，我国上市公司还普遍存在着大量不规范的关联交易和短贷长投等现象，这也是国际通用会计准则所难以接受的。

造成我国上市公司财务状况令人担忧的原因，一是一些上市公司经营管理水平差强人意，失去持续经营能力的公司缺乏退出市场的机制；二是一些大股东竭泽而渔，庄家用不正当的方式人为操作利润、刻意包装企业。

3. 道德风险

道德风险主要指上市公司管理者的道德风险。上市公司的股东和管理者是一种委托—代理关系。由于管理者和股东追求的目标不同，尤其在双方信息不对称的情况下，管理者的行为可能会造成对股东利益的损害，制约公司的正常发展。这主要是指：

第一，上市公司编造虚假利润，造成股价不合理的高位。

第二，隐瞒本企业已经发生了的重大恶性事件。如生产事故、法律诉讼败诉等。

第三，隐瞒企业不正常的生产经营行为。如挪用企业资金进行证券投资、对外担保过多。

第四，内部交易。

实际上，社会保障基金还面临着受托的投资机构的道德风险。即，有些专门的投资机构接受委托，负责为他人进行投资。但是，不按照协议进行投资，造成风险，或者有意隐瞒投资过程产生的风险，等等。

4. 流动性风险

因为某种原因，自己所购买的证券无法流动。社会保障基金必须确保有足够的流动资金，以便于支付。如，公司长时间停牌。

另外，正如系统风险不是绝对的系统性一样，非系统风险也不会是绝对的非系统性。非系统风险有时也具有一定的、局部的系统性：同一行业的上市公司中，某一个上市公司业绩大滑坡，对其他上市公司股价的影响。

系统风险与非系统风险之间的差别，可参见表 7-6。

表 7－6 系统风险和非系统风险的比较

	系统风险	非系统风险
定义	影响整个证券市场的风险	影响个别上市公司证券的风险
特征	（1）由共同因素引起	（1）由特殊因素引起
	（2）影响所有证券的收益	（2）影响某种证券的收益
	（3）无法通过分散投资来化解	（3）可以通过分散投资来化解
	（4）与证券投资收益相关	（4）与证券投资收益不相关

四、社会保障基金投资原则

针对证券市场的各种风险，社会保障基金在证券市场投资必须严格遵循一定的原则。

（一）安全性原则

社会保障基金在投资时，应当把安全性原则放在首位。社会保障基金投资运营的安全性原则指社会保障基金投资经办机构必须绝对保证投资的社会保障基金能够按期如数收回。国外也叫做“谨慎人原则”（prudent-man rule）或者“谨慎原则”（prudent rule）。

为了保证社会保障基金投资的安全性，各国政府一般都对社会保障基金的投资做出一些严格的规定。

第一，对投资机构进行严格审查和选拔。

第二，对投资额占社会保障基金总额的比重、在不同领域的投资比重、在国内外的投资比重，都进行限定。总之，由于社会保障基金被赋予了特别重要的使命，社会保障基金投资运营时必须更严格地遵循分散投资的原则，即要求不能把所有的投资放在同一个项目或者同一个行业或者同一地区，而是要考虑多样化的投资组合方式，以分散投资风险，增强其安全性。

第三，对投资状况进行严格的监控。

（二）长期收益原则

收益是社会保障基金实现自我积累的重要途径，也是衡量社会保障基金投资成败的关键指标。

衡量收益状况有不同的方法和指标。如投资收益率与通货膨胀率比较、与国债利率比较、与银行存款利率比较。

任何一种投资都是要求有一定的收益率的。社会保障基金也要求获得一定的收益，但是社会保障基金投资要求不同于其他投资要求之处就在于：社会保障基金更注重长期的投资收益，社会保障基金不是在证券市场上的短期炒作的基金。

（三）可流动性原则

在证券市场上，可流动性是指该项投资能够在一定时期内、甚至能够在任何时间内转换成现金，或者兑付。由于社会保障基金必须保证每个年度、每个月份向社会保障对象支付现金，所以，社会保障基金的投资，必须具有可流动性。

根据这一原则，社会保障基金在实业方面的投资不宜过多，因为实业投资缺乏可流动性。

五、社会保障基金运营方式

社会保障基金运营方式主要有两种：一是社会保障基金管理机构直接投资，二是社会保障基金管理机构委托专业投资机构投资。

（一）直接投资

社会保障基金直接投资就是由政府社会保障基金管理部门直接进行投资，包括在证券市场投资、实业投资。

直接投资的优点是减少了中间环节，投资收益完全归社会保障基金管理机构。

但是直接投资也有缺点，这主要有三点：一是社会保障基金管理机构未必具有投资的专业知识和投资判断能力，尤其是在证券市场投资，难度更大；二是社会保障基金管理机构往往是官方单位（这里不包括企业年金管理机构），官方直接投资容易产生官商勾结行为，这对社会保障基金的安全造成较大威胁；三是官方投资容易对证券市场造成垄断和扭曲，不利于证券市场的健康发展。

所以，在世界各国，社会保障基金的官方管理机构一般不直接投资，而是委托专业投资机构进行投资。

（二）委托专业投资机构投资

专业投资机构主要是指各种证券投资机构，包括各类投资基金（不含私募），券商、投资公司等。

社会保障基金委托投资机构进行投资是间接投资。其缺点是：社会保障基金管理机构不能得到全部投资收益，投资收益的一部分要归于投资机构，另一部分才归于社会保障基金管理机构。其优点是：投资风险较小；管理较为简便；不容易产生腐败行为。

社会保障管理机构与专业投资机构、市场的关系，可以参见图 7－1。

在图 7－1 当中，实线表示投资行为，虚线表示收益，由于收益不是必然能够得到的，所以用虚线表示。

当然，对接受委托投资的投资机构，要进行严格的监督管理。

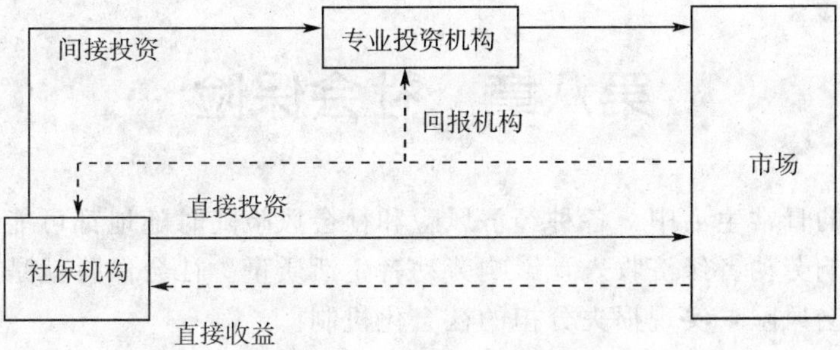

图 7－1　社会保障基金投资关系

主要概念

社会保障基金　social security funds

社会保险基金　social insurance funds

社会保障储备基金　social security reserve funds

社会保障基金管理　social security funds management

社会保障基金风险　social security funds risk

思考题

1. 社会保障基金主要由哪几部分组成？
2. 社会保障基金如何加强监督？
3. 社会保障基金给付原则有哪些？
4. 社会保障基金投资工具有哪些、各种投资工具的收益与风险如何不同？

阅读资料

1．［瑞士］谢尼亚·舍尔—阿德龙（Xenia Scheil－Adlung）．建立社会保障——私有化的挑战［M］．中译本．北京：中国劳动社会保障出版社，2004.

2．［美］高峻伊东（Takatoshi Ito），安恩·克鲁杰（Anne O. Krueger）编．1992：税制改革的政治经济学［C］．中译本．北京：中国人民大学出版社，2001.

3．［英］罗纳德·多尔．股票资本主义：福利资本主义［M］（2000），中译本．北京：社会科学文献出版社，2002.

4．中国“全国社会保障基金理事会”网站：http：//www. ssf. gov. cn.

第八章　社会保险

在人们的日常生活中，各种经济风险和社会风险随时随地都可能发生，并直接或间接影响劳动者经济收入，影响劳动者生活质量。社会保险就是一种化解经济风险和社会风险，实现损失分担的社会化机制。

第一节　社会保险概述

学术界一般公认现代社会保险制度最早产生于德国。1883 年德国颁布了《疾病社会保险法》，这是世界上第一部社会保险法律，标志着现代社会保险制度的诞生。现代社会保险制度从产生、发展到今天，已经有一百多年的历史。

一、社会保险的定义

关于社会保险的定义，世界各国由于社会制度不同，社会政策目标的不同，表述也不尽相同。1953 年在维也纳召开的社会保险会议把社会保险定义为：社会保险是以法律保证的一种基本社会权利，其职能主要是以劳动为生的人，在暂时或永久丧失劳动能力时，能够利用这种权利来维持劳动者及其家属的生活。美国危险及保险学会社会保险术语委员会将社会保险定义为："通常由政府采用危险集中管理方式，对于可能发生预期损失的被保险人，提供现金给付或医疗服务。"①

综上所述，并结合我国社会保险实践，我们认为，社会保险是国家通过立法强制实施，并通过雇主、雇员或两者共同缴费筹集资金，当劳动者暂时或永久丧失劳动收入时提供基本生活保障的一种保险制度。在我国现阶段，社会保险的内容包括五大险种：养老保险、医疗保险、失业保险、工伤保险和生育保险。

我国社会保险主要包含以下要素：

第一，社会保险的责任主体是国家，它通过立法形式作保证，采用的方式是强制实施。

第二，它保障的对象是劳动者，享受的前提条件是缴纳了社会保险费，并已丧失或暂时丧失劳动收入。

第三，分担的风险包括年老、疾病、伤残、失业、死亡、生育等劳动者一生可能遇到的所有风险。

---

① 《中国社会保障制度总览》编辑委员会. 中国社会保障制度总览［M］. 北京：中国民主法制出版社，1995：244.

第四，它的保障水平是满足暂时或永久丧失劳动能力或收入的劳动者及其家属的基本生活需要。

二、社会保险特征

社会保险是社会保障体系的核心部分，它与社会保障体系中的社会救济、社会福利相比，具有强制性、储备性、确定性、社会性和互济性的特点。

（一）实施过程的强制性

社会保险是国家强制实施的一项社会政策，具有强制性的特征。不管受保者是否愿意，都必须按照国家和政府的有关规定参加社会保险，并按时缴纳保险费。

（二）保险基金的储备性

社会保险的参加者按规定缴纳费用作为基金，储存待用，就个人而言，从参加社会保险开始便按规定缴费，等于为自己储蓄了一笔费用，供遭遇风险时使用，以渡过难关；就社会而言，也是一种储备基金。

（三）保险对象的确定性

社会保险的对象是确定的，不像其他社会保障形式的保障对象受一些不确定因素的影响，具有随机性和不确定性。比如，社会救济的具体救济对象事先并不能预知而难以事先确定。社会保险的保障对象在一定程度上可以预先为保障主体所掌握的，具有相对的确定性。

（四）实施范围的社会性

社会保险的适用范围很广，只要是在法律规定的范围内，不同地区、不同行业中的人员乃至全体社会成员都必须参加。

（五）社会保险的互济性

社会保险是政府为其社会成员提供的一系列基本生活保障。但社会保险形成的保障权力与受保者履行保障义务的情况直接相关，这是社会保险的一个最基本的特点。主要表现为被保险人缴纳的保险费，在保险范围内进行地区之间、企业之间，或强者与弱者、老年人与年轻人之间的调剂和收入再分配。

该特性适用于投保资助型模式和福利国家型模式，不适用于国家统筹型模式及强制储蓄型模式。

三、社会保险地位与意义

在现代社会保障体系中，社会保险无疑占有最重要的地位。它的产生被看成是现代社会保障制度得以确立的标志。社会保险作为工业化的产物，它一产生便是以立法强制实施，成为解决工业劳动者养老、工伤、疾病医疗、失业等诸种问题的有效措施，在社会保障体系中居于主体地位，是社会保障制度的核心。

首先，社会保险保障对象的地位最重要。社会保险以全体劳动者为保障对象，劳动者是人口中最多、最重要的部分，劳动者不仅在总人口中所占的比例较大（例如，中国第五次人口普查资料显示，劳动力年龄人口占总人口的比例为70%以上），而且劳动者是社会的主体和中坚力量，是当期社会财富的主要创造者，是各个家庭的主要收入获取者。并且，虽然社会保险是以劳动者为对象，但是它与全体社会成员有密切的关系。一方面，从个人的生命历程来看，除了极少数先天全部丧失劳动能力的人之外，绝大部分人在一生中都要经历参与社会劳动的时期；另一方面，社会保险待遇的给付往往还惠及参保者的直系家属。

其次，社会保险承担的风险最多。从社会保险的保障内容来看，包括劳动者的年老、疾病、失业、伤残、死亡、生育等事件，形成了养老、医疗、失业、工伤、生育等较为完善的体系，为劳动者一生可能遇到的所有风险提供保障。显然，这是社会保障体系中的其他组成部分都做不到的保障。

第三，社会保险是工业化进程的必然产物。工业社会使机器大生产取代了手工生产后，不仅直接增加了劳动者的职业伤害风险与失业风险，而且也使农业社会里被视为个人风险的疾病医疗、养老等演变成了群体性的社会风险。在这样的背景下，仅仅依靠传统的慈善事业或者有限的救济措施根本不可能解决劳动者的后顾之忧。因此，必须寻求新的社会化保障机制，社会保险制度因其能够解决劳动者在职业伤害、失业、疾病医疗、养老等方面的诸多后顾之忧，并调和劳资矛盾，很自然地成为各国政府的首选。

社会保险制度经过100多年来的发展，在一些国家也发生了重要变化，如有的国家的养老保险制度已经转为覆盖全民的福利性国民年金，生育保险被普遍性生育津贴所取代，失业保险向就业保障发展，医疗保险向全国健康保险发展，等等。所有这些，均表明社会保险制度产生一百多年以来，不仅被绝大多数国家所认同并仿效，而且在发展中不断地被改造并完善。

四、社会保险与商业人寿保险的关系

商业人寿保险产生的历史较早，1583年6月18日，英国签发了历史上第一张用文字书写的人寿保险单。300年后，1883年社会保险才在德国出现。商业人寿保险的普遍发展和自身所具有的特征，为社会保险制度的出现提供了重要的制度和技术方面的基础。所以说社会保险是在商业人寿保险的基础上建立起来的。因此，社会保险与商业保险中的人寿保险的项目非常接近，两者都开办了养老保险、医疗保险、工伤保险。两者既有相通之处，亦具有很大的区别。

（一）社会保险与商业人寿保险的共性

作为保险的两种形式，社会保险和商业人寿保险具有一些共性。

1. 同样实现了风险的共济和分担

由于风险的同质性，不同的风险单位发生损失的可能性是一致的，这样对于一个被保险群体而言，其中某个或某些个体所发生的风险损失被平均分摊到了全体被保险个体身上，实现了损失的分担和困难的共济。

两者根据风险的可保性要求，以概率论和大数法则作为基本原理，将大量同质的风险进行集中，收取保险费建立保险基金。当被保险人发生保险责任范围内的风险损失时，保险人依照保险合同对其进行经济给付或补偿。如医疗保险、失业保险和生育保险等短期给付的险种就充分体现了风险的集中和有效分担，而对于给付期限较长的养老、伤残保险，其费用也是（或部分地）由整个被保险群体承担的，无疑也利用了风险的集中与分散原则。

2. 同样进行风险转移

风险转移是风险管理的一种重要技术。在商业人寿保险中，纯粹的风险都转移到保险人身上。在社会保险中，被保险人的风险都全部或部分地转移到社会保险制度系统上，通过风险转移机制，提供社会保障。

3. 都是对被保险人的损失进行补偿

众所周知，商业人寿保险通常是补偿被保险人的损失的，社会保险同样如此。退休金是部分地补偿被保险人退休收入的损失，生育津贴是赔偿妇女由于生育子女所带来的收入损失，等等。

4. 两者都须缴纳足够的保险费作为获得补偿的前提条件

商业人寿保险由各保险公司经营，没有足够的保险费来源就不能及时足额地赔付，当然，被保险人不缴纳保险费也就不可能建立保险关系。社会保险由政府指定专门机构经营，虽然各个国家负担保险费的比重有很大不同，但被保险人同样需足额缴纳保险费，否则会强制征缴甚至罚款，或减少保险给付。

（二）社会保险与商业人寿保险的差异

社会保险与商业人寿保险虽具有一些共性，但它们之间存在着本质的区别。

1. 主体与目的不同

商业人寿保险的主体是商业保险公司，其目的是取得经济效益，获得利润。社会保险的主体是国家和政府机构，其目的是保障社会的稳定与发展。主体和目的的不同是构成社会保险与商业人寿保险两者差异的基础。

2. 保险的对象不同

商业人寿保险的对象是单个的人，投保人可以自由选择保险公司，保险公司也要对投保者进行选择。社会保险的对象是全体劳动者，可以是全国性的，也可以是地方性的，并且往往是强制性的。商业人寿保险遵照自愿原则，是否购买及购买多少份保险完全取决于个人意愿。它没有确定的对象，也不限制个人购买的数量，如本人愿意，一个人可购买多份商业保险。社会保险用强制手段来要求参保对象参加社会保险制度，如不符合条件而本人愿意参加社会保险的也不会被允许。社会保险的参保对象一般情况下只能一人一次参保。

3. 保险关系建立的根据不同

商业人寿保险的保险关系是通过订立保险合同建立的，社会保险的保险关系是根据国家法规建立的。

4. 保障的水平不同

商业人寿保险的保障水平一般由投保人根据个人的经济需要及负担能力来确定，缴纳了保险费越多，保障的水平就越高。而社会保险的保障水平一般是根据法定标准确定，多属基本保障性质，保障的水平较低。

5. 保险费的来源与负担方式不同

商业人寿保险的保险费来源渠道单一，完全要由投保人缴纳。社会保险的保险费通常由企业（雇主）、个人（雇员）和政府按三方负担原则共同筹集。

可见，社会保险与商业人寿保险是两种不同的社会化风险保障机制。

（三）社会保险与商业人寿保险的共生发展

社会保险和商业人寿保险的保障项目既有重合，又有不同。例如在健康保险、人身意外事故及伤害保险、养老保险等项目上，社会保险为全体工薪收入劳动者提供低水平的保障，即仅供维持基本生活；商业人寿保险为有资金能力的人提供较高层次的保障。商业人寿保险在有些项目上不愿或没有能力提供保障，社会保险则因为有国家作后盾，可以提供商业人寿保险没有能力提供的保险项目，比如失业保险就只能由社会保险来提供。

综上所述，尽管社会保险和商业人寿保险有种种不同点，它们都是人类社会抵御风险的保障机制。社会保险和商业人寿保险由各自特点而形成不同的保障领域并提供不同项目的保障，在相同的保障项目上它们又提供不同层次的保障，以满足人们的不同需要，使得社会保险和商业人寿保险在共生中不断发展。近年来，在社会保险的一些项目上，各个国家都在向多支柱、多层次的保障方向发展，来满足人们的不同层次需求。所以，在社会保障制度的发展和完善中，商业人寿保险是社会保险的重要补充，发挥着不可替代的作用。

第二节　社会养老保险

社会养老保险一般包括三个层次：基本养老保险、补充养老保险和个人储蓄性养老保险，也称为三根柱子（three pillars）。

一、基本社会养老保险

基本社会养老保险亦称国家基本养老保险，是按国家统一政策强制实施的、以保障广大退休人员基本生活需要为目标的一种养老保险制度。基本养老保险是多层次养老保险体系的第一个层次，也是主要的养老保险。

（一）基本社会养老保险的特点

基本社会养老保险的主要特点如下：

1. 普遍性

由于年老是人生不可避免的自然规律，这就决定了任何人如果要想安享晚年，都需要有相应的养老保险。人们对养老保险的普遍需求，正是根源于老年风险的普遍性。基本养老保险应当覆盖全社会劳动力。

2. 长期积累性

养老保险通常都是劳动者在年轻时参加，达到退休年龄办理退休手续后再领取，到退休者死亡时终止。有的养老保险还惠及劳动者需要抚养的家属，其领取的时间更长。这样，养老保险就具有如下两个固有的特征：一是缴费时间长达数十年；二是领取养老金的时间也长达十多年到数十年不等。

3. 管理复杂性

养老保险管理的复杂性，不仅在于长期积累性带来了制度设计与管理的难度，而且由于基金规模庞大，基金保值增值的负担也十分繁重，需要有专门的机构和人员来进行基金运营。

（二）基本社会养老保险的模式

按照不同的划分标志，养老保险制度可以划分出不同的模式。

1. 按照养老保险覆盖面划分

根据养老保险的覆盖面，可将养老保险划分为普遍型养老保险制度和选择型养老保险制度。

（1）普遍型养老保险。普遍型的养老保险制度通常以国民年金的形式存在。在这种模式下，所有国民，甚至外来移民，都可以在达到一定年龄之后，享受养老保险金的待遇，与个人就业状况没有关系。政府通过税收和财政预算来为国民提供养老金，政府对养老保险事务实行直接管理并严格监督。

（2）选择型养老保险。选择型养老保险是由政府、单位或雇主、个人等缴费而建立起来的。这是社会养老保险制度发展的主流形式。这种模式是基于责任分担的原则确立的，其特点是劳动者的养老保险责任由多方分担，它有利于养老责任风险分散和财务稳定；同时，由于实行强制性责任共担，这种模式也就无法覆盖到全体国民，只能适用劳动者甚至主要是工薪劳动者。

2. 按照养老保险筹资模式划分

所谓养老保险筹资模式，是指养老保险费用收支的平衡状况。世界各国的养老保险筹资模式主要有现收现付式、完全积累式、部分积累式三种。

(1) 现收现付式 (pay-as-you-go)。现收现付式不考虑资金储备，只从当年或近两三年的社会保险收支平衡角度出发，确定一个适当的费率标准向企业与个人征收社会保险费 (税)。其特点是以支定收，实行初期因支出规模小而费 (税) 率较低，以后则会随着支出规模的不断扩大而提高，实质上体现着养老保险负担的代际转移。

(2) 完全积累式 (fully funded)。完全积累式是在对有关社会经济发展指标如退休率、伤残率、通货膨胀率等进行宏观上的长期测算后，从追求养老保险收支的长期平衡角度出发，确定适当的费率标准，将养老保险较长时期的支出总和按比例分摊到整个期间并向企业与个人征收，同时对已筹集的养老保险基金进行有效运营与管理。其特点是强调长期平衡，费率较为稳定，能够积累起养老保险基金。

(3) 部分积累式 (partly funded)。部分积累式亦称为部分基金式或混合式、阶梯式。尽管现收现付式与完全积累式均有着自己的特点与长处，但单独采用又都存在着难以逾越的困难。因此，越来越多的国家采取兼具上述两种筹资模式特点的混合筹资模式。该模式根据分阶段以收定支、略有节余的原则确定征收费率，目标是保持养老保险基金在一定时期内的收支平衡，其特点是费率具有弹性，可以根据养老金支出的需求分阶段地调整费率。

3. 按照养老保险基金运行模式划分

养老保险基金运行模式，是指养老保险基金筹集后的管理方式，它主要有社会统筹模式，个人账户模式以及社会统筹与个人账户相结合模式等。

(1) 社会统筹模式。社会统筹模式，是通过养老保险筹资渠道筹集到的养老保险基金全部进入社会统筹账户，由相关部门根据当年或一个周期内的社会需要统筹规划养老保险基金的使用。该模式的最大特点就是高度社会化，最大限度地发挥了社会保险互助共济和风险共担的功能，将“大数法则”利用到极致。

该模式通常只考虑短期内基金的平衡，一般没有或只要很少的余额，因此，采用该模式的养老保险制度要在人口结构稳定的情况下才得以维持。当人才结构发生变化，如出现人口老龄化危机时，就难以为继。在具体制度安排中，这种模式总是和现收现付的财务模式联系在一起的。

(2) 个人账户模式。个人账户模式是指征缴的养老保险费全部进入个人账户，当劳动者步入老年、失去劳动能力、离开劳动力市场以后，再按照个人账户积累的金额 (本金+运营收入)，领取属于自己的养老金。

这种模式对于劳动者具有一定的激励作用，但没有体现“大数法则”，没有互助共济和风险分担功能，而且基金保值增值压力大。在具体制度安排中，这种模式总是和完全积累的财务模式联系在一起。

（3）社会统筹与个人账户相结合。社会统筹与个人账户相结合，是中国首创的一种新型养老保险基金运行模式。社会统筹部分的现收现付与个人账户部分的完全积累同时并存。该模式实行的是国家、企业和个人三方承担供款责任，但分别记账，其中：个人所缴部分全部进入个人账户，单位缴纳的金额全部进入社会统筹账户，实现社会互济，计发时实现结构性组合。不过，社会统筹与个人账户相结合的模式由于在中国实践时间不长，其效果到底如何还有待实践进一步检验，尤其是社会统筹账户与个人账户的关系，以及它们各自的运行规则与监管机制等，还有待完善。

4. 按照养老保险缴费标准划分

即养老保险费缴费标准是否提前确定。

（1）给付确定模式。所谓给付确定模式（Defined Benefit），是先设定养老保险金为保障一定的生活水平需要达到的替代率，以此确定养老保险金的给付标准，再结合相关影响因素进行测算，来确定养老保险费的征缴比例。因此，这种模式实质上是“以支定收”模式。给付确定模式维持的是短期内的横向平衡，一般没有结余。这种模式总是和现收现付模式联系在一起的。

（2）缴费确定模式。

所谓缴费确定模式（Defined Contribution），是结合未来的养老负担、基金的保值增值、通货膨胀率、企业的合理负担、现行劳动力市场和工资水平等因素，经过预测，确定一个相当长时期内比较稳定的缴费比例或标准，再根据这个缴费标准来筹集养老保险基金，并完全或部分地存入劳动者的个人账户，在劳动者失去劳动能力后，以其个人账户中的金额作为养老保险金或养老保险金的一部分。这种模式实质上是“以收定支”。

缴费确定模式维持的是长期内的纵向平衡，这种模式总是和完全积累或部分积累模式联系在一起的[①]。

（三）基本社会养老保险的保险项目与保险范围

1. 基本社会养老保险的保险项目

基本社会养老保险的保险项目包括：养老金、病残抚恤和遗属津贴。

2. 基本社会养老保险的保险范围

基本社会养老保险的保险范围，包括企业雇员、公务员、独立劳动者（含农

---

① 郑功成主编．社会保障学［M］．北京：中国劳动社会保障出版社，2005：304～308.

民)、公民和合法居民，有些国家为特殊行业建立专门的养老保险制度，如矿工、海员等。病残抚恤的范围同上，但法律需要对病残程度和等级及相应待遇做出规定。遗属津贴的范围从配偶、子女到被赡养的家庭成员。有些国家法律明文规定，遗属保险的范围包括未婚配偶和非婚子女。

(四) 基本社会养老保险的资金来源

基本社会养老保险资金的筹集，一般有四个来源：一是劳动者按本人的工资或薪金的一定百分比缴纳；二是雇主按工薪总额的一定百分比缴纳；三是许多国家的政府负担一部分；四是投资收益，包括银行和政府债券利息或资本市场投资收益，如美国社会保险缴费被转入专业托管基金，经过投资增值以后转入支付程序。养老保险筹资的费基，包括个人缴费工资、公司工资总额、地方平均工资；费率，由政府或主管机构决定和调整。

(五) 基本社会养老保险的支付条件

基本社会养老保险的支付条件包括：年龄、缴费记录、就业记录等。许多国家另有一种规定，即必须从受保职业完全退休或基本退休，才能享受年金待遇。有时，享受条件还取决于居住状况或公民资格。

1. 年龄。即要达到法律规定的年龄。许多国家规定开始支付养老金的年龄在60至65岁之间。约有一半以上的国家规定女性和男子领取退休金的年龄相同。其他国家则允许女性领取全额退休金的年龄比男子低，尽管女性的平均寿命比男性高一些。

2. 缴费记录。即缴纳一定期限的保险费。缴费期限最低的国家是瑞典，3年；缴费期限最高的国家是保加利亚和波兰，20至25年；一般国家的缴费期限规定为15至20年。

3. 就业记录。即从事受保职业的工作年限达到一定的期限。最常见的规定为30年至40年。

4. 综合替代率。从个人工资的33%到100%不等。综合替代率在海地最低，为工资的33%，在巴拉圭最高为100%。

二、补充养老保险

补充养老保险主要包括公务员补充养老保险、企业补充养老保险，企业补充养老保险也叫企业年金。补充养老保险是指单位在已经参加国家基本养老保险的基础上，依据国家政策和本单位经济状况建立的、旨在提高职工退休后生活水平、对国家基本养老保险进行补充的一种养老保险形式，一般是自愿参加。

(一) 补充养老保险的特征

补充养老保险的主要特点是：

1. 由一个雇主或若干雇主建立，政府通过立法实施监督和通过税收给予支持；

2. 可以依法强制、依集体协议半强制或自愿建立；

3. 可以选择公司或行业、劳工组织或专业养老基金管理机构等多种方式进行管理，经办方式灵活多样；

4. 可以建立统筹账户、集体账户和个人账户；

5. 可以采用确定给付或确定缴费等多种支付原则，月支付、一次支付或存入银行和购买保险年金产品等多种支付方法①。

（二）补充养老保险的模式

补充养老保险的模式根据筹资方式、管理体制和分配形式等方面的不同标准可以分成多种模式。

1. 根据创立主体不同可分为独立企业年金和若干企业（或行业）联合年金。

2. 根据资金来源不同可分为个人缴费年金和个人不缴费年金，但企业都要缴费。多数国家实行个人缴费年金制度，这需要建立企业年金理事会，由劳资双方共同管理年金和共同承担风险。但需要解决人员流动时基金转移问题。

3. 根据立法可分为强制性、自愿性和集体谈判决定（半强制性）。法国、瑞士、丹麦、荷兰和澳大利亚等国家属于强制性模式，大多数国家采用自愿性模式，瑞典通过劳资双方集体谈判方式建立企业年金。

4. 根据筹资方式不同可分为完全积累模式和现收现付模式。一般采用完全积累模式，法国是唯一选择现收现付模式的国家。

5. 根据缴费和受益的关系可分为给付确定和缴费确定模式。国家公务员的补充养老保险多采用现收现付和给付确定模式，私营部门多为完全积累的缴费确定模式。

（三）补充养老保险的补充水平

在基本养老保险基础上，补充养老保险只能是一种适度补充养老保险。一般认为，在我国的社会养老保险体系中，基本养老保险收入占原工资收入的60%；补充养老保险收入约占原工资收入的15%～20%；个人储蓄性养老保险占原工资收入的5%，从而使养老金的总体水平控制在原工资80%左右。

三、独立个人账户式养老保险

独立个人账户式养老保险又叫个人储蓄性养老保险，有两种制度。一是强制性的，即国家通过立法强制雇员（或雇主）按照雇员工资的一定比例进行养老保

① 穆怀中．社会保障国际比较［M］．北京：中国劳动社会保障出版社，2002：168.

险储蓄，记入雇员个人退休账户，由专门机构（政府经办机构或私营）管理基金和投资营运。当雇员达到法定退休年龄时，将个人账户积累的基金、利息及其他投资收入作为养老金返回退休者。这种模式主要是在亚洲和拉丁美洲国家推行，尤以新加坡中央公积金制度和智利私营养老个人账户为典型。在实行强制储蓄式养老保险制度的国家，这种制度一般是代替了基本养老保险制度，或者说，不再存在基本养老保险制度。

二是自愿性的，是由雇员自愿参加、自愿选择经办机构的一种补充保险形式，可以选择商业保险机构经办，也可以选择开办此项业务的社会保险经办机构经办。个人储蓄性养老保险是个人行为，但可以与补充养老保险挂钩，以促进和提高雇员参与的积极性。它是多层次养老保险体系的第三支柱。

四、我国城乡养老保险主要政策的演变

在我国，养老保险是社会保险五大险种中最重要的险种之一。目前，我国养老保险的构成分为三大体系：面对企业工薪人员的企业职工养老保险，面对公职人员的机关事业单位养老保险，以及面对农业劳动者的农村社会养老保险。而其中，企业职工养老保险由三个层次组成：一是基本养老保险；二是企业补充养老保险（企业年金）；三是个人储蓄性养老保险。

（一）我国城镇企业养老保险主要政策

1. 我国城镇建国初期的企业养老保险主要政策

1951 年，政务院发布劳动保险条例，企业按工资总额的 3%缴纳统筹费用，在税前列支，养老方面所需要的费用由劳动保险基金支付。

2. 20 世纪 90 年代以后我国城镇养老保险主要政策

1991 年 6 月 26 日国务院发布的《关于企业职工养老保险制度改革的决定》，标志着中国养老保险制度改革的开始。

1992 年 7 月 6 日全国总工会发布的《关于工会举办职工互助补充保险》的意见和 1996 年 11 月 26 日全国总工会发布的《中国职工互助补充保险试行办法》是中国职工开展的自愿参加的以职工个人筹集资金为主的群众性互济性保险，是对国家法定社会保险的一种补充。

1995 年，国务院发布了《关于深化企业职工养老保险制度改革的通知》，标志着中国养老保险制度改革的进一步深化，进一步明确了养老保险制度的改革目标：到 20 世纪末，基本建立起适应社会主义市场经济体制要求，适用于城镇各类企业职工和个体劳动者，资金来源多渠道、保障方式多层次、社会统筹与个人账户相结合、权利与义务相对应、管理服务社会化的养老保险体系。该《决定》同时进一步指明了补充养老保险的条件，即根据用人单位经济效益情况建立补充养老保险。

1995 年 12 月劳动部发布的《关于建立企业补充养老保险制度的意见》，从实施主体和条件、资金来源、计发方式和投资运营等方面对补充养老保险作了详细规定。

1997 年 7 月 16 日国务院颁发《国务院关于建立统一的企业职工基本养老保险制度的决定》（国发［1997］26 号），奠定了我国现行养老保险制度的基础。《决定》按照社会统筹与个人账户相结合的原则，从企业和职工个人的缴费比例、个人账户的规模、基本养老金的计发办法三个方面，统一了企业职工基本养老保险制度，标志着我国养老保险制度进入了一个新的发展阶段。

2005 年，国务院颁布《国务院关于完善企业职工基本养老保险制度的决定》（国发［2005］38 号），提出了完善企业职工基本养老保险制度的若干政策措施，进一步统一各个省市自治区所实行的养老保险政策。

（二）我国机关事业单位养老保险主要政策

我国机关事业单位的退休制度始建于 1955 年，与当时《劳动保险条例》确立的企业退休制度大体相同，退休费计发标准为本人标准工资的 50－60%。1978 年国务院颁布实施了《关于安置老弱病残干部的暂行办法》和《关于工人退休、退职的暂行办法》（国发［1978］104 号），规定机关事业单位工作人员退休年龄为男 60 岁、女干部 55 岁、女工人 50 岁，退休费计发标准为本人标准工资的 60－75%。

20 世纪 90 年代，许多地方政府开始改革机关事业单位养老保险制度。到 1999 年底，全国有 28 个省、自治区和直辖市不同程度地展开了机关和事业单位养老保险制度改革试点，涉及 70%的地市、69%的县（市）和 37%的机关和事业单位的在职人员。

（三）我国农村养老保险主要政策

我国农村社会养老保险是在 20 世纪 80 年代末至 90 年代初开始进行试点的。国务院 1990 年第 111 次总理办公会议和国务院 1991 年第 33 号文件确定，农村的养老保险由民政部负责。1992 年 1 月，民政部颁布了《县级农村社会养老保险基本方案》，确定了农村社会养老保险基本原则：以保障农民晚年的基本生活为宗旨原则；一定的国家强制性原则；以个人缴费为主、集体补助为辅和国家政策扶持相结合原则。1997 年，农村养老保险管理划归人力资源和社会保障部。

2009 年 6 月，国务院决定从 2009 年开始在 10%的县（市、区）实行新型农村社会养老保险的试点，2020 年前将覆盖全国。参保农民可以得到不同比例的财政补贴。

五、我国城镇基本社会养老保险的现行政策

（一）城镇企业基本社会养老保险

1. 基本社会养老保险的模式。社会统筹与个人账户相结合模式是我国基本

养老保险的模式。该模式往往被简称为统账结合。社会统筹是单位缴纳的养老保险基金统筹使用，实现互助共济，属于现收现付制；个人缴纳的养老保险基金记入个人账户，属于完全积累制。职工按缴费工资基数的8%缴纳基本养老保险费，记入个人账户；企业按全部职工缴费工资总额的20%缴纳基本养老保险费，记入统筹账户。

私营个体按照全省上年社会平均工资的20%缴费，12%进入统筹账户，8%进入个人账户。

2. 基本社会养老金的发放标准。基本养老金由基础养老金和个人账户养老金组成。缴费满15年，计发15%的基础养老金待遇，缴费每增加1年增发1%，上不封顶。个人账户在11.2年领完，11.2年之后，领取者还没有去世，再从统筹账户继续按照原个人账户标准领取。

3. 基本养老金的领取条件。职工按月领取基本养老金必须具备二个条件：一是达到法定退休年龄，并且已经办理退休手续；二是缴费至少满15年（含视同缴费年限）。目前，中国的法定退休年龄是：男职工60岁；从事管理和科研工作的女职工55岁，从事生产和工勤辅助工作的女职工50岁。

（二）机关事业单位养老保险

中国机关事业单位养老保险制度目前分为三种模式。一是改革前的养老保险制度，实行现收现付制。养老费用完全由政府财政或单位统包。职工退休时按照工作年数和退休前最后一个月基本工资的一定比例计发，退休人员养老金调整与在职人员调整工资同步进行。二是部分省市的部分事业单位参加了企业养老保险制度。三是部分省市建立了基本上与企业基本养老保险制度相类似的养老保险制度，但没有与企业养老保险制度统一。

（三）我国农村养老保险

目前，我国农村养老保险模式采取的是个人账户式。其基本运作方式是：以县为单位建立农村社会养老保险事业管理机构，为农民设立养老保险个人账户；保险费以个人缴纳为主，集体给予适当的补贴，个人缴费和集体补贴全部记入个人名下；以县级为基本核算平衡单位，负责保险基金的运营和保值增值；参加保险者达到规定的领取年龄时，根据其个人账户基金的积累总数确定领取标准，由社会保险机构定期计发养老金。

六、我国补充养老保险

我国企业必须首先参加基本养老保险社会统筹，并能按时足额缴纳保险费，然后才可以建立补充养老保险。企业必须具有经济承受能力。建立企业补充养老保险的企业不能是亏损企业、拖欠职工工资或欠缴国家税利的企业，企业内部职工代表大会和工会组织以及集体谈判制度比较健全，民主管理基础比较好。

第三节　社会医疗保险

自1883年德国制定了世界上第一部疾病保险法以来，医疗保险发展的历史已有100多年。由于历史背景的不同，各国根据本国政治、经济、文化和民俗等因素，建立了各具特色的医疗保险制度。

一、基本社会医疗保险

社会医疗保险是指人们因生病、受伤需要治疗时，由国家或社会向其提供必需的医疗服务或经济补偿的制度。因其保障对象的广泛性、运行机制的复杂性，形成多种类型。若我们依据经营主体的不同，资金来源的不同，可以将医疗保险分成全民保险制度模式（又称国家卫生服务模式）、社会医疗保险模式、商业医疗保险模式、储蓄医疗保险模式。

本节主要探讨社会医疗保险的相关问题。若我们依据保障层次的不同，又可以将社会医疗保险分成基本社会医疗保险、补充医疗保险、医疗救助等层次。

基本社会医疗保险是指国家通过立法，强制性地由单位和个人缴纳医疗保险费，建立医疗保险基金，当个人因疾病需要获得必需的医疗服务时，按规定提供医疗服务补偿的一种社会保险制度。

基本社会医疗保险用来保障基本医疗需求，是医疗保险体系的核心层次，实行基本社会医疗保险属于法定行为。基本社会医疗保险具有社会保险的强制性、互济性、社会性等基本特征。

（一）基本社会医疗保险的保险项目

基本社会医疗保险向投保患者提供医疗津贴（病假工资给付或补贴）和医疗待遇（医疗费报销）两项。医疗津贴由医疗保险基金支付，是工资的一定比例。具体而言，保险项目包括治疗、康复、体检和咨询服务。有些国家的医疗保险中含生育津贴。我国的生育保险是单列的。在我国，基本社会医疗保险的项目仅有治疗一种。

（二）基本社会医疗保险的覆盖范围

一般包括雇员（含公务员）、独立劳动者（含农民）、退休人员、公民和合法居民，有些国家为特殊行业建立专门的医疗保险制度，如矿工、海员等。通常医疗保险的适用范围比其他社会保障制度更广泛①。

---

① 杨燕绥．劳动与社会保障立法国际比较研究［M］．北京：中国劳动社会保障出版社，2001：243.

（三）基本社会医疗保险的资金来源

通常是政府为公务员提供资金；雇主为雇员，或者雇员为自己缴费，独立劳动者的缴费通常是雇主和雇员缴费之和。基本社会医疗保险的缴费比例由政府规定和调整，一般采取现收现付的筹集办法。很多国家医疗保险同其他社会保险制度统一筹集资金。

（四）基本社会医疗保险的费用支付方式

基本社会医疗保险的费用支付是指医疗社会保险机构作为付款人，代替被保险人支付他们因接受医疗服务所花去的医疗费用，对医疗机构提供医疗服务所消耗的经济资源进行补偿。费用支付方式从总体上可以分为后付制和预付制两种。前者指按服务项目付费，这是最传统、也是运用最广泛的一种费用支付方式。后者有总额预算包干、按人头付费、按病种付费等方式。

二、补充医疗保险

基本社会医疗保险用来保障基本医疗需求，若遇大病，超出部分仍是沉重负担。为了提高患者的医疗保障水平，而设立补充医疗保险形式。

（一）企业补充医疗保险

企业补充医疗保险是指企业在参加基本医疗保险基础上，为了解决企业职工基本医疗保险待遇以外的医疗费用的负担，满足部分效益好的企业较高的医疗需求而设立的医疗保险形式，其目的在于提高职工的医疗保障水平。

企业补充医疗保险资金可以由企业或者行业集中使用和管理，单独建账，单独管理。经办机构可以是商业保险公司，可以是医疗保险机构，也可以由企业或行业自办。补充医疗保险资金必须实行专款专用，并按国家规定的方式进行运营，以实现保值增值。报销比例要向离退休人员、患重病和残疾人员倾斜，具体报销比例由各企业确定。

（二）国家公务员医疗补助

国家公务员的医疗补助是在城镇职工基本医疗保险的基础上专门针对国家公务员实行的一种补充医疗保障。其目的在于保证国家公务员原有的医疗待遇水平不降低，从而维护国家公务员队伍的稳定、廉洁，确保政府的高效运行。

基本医疗保险统筹基金最高支付限额以上，即封顶线以上部分的医疗费，门诊医疗费个人账户支付不足的部分，符合基本医疗保险用药、诊疗范围和医疗服务设施标准的医疗费用，由补充医疗保险提供补助。

在基本医疗保险支付范围内，个人自付超过一定数额的医疗费用，也可由补充医疗保险进行补助。

国家公务员医疗补助经费由同级财政列入当年财政预算，并实行专款专用、单独建账、单独管理，与基本医疗保险基金分开核算。

（三）大额医疗费用互助保险

大额医疗费用互助保险，又叫职工互助医疗保障，是各地在推进基本医疗保险制度过程中，所探索出的一种解决封顶线以上大额医疗费用的医疗保障办法。该办法一般由当地政府随同基本医疗保险制度的建立而在被保险人中强制推行，并由当地医疗保险机构负责具体经办。参加互助医疗保障的职工按照其工资收入的一定比例缴纳互助医疗保险费，并在此基础上形成互助医疗保险基金。互助医疗保险基金与基本医疗保险基金分开管理、分别核算。参加基本医疗保险的职工发生超过封顶线以上的医疗费用，由互助医疗保险基金按一定比例予以支付。

参加基本医疗保险的用人单位及其职工和退休人员应当参加大额医疗费用互助保险，但实行国家公务员医疗补助办法的用人单位及其职工和退休人员除外。

三、社会医疗救助

社会医疗救助是在政府支持和引导下，依靠社会力量所建立的主要面向城镇特殊困难群体的医疗救助制度，是多层次医疗保障体系的重要组成部分，是社会救助的一种特殊形式。

（一）社会医疗救助的对象

社会医疗救助，其救助的对象应该是无固定收入、无生活依靠、无基本医疗保险的老年人、失业者、残疾人以及生活在最低生活保障线以下的贫困者。

（二）社会医疗救助的特征

社会医疗救助作为多层次医疗保障体系的重要组成部分，具有如下三个特点：

1. 社会公益性

社会医疗救助既非纯粹的政府行为，也有别于一般的营利行为，而是一种由社会道德力量支持的社会公益行为，其目的在于减轻城镇特殊困难群体的医疗费用负担，实现社会公正。

2. 筹资方式的社会性

虽然政府要对社会医疗救助所需的资金承担主要的责任，但资金也来源于有关组织和个人的捐赠。捐赠者的出资行为不是为了获得享受社会医疗救助的权利，而是出于一种爱心，一种社会责任感。

3. 救助对象的广泛性

即只要是符合条件的城镇特困人口，都可以享受社会医疗救助，不以受助者履行特定的义务为前提，是市场经济条件下覆盖范围较大的一张社会安全网。

(三) 社会医疗救助的形式

根据社会医疗救助的上述特点，救助的形式有三种：①提供社会医疗救助金，给救济对象以经济补偿。②给医疗机构一定的经济补偿，以减免受助者的医疗费用。③由医疗救助机构举办专门的医疗机构，免费为救助对象提供医疗服务。

四、我国城乡社会医疗保险主要政策的演变

我国现行的医疗保险制度是由 20 世纪 50 年代建立的公费医疗制度和劳保医疗制度逐步演变发展而来。我国实行多层次的医疗保险体系，包括基本医疗保险、企业补充医疗保险、公务员医疗补助、大额医疗互助制度和医疗救助等层次，其中基本医疗保险是核心和基础。

(一) 我国城镇社会医疗保险主要政策的演变

1. 劳保医疗制度

劳保医疗制度是根据 1951 年政务院颁布的《劳动保险条例》及 1953 年劳动部公布试行的《劳动保险条例实施细则修正草案》等相关法规、政策建立和发展起来的，它是企业职工的医疗保险制度。

劳保医疗费按照企业职工工资总额和国家规定比例，计入生产成本；在职职工从职工福利费中开支，离退休人员从劳动保险费中列支。

享受劳保医疗的职工在本企业举办的医疗机构或者指定的医疗机构就医，可以享受近乎免费的医疗待遇，其供养的直系亲属可享受半费医疗待遇。

1998 年，国务院发布了《国务院关于建立城镇职工基本医疗保险制度的决定》(国发［1998］44 号)，明确了基本医疗保险改革的目标任务、基本原则和政策框架，要求在全国范围内建立覆盖全体城镇职工的基本医疗保险制度。从此，企业基本医疗保险制度开始改革。

2. 公费医疗制度

公费医疗制度是根据 1952 年政务院发布的《关于全国各级人民政府、党派、团体以及所属事业单位的国家工作人员实行公费医疗预防的指示》建立起来的。此后，国家卫生、财政等部门先后颁布了《关于改进公费医疗管理问题的通知》、《公费医疗管理办法》等一系列政策规定，公费医疗制度不断得到完善。

享受公费医疗的人员包括各级国家机关、党派、团体以及文化、教育、科研、卫生、体育等事业单位的工作人和离退休人员，二等乙级以上残疾军人、大专院校在校学生等。

公费医疗经费由国家和各级政府财政预算拨款，一般按照人头划拨到各单位包干使用。享受公费医疗人员在指定医疗机构就诊、住院，符合规定的医疗费用，在公费医疗经费中按一定比例报销。

3. 国家公务员医疗补助制度的建立

国务院办公厅于 2000 年 4 月 29 日转发了劳动保障部制定的《关于实行国家公务员医疗补助的意见》。它是一项国家公务员在参加基本社会医疗保险的基础上享受医疗补助的政策。

4. 企业补充医疗保险制度的建立

财政部与劳动保障部于 2002 年 5 月 21 日发布了《财政部、劳动保障部关于企业补充医疗保险有关问题的通知》。《通知》的规定，企业举办补充医疗保险，必须具备下列条件：①按规定参加各项社会保险并按时足额缴纳社会保险费。②企业经济效益较好，有能力举办或参加补充医疗保险。

企业补充医疗保险办法应当与当地基本医疗保险制度相衔接，补充医疗保险资金主要用于本企业个人负担较重职工和退休人员的医疗费补助，不得划入基本医疗保险个人账户，也不得另行建立个人账户或变相用于职工其他方面的开支。

（二）城镇居民医疗保险制度的建立

城镇居民医疗保险制度是针对还没有纳入城镇职工医疗保险制度的居民的医疗保险制度。20 世纪 90 年代，一些市县开始探索建立城镇居民医疗保险制度。2007 年，国务院启动城镇居民基本医疗保险试点。2009 年 4 月，人力资源社会保障部和财政部联合发出通知，要求 2009 年全国所有城市都要开展城镇居民基本医疗保险工作。

（三）我国农村社会医疗保险主要政策的演变

20 世纪 60 年代后，我国农村建立起了以集体所有制为基础的农村合作医疗制度。农村合作医疗是一种集资医疗制度，医疗费用由集体和个人共同负担，在看病时享有部分免费医疗服务。主要包括以下三点内容：①合作医疗站的财产是集体财产。②医生和卫生人员的劳动报酬由集体经济支付。③治疗费用由农民个人和集体公益金共同负担，负担比例由集体经济的发展状况而定。在农村改革过程中，计划经济基础上建立的合作医疗基本解体了。

从 2003 年，国家开始建立全面性的农村新型合作医疗制度。

（四）全民医疗保障制度

随着城镇居民医疗保险制度的建立和农村新型合作医疗制度的建立，全民医疗保障制度的建立，也提到议事日程上来了。2009 年 3 月，中央公布了《关于深化医药卫生体制改革的意见》和《2009－2011 年深化医药卫生体制改革实施方案》，其中规定：到 2020 年，覆盖城乡居民的基本医疗卫生制度基本建立。

五、我国社会医疗保险的现行政策

（一）企业和失业单位医疗保险政策

目前，企业与事业单位基本上实行相同的医疗保险政策。

1. 基本医疗保险费的征缴

国务院规定，基本医疗保险费由用人单位和职工共同缴纳。用人单位缴费率应控制在职工工资总额的6%左右，职工缴费率一般为本人工资收入的2%。退休人员个人不缴费。随着经济发展，用人单位和职工缴费率可作相应调整。

2. 基本医疗保险基金的管理

(1) 基本医疗保险基金由统筹基金和个人账户构成。职工个人缴纳的基本医疗保险费，全部记入个人账户。用人单位缴纳的基本医疗保险费分为两部分，一部分用于建立统筹基金，一部分划入个人账户。划入个人账户的比例一般为用人单位缴费的30%左右，另外70%左右用来建立基本医疗保险统筹基金，具体比例由统筹地区根据个人账户的支付范围和职工年龄等因素确定。

(2) 基本医疗保险基金的银行计息办法。当年筹集的部分，按活期存款利率计息；上年结转的基金本息，按3个月整存整取银行存款利率计息；存入社会保障财政专户的沉淀资金，比照3年期零存整取储蓄存款利率计息，并不低于该档次利率水平。

(3) 个人账户的本金和利息归个人所有，可以结转使用和继承。

3. 基本社会医疗保险待遇的支付

(1) 统筹基金和个人账户要划定各自的支付范围，分别核算。门诊（小额）医疗费用主要由个人账户支付；住院（大额）医疗费用主要由统筹基金支付。

(2) 确定统筹基金的起付标准（起付线）和最高支付限额（封顶线）。起付标准原则上控制在当地职工上年平均工资的10%左右，最高支付限额原则上控制在当地职工上年平均工资的4倍左右。

(3) 统筹基金分段支付。起付标准以下的医疗费用，从个人账户中支付或由个人自付。起付标准以上、最高支付限额以下的医疗费用，主要从统筹基金中支付，个人也要负担一定比例。超过最高支付限额的医疗费用，可以通过大额医疗费用互助保险或商业医疗保险等途径解决。

(4) 退休人员支付待遇优惠。退休人员个人负担医药费的比例适当低于在职职工。

（二）公务员医疗保险政策

在基本医疗保险上，公务员和事业企业的医疗保障基本是一样的。不同的地方在于，公务员在参加了城镇职工基本医疗保险以后，由政府财政出资建立公务员的医疗补助。但是各地具体规定的医疗补助不尽相同，不同政府级别的规定也不尽相同。

（三）城镇居民医疗保险政策

城镇居民基本医疗保险以家庭缴费为主，政府给予适当补助。对试点城市的参保居民，政府每年按不低于人均40元给予补助。对属于低保对象的或重度残疾的学生和儿童参保所需的家庭缴费，政府原则上每年再按不低于人均10元给予补助；对成年非从业居民中属于低保对象、重度残疾和低收入家庭60岁以上老年人，再按不低于人均60元给予补助。

（四）农村新型合作医疗政策

即由原来的40元增加到80元，由农民个人每年缴纳20元，以家庭为单位参保；财政为每人每年补助8元。农民具体报销范围，各地不尽相同。

第四节　社会失业保险与就业保障

失业是指符合就业年龄，具有劳动能力和劳动意愿的劳动者失去工作机会和工作岗位。在理论上，一般把失业分为四种类型：结构性失业、季节性失业、周期性失业、摩擦性失业。

一、失业保险

失业保险产生于工业化进程较早的欧洲。1901年比利时首先实行了自愿性失业保险。首开了失业保险的先河。但真正意义的失业保险却产生于英国。1911年，英国首先通过立法实行了强制性的失业保险。之后，欧洲的奥地利、意大利、俄国、德国、保加利亚和波兰也通过立法建立了失业保险制度。但世界上大部分国家实行失业保险是20世纪30年代以后，特别是第二次世界大战后的事。

（一）失业保险的含义

失业保险是指当法定范围内的劳动者失业时，为其提供物质帮助，以保障其基本生活需要的社会保险项目。

失业保险的目的是使法定范围内的劳动者失业时具有基本的生活保证，以满足劳动力再生产和社会稳定的需要。

（二）失业保险的对象

失业保险的对象是比较单纯的，它只能是法定范围的劳动者。具体来说，是具有劳动愿望，又符合法定就业年龄，但因各种原因失去了工作机会的劳动者。下面几种不是失业保险的对象：

1. 资本所有者和个体经营者，不是被雇佣者，因而不存在失业的问题；

2. 退休劳动者已经解除了雇佣劳动关系，因而也不是失业保险的对象；

3. 自愿失业者，即不服从社会需要就业的人，以及自动离开工作岗位的人，也不能属于失业保险的对象。

4. 未成年人正处于身体发育和知识积累阶段，他们的主要任务是学习，因而也不是失业保险的对象。

（三）失业保险模式

目前在实行失业保险制度的国家中，失业保险的模式可归纳为四种类型：

1. 强制性失业保险

即在国家法律规定范围内的人员必须无条件地参加失业保险，强制性失业保险主要体现在对雇主和雇员提供失业保险基金的硬性规定。现在世界上大多数国家都采取了强制性失业保险制度。

2. 非强制性失业保险

劳动者可以根据自己的意愿参加失业保险，但一旦成为参保者，就必须照章办事，接受管理。实行这种方式的有丹麦、冰岛等国家。

3. 失业救助型保险

在这种制度下，失业救济是一种单方面的给予，即由国家出资，在对申请失业救济者进行收入调查，并经过有关领导批准后，进行救济。澳大利亚、新西兰、阿根廷实施的是这种制度。

4. 双重失业保险

即强制性失业保险与非强制性相结合的失业保险制度。

（四）失业保险的给付条件

失业保险的给付条件是失业保险制度的最基本的要件，也是失业保险的本质要求，只有符合这些条件的社会成员才能享受失业保险待遇。尽管世界各国在失业保险方面规定的具体条件有所不同，但概括起来，失业保险的给付条件主要涉及以下几方面：

1. 符合法定就业年龄

所谓法定的就业年龄是由国家法律规定的就业年龄。只有符合法定就业年龄的人才能享受失业保险待遇，这是失业社会保险给付的一个基本条件。在这里，就业年龄是一个年龄阶段，只有在这个年龄阶段的劳动者才具备失业社会保险的给付条件。

2. 符合法定的保险合格期限

（1）缴纳失业保险金达到规定期限。

（2）达到法定的就业年限。这主要是基于两方面的考虑：一是考虑劳动者对社会做出过的贡献，即其所履行过的社会义务；二是考虑失业保险金的缴纳义务，只有就业才可能缴纳失业保险金。

（3）在本国的居住年限。在本国居住的年限是证明居住者是否为该国创造财富，提供税收的一个重要依据。

3. 符合法定的失业要求

在这里，符合法定失业要求就是指法律规定的被动失业的要求。

二、就业保障

失业保险只是缓解失业问题的暂时性手段。只有建立失业预防、职业培训和就业激励制度相衔接的就业保障制度，才能更好地解决失业问题。从失业保险到就业保障是一个制度创新和历史性的进步。

（一）失业预防

历史发展表明，预防失业应当是失业保险制度的基本出发点。预防失业的主要措施有：

1. 建立失业预警制度。失业是不可避免的现象，但也必须控制在一定的范围。目前实行市场经济的国家，失业预警线建立的标准大致是：失业率在3%～4%之内为劳动力供应紧张型，失业率在5%～6%为劳动力供应宽松型，失业率在7%～8%及以上为失业问题严重的情形。

2. 通过法律和政策禁止不公平解雇。为保障劳动者的就业权利，防止企业随意解雇工人，许多国家经过长期实践，制定了有关就业保障法律来禁止不公平解雇雇员，以保护雇员的就业权利。如1974年日本用《雇佣保险法》代替《失业保险法》；1969年德国颁布《劳动促进法》，代替《反对失业法》等。这些法律都要求企业解雇雇员时必须有一定的法定程序，以确保雇员的权益。

（二）促进就业

如何促进就业，减少失业是各国面临的重要问题。发达国家促进就业的做法：第一，鼓励失业者创办企业，对创办企业者给予必要的补助；第二，组织失业者从事社区活动；第三，开辟家庭雇工新领域；第四，鼓励失业者向劳动力短缺的地区流动；第五，建立就业信息服务网络。

（三）就业服务体系

完善的失业保险所包含的失业救助和促进就业的内容，必须通过就业服务体系使其有机结合起来。就业服务的主要职责是提供尽可能完善的劳动力市场组织，以确保招聘和安置就业工作的有效运行。就业服务体系主要由职业介绍、就业训练和生产自救等环节组成。

1. 职业介绍

主要是收集和发布用人与求职的信息，向求职人员和用人单位提供有关信息。

2. 就业培训

是从被动的经济帮助转到主动的就业指导方式，通过培训以利于职工实现再就业。

3. 生产自救

是指失业人员自己组织起来进行生产，从失业保险基金中给予一定帮助，以解决他们的实际生活困难。

三、我国失业保险和就业保障主要政策

（一）我国失业保险主要政策的演变

1．失业保险的初创阶段

我国的失业保险制度始建于1986年，这一年7月12日国务院颁发了《国营企业职工待业保险暂行规定》，对失业保险的覆盖范围、筹资和组织管理模式都作了原则性的规定，为初创的失业保险勾画出了基本的制度框架，是中国失业保险制度建设中的一个里程碑式的事件。

2．失业保险的改进阶段

1993年5月国务院颁发了《国有企业职工待业保险规定》（以下简称《规定》），同时废止了1986年的《国营企业职工待业保险暂行规定》。与《国营企业职工待业保险暂行规定》相比，新《规定》在以下几个方面进行了扩充和完善：扩大了实施范围，从“四种人”扩大到七类九种人员；调整了失业保险待遇的参照系和水平，由原来的按照工资收入改为参照救济水平，对一部分失业人员的救济内容也有所增加；将基金省级统筹改为市、县统筹，同时，将交费基数由企业标准工资改为企业工资总额，并允许费率在一定幅度内浮动。

3．失业保险的完善阶段

1999年1月国务院颁布了《失业保险条例》（以下简称《条例》），标志着我国失业保险制度的发展进入一个新阶段，它是在1993年《规定》的基础上，在若干方面进行了重大修改后出台的，包含了许多新内容：

（1）在法规中第一次使用了“失业保险”这个名称。在1986年的《国营企业职工待业保险暂行规定》和1993年的《国有企业职工待业保险规定》中，都没有使用“失业”概念，而是用“待业”概念。

（2）失业保险覆盖范围有了实质性扩大。《条例》将失业保险对象从原来的国有企业职工扩展到城镇各类企业事业单位，包括国有企业、城镇集体企业、外商投资企业、城镇私营企业、城镇其他企业、非企业化管理的事业单位。

（3）调整了失业保险的交费比例，确立了单位与个人共同交费的费用分担机制，体现了失业保险权利与义务相对应的原则。

城镇企事业单位按照本单位工资总额的2%缴纳失业保险费。城镇企事业单位职工按照本人工资的1%缴纳失业保险费。城镇企事业单位招用的农民合同制工人本人不缴纳失业保险费。

（4）提高了失业保险金的统筹层次，将原来的大部分地区实行县级统筹提升到地市级层次统筹，这就意味着可以在更大范围内调剂使用失业保险基金，更充分地发挥失业保险的作用。

(5) 将失业保险金的给付标准与最低工资和城镇居民最低生活保障相挂钩，规定失业保险金要低于当地最低工资和高于当地城镇居民最低生活保障水平。

失业保险待遇包括失业保险金、医疗补助金、丧葬补助金和抚恤金、职业介绍补贴、最低生活保障待遇等方面。

(6) 完善了失业保险金的监督管理体制，明确规定失业保险金由劳动、财政、银行三家相互监督制约，共同管理。

（二）我国就业保障的主要政策

1. 对经济性裁员规定必要的程序

劳动部于 1994 年 11 月 14 日制定并发布《企业经济性裁减人员规定》，规定用人单位确实需要裁减人员时，应按下列程序进行：(1) 提前 30 日向工会或者全体职工说明情况，并提供有关生产经营状况的资料；(2) 提出裁减人员方案；(3) 将裁减人员方案征求工会或者全体员工的意见，并对方案进行修改和完善；(4) 向当地劳动行政部门报告裁减人员方案及工会或者全体员工的意见，并听取劳动行政部门的意见；(5) 由用人单位正式公布裁员方案。

2. 法定期间或者法定条件下限制企业裁员

《中华人民共和国劳动法》(以下简称《劳动法》) 第二十九条规定，"劳动者有下列情形之一的，用人单位不得依据本法第二十六条、第二十七条的规定解除劳动合同：(1) 患职业病或者因工负伤并被确认丧失或者部分丧失劳动能力的；(2) 患病或者负伤，在规定的医疗期内的；(3) 女职工在孕期、产期、哺乳期内的；(4) 法律、行政法规规定的其他情形。"

3. 激励就业

鼓励失业者重新就业、创办企业，对重新就业创办企业者给予必要的补助和优惠政策。对于失业后能够积极就业的，在缴纳社会保险费给予补助；对于已经享受最低社会保障待遇的，允许继续享受一段时间；等等。

第五节　社会工伤保险

工伤是指职业伤害所造成的直接后果。工伤保险是指对于生产、工作中遭受事故伤害和患职业性疾病的劳动者及亲属提供医疗救治、生活保障、经济补偿、医疗和职业康复等物质帮助的一种社会保险制度。

一、工伤保险筹资模式

各国开办工伤保险大体有两种情形，一种是推行雇主责任险，即遭受伤害的劳动者或遗属以某种方式从雇主那里得到索赔。雇主责任保险又有两种情况，一是受害者或遗属直接向雇主索赔；二是雇主为雇员投保商业保险，由保险公司代雇主履行赔偿责任。另一种是工伤保险，即由国家立法强制实施的社会保险，它对资金的筹措、责任的分担、工伤的待遇等，都有明确的规定。

由于目前世界各国工伤保险主要是社会保险制。

（一）社会保险制度下工伤保险基金筹集

社会保险制度下工伤保险基金筹集，主要有两种办法：

1. 社会统筹的办法

即由政府立法规定企业必须参加职工伤害社会保险，按时足额向社会保险管理机构缴纳工伤保险统筹费用，并由工伤保险管理机构负责进行工伤待遇的给付。企业应缴的统筹费用全部由企业或雇主负担，个人无需缴费。基金实行社会统筹时，一般采取“现收现付”的方式，根据大数法则，在一定的范围内，预测各行业或地区综合性的工伤保险费用需求，在所有参加保险的企业之间实行合理分担，费用横向平衡调剂，当年提取、当年支付完毕。

2. 由政府规定统一的待遇项目与标准，由企业自行支付的办法

这种办法不同于雇主责任制的地方，在于给付项目和标准，由政府统一规定，企业无权更改，也不能向商业保险公司投保，所需开支费用，由企业全部负担，不计入成本，个人不缴费。严格地说，这种方式下的费用筹集并不属于保险的范畴，只是由企业实行“实报实销”，在产品成本中予以消化，因此这只是一种较低层次上的社会保险方式。

此外，工伤保险费列入企业成本。国家对工伤社会保险事业的帮助表现为，工伤保险费一律规定在企业纳税前提取，并且筹集的工伤保险基金免收税款，还给以优惠存储利率。

（二）工伤保险费率的确定

工伤社会保险基金的提缴，绝大多数国家都是以企业职工工资总数为基数，按照规定的比例缴费。在费率的确定上，世界上在立法技术上主要有三种方式：

1. 统一费率制

统一费率制即按照法定统筹范围内的预测开支需求，与相同范围内企业的工资总额相比较，求出一个总的工伤保险费率，所有企业都按规定比例缴费。这种方式是在最大可能的范围内平均分散工伤风险，不考虑行业与企业工伤实际风险的差别。目前世界上实行工伤保险的国家中，约有30%的国家采用此制度。

2. 差别费率制

差别费率制即对单个企业或某一行业单独确定工伤保险的提缴比例。差别费率的确定，主要是根据对各行业或企业单位实际上的伤亡事故和职业病统计，及工伤费用需求的预测而定。此种方式的目的是要在工伤基金的分担上，体现对不

同工伤事故发生率的企业、行业实行差别性的负担，以保证该行业、企业工伤保险基金的收付平衡，并适当促进其改进劳动安全措施，降低工伤赔付成本，目前世界各国实行此种费率者约占41%。

3. 浮动费率制

浮动费率制是在差别费率的基础上，每年对各行业或企业的安全卫生状况，及工伤保险费用支出状况进行分析评价，根据评价结果，由主管部门决定该行业或企业的工伤保险费率上浮或下浮。一般做法是在差别费实施的3～5年后，在通过合理评价确定调控指标的基础上，开始实行费率浮动，浮动幅度为原发率的5%～40%。

二、工伤保险给付条件

（一）工伤范围的确定

工伤范围的确定包括：(1) 在工作时间和工作场所内，因工作原因受到事故伤害的和患职业病；(2) 因工外出期间，由于工作原因受到伤害或者发生事故下落不明；(3) 在上下班途中，受到机动车事故伤害；(4) 法律、行政法规规定应当认定为工伤和视同工伤的其他情形。

（二）工伤保险给付条件

1952年，国际劳工组织第102号《社会保障最低标准公约》中规定了享受工伤待遇的条件：(1) 身体受职业病伤害呈疾病状态者；(2) 由于永久或暂时失去劳动能力而完全或部分失去工资收入者；(3) 由于丧失劳动能力并因此中断工资者；(4) 由于供养者因工死亡而失去生活费来源者。工伤保险中有关工伤的范围有逐渐扩大的趋势，比如1925年世界上仅有7个国家将在上下班途中发生的事故视为工伤，到了1963年已有50多个国家这样做了。

（三）工伤保险给付标准

从世界各国来看，工伤保险的给付无论是在给付项目还是给付期限、给付标准上，均优于养老、失业和医疗等社会保险。目前世界上工伤保险的给付项目主要包括：治疗以及与治疗有关的给付，负伤津贴，残疾津贴，伤残抚恤金等。其给付标准各国有所不同，如美国对永久部分伤残的给付，按工资损失的比例发给，对于规定的某些残疾类别，则支付较短时间的全额抚恤。

三、我国工伤保险主要政策

（一）我国工伤保险主要政策的演变

我国的工伤保险制度是从新中国成立后开始建立的。1950年，内务部制定了《革命工作人员伤亡抚恤暂行条例》，建立了国家机关和事业单位职工的工伤保险制度。1951年，政务院公布了《中华人民共和国劳动保险条例》，1953年对此进行了修订，颁发了《劳动保险条例实施细则》，从而建立了企业职工工伤保险制度。显然，这个时期工伤保险制度是通过干部和企业职工两套系统运行的，还没有形成一个完整统一的体系。

劳动部于 1996 年发布了《企业职工工伤保险实行办法》，并于同年 10 月 1 日执行，这一文件将工伤保险作为一种相对独立的制度加以体系化、规范化，表明我国的工伤保险制度建设步入一个崭新的阶段。

2003 年 4 月 27 日国务院通过并颁发了《工伤保险条例》（国务院令［2003］第 375 号），并于 2004 年 1 月 1 日开始实施。这一具有里程碑意义的条例所规定的内容可以认为就是我国现行工伤保险制度的基本内容，它的实施对我同未来工伤保险制度建立的走向影响甚大。

《工伤保险条例》在内容和制度上有许多创新和突破：扩大了工伤保险制度的适用范围，将用人单位的全部职工均纳入了工伤保险的范围；放宽了工伤的认定标准和工伤范围，将工伤分为工伤和视同工伤两种情况，将工作时间延伸至工作时间前后和上下班途中；规范了工伤认定程序，明确了用人单位举证责任；建立医疗卫生专家库，使劳动能力鉴定更加公开和民主；灵活处理了工伤职工与所在企业的劳动关系；规范了非法用工单位的职工工伤保险待遇问题。

（二）我国现行工伤保险有关规定

1. 我国工伤保险费率的确定

（1）实行行业差别费率

我国根据不同行业的工伤风险程度确定工伤费率。比如，农林牧副渔业的工伤费率标准为 0.3%，邮电通信业的工伤费率标准为 0.4%，电力、煤气及水的生产和供应业工伤费率标准为 0.5%，石油加工及炼焦业工伤费率标准为 1.1%，公路运输业工伤费率标准为 1.3%，武器弹药制造业工伤费率标准为 1.5%，采掘业工伤费率标准为 1.6%等。

（2）实行单位浮动费率

统筹地区经办机构根据用人单位工伤保险费使用、工伤发生率等情况确定单位缴费费率。

2. 我国关于工伤保险给付条件

我国《工伤保险条例》对工伤保险给付范围作了如下规定：

（1）工伤医疗待遇由工伤基金支付。

职工因工作遭受事故伤害或者患职业病进行治疗，享受工伤医疗待遇，包括下列项目：工伤医疗费、辅助器具费、康复性治疗费。

通过康复性治疗，提高工伤职工的劳动能力。如果劳动能力得到明显提高，将需要重新进行劳动能力鉴定，并相应降低工伤津贴等待遇。

(2) 住院伙食补助费和就医差旅费待遇由单位支付。

职工住院治疗工伤的，由所在单位按照本单位因公出差伙食补助标准的70%发给住院伙食补助费；

(3) 停工留薪期间的工资和护理待遇由单位支付。

(4) 一次性伤残补助金待遇由工伤基金支付。

(5) 劳动能力鉴定费用从工伤基金中支付。

(6) 伤残津贴待遇——一级至四级伤残津贴从工伤保险基金中按月支付。

(7) 生活护理费待遇由工伤基金支付。

第六节　社会生育保险

生育保险是国家通过立法，对怀孕、分娩女职工给予生活保障和物质帮助的一项社会保险制度，宗旨在于通过向职业妇女提供生育津贴、医疗服务和产假，帮助她们恢复劳动能力，重返工作岗位。

生育保险提供的生活保障和物质帮助通常由现金补助和实物供给两部分组成。现金补助主要是指向生育妇女发放的生育津贴，实物供给主要是指提供必要的医疗保健、医疗服务以及孕妇、婴儿需要的生活用品。

一、生育保险筹资模式

从个人是否缴纳生育保险费以及与生育保险待遇享受资格相联系来讲，生育保险基金的筹集模式有以下几种模式：①

(一) 个人投保制

女职工个人需缴纳一定期限和一定金额的生育保险费，才能享受生育保险待遇。由于妇女一生中生育子女的数量逐渐减少。一般只要求女职工生育之前一段时间投保，即女职工受孕之后实行投保，大多数国家要求在分娩之前10个月。这与其他社会保险明显不同，如失业保险要求一旦参加工作就必须投保。

(二) 单位投保制

女职工个人不缴纳生育保险费，而是由所在单位缴纳。苏联采取过这种筹资模式。

目前我国的生育保险筹资基本属于单位投保制，采取社会统筹模式。主要是城镇企业单位按照在职职工工资总额的一定比例，向社会保险经办机构缴纳生育保险费以建立生育保险基金，即生育保险基金均直接来源于企业，职工个人不缴

---

① 林义．社会保险［M］2版．北京：中国金融出版社，2003：194～195.

纳生育保险费。建立的生育保险基金不积累，主要用于支付参保企业生育职工的生育津贴、生育医疗费用以及计划生育手术费用等，并实行现收现付的政策。

我国一些没有参加社会统筹的企业，由单位承担女职工的生育津贴和生育医疗费用。

（三）非投保制

一些国家实行的是单位和个人不需要投保，就可以享受政府举办的生育保险待遇。如澳大利亚、新西兰政府规定，只要符合国家公民资格和财产调查手续的妇女，一般都能享受生育保险待遇。这些国家基本上是把生育保险作为一种社会福利来办。

二、生育保险给付条件

生育保险待遇包括产假、生育津贴、医疗服务费用等方面。

1. 产假

各国的生育社会保险对产假有明确规定，以往只是对女性有产假规定，目前，越来越多的国家对当父亲的男性也有产假待遇。

2. 生育津贴

生育津贴是指产假期间的工资，由生育保险基金支付。津贴的标准按照职工所在企业上年度职工月平均工资计发。

3. 医疗服务费用

医疗服务费用包括生育医疗费用，由生育保险基金支付。医疗费项目包括检查费、接生费、手术费、住院费、药费和手术费等。

三、我国城镇社会生育保险主要政策

（一）我国城镇社会生育保险主要政策的演变

我国的生育保险制度建立于 1951 年，主要体现在《中华人民共和国劳动保险条例》（1951 年 2 月 23 日政务院通过），对象是企业女职工。1955 年 4 月 26 日《国务院关于女工作人员生产假期的通知》，使在机关工作的女职员有了类似的保障。这两个文件形成了新中国成立初期的生育保险制度，其具体内容是：覆盖对象是企业职工和机关职员；生育保险基金实行全国统筹与企业留存相结合的制度；女工产假共 56 天，休假期间工资照发；对女工给予生育补助；为女工提供免费生育医疗服务。

（二）我国生育保险制度的改革

1988 年《女职工劳动保护规定》（国务院 1988 年第 9 号令）出台后，统一了企业和国家机关、事业单位生育保险待遇。生育医疗费用由职工所在单位负担。

将女职工的产假由原来的56天增加到90天。

1994年12月劳动部颁布了《企业职工生育保险试行办法》（劳部发：[1994] 504号），其中规定：生育保险由企业交费，社保机构负责费用的收缴、基金的管理；生育保险基金的支付项目有生育津贴、与生育有关的医护费用和管理费用。从此，生育保险的管理模式由用人单位管理逐步转变为实行社会统筹；全国有了统一的生育保险基金统筹办法，使生育保险从企业保险走向社会统筹，社会生育保险成为我国社会保险的五大险种之一。

目前已经有一些机关事业单位从公费医疗制度下的生育保险改革为参加社会统筹的生育社会保险制度。

（三）生育社会保险政策

生育社会保险根据"以支定收、收支基本平衡"的原则筹集资金。

单位缴纳不超过工资总额的1%的生育社会保险费，个人不缴费。

主要概念

1. 社会保险　social insurance
2. 社会养老保险　social pension
3. 社会医疗保险　medical insurance
4. 失业保险　unemployment insurance
5. 工伤保险　work－related injury insurance
6. 社会生育保险　social maternity insurance

思考题

1. 试论述社会保险与商业人寿保险的关系。
2. 如何在中国构建多支柱的养老保险模式?
3. 如何在中国构建补充医疗保险模式?
4. 为什么说就业保障是失业保险制度改革的方向?
5. 试简述工伤保险费率的确定。
6. 试简述工伤保险的给付条件。

阅读书目

1. 乔治·E. 雷吉达（George E. Rejda）. 社会保险和经济保障（Social Insurance and Economic Security）(1999) [M]. 中译本，北京：经济科学出版社，2005.

2. [美] 埃弗里特·T·艾伦（Everett T. Allen, Jr）等. 退休金计划——退休金、利润分享和其他延期支付（1997）[M]. 北京：经济科学出版社，2003.

3. 项怀诚主编. 养老储备基金管理 [M]. 北京：中国财政经济出版社，2005.

第九章　社会救助

在现代国家中，一个公民最基本的权利——生存权，毫无疑问是必须得到国家和社会保证的。因为在一个国家工业化、现代化的过程中，人们传统的自给自足的生产方式和生活方式被破坏，因而导致了一部分人陷入贫困。一般认为，造成贫困者困境的原因，社会因素大于个人因素。所以，对于国家和社会来说，社会救助是它们义不容辞的社会责任，这种责任或义务通常用国家立法的方式加以确认；对于每一个公民来说，社会救助是他们应享的受法律保护的基本权利。

第一节　社会救助概述

社会救助作为社会保障中的一个相对独立的内容，是产生最早的社会保障项目，所以，社会救助隐含着丰富的历史文化内涵。

一、社会救助的定义

（一）社会救助的内涵和外延

社会救助是社会保障中历史最悠久的项目，但是，到目前为止，国际上对社会救助尚未有严格、公认、明确的定义。可能的原因包括：首先，社会救助项目的复杂性和多变性超出我们的想象，至少我们难以如定义社会保险那样给出明确的定义；其次，不同语言之间的转译难以做到精确、贴切，进一步加剧了这种复杂性。

什么是社会救助？虽然学术界有不同的定义，但基本上大同小异，都把生活救助作为社会救助的主要内涵，强调救助是国家和社会的责任。因此，我们倾向于这样定义社会救助：

社会救助是指在公民因为各种原因导致难以维持最低生活水平时，由国家和社会按照法定的程序和标准向其提供款物接济和服务，以使其生活得到基本保障的社会保障制度；主要包括经常性的社会救助、灾害救助、临时性的救助。

在这里，我们有必要强调一下“社会救助”与另一个类似的概念——“社会救济”的区别。在中国，政府为灾民或贫困人口提供实物或现金赈济的实践几乎贯穿了整个社会历史，也许是受到这种历史传统的持久影响之故，“社会救济”的用法一直沿用至今，并常常见诸政府报告、新闻媒体以及研究文献中。与此同时，救济一词中所包含的传统的恩赐观念和被动性、随意性也被沿袭至今。救助意指一种长期持续以救困助危为目的的政府行为，是一种积极的减贫政策，而救济则是一种临时短暂，以行善施舍为目的的政府或民间行为，体现的是一种消极的积德行善和救苦救难的慈善心怀。采用社会救助来替代社会救济，这绝对不是文字游戏，而是对政府和市民权责分配以及制度设计和安排的重新认识和厘定①。

（二）社会救助的特点

1. 权利与义务的不对等性

在现代社会保障体系中，社会保险强调权利与义务相结合，即受保人必须缴纳一定的保险费而后才能享受社会保险的待遇，社会福利在许多国家也开始收取廉价的费用。而社会救助在各国及历代社会都是无偿的，它由国家或社会单方面供款，享受者并不需要先尽缴费义务。只要符合救助条件，即有权利享受救助待遇。因此，社会救助不要求权利与义务的对等，对接受者而言，是单方面的权利；对提供者而言，又是单方面的义务，这种权利义务关系通常由法律加以规范。这是社会救助制度的基石，是社会救助区别于其他社会保障制度的重要标志。

2. 救助对象的选择性

救助对象由法律规定，只有符合条件且真正陷入生活困境的社会成员才有资格享受救助。在我国，城市社会救助、农村社会救助、自然灾害社会救助分别有着各自特定的救助对象，这既不同于社会保险项目实施对象的法定成员资格，也区别于社会福利项目在适用范围方面人人有份的普惠性。

3. 救助标准的最低保障性

为防止和减少救助对象依赖社会救助的问题，其保障水平低于社会保险和社会福利，只是最低生活保障。保障救助对象的最低生活水平，对因各种原因导致生活陷入困难的居民给予救助，其目的是为了维护和保障其基本生存权，帮助其尽快走出困境，树立起生活的勇气和信心，以增强体力、发展智力、延续生命，进而更好地实现物质资料生产和人类自身生产，推动社会的进步。也正因为如此，社会救助被人们称为整个社会保障体系中最后一张社会“安全网”。

4. 救助手段的多样性

在社会救助实践中，既可以采用实物救助也可以利用现金救助，既有临时应急救助又有长期固定救助，既有政府救助，又有民间救助。还有房屋救助、口粮救助、衣被救助、役畜救助、种子救助等具体救助形式。这样多样化、具体化、

① 黄晨熹. 社会救助的概念、类型和体制：不同视角的比较［J］. 华东师范大学学报（哲学社会科学版），2005（5）：88－97.［法］让一雅克·迪贝卢. 社会保障法［M］. 北京：法律出版社，2002年，第6页.

实物化的社会救助形式，正是作为最低层次社会保障的社会救助特征的体现，满足社会救助对象的最迫切的需要。

在当今社会，享受社会救助是符合法定条件的社会成员的一项基本权利，而提供社会救助则成了国家和社会的应尽责任和义务，二者均受国家法律的规范。社会救助作为当代社会保障体系的基础型保障措施，与社会保险、社会福利等存在着并行发展、分工合作的关系。

二、社会救助的发展

(一) 西方国家社会救助的发展

大多数社会保障文献几乎都提到，社会救助是一种古老的社会保障制度。一般认为，它起源于在原始社会末期出现的出于人类恻隐之心或宗教信仰而对贫困者施以援手的慈善事业。然而，开现代社会救助制度之先河的，是16世纪才在欧洲出现的国家济贫制度，即由国家通过立法，直接出面接管或兴办慈善事业，救济贫民。中世纪末，欧洲开始了伟大的文艺复兴运动，封建时期农业社会中的人身依附关系开始瓦解，资本主义的发展，加上战争、天灾和瘟疫迫使大批农民离乡背井向城镇流动，但他们在获得人身自由的同时也失去了保障，有些人沦为贫民或游民乞丐，原来由教会或私人兴办的慈善事业无法解决这些社会问题，因而国家不得不将救济贫民视为自己的社会责任。

法国早在1544年，就在巴黎为穷人建立了济贫所[①]。但1601年英国女王伊丽莎白一世制定的济贫法案在历史上更为著名，后世称"伊丽莎白济贫法（The Elizabeth Poor Law)"。济贫法规定的救济对象有三种：一是有劳动能力的贫民，二是无劳动能力的贫民，三是无依无靠的孤儿。当然，济贫法的问世，还是有它的进步意义。它奠定了英国乃至欧美各国现代社会救助立法的基础，开创了用国家立法推动社会保障事业的先例。

济贫法的弊端引起贫民的不满与反抗。1832年，英国维多利亚女王命令组织"济贫行政与实施调查委员会"，决心改革济贫行政，此次调查的结果被编制成一项法案最后为国会通过，即新济贫法（The New Poor Law)，于1834年实施。新济贫法只是将济贫权力由分散改为集中，对救济对象来说，它并没有什么本质的变化。而它强迫贫民回到条件空前恶劣的贫民习艺所去，则更引起贫民的反抗和要求改革的抗议。

社会救助的本质是公共救助。"公共救助（Public Aid)"一词最早见于官方文件是1909年英国的"济贫法和济贫事业皇家委员会"的报告，这个报告的主

① ［法］卡特林·米尔丝．社会保障经济学［M］．北京：法律出版社，2003：2.

要政策建议是：废除以惩戒穷人为主要目的的济贫法，代之以合乎人道主义精神的公共救助。“公共救助”一词以后又衍生出“社会救助”一词，两者基本上是在同一意义上使用的。

在社会保险制度普及之前，社会救助是最主要的社会保障项目。社会保险制度普及之后，尤其是第二次世界大战结束后，西方发达国家在建立福利国家的过程中，都把社会保险制度作为社会保障体系的主体加以突出。在西方发达国家，社会救助仍然在整个社会保障体制中起着“保底”的作用。所以，就形成了现代社会保障制度以社会保险为主，社会救助为辅的格局。正如1965年美国出版的《社会工作百科全书》所述：“社会救助是社会保险制度的补充，当个人或家庭生计断绝急需救助时，乃给予生活上的扶助，是在整个社会保障制度体系中，最富有弹性而不受拘束的一种计划。”①

（二）我国社会救助的发展

在中国传统社会，由于整个社会生产力发展水平低下，社会动荡不安，天灾人祸频频发生，存在着大批弱势人群。早在《周礼》中，就以儒家的“仁”、“孝”等信条对老者及鳏寡孤独的救助做出了指导性的规定。汉代以后，从存问制度的设立到对年老、鳏寡、废疾及贫困之人的定期或不定期的物质赏赐，使得国家对这些人的救助更加系统化。但是实际上，没有得到任何救助的人，往往比比皆是。

1840年鸦片战争后，社会救济突破了古老的救荒和保息的模式，并向现代社会救助制度转化，即由仁政到国家社会政策、由恩赐到公民的权利、由随意行为到刚性行为。这主要表现为：1869年，清政府出台了《灾伤蠲赈办法》；1943年，国民政府出台了《社会救济法》。另外，带有西方色彩的红十字会、华洋义赈会等慈善机构的活动及其运作，在灾荒与战乱频繁的近代中国，在救助灾民和战争难民中作用突出②。

新中国成立后，社会救助的发展大体可分为三个时期：

1. 传统社会救济时期（1949—1978）

这一时期社会救助的实施，主要是以1950年中央政府召开的中国人民救济代表大会，讨论建立社会救济制度，采取以何种救济方法等解决战后大规模贫困问题为开端。随后我国建立了中国人民救济总会，由国家财政拨款拨物，针对国内生活水平低下，社会上数以千百万记的人面临着贫困、饥饿、瘟疫和死亡的威胁，在全国范围内进行了大规模紧急救助活动，以此来扩大党和政府的影响，安

---

① 唐钧．社会救助：历史演进和国际经验［EB/OL］．（2002.07.15）［2007.08.10］．http://www.dajun.com.cn/shehuijiuzhu.html.

② 任云兰．弱势群体的社会救助——历史与现实的反思［J］．南方论丛，2006（6.2）：88—92.

定国民生活。1953年国家召开了第三次全国城市社会工作会议，确立了“生产自救、群众互助、并辅之以政府的必要救济”的方针，以后国家又先后颁布了许多单行通知，在城市按不同对象确立了不同的救济标准，在农村实行了“五保户”制度。此时期的社会救济是国家通过系统的社会救助管理机构、社会团体，实施紧急救助、分类救助的原则，主要对鳏寡孤独残疾人及生活困难户实施救助。在救助措施方面，对救助对象的施医和救济款的支付也相当有限。特别是“文革”期间救济款项不能完全得以落实，救济工作处于停顿状态。

2. 社会救济工作恢复和发展阶段（1978—1992）

在20世纪80年代，中国社会救济工作的主要管理部门民政部门在国家规定的职责范围之内，对社会救济工作进行了一系列的改革，主要包括四个方面：救灾、救济、五保和扶贫。社会救助是中央和地方政府通过财政拨款，依法对特定的社会救助对象按规定向他们提供的社会援助。然而，改革后中国社会救济制度存在的问题却是：社会救助经费没有能够与国民经济的发展同步增长，社会救助标准也过低。

3. 社会救助制度的建立和发展阶段（1993年至今）

这一时期主要改革了以往的社会救济制度，建立了城乡居民最低生活保障制度。城乡社会救济工作主要是调整了社会救济的标准，探索改革了农村社会救济制度。在转轨时期，由于市场经济的冲击，为适应新的经济体制而设立的最低生活保障制度开始挣脱传统观念的束缚，向着现代意义上的社会救助制度迅速靠拢。经过十年多的磨合，这项制度在中国的社会和经济生活中已经发挥着很大的作用①。

从2004年开始，国家着手探索和建立以城市最低生活保障制度为主体，以优惠政策和临时救助制度为补充，以医疗救助、教育救助、住房救助等相配套的综合性社会救助体系，来实施为城市贫困居民解决更多的实际困难的战略性措施。

三、社会救助的标准

社会救助的标准，也就是判断贫困的标准。关于贫困的划分，目前普遍的观点认为：可分为相对贫困和绝对贫困，绝对贫困是指生活没有保障，依靠个人的合法劳动及其他诸如变卖财产、借款仍不能满足衣、食、住、行的基本需求，再生产难以维持。相对贫困是指对于社会平均生活水平而言，处于社会最底层的人

---

① 王海燕．和谐社会中社会救助制度的实施与建构［EB/OL］．(2005.12.30)［2007.08.12］．http://www.symzj.gov.cn/symz/mzxxw/mzdy/show.jsp?id=328&code=0106010000.

的生活状态。我们可以看出，相对贫困是一个主观性的判断。

到底如何来判断贫困呢？目前，理论上与实际操作中有不少计算或测量贫困线的方法，这里介绍两种代表性的划分标准。

（一）贫困标准线

这是一种收入比例法，这一方法是经济合作与发展组织（OECD）提出的，以一个国家或地区的家庭中位收入或平均收入的50％或60％为贫困线，亦即一个家庭的收入低于全社会的中位收入或者平均收入的50％或60％，这个家庭就属于贫困家庭，应当得到救助。这种方法的最大优点是简单易行，并且反映了一定的贫困的相对性与地区差异性。其缺点是只考虑到收入水平而全然不顾个人的具体需求，虽然收入决定了一个人的消费支出，但是一些没有收入的人同样也有基本的需求，所以只是粗略地估计贫困状态，计算的贫困线是不准确的，而且以中位或平均收入的50％或60％来确定，这一标准本身也是值得怀疑的。

在美国，联邦政府有两种衡量贫困的标准，一是贫困界线（poverty thresholds），也叫做贫困水平线（poverty level）；二是贫困指导线（poverty guidelines），有时叫做联邦贫困水平线（federal poverty level，FPL），但是，美国官方认为“贫困水平线”叫法是不准确的。贫困界线是指美国人口普查局测算出来的（最初是美国社会保障署的人员开发的），一年更新一次。贫困界线主要是用于统计目的，如估计贫困人口数，或者说，官方公布的所有贫困人口数，都是根据贫困界线计算的，而不是根据贫困指导线计算的。贫困指导线是由联邦政府的健康与人力资源部（Department of Health and Human Services，HHS）发布的，也是一年一次。贫困界线与贫困指导线的贫困标准基本上是一致的，但是二者之间也有一定的区别。第一，贫困指导线是贫困界线的简化版，主要是用于行政管理的目的，如确定联邦政府的某个社会救助计划的财政负担能力；第二，贫困界线是对当年贫困界限的界定，一般在当年的下半年发布。贫困指导线是对当年贫困救助工作的指导，所以，贫困指导线是当年年初发布。所以，“今年”的贫困指导线大约相当于“去年”的贫困界线。

2005年的美国贫困指导线（指非农业家庭）见表9-1和表9-2。

（二）恩格尔系数法

19世纪德国统计学家恩格尔（Robert F. Engle）根据统计资料，对消费结构的变化得出一个规律：家庭和个人收入越低，收入中用于食品方面的支出比例就越高，这一定律被称为恩格尔定律（Engle Law），反映这一定律的系数被称为恩格尔系数（Engle Coefficient）。其公式表示为：

恩格尔系数（％）＝食品支出总额/家庭或个人消费支出总额×100％

联合国根据恩格尔系数确定了一个划分贫富的标准，如表9-3。

表 9-1　2006 年美国贫困界线

家庭规模	贫困界线（美元）
一人家庭（无亲属）	10 294
65 岁以下家庭	10 488
65 岁及其以上家庭	9 669
两人家庭	13 167
65 岁以下家庭	13 569
65 岁及其以上家庭	12 201
三人家庭	16 079
四人家庭	20 614
五人家庭	24 382
六人家庭	27 560
七人家庭	31 205
八人家庭	34 774
九人及其以上家庭	41 499

资料来源：U. S. Census Bureau. The Census Bureau′s poverty thresholds for 2006［EB/OL］.（2006. 08. 10）［2007. 10. 12］. U. S. Census Bureau, Weighted Average Poverty Thresholds 2006.

表 9-2　2007 年美国贫困指导线

家庭人数	贫困指导线（美元）
1	10 210
2	13 690
3	17 170
4	20.650
5	24 130
6	27 610
7	31 090
8	34 570
8 以上	每增加 1 人增加 3 480

资料来源：U. S. Department of Health and Human Services. Department of Health and Human Services 2007 Poverty Guidelines［EB/OL］.（2007. 02. 10）［2007. 10. 12］. U. S. Department of Health and Human Services, 2007 Poverty Guidelines.

表 9-3 联合国划分贫困的标准

恩格尔系数（%）	30 以下	30～40	40～50	50～60	60 以上
生活水平	最富裕	富裕	小康水平	温饱型	绝对贫困

就今天来看，这一方法操作比较简便，能反映一定的地区差异的优点。但最大的缺点在于：所反映的贫困过于绝对，而且只是一种结果贫困，往往测算出的贫困线偏低，此外，国际上设定的恩格尔系数的60%为贫困线，并没有在我国得到验证。

第二节 灾害救助

自然灾害对一定区域的经济发展和居民生活会造成重大的伤害，并且在时间上具有突发性，所以，往往需要全社会给予及时的救助。

一、灾害救助的特点

（一）灾害救助的内涵和外延

灾害救助简称救灾，是一个内涵和外延都比较广泛的概念，是指国家和社会依法向因遭受自然灾害袭击而造成的生活贫困的社会成员提供一定的物质帮助，以保证其维持最低生活水平，帮助灾民确立自行生存能力的社会保障制度。

现行的灾害救助内容有广义和狭义之分。广义灾害救助内容主要有：（1）紧急抢救，即在灾害发生后的危急关头，动员和组织一切力量抢救、转移受灾人民生命财产和国家财产，抢救受灾的农作物，抢救被灾害破坏的交通、供电、供水、通讯等生命线工程，尽快恢复灾区的社会经济生活秩序；（2）安排灾民生活，即把抢救出来的灾民安置在安全地点，使他们有吃、有穿、有住、有医；安排好下一季农作物收获前灾民的生活，修复因灾倒塌的住房，使灾民安定生活；（3）恢复工农业生产和公益设施，重建因灾损毁的工商企事业单位、道路、电路、医院、学校及农田水利工程等；（4）扶持灾民发展生产，使灾民生产活动迅速地重新恢复到灾前水平，甚至有所提高。

狭义的灾害救助则是指民政部门负责实施的灾害救助工作。民政部门实施的灾害救助工作其内容有七个方面：（1）掌握灾情，即及时、准确、全面地掌握灾害发生发展变化情况、各种灾害损失的情况，因灾带来的生产、生活困难问题及解决的措施和效果，为开展救灾工作提供依据和参考；（2）组织紧急抢救、转移和安置灾民；（3）受理、发放和使用救灾款物，即利用国家安排的灾害救济预算，帮助灾民解决吃、穿、住、医方面的基本生活困难；（4）检查、督促国家生产自救、互助互济、救济扶持、灾后恢复重建等方面方针政策的贯彻执行情况；(5) 发动、组织和指导有关救灾的社会互助互济活动；接收、分配、使用、管理国外援助和国内捐赠的救助款物；(6) 解决好遗属遗孤和残疾人员的抚恤安置问题；(7) 组织指导救灾扶贫工作，扶持灾民生产自救。

我们这里主要探讨狭义的灾害救助。

(二) 灾害救助的特点

灾害救助的特点突出地表现在灾害救助内容的广泛性、灾害救助手段的多样性和灾害救助对象的复杂性。

首先，灾害救助的内容具有广泛性。如上所述，灾害救助的内容既包括对人救护，也包括对物的转移和保护；既包括对具体个人的救助，又包括对由人所组成的社会的救助；既包括对灾民身体保护，还包括营造灾民生活所需的正常的心理世界。

其次，灾害救助的手段具有多样性。救灾手段主要指救灾措施，是将救助主体与受体联系起来的中介，是保证灾害救助目标实现的客观条件和可靠保证。灾害救助手段是多种多样的，概括起来主要是物质手段、精神手段和组织手段三种。这些手段直接决定着灾害救助是否成功以及成功的程度。构成灾害救助手段多样化特点的因素除了灾害救助手段很多外，还包括每一具体救灾手段的内容也是多种多样的。

再次，灾害救助的对象具有复杂性。从宏观上分析，灾害救助的对象是灾区的灾民和社会。灾民是复杂的，因为在灾害冲击下灾民平时的追求、乐趣、目标、心理、行为等都被打破或中断了，因此无论是心态，还是行为，都表现出异常复杂的特点。社会是关系的产物，在灾害情景下正常的关系受到冲击和影响，社会机体整合受阻，可能出现紊乱状态、社会控制能力降低等复杂的社会现象。因此对社会的救助是比较复杂和困难的。

二、我国灾害救助的形式与管理体制

(一) 救助形式

我国灾害救助的形式较多，并有多重分类标准。

1. 根据我国实施救助的主体划分的救助形式

根据我国实施救助的主体划分，我国灾害救助的形式可分为国家救助、生产自救、互助互济三种形式。

(1) 国家救助形式。国家有充分组织动员人力、物力、财力去抢救、急救灾区的权力和能力。在自然灾害救助方面，特别是当突发性特大灾害发生后，在短时间内组织大量的人力、物力、财力实施急救，这是其他任何群体或组织难以胜任的。只有国家才能组织调动大量的人力、物力、财力，有组织、有计划地实施救助。尤其在依靠群众、集体的力量，通过生产自救，仍有无法解决的困难时，国家要给予必要的救助和扶持，这是国家在救灾工作中发挥保障作用的具体体现。

(2) 生产自救也是自然灾害救助的主体形式。由于我国人口众多，自然灾害频繁，损失巨大，而国家经济财力有限，不可能不分轻重缓急完全依靠国家对所有灾民实施救助；社会的发展对自然灾害救助提出了更高要求，即不仅要保障灾民的基本生活水平需求，而且还要在短期内尽量缩小灾民在灾前和灾后生活水平的差距。可见，只有鼓励灾民生产自救才能很好地满足这一需求。一般来说，当灾区灾情稳定后，各级政府要立即号召、组织灾民生产自救。为了使灾民更好地开展生产自救，各级政府组织要尽可能地在资金、信息、技术等方面给予扶持或服务。生产自救，灾民既是受灾对象又是救助主体，而且生产自救作为自然灾害救助的主体形式，是最具有生命力和创造力的救助形式。

(3) 互助互济形式。灾区之间、非灾区与灾区之间（包括城乡之间）展开互助互济、助人为乐活动，扶持灾区度过难关。互助互爱，扶贫济困一直是中华民族崇尚的一种美德。中华人民共和国成立后，传统美德得以进一步弘扬。在救灾过程中，真正体现了“一方有难，八方支援”的社会新风尚。

2. 按照灾害救助的介入时机划分

如果按照灾害救助的介入时机划分，我国自然灾害救助形式可分为：灾中紧急救助、灾后生产自救、长期防灾减灾。

(1) 灾中紧急救助。是指国家用救灾款物无偿帮助处于危急情况下的灾区群众解决临时生活困难的应急性救济。一般适用于发生洪涝、台风、地震、冰雹、滑坡、泥石流等灾害的大灾区。其目的在于，解决灾民临时性的吃、住条件和必要的衣被，以及伤病灾民的紧急医疗等，以避免灾民的非正常死亡，同时，还应尽量按基层原行政或经济体系实施救助。

(2) 灾后生产自救。在第一种分类中已述。

(3) 长期防灾减灾。防灾是人类社会减少自然灾害的重要措施和基础条件。防灾是抗灾、救灾的前期性工作，做好防灾工作，可以减轻灾情。从狭义上讲，防灾是指灾害发生之前采取的一系列防止灾害发生的措施。减灾是指通过一系列主动措施，减轻自然灾害所带来的生命财产破坏，以及由此引起的社会和经济的停顿。从广义上讲，防灾减灾不仅指灾害发生之前，而且在灾害发生之后，为防止次生灾害和续发灾害发生而采取的一系列措施。主要包括，兴修各种防灾工程和设施，建立灾害的监测、预报、报警系统，减灾科学技术的研究和应用。减轻自然灾害是一项系统工程，需要发挥科技的先导作用。防灾是手段，减灾是目的，两者在实践过程中，是一系列具体措施的延续。防灾和减灾是最积极的灾害救助手段，使那些本可能遭受生命财产损失的人免受损失。

3. 按照救助手段分类

按照救助手段分类，自然灾害救助可分为实物救助、现金救助和服务救助。

（1）实物救助。指国家或社会救助机构以发放实物的形式，帮助社会成员解除生存困境的一种救助手段。救助物资包括：粮食、衣被、食品、餐具、建房材料、医药以及中小农具、化肥等。

（2）现金救助。其特征是直接给被救助者发放现金，由被救助者根据自己的实际困难安排使用。在救灾实际工作中，主要的现金救助手段是定期救助，但临时救助中也常采用现金救助。

（3）服务救助。即提供满足灾民生存和基本生活需要的服务，如灾区医疗服务、防疫服务等；还包括一些灾民自我服务和相互服务，最典型的服务形式是以工代赈和互助互济。以工代赈是由政府组织安排灾民或贫民兴修水利、堤坝、道路等工程，以给付工钱的方式帮助灾民和贫民度过生活难关。

（二）我国灾害救助管理体制和工作程序

1. 我国灾害救助管理体制

我国灾害救助管理体制包括领导体制和综合协调体制。

我国自然灾害管理的基本领导体制是：党政统一领导，部门分工负责，灾害分级管理。在灾害管理的过程中，党中央、国务院统揽全局、总体指挥，地方各级党委和政府统一领导，各有关职能部门分工负责，强调地方灾害管理主体责任的落实，注重中国人民解放军指战员、武警官兵、公安干警和民兵预备役部队突击队作用的发挥。实行各级党委和政府统一领导的灾害管理体制，是我国多年成功的救灾经验，可以充分发挥我国的政治和组织优势，明确各级党政领导的责任，最有效地全面协调辖区内的各种救灾力量和资源，形成救灾的合力。

民政部是我国救灾工作的主管部门，具体工作由内设的救灾救济司处理。救灾救济司的主要工作是：拟定救灾工作的方针、政策、规章并监督实施；组织、协调救灾工作；统一发布灾情，管理、分配中央救灾款物并监督检查使用情况；组织核查灾情、慰问灾民；组织和指导救灾捐赠；承担国内外对中央政府捐赠款物的接收和分配工作。承担国家减灾委员会办公室和全国抗灾救灾综合协调办公室的工作。

我国自然灾害管理的综合协调体制：在国务院统一领导下，中央层面上设立有国家减灾委员会和全国抗灾救灾综合协调办公室等机构，负责自然灾害救助的协调和组织工作。这些协调机构既为中央灾害管理提供决策服务，也保证了中央灾害管理的决策能够在各个部门得到及时落实。在地方层面，则有各级自然灾害救助应急指挥部，负责组织指挥本地区的救灾应急工作。

2. 救灾的工作程序

（1）灾害预警。各级职能部门根据各级有关部门发布的地质、气象、洪涝等自然灾害预警迅速及时将预警信息通报、公布、传达。相关部门和人员要做好相应准备。

（2）报灾。报灾是救灾工作的第一个环节，它是指灾区政府和业务部门向上级政府和业务部门报告灾害或灾荒情况。

由于灾情人命关天，报灾强调及时、准确、全面、系统。

（3）计灾。掌握灾情，有许多具体内容需要用数字来反映，须制定一套统一的计灾标准。有了统一的计灾标准，就能准确地报灾、核灾。所谓计灾，就是按照规定的计灾标准，准确统计灾情。计灾要合乎规定，逐项、细致、准确统计，注意不漏项。在救灾工作中，灾情状况与救灾工作的效果往往是通过一系列的统计指标来反映，如受灾面积、受灾人口、因灾直接死亡人数、因灾房屋受损数等。

（4）查灾。查灾是指各级政府和业务主管部门调查了解灾区人民生活疾苦、检查自然灾害对人民生命财产造成的损失和因灾致荒等情况。

（5）核灾。核灾是指灾区政府和有关部门对灾害造成的实际损失和确切后果在检查落实后所作的定量分析，它以报灾为前提，以查灾为基础。核灾作为制定救灾救助方案、采取救灾救助措施的重要依据，关系到灾民救助问题和灾区社会稳定，应实事求是，坚持不拔高、不缩小的原则。

（6）救灾。经过灾区报灾、主管部门查灾、当地政府和上级主管部门核灾，就应对因灾陷入生活困境的灾民给予款物救助。紧急救助与报灾、查灾、核灾几乎同时进行，待灾情稳定或灾后则应转入正常救灾轨道。在救助中，由政府领导、民政部门主管；其经费主要来源于国家和地方财政拨款，亦可接受救灾捐赠，并发动灾区群众开展生产自救活动，帮助灾民解决生活困难。救灾作为国家的一项重要工作，其效果好坏直接影响着社会安定和国家经济建设，因此，务必及时并严肃纪律。

我国是一个灾害频繁，损失严重的国家，灾害救助有着重要的作用。经过几十年的发展，我国的灾害救助取得了长足进步。在我国灾害救助体系建设上，中央制定了《国家自然灾害救助应急预案》和《民政部应对自然灾害工作规程》，目前，绝大多数的省、市、县级政府都制定出台了本级救灾应急预案，初步建立了全国的自然灾害应急预案体系。在此基础上，灾情信息网络、救灾物资储备和救灾装备等方面的建设工作得到了全面加强。覆盖到县的灾情信息网络系统已全面开通，提高了灾情信息报送时效。以国家设立的 11 个中央级救灾物资储备库为龙头，全国31个省（自治区、直辖市）和新疆生产建设兵团建立了省级救灾物资储备库，251个地市和1079个县（市）建立了相应的救灾物资储备库和储备点。全国救灾物资储备网络已初步形成。此外，救灾装备及救援设备也得到很大改善。建立了重大自然灾害综合协调机制，健全了灾害应急社会动员机制。

三、国外灾害救助管理体制

由于自然灾害具有群发性、突发性、频发性和危害性，因此各国政府都非常重视灾害救助的管理工作，并形成了相应的管理体制。

1. 美国灾害救助管理体制

美国现有救灾体系的主要标志是"总统灾难宣布机制"的确立和联邦紧急事务署的成立。联邦紧急事务署是联邦政府处置紧急事务的最高管理机构，集成了从中央到地方的救灾体系，建立了一个统合军、警、消防、医疗、民间救难组织等单位的一体化指挥、调度体系，一遇到重大灾害即可迅速动员一切资源，最大限度地降低灾害损失。

2. 日本灾害救助管理体制

日本是以首相为会长的中央防灾会议负责应对全国的自然灾害，其成员除首相和负责防灾的国土交通大臣之外，还有其他内阁成员以及公共机构的负责人等。

3. 英国灾害救助管理体制

在英国，灾难发生后，根据性质和情况需要，政府会指定一个中央部门作为"领导政府部门"。该部门一般并不取代地方政府在危机处理中的主要角色，而是负责在中央层面上协调各个部门的行动，保证各部门与地方政府联系渠道通畅，负责收集信息以通知政府高层官员、国会、媒体和公众等等。中央政府设有国民紧急事务委员会，由各部大臣和其他官员组成。委员会秘书负责指派"领导政府部门"，委员会本身则在必要时在内政大臣的主持下召开会议，监督"领导政府部门"在危急情况下的工作。

4. 澳大利亚灾害救助管理体制

澳大利亚于1974年成立了国家救灾组织，履行抗自然灾害和突发事故职能。国家救灾组织隶属于澳国防部。国家救灾组织堪培拉指挥部设有一个协调室，称为国家应急协调中心，用于保证联邦资源根据需要使用。国家应急协调中心通过国家应急行动支援系统建立综合计算机数据库，并进行联网，其日常工作是监督气象局和州应急管理局的态势报告。国家救灾组织通过对澳7个州/准州应急管理局机构实施指导和支援，负责澳大利亚全国的抢险救灾工作。而每个州/准州在自己的立法和计划框架内工作。澳大利亚国家救灾组织每年召开一次由联邦出资、各州和准州应急勤务主任参加的会议。会议内容包括训练、支援、公共意识、通讯、民防等问题。

5. 加拿大灾害救助管理体制

加拿大于1988年成立应急准备局，并使之成为一个独立的公共服务部门，执行和实施应急管理法。加拿大应急管理局的职责是：为制订各省应急计划和建立适当的应急机构，与省进行协商；为满足公众要求和减少应急事件的影响，提前向公众提供信息，实施顾问和施行计划；主持有关应急准备的研究；协调各联邦机构应急准备计划并就其进度进行报告；管理国家应急准备学院。

6. 荷兰灾害救助管理体制

在荷兰，国家一级的救灾管理机构设在内务部中，即民事应急计划局，主要负责协调民事应急计划和救灾措施。荷兰700多个市政府是荷兰应急救灾的基本责任单位，由市政府制订一系列的救灾和专项行动计划。人口在2.5万以上的城镇，由市政府聘用民事勤务员，负责制订救灾计划。承担救灾管理主要行动职责的是消防旅。

7. 印度灾害救助管理体制

印度在2003年前后设立了由内阁有关部长组成的、称为“灾害处置部长小组”的专门机构，这个机构以内政部长为首，其成员包括国防、财政、农业、铁路、食品、电力、通讯、新闻广播和卫生等部的部长以及国家计划委员会副主席。该机构的职责是以制定应付重大自然灾害的长期政策，并负责处理灾后的救援、减灾和重建等事宜。

从世界范围来看，建立专门的自然灾害应急管理决策和协调机构、制定自然灾害应急计划并建立统一的灾害信息系统已成为各国的共同做法。

第三节　城市最低生活保障制度

城市最低生活保障制度是现代社会保障制度的一项制度创新，是城市社会救助的规范化和法制化的表现。

一、城市最低生活保障制度的内容

最早提出在全国范围内建立最低生活保障制度思想的是英国的韦伯夫妇，早在1890年，韦伯夫妇就提出在全国范围内建立最低生活保障制度的设想①。目前，发达国家都实施了最低生活保障制度。

① ［英］霍华德·格伦内斯特．英国社会政策论文集［C］．北京：商务印书馆，2003：10.

城市最低生活保障制度，是指共同生活在一个家庭的家庭成员如果人均收入低于当地城市居民最低生活保障标准，均可以从当地政府获得基本生活物质帮助。在城市推行最低生活保障制度，城市政府因地制宜地制定当地最低生活保障线，按最低生活保障线实行救助，是我国现阶段城市社会救助工作的一项基本任务。

我国 1999 年颁布实施的《城市居民最低生活保障条例》是实施城市最低生活保障制度的指导性法规，它规定了城市最低生活保障的主要内容。

（一）保障对象

《条例》规定："持有非农业户口的城市居民，凡共同生活的家庭成员人均收入低于当地城市居民最低生活保障标准的，均有从当地人民政府获得基本生活物质帮助的权利。"这里的收入，是指共同生活的家庭成员的全部货币收入和实物收入，包括法定赡养人、扶养人或者抚养人应当给付的赡养费、扶养费或者抚养费，不包括优抚对象按照国家规定享受的抚恤金、补助金。

《条例》同时规定，对无生活来源、无劳动能力又无法定赡养人、扶养人或者抚养人的城市居民，批准其按照当地城市居民最低生活保障标准全额享受；对尚有一定收入的城市居民，批准其按照家庭人均收入低于当地城市居民最低生活保障标准的差额享受。

（二）保障原则

城市居民最低生活保障制度遵循保障城市居民基本生活的原则，坚持国家保障与社会帮扶相结合、鼓励劳动自救的方针。

（三）保障标准

城市居民最低生活保障标准，又称为城市居民最低生活保障线，是国家为救济社会成员中收入难以维持其基本生活需求的人口而制定的一种社会救济标准。

《条例》规定："城市居民最低生活保障标准，按照当地维持城市居民基本生活所必需的衣、食、住费用，并适当考虑水电燃煤（燃气）费用以及未成年人的义务教育费用确定。"为了使每个居民不至于在生活困难时处于无助的困境，这个标准的制定应当相当于或略高于最低生活需求标准，再加上社会发展状况和物价等因素，各地制定的低保标准的依据主要包括：

1. 维持居民的最低生活需求所需要的物品的种类和数量；
2. 生活必需品所需要费用；
3. 市场综合物价指数，尤其是生活必需品的价格指数；
4. 居民的平均收入和消费水平；
5. 经济发展状况和财政收入状况；
6. 其他社会保障标准。

直辖市、设区的市的城市居民最低生活保障标准，由市人民政府民政部门会同财政、统计、物价等部门制定，报本级人民政府批准并公布执行；县（县级市）的城市居民最低生活保障标准，由县（县级市）人民政府民政部门会同财政、统计、物价等部门制定，报本级人民政府批准并报上一级人民政府备案后公布执行。

城市居民最低生活保障标准原则上“只升不降”，并在需要提高时重新核定。

（四）资金来源

《条例》规定：“城市居民最低生活保障所需资金，由地方人民政府列入财政预算，纳入社会救济专项资金支出项目，专项管理，专款专用。国家鼓励社会组织和个人为城市居民最低生活保障提供捐赠、资助；所提供的捐赠资助，全部纳入当地城市居民最低生活保障资金。”

（五）运行程序

《条例》规定：“申请享受城市居民最低生活保障待遇，由户主向户籍所在地的街道办事处或者镇人民政府提出书面申请，并出具有关证明材料，填写《城市居民最低生活保障待遇审批表》。城市居民最低生活保障待遇，由其所在地的街道办事处或者镇人民政府初审，并将有关材料和初审意见报送县级人民政府民政部门审批。管理审批机关为审批城市居民最低生活保障待遇的需要，可以通过入户调查、邻里访问以及信函索证等方式对申请人的家庭经济状况和实际生活水平进行调查核实。申请人及有关单位、组织或者个人应当接受调查，如实提供有关情况。”“对经批准享受城市居民最低生活保障待遇的城市居民，由管理审批机关采取适当形式以户为单位予以公布，接受群众监督。”

二、城市居民最低生活保障的发展与实施状况

（一）城市居民最低生活保障制度的建立和发展

1993 年 6 月 1 日，上海率先在全国建立了城市居民最低生活保障制度，拉开了城市社会救济制度改革的序幕，取得了很好的社会效果。1994 年，第十次全国民政会议提出“对城市社会救助对象逐步实行按最低生活保障线标准进行救济”的改革目标。形势发展很快，东部沿海地区的厦门、青岛、大连、福州、广州及无锡等大中城市相继建立了城市居民的最低生活保障制度。这些由地方政府因地制宜建立起来的制度，呈现出了各自不同的个性和特点。

1995 年 5 月，民政部在厦门、青岛分别召开了全国城市最低生活保障线工作座谈会，年底有 12 座城市建立了居民最低生活保障制度。1996 年，民政部提出和实现了在 100 座城市建立最低生活保障线制度的工作目标。1997 年 9 月，国务院下发《关于在全国建立城市居民最低生活保障制度的通知》，同时召开全国

电视电话会议作出工作部署，要求在1999年底以前在全国所有城市和县政府所在地的镇建立这项制度。1998年，城市居民最低生活保障制度、下岗职工基本生活保障和失业保险“三条保障线”相互衔接，构成有中国特色社会保障制度重要组成部分。1999年1月，民政部下发《关于加快建立与完善城市居民最低生活保障制度的通知》，要求10月底以前基本完成建制任务。1999年8月，中共中央决定将“三条保障线”的保障水平普遍提高30%。同年9月，《城市居民最低生活保障条例》经国务院常务委员会审定并于同年10月1日在全国实行。2000年至2002年，各地在扩大保障人数上进展迅速。2002年后，城市最低生活保障制度进入稳步发展阶段。2003年，城市低保制度开始了“分类救助”的制度建设。分类救助对“三无”人员、重病重残人员、在读中小学生、优抚对象等采取上调一定比例待遇的做法，使特殊困难的低保对象的基本生活得到一定改善。经过十余年的努力，最低生活保障制度在保障人数、覆盖范围、资金投入上都有了巨大发展，见表9-4。

表9-4　1996年—2006年城市最低生活保障制度发展简况

年份	保障人数（万人）	年增长率（%）	各级财政总投入（亿元）	年增长率（%）
1996	84.9	/	3	/
1997	87.9	3.5	3	/
1998	184.1	109.4	7	133.3
1999	265.9	44.4	23.7	238.6
2000	402.6	51.4	27.2	14.8
2001	1 170.7	190.8	54.2	99.3
2002	2 064.7	76.4	108.7	100.6
2003	2 246.8	8.8	151	38.9
2004	2 205	−1.9	172.9	14.5
2005	2 234.2	1.3	191	10.5
2006	2 240.9	0.3	222.1	16.3

资料来源：民政部历年民政事业发展统计公报。

目前，城市最低生活保障制度已经比较健全，基本实现了“应保尽保、动态管理”。截至2007年6月底，全国共有2 235.5万（1 040.6万户）城市居民享受了城市最低生活保障，平均保障标准为176.8元/人、月，最低生活保障月人均支出水平为 92.0 元/人、月[①]。

（二）城市最低生活保障制度运行中存在的主要问题

1. 低保标准偏低，难以满足部分低保对象的最低生活需要

我国城市居民的低保标准是由各地方政府根据本地区经济发展程度及人民生活水平等实际情况确定，各个城市的标准有高有低，平均保持在 200～300 元之间（见表 9-5）。与实际消费水平相比，低保标准总体仍处于较低水平，特别是对没有劳动能力的保障对象来说，因为他们没有其他收入来源，生活基本依赖最低生活保障津贴。而在实际操作中，还有部分理论上存在但实际上难以得到的收入，故低保对象真正能得到的补助就更少，造成这些低保对象的基本生活难以得到有效保障，究其原因，主要是部分城市制定低保标准时不是“量体裁衣”，而是“量布裁衣”，先定经费后定标准，即在实施过程中没有进行科学测算，而是按财政承受能力和低保对象人数确定低保标准。财政承受能力越弱，低保对象人数越多的城市，确定的低保标准便越低。虽然中央决定适当提高低保标准，但一些城市并未切实遵照执行；有的则未按中央要求把适时提高标准作为长远政策固定下来。

表 9-5　全国 36 个城市最低生活保障标准　　单位：元/人·月

城市	低保标准	城市	低保标准
北京	330	广州	330
天津	330	南宁	220
石家庄	220	海口	260
太原	220	成都	230
呼和浩特	230	重庆	210
沈阳	260	昆明	210
长春	245	贵阳	215
哈尔滨	245	拉萨	210
上海	320	西安	230
南京	300	兰州	230
杭州	300～340	西宁	178
合肥	260	银川	200

① 中央政府门户网站．民政部公布《2007 年第二季度民政事业统计季报》[EB/OL]．(2007－07－20) [2007－07－24]．http：//www.gov.cn/gzdt/2007－07/20/content_691423.htm.

（续表）

城市	低保标准	城市	低保标准
福州	228～248	乌鲁木齐	177
南昌	210	大连	280
济南	280	青岛	230～260
郑州	260	宁波	300
武汉	248	深圳	361
长沙	170～220	厦门	265～315

资料来源：民政部网站，2007 年 7 月。

2. 与再就业机制缺乏有效衔接

虽然目前各地对低保对象中有劳动能力者加大了再就业培训的力度，对低保家庭中就读子女的照顾也在不断强化。但从就业培训来看，调查显示大多数低保户接受过政府提供的就业培训，但是只有三分之一左右认为这些就业培训有用①。从对再就业低保户的优惠政策来看，不少城市都采取了“救助渐退”的政策，但时限太短，各市的救助渐退政策最多不超过三个月。显然，这种鼓励措施在实质上起不到太大的激励效果。更有甚者，纳入低保的困难家庭，尽管所获得的低保金不高，但是除此之外，他们还有可能获得配套救助。配套救助措施增加了低保制度的含金量，削弱了低保户找工作的积极性。此外，低保户一旦参加工作，获得收入，就要退出低保。然而他们的收入普遍不高，扣除就业成本，就相差无几了。在这种情况下，他们就可能拒绝就业、享受低保。

3. 低保资金筹集机制不合理，财政压力大

目前的低保资金筹集机制存在一定的问题。在低保资金的构成中，国家财政和省财政所占的比例较低，市、区（县）两级财政是资金的主渠道。由于各市的经济发展水平差异较大；且即使在同一个市，不同的区（县）之间的经济发展水平也是有差异的。但目前不少城市的低保资金筹集机制中存在着平均主义的倾向，即市财政给各区（县）的拨付比例是固定的，各区（县）所要自筹的比例也是相同的。这就引发了一个问题：经济越不景气的地方，贫困人口越多，财政越困难。

① 李迎生，肖一帆．城市低保制度仍存三大突出问题［J］．人民论坛，2007（02B）：38－39.

三、完善城市最低生活保障制度的措施

（一）规范标准

首先，适当提高低保补助标准，扩大低保制度的覆盖面。其次，在完善分类办法的基础上建立更加科学、合理的分类救助标准体系。建议各地政府通过实际调查，对低保对象做更为科学、合理、细致的分类，归纳不同困难人群的特点和需求，深入细化分类救助的办法，实施多种救助方式（标准），以更好地满足这些特殊困难群体的基本需求。此外，适当考虑对贫困边缘户的救助。建议各地根据实际，逐步将贫困边缘户纳入低保制度的保护范围，至于办法与形式可以灵活采用。

（二）强化制度促进再就业的功能

为了防止福利依赖，促进再就业，我们建议从以下几方面着手：其一，在保障标准上，扩大有劳动能力的贫困者与无劳动能力的贫困者之间的差别；其二，民政部门积极配合劳动部门加强对低保对象再就业的培训，改进培训方式与培训内容，使之真正切合低保对象的就业需要；其三，对有劳动能力低保对象的保障待遇在支付方式上尽量避免直接的现金支付。各社区可以积极发展社区服务和公共服务，为有劳动能力的低保对象提供临时性就业岗位，将救助金转化为推动其工作的劳动津贴。

（三）完善低保制度的筹资机制

中央、省、市、区（县）各级政府所应承担的比例应当合理划分，做到各尽所能，不宜“一刀切”。一方面，在属地管理的基础上，中央和省一级要建立社会救助专项调剂资金，用于补充贫困地区保障资金的不足。另一方面，在城市中要合理确定市、区两级财政各自的负担比例，根据保障对象的分布状况和财政承受能力合理分担，市财政应适当向贫困市区倾斜。除此之外，为确保“应保尽保”所需资金，各地还可以开拓社会筹资渠道作为补充。

第四节　农村最低生活保障制度

农村最低生活保障制度，在有的国家，与城市最低生活保障制度基本上是统一的，在我国，城乡最低生活保障制度之间存在一定的差别。

一、农村五保户制度

在建立农村最低生活保障制度之前，农村难以维持生活的人口群体，基本上是依靠“五保”供养制度。

（一）“五保”供养制度的产生与发展

“五保”一词，最早是在1956年《高级农业生产合作社示范章程》中提出的，当时是指保证吃、穿、烧柴、住、安葬五个方面。后来把享受“五保”的人叫“五保”供养对象，把享受“五保”的家庭叫五保户。1960年《全国农村发展纲要》中又进一步明确了“五保”的内容。1994年，国务院颁布实施《农村“五保”工作条例》，“五保”的内容有了新的发展。2006年国务院又颁布了《农村五保供养工作条例》。新修订的《条例》将农村最困难的群众纳入了公共财政的保障范围，实现了五保供养从农民集体内部的互助共济体制，向国家财政供养为主的现代社会保障体制的历史性转变。

（二）“五保”供养的具体内容

现在所称农村五保供养，是指依照《农村五保供养工作条例》规定，在吃、穿、住、医、葬方面给予村民的生活照顾和物质帮助。

1. 供养对象

老年、残疾或者未满16周岁的村民，无劳动能力、无生活来源又无法定赡养、抚养、扶养义务人，或者其法定赡养、抚养、扶养义务人无赡养、抚养、扶养能力的，享受农村五保供养待遇。

2. 供养内容

农村五保供养包括下列供养内容：

（1）供给粮油、副食品和生活用燃料；

（2）供给服装、被褥等生活用品和零用钱；

（3）提供符合基本居住条件的住房；

（4）提供疾病治疗，对生活不能自理的给予照料；

（5）办理丧葬事宜。

农村五保供养对象未满16周岁或者已满16周岁仍在接受义务教育的，保障他们依法接受义务教育所需费用。

农村五保供养对象的疾病治疗，正逐步与各地的农村合作医疗和农村医疗救助制度相衔接。

3. 供养标准

农村五保供养标准不得低于当地村民的平均生活水平，并根据当地村民平均生活水平的提高适时调整。

农村五保供养标准，可以由省、自治区、直辖市人民政府制定，在本行政区域内公布执行，也可以由设区的市级或者县级人民政府制定，报所在的省、自治区、直辖市人民政府备案后公布执行。

4. 资金来源

农村五保供养资金，在地方人民政府财政预算中安排。有农村集体经营等收入的地方，可以从农村集体经营等收入中安排资金，用于补助和改善农村五保供养对象的生活。农村五保供养对象将承包土地交由他人代耕的，其收益归该农村五保供养对象所有。具体办法由省、自治区、直辖市人民政府规定。

中央财政对财政困难地区的农村五保供养，在资金上给予适当补助。

5. 供养形式

农村五保供养对象可以在当地的农村五保供养服务机构集中供养，也可以在家分散供养。农村五保供养对象可以自行选择供养形式。

集中供养的农村五保供养对象，由农村五保供养服务机构提供供养服务；分散供养的农村五保供养对象，可以由村民委员会提供照料，也可以由农村五保供养服务机构提供有关供养服务。乡、民族乡、镇人民政府应当与村民委员会或者农村五保供养服务机构签订供养服务协议，保证农村五保供养对象享受符合要求的供养。村民委员会可以委托村民对分散供养的农村五保供养对象提供照料。

（三）针对五保户的专项福利工程

进入 21 世纪，我国政府针对五保户人口群体，实施一些专项的福利工程，如：

1. 福星工程

从 2003 年起，许多省市实施了以加强农村福利院建设为内容，推进农村五保集中供养的“福星工程”。其主要目标是通过加强福利院建设，从 2003 年开始，用三年或更长一点时间，基本实现农村五保对象集中供养目标。

2. 五保安居工程

这是指在仍然保持五保户分散居住和供养的前提下，改善五保户的居住条件，尤其是改善住房条件的工程。各级财政拨款，修建适合老年人居住的住房，改善卫生条件。

3. 霞光计划

这是指于 2007 年 1 月开始启动的“农村五保供养服务设施建设霞光计划”，计划在“十一五”时期，在政府投入的基础上，利用发行福利彩票筹集的彩票公益金，修建、改建一批敬老院等农村五保供养服务机构以及散居五保对象的集中居住点，集中解决各地农村五保供养设施滞后的问题。

4. “蓝天计划”

为了使孤残儿童和其他小朋友一样，在祖国的同一片蓝天下健康幸福成长，民政部决定实施儿童福利机构建设蓝天计划，资助地方政府在大中城市新建、改建和扩建一批功能完善、设施齐全、环境优美的儿童福利机构。

二、农村最低生活保障制度

农村居民最低生活保障是对农村家庭人均纯收入低于当地最低生活保障标准的家庭，按当地最低生活保障标准给予救助的制度，是在农村特困群众定期定量生活救济制度的基础上逐步发展和完善的一项社会救助制度。

建立农村最低生活保障制度既能及时有效地保障农民群众的基本生活权益，促进农村社会经济稳定协调发展，也是能否尽快建立与完善农村保障制度的关键。

在1996年年初召开的全国民政厅局长会议上，民政部明确提出了在全国范围内积极探索农村居民最低生活保障制度的任务。会后，一些省市迅速试点。浙江省在2001年颁布并实施《浙江省最低生活保障制度办法》，在全国第一次以法规的形式将农民纳入最低生活保障范畴。根据2007年中央一号文件和十届人大五次会议通过的《政府工作报告》的要求，2007年在全国建立农村最低生活保障制度①。

在全国范围建立农村低保制度，将符合救助条件的农村贫困群众纳入保障范围，稳定持久地解决农村贫困人口的温饱问题，是实施农村低保制度的主要目标。全面建立农村低保制度，可以使改革发展的成果进一步惠及农村困难群众，对于构建社会主义和谐社会和建设新农村具有重要的意义。做好这项工作，有利于统筹经济与社会、城市与农村以及区域间的协调发展；有利于兼顾不同群体的利益，协调各方面的利益关系，缩小收入差距；有利于维护社会公平，消解社会矛盾，促进社会稳定，为社会主义和谐社会构筑牢固的社会基础和群众基础。

农村低保对象范围，是指家庭人均纯收入低于当地低保标准的贫困居民，根据各地农村低保工作的实际情况，我们强调保障的重点是那些因疾病、残疾、年老体弱、丧失劳动能力和生存条件恶劣等原因造成家庭生活常年困难的农村居民。重点保障特困人员也有利于鼓励有劳动能力的困难群众，在“三农”政策和扶贫开发政策支持下，千方百计发展生产，依靠积极劳动脱贫致富。

建立农村低保制度以地方人民政府为主，实行属地管理，低保标准由县以上各级地方政府自行制定和公布执行。低保标准的确定主要从以下几方面考虑：一是维持当地农村居民基本生活所必需的吃饭、穿衣、用水、用电等费用；二是当地经济发展水平和财力状况；三是当地物价水平。农村低保标准起码应该保证低保对象的生活水平不低于绝对贫困线，否则就无法保证农村居民的最低生活需求；但也不宜比贫困线高得太多，否则会不利于鼓励有劳动能力的群众生产自救。

---

① 中央政府门户网站．民政部最低生活保障司解答农村低保问题［EB/OL］．(2007－05－28)［2007－07－24］．http：//www. gov. cn/fwxx/sh/2007－05/28/content_627694. htm.

除了少数东部发达地区，一般地方都参照国家每年公布的国家级贫困县的贫困标准来制定。2006年的贫困标准是年人均纯收入683元，2007年是693元。目前，中西部地区农村年低保标准一般在600至800元之间，东部地区一般在1000至2000元之间。

据民政部统计，截至2006年底，低保对象实际领到的低保金为月人均33.2元。随着农村低保制度的全面建立以及各级政府逐步加大投入，实际补助水平将会逐步提高。

核定低保申请人家庭的收入等情况，是审核审批低保对象的一个重要程序。在低保对象收入的计算上各地采取了因地制宜的方法，主要分为两种类型：一类是一些东部经济发达地区，由于已经实现了城乡低保一体化运行，城市化水平高，工作基础较好，可以做到在较准确地核定低保申请人家庭收入的基础上，原则上按照申请人家庭年人均纯收入与保障标准的差额发放低保金。另一类是在广大的中西部地区和部分东部地区，基于农村居民收入渠道比较多，生产经营活动形式多样，家庭收入难以准确核算，但困难家庭的情况左邻右舍都清楚等实际情况，通常是在初步核查申请人家庭收入的基础上，更多地依靠民主评议等办法来确定低保对象，并采取按照低保对象家庭的困难程度和类别，分档发放低保金，这样做比较适合农村的特点，同时也较为简便易行。

各地在实施农村低保制度的过程中，普遍对低保对象的申请、审批程序作了具体规定，并遵循公开公正透明的原则。申请农村低保的基本程序是：由户主向乡（镇）政府或者村民委员会提出申请；村民委员会开展调查、组织民主评议提出初步意见，经乡（镇）政府审核，由县级政府民政部门审批。乡（镇）政府和县级政府民政部门对申请人的家庭经济状况进行核查，了解其家庭收入、财产、劳动力状况和实际生活水平，结合村民民主评议意见，提出审核、审批意见。在申请和接受审核的过程中，要求申请人如实提供关于本人及家庭的收入情况等信息，并积极配合审核审批部门按规定进行的调查或评议，有关部门也应及时反馈审核审批结果，对不予批准的应当说明原因。

为保证审核发放低保金过程中的公正，各地采取了一系列民主公开的措施，包括严格执行民主评议、张榜公布、群众监督等程序，有关部门经常进行抽查、检查也成为一项基本的工作制度，使得低保工作比以往的救助工作更加公开、公正和透明。

过去，各地农村低保的资金都来源于各级地方财政，2006年各地财政共支出了农村低保资金41.6亿元，加上农村特困户定期定量救助资金13.9亿元，一共是55.5亿元。从2007年开始，中央财政将对财政困难地区实施农村低保制度给予资金补助，在中央和地方的共同努力下，农村低保资金的来源和数量都将得到保障。同时，各级有关部门也将规范和完善资金管理制度，保证专款专用，推行通过代理金融机构直接发放低保金的办法，确保低保金能够及时足额地发放到低保户手中。

目前农村低保工作进展很大，但在实际运作中也遇到一些新的制约因素，如：保障对象多但是补助资金少，基层财政没有能力对低保资金进行配套；工作任务重但是工作人员少，基层没有编制，没有专职人员；目前建立农村居民最低生活保障制度只是依据上级的办法、意见等来执行，没有一部统一的法律，实际工作中存在随意性。

为保证农村低保工作的顺利开展，今后应将农村低保工作经费和低保金社会化发放手续费列入财政预算给予保障，并配足乡镇、街道农村低保管理工作人员和办公设施，国家应尽快出台指导农村低保的法规性文件。为了提高农村低保对象的社会救助效果，还应该制定并完善与农村低保制度相配套的优惠政策，对农村低保对象在就医、就学等方面给予优惠或照顾，并对有劳动能力的救助对象给予就业扶持，鼓励其通过生产劳动脱贫自救。

主要概念

社会救助	social assistance
灾害救助	disaster relief
最低生活保障标准	minimum living guarantee standard
城市最低生活保障制度	urban minimum living guarantee system
五保户制度	five-guarantee households system
农村最低生活保障制度	rural minimum living guarantee system

思考题

1. 为什么说社会救助是最后的“安全网”？
2. 社会救助的特点有哪些？
3. 应该如何完善城市最低生活保障制度？
4. 什么是农村“五保”供养制度？
5. 该如何完善农村最低生活保障制度？

阅读资料

1. 时正新．中国社会救助体系研究［M］．北京：中国社会科学出版社，2002.
2. 多吉才让．中国最低生活保障制度研究与实践［M］．北京：人民出版社，2001.
3. 谢永刚．灾害经济学研究（第一辑）［M］．北京：经济科学出版社，2006.
4. 王碧玉．中国农村反贫困问题研究［M］．北京：中国农业出版社，2006.
5. 民政部网站：http：//www. mca. gov. cn.

第十章　社会福利

在现代经济社会发展中，各国政府越来越强调和推进以改善人们生活质量为宗旨的社会福利事业，特别是在保障儿童、老人和残疾人等弱势人群的安全和基本生活的同时，如何改善他们的生活质量和发展环境，已成为世界各国密切关注的问题。社会福利制度的建立和发展，使这些问题的解决和人们良好愿望的实现成为可能。

第一节　社会福利概述

在不同的国家和地区，对于社会福利的界定是不同的。即便是在同一个国家和地区，由于研究者的研究视角不同，对于社会福利的理解也有很大的差异。而且与社会保险、社会救助等制度相比，社会福利制度也有其自身的特点。

一、社会福利的含义与特点

（一）社会福利的含义

英文“社会福利”（social welfare）一词出现的很早，至少，在1889年，在美国就出版了一本论文集，题目是《社会福利主题》（Subjects of Social Welfare）。

社会福利可以指社会福利状态，也可以指社会福利制度。社会福利状态是指人类社会（包括个人、家庭和社区）的一种正常和幸福的状态；社会福利制度则是指国家和社会为实现社会福利状态所做的各种制度安排，包括增进收入的制度安排。社会福利有狭义和广义之分。如1991年出版的《中国大百科全书·社会学》对“社会福利”的定义为：“社会福利狭义指当社会成员因年老、疾病、生理或心理缺陷而丧失劳动能力出现生活困难时向其提供的服务措施；广义指为了改善和提高全体社会成员的物质生活和精神生活的各种社会服务措施。”①

在本书中，我们把社会福利界定为国家和社会通过社会化的福利津贴、实物供给和社会服务，满足社会成员的生活需要并促使其生活质量不断得到改善的一

① 中国大百科全书出版社编辑部．中国大百科全书 社会学［M］．北京：中国大百科全书出版社，1991：286．

种社会政策。这一概念包括以下几个层次①：

第一，国家（通过政府有关职能部门）和社会（通过从事福利事业的社会团体）是社会福利的责任主体，国家颁布相关法律对各项福利事业进行规范，如中国就先后颁布过《残疾人权益保障法》、《老年人权益保障法》等若干部法律或法规，政府通过有关职能部门对社会福利事业进行监督与管理，并承担着相应的拨款补贴责任。

第二，它与其他社会服务相比，其本质主要体现在经济福利性上，从而既属于第三产业范畴，又不同于一般第三产业，是难以采取市场调节的社会公共领域，政府的呵护与政策扶持往往是其生存、发展的必要条件。

第三，它强调社会化，即福利的提供必须是开放式的，因此，严格而论，由各机构提供给员工的福利并不能算是社会福利。

第四，社会福利的供给，采取的主要是提供服务的方式。如青少年教育服务、残疾人康复服务、老年人安老服务，以及其他各种具有福利性的社会服务等，从而主要处于服务保障的层次，甚至也包括对有需要者的精神慰藉。

第五，社会福利的目标，不单是为了保障社会成员的基本生活，或解除社会成员的后顾之忧，而且还在于促使社会成员的生活质量不断得到改善和提高，如满足社会成员在教育、文化方面的需求等。

（二）社会福利的特点

1. 福利范围的普遍性

一方面，社会福利作为国家社会政策的重要方面，为社会成员提供范围广泛的福利项目；另一方面，尽管社会成员享受的社会福利待遇事实上存在差异，但较之于社会保险主要服务于工薪劳动者，社会救济只面向贫困人口和灾民，社会福利覆盖的人口范围更具有普遍性。社会成员均能通过社会福利制度获得某种物质帮助和服务照顾，尤其对于某些社会津贴项目，更是所谓“人人有份”的“人头费”。

2. 社会福利具有公平性和高层次性

社会福利待遇的给付和社会救助、社会保险均不相同。社会救助对贫困程度愈大者，给予的救助愈多；社会保险则对投保者参保年限愈长和投保额愈多者，给予的保险金也愈多；社会福利一般来说对所有享受对象给予公平的福利待遇，无论贫富贵贱均是同一享受标准。所以说，社会救助、社会保险和社会福利实际上是整个社会保障体系中由低到高、梯度递进的三个不同层次的保障项目。社会救助是对全体社会成员最低生活水平的保障，社会保险是对劳动者及其家属基本

① 郑功成. 社会保障学——理念、制度、实践和思辨［M］. 北京：商务印书馆，2000：20～21.

生活水平的保障，而社会福利是为全体社会成员物质和文化生活水平和生活质量的改善和提高而提供的保障，是整个社会保障体系中的最高层次，也是评价一个国家或地区社会文明进步程度的重要指标。

3. 社会福利的多样性

社会保险和社会救助制度，通常由政府强制实施，作为政府干预社会生活的体现，具有很强的政府干预性和制度的规范性、统一性。而社会福利则是体现了政府干预和社会参与的有机结合。也就是说，国家作为福利举办的主体但又不包揽，体现依靠社会力量、依靠社区、依靠群众的互助，“社会福利社会办”。并且社会福利还体现为多层次、多类型、多渠道。既包括国家投资的高层次福利，又有依靠社会力量举办的集体福利和社会服务事业，等等。从举办的方式看，有集中的和分散的，有大型的、中型的、小型的，有单一型的，又有综合型的等，形成资金、物力来源的多渠道。

4. 社会福利的服务性

社会福利的主要目的是改善社会成员的生活，重在提高国民的生活素质，而要达到这一目的，只依靠社会保险那样的现金援助和社会救助那样的现金兼实物援助手段是远远不够的，还必须依靠广泛的社会福利服务，并通过福利服务来实现对社会成员的特定社会保障目标。例如，职工年老退休后领取养老金不等于生活有改善，残疾人的康复不能通过现金补助来实现，少年儿童的教养不能通过金钱来替代等。

5. 社会福利资金的单向性

社会福利在资金来源上，具有明显的由国家和社会直接或间接向社会成员提供福利和服务的单向性特征。也就是说，享受社会福利待遇的社会成员，事先无需承担缴费的义务。另一方面，国家和社会在向社会成员支付福利待遇时，也不需要进行家庭经济状况调查。

6. 社会福利具有官民结合性

在当代社会保障制度中，官民合办社会福利事业已经成为一种国际惯例。一方面，社会福利的经费筹集除政府财政预算拨款外，还要依靠民间捐助和发行各种奖券捐募，并已经制度化；另一方面，民间团体和民间志愿机构又直接承办多种社会福利事业。

二、社会福利的发展

社会福利并非当代所特有，是在人类进入 20 世纪以后开始形成的，其标志在于：（1）在工业化社会里，社会福利不再是局部的、有限的慈善行为，而是一项面向全体社会成员的政策；（2）社会福利的组织与实施不再是民间的互助行为，而是由政府直接干预和承担责任；(3) 社会福利的内容不再是满足社会成员因生存而需要的单纯的物质生活保障，而是增进了精神生活和个人全面发展的需要；(4) 社会福利理论不再是积德行善的宗教释义，而是日益丰富的福利国家、福利社会、福利经济学说。因此，社会福利制度是工业社会的产物，它的渊源早于社会保险，它的形成晚于社会保险，它的成熟标志着当代社会保障制度进入了新的发展阶段。

（一）从剩余型慈善救济到社会福利初步制度化

社会福利的雏形主要是中世纪由教会或教区针对穷人提供的有限的慈善性质的物质援助，是“专为社会弱者服务”的剩余型社会福利，社会福利与慈善几乎是同义的。在当时的条件下，救济更多的是出于对贫困者的施舍意识，贫困者则被看成是缺乏资质的个体，理应自助，因此贫困者所能得到的救济十分有限。

其后，随着贫困问题的扩大，民间慈善活动越来越显得势单力薄，再加上由于经济衰退的影响，使人们逐渐认识到不幸可能并不是由于自身原因，而是由于社会原因造成的，无论是穷人还是富人，都有可能遇到由于自身无法控制的因素而成为需要援助的人，因此政府开始把济贫转变为经常性的社会福利项目，逐步纳入政府的正常职能，并开始设立由国家统一计划的社会福利制度。

（二）社会福利项目的扩展和社会福利制度的逐步形成

20 世纪 30 年代，资本主义国家由于世界性经济危机，普遍陷入大萧条，被动的剩余社会福利的根基开始动摇，制度型社会福利思想逐渐占了上风。二战结束后，英国率先按照《贝弗里奇报告》建成了“福利国家”。其后，瑞典、法国、联邦德国、意大利等发达资本主义国家纷纷以建立“福利国家”为努力方向。社会福利扩大的趋势日益加强，而且有涉及全体社会成员的趋势。社会福利的内容也越来越丰富，设计的项目越来越多，在全世界形成了一股普遍的福利热潮；同时，这一阶段比较注重各种制度之间的有机结合，各国设立的福利项目与社会救助也有了显著的层次区分。

（三）社会福利危机的出现及其改革

尽管在20世纪六七十年代，以英国、瑞典为代表的“福利国家”的社会福利内容几乎覆盖了所有个人和家庭所不能解决的问题，但是，自 20 世纪 70 年代后期以来，“福利国家”的社会保障制度逐渐显示出其局限性和弊端，陷入举步维艰、难以为继的困境，出现了所谓的“福利危机”。这表现为：

1. 社会福利支出日益膨胀，赤字财政难以为继。20 世纪 70 年代后期的经济危机彻底结束了西方国家经济持续增长的繁荣局面，各国经济普遍陷入困境。政府和企业的收入随着经济活动水平的下降而降低，而失业者人数和贫困人口却在增加，使得社会福利开支不断增加，从而成为经济和财政的沉重负担。近几年来，人口老龄化趋势、尖端医疗技术的出现，造成了需要福利供给的人员越来越多，福利需求水平越来越高，不可避免地加大了社会福利的“赤字”。

2. 过度福利导致社会经济效率下降，企业产品成本上升，再反过来影响社会经济的发展。在西方，很多人宁愿选择失业，也不肯工作，其主要原因就在于社会的高福利政策。同时，还伴随着一些不容忽视的社会问题出现。由于高福利制度产生的依赖性，使得道德水准下降，社会普遍缺乏竞争意识。此外，在西方国家，高福利体制主要是由高税收来支撑的。高税收不仅造成企业成本过高，还严重影响了企业的国际竞争力。另外，高税收还造成人才流失、资金外流、偷税漏税等。

十几年来，许多国家为了持续降低国家财政和社会的经济负担，先后采取了提高社会保险税率、调整缴纳保险费的收入限额、严格控制养老金支出增长、削减失业救济金、提高医疗费自负比例等措施来改革社会保障制度，但收效甚微，社会福利支出危机至今没有多大起色。因此，人们不得不对普遍福利的思想进行深刻反思：过度的社会福利是不切实际的。

（四）社会福利制度的发展趋势

从“福利国家”改革的实践和社会福利理论研究来看，目前对“福利国家”的改革目标基本上已经达成了共识，即应该持续地降低财政和经济负担，使社会福利政策更符合处于社会边缘的贫穷人们的利益。总体而言，当今社会福利制度的发展趋势主要表现在福利提供者主体的角色发生了转换或转移，即重新确定国家的作用，对于国家、企业、个人及家庭的社会福利责任进一步区分和定位，使国家的功能仅限于再分配，而其他部分的功能按照市场规律进行调整。当前，社会福利制度的改革与发展主要有以下几个特点：

第一，社会福利专业化。专业化的社会福利由一些非政府的社会福利团体负责向有关社会成员提供服务。这些社会福利团体又被称为志愿组织，它们在遵守法律的前提下，自行决定其服务内容和方式。团体的主要经济来源是政府的资助，政府除了扮演“幕后操纵者”的角色外，经常处于监督和评判的位置。

第二，职业福利社会化。职业福利是一种就业关联的保障制度，通常是雇主责任制的一个组成部分。职业福利是企业吸引人才的重要措施，也是政府社会福利的有效补充。但是，职业福利的共享范围小，必须向社会化方向发展。

第三，社会福利供给的民营化、社区化。这种趋势有助于增加福利消费者的选择自由，激发社区居民的参与意识，使得社会福利中的家庭功能回归成为可能，并且提高了效率。

第二节 社会福利理论

随着资本主义的经济发展，社会经济矛盾和经济危机不断出现，促使一些哲学家、社会学家和经济学家思考资本主义经济发展过程中的一些基本问题，如社会利益和个人利益的关系、经济效率与社会公平以及政府如何在社会福利增进中发挥积极的作用等等。由此，产生了诸多学派理论，如福利经济学派、新历史学派、凯恩斯学派等等。这些思想和理论对西方社会福利制度的建立和发展产生了很大的影响，它既是社会福利实践的理论总结和论证，也为社会福利事业的发展提供了指导思想和理论基础。

一、福利经济学与社会福利

福利经济学是寻求最大社会经济福利的经济理论体系，它主要研究如何进行资源配置以提高效率、如何进行收入分配以实现公平，以及如何进行集体选择以增进社会福利。福利经济学产生于资本主义进入垄断阶段。第二次世界大战结束后，福利经济学进入了一个新的发展时期。因此，经济学界一般将福利经济学的发展划分为两个阶段，或者将福利经济学分为新旧两派，旧派（亦即第一阶段）以英国经济学家庇古为代表；新派（即第二阶段）则源于意大利著名经济学家帕累托，为英国的卡尔多、希克斯与美国的勒纳、萨缪尔森等所倡导。

（一）庇古的旧福利经济学

福利经济学作为一个经济学的分支体系，最早出现于 20 世纪初期的英国。它的出现是英国阶级矛盾和社会经济矛盾尖锐化的结果。第一次世界大战后，英国原本十分严重的贫富悬殊的社会问题变得更为尖锐，因而出现了以建立社会福利为目标的研究趋向，1920 年庇古的《福利经济学》一书的出版标志着福利经济学的产生，庇古也被西方经济学界誉为“福利经济学之父”。

作为旧派福利经济学的代表，他从边际效用价值论出发，提出了福利、社会福利与经济福利等概念。庇古认为福利是表示人的心理状态并寓于人的满足之中；各种个人福利加在一起，就是社会福利。在社会福利中，能够直接或间接用货币来衡量的那部分社会福利则通常被称为经济福利。他认为，经济学关心的是“经济福利”，而经济福利离不开国民收入，经济福利在很大程度上受国民收入的大小和国民收入在其成员之间的分配情况的影响。

庇古从边际效用递减出发，认为一个人的货币收入越多，货币的边际效用就越小。因此，同一数量的货币给富翁和穷人带来的福利是不同的。由此他声称，如果把富人手中一部分收入通过某种合法途径转移到穷人手里，这部分收入的边际效用就可大大增加，在减去富人丧失这一收入所造成的损失后，可以使社会福利总量增加。这就是他的“收入均等化”学说。

庇古还把“国民收入极大化”作为他的福利经济学研究的基本命题，并由此提出调和社会矛盾的改良主张。庇古把生产资源最适度的配置，看成增加社会福利的必要条件。在他看来，增加国民收入可增加社会福利。既然国民收入总量是由社会生产的产品总量决定的，一个社会要增加国民收入量，就必须增加满足社会需要的社会产品量。那么在生产资源是一个固定数量的情况下，要增加社会福利，就必然要考察如何使这些生产资源在社会生产各部门得到最合理的利用，从而获得最佳产量的问题。在对生产资源配置的具体分析中，庇古承认，个人追逐私利会造成不良社会后果，因此必须通过国家加以干预。

庇古的收入均等化、国家干预论等观点，对实行有利于穷人的收入再分配政策和西方福利国家的发展具有相当影响。从经济学史的角度看，庇古在福利经济学中的历史地位是无可替代的。

（二）新福利经济学

1929—1933年资本主义世界经济危机以后，英美等国的一些资产阶级经济学家，如罗宾斯、卡尔多、希克斯、勒纳等在新的历史条件下，对庇古的福利经济学进行了许多修改和补充，并从帕累托的理论出发，形成了所谓的新福利经济学。

与旧派福利经济学相比，新福利经济学主张把福利经济学建立在边际效用序数论的基础之上，而不是建立在边际效用基数论的基础之上；主张采用序数效用论和无差异曲线分析法来摆脱旧福利经济学难以回答的福利命题；排除旧福利经济学的收入均等化理论，仅以交换上和生产上的最优条件作为达到最大福利的条件；提出福利标准以及所谓补偿验证，来代替旧福利经济学关于个人之间的效用的比较；把道德标准作为理论的前提，以论证社会福利标准。

根据新福利经济学的效用序数论及其“帕累托最优化状态”理论，可以通过以下两种情况调整资源的配置来增进社会福利：一是使得每个社会成员的境况变好；二是在没有使任何一个社会成员境况变坏的前提下使至少一个社会成员的境况变好。由此，新福利经济学对于福利的增进问题提出了两种观点。

1. 补偿原则论。补偿原则论认为，经济政策的改变意味着价格体系的改变，而任何价格体系的改变，都会使一方得利，另一方受损。但如果通过税收政策或价格政策，使那些得利者补偿受损者而有余，那就是有效的政策，就能增进社会福利。

2. 社会福利函数论。社会福利函数是社会所有个人的效用水平的函数。社会福利函数论认为，组成社会福利的个人福利，取决于社会上各个人的收入分配。收入分配不同，各个人所消费的各种商品数量就不同，各个人所提供的劳务以及社会资源配置于各种商品生产上的情况也就不同。因此，要实现最大福利除了交换和生产的最优化必要条件外，还必须有“理想的收入分配”这一充分条件。

新福利经济学在发展过程中，各个学派不断出现，也形成了其他的一些学说，如外部经济理论、次优理论、相对福利学说、平等与效率交替学说、国民福利尺度以及宏观福利理论等。

从福利经济学的理论体系及旧派、新派福利经济学的基本观点来看，它不仅专门研究经济福利问题，而且关注到社会公平问题。

二、福利国家理论与社会福利

和新福利经济学相联系的是福利国家论的兴起。

（一）福利国家理论主要内容

“福利国家”是包括混合经济、充分就业、社会福利、社会保障等内容在内的一揽子政策目标的总称。其主旨在于，在肯定财产私有制和市场机制的前提下，由国家对社会经济生活实行全面有效的调节和干预，改善人民的生活，以使资本主义制度趋向更为稳定合理。福利国家理论要点有：一是国家的唯一职责是提高公民的福利。国家福利理论强调国家应当承担起改善和提高公众福利的任务；并把这种“福利国家”与“暴力国家”相对立，即一个国家应当由暴力国家转变为福利国家，为全体人民谋福利应当是一个国家及其当权者义不容辞的职责。二是国家应当普遍提高公民的福利。三是国家应当全面调控国民收入的分配。

（二）福利国家理论与福利经济学的关系

1. 主要共同点：它们都主张建立一种能够更好地改进人们福利的制度，尤其是提高和保障低收入人口群体的福利。

2. 主要区别：

第一，在提出的时间上有区别。福利国家的思想的出现要比福利经济学的出现早一些。福利国家思想的较为明确提出，是在 19 世纪末。福利经济学出现在 20 世纪初。但是，福利经济学的出现，为后来“福利国家”的一系列政策和制度的形成，提供了理论依据。

第二，强调的提高福利的方式有一定的差别。福利国家理论主要是强调，国家的主要责任和目的就是提高全体人民的福利，而不是发动战争侵略他国。在这个大前提下，至于提高福利的方式和途径却是多种多样的。而福利经济学主要是从理论上论证改善穷人福利的合理性，即一方面不会对富人福利有多大的损害，另一方面却会在更大程度上提高穷人的福利。

第三，提供福利的依据有差别。福利经济学从经济学的角度，用经济学的方法论证了通过转移支付的方式来提高现有财富效用的合理性和可能性。所以福利经济学构成了福利国家论的理论依据之一。而福利国家论的理论依据除了福利经济学之外，还有政治、道义等方面的理论依据。德国旧历史学派创始人威尔海姆·罗雪尔（Wilhelm Roscher，1817—1894）在1834年出版的著作中就认为："如这种慈善行为已感不足，国家就必须代以强制规定并集中办理的慈善措施。这是因为从政治上和道德上说都不能让贫民感到饥饿。"①

第四，立足的层面不同。福利经济学是立足于微观经济层面上的，所以从宏观经济与微观经济的角度划分，福利经济学一般情况下属于微观经济学，而不属于宏观经济学。在英文版的西方经济学专著和教科书当中，福利经济学的内容都是放在微观经济学里，而福利国家论则是立足于宏观经济和宏观社会层面上的。

第五，提出者的身份不同。提出福利国家论的人物当中，除了学者之外，还有政治家、社会活动家，甚至主要是政治家、社会活动家。而提出福利经济学的人物都是清一色的学者。

三、社会保障与社会福利的关系

社会福利与社会保障的关系在理论学术界事实上存在着争议。一种观点是把社会福利广义化，把社会保障作为社会福利的一部分；另一种观点是把社会福利狭义化，并把社会福利作为社会保障的一部分。也有的学者将社会保障划分为三大层次，即基本保障——社会保险；最低保障——社会救助；最高保障——社会福利。还有的学者认为"社会福利"和"社会保障"这两个概念都有广义和狭义的定义。

在实践中，从一些国家的情况看，这两个概念并没有明显的差别，其业务范围几乎一样，两个概念实际上可相互替代使用。但也有些国家和地区对两个概念做出区分，其中社会保障的外延比社会福利小。最明显的例子是香港，社会保障仅仅是指老年、残疾人的公共福利金以及提供给贫困者的综合援助，社会福利除了包括社会保障外，还包括福利服务。英国、美国没有直接对社会福利和社会保障进行区分，但从其社会保障部门的业务范围可以看出，社会保障外延要比广义的社会福利窄得多。英国的社会保障部门仅涉及收入性福利而不涉及福利国家所提供的国民卫生服务、住房福利以及个人社会服务。美国社会保障署的业务也主

---

① 威廉·罗雪尔．历史方法的国民经济学讲义大纲［M］（原版德文1834年版）．中译本．北京：商务印书馆，1997：124．

要限于养老金项目。国际劳工组织对社会保障的定义，其范围也比社会福利小，仅仅涉及收入性福利。

我国的情况则相反，社会保障概念的外延要比社会福利大得多。我国的社会福利定义不涉及贫困救助和养老、医疗、工伤、生育、失业等社会保险项目，而社会保障不仅包括这些项目，还包括了社会福利。在行政上，我国由人力资源和社会保障部以及民政部分别管理不同的项目，虽然人力资源和社会保障部仅涉及社会保险业务，但在概念上，人们认为社会保障应包含目前民政部门的业务。中国共产党第十四届三中全会通过的《中共中央关于建立社会主义市场经济体制若干问题的决定》，就反映了这种观念。“决定”明确指出：“社会保障体系包括社会保险、社会救济、社会福利、优抚安置、社会互助、个人储蓄积累保障。”

四、社会福利主要流派与思潮

现代社会保障制度的发展，促进了西方社会福利理论的繁荣。在此，我们可以通过对有代表性的一些社会福利思想的简要介绍，了解西方国家的社会福利理论的来源与社会福利政策的依据。

（一）费边社会主义

“费边社会主义”是英国一些学者在1884年成立的费边社的基础上创立的一种社会学说，韦伯夫妇是最重要的代表人物。这种学说害怕阶级斗争，反对暴力革命，主张社会改良。其改良思想包括：把垄断资产阶级的国家政权看成是“集体主义”的象征，主张扩大政府权力来改善社会福利，认为只要把私有财产转移到国家手中就是向社会主义过渡，要求制定全国最低生活标准并由国家采取一切措施来保障居民的生活不低于这个标准，以渐进的转移支付方式来实现所谓“社会主义”。

（二）德国新历史学派

新历史学派又被称为“讲坛社会主义”，是19世纪70年代直到一战爆发前在德国境内盛行的一种学说。该学派由德国一些高等学校的讲授社会主义学说的教授、学者创立。其核心内容是反对自由放任的资本主义，主张国家干预经济生活，提出要增加社会福利，主张由国家来制定劳动保险法、孤寡救济法等。继1883年颁布《疾病社会保险法》，德国相继通过几项法令，从而建立了当时世界上最完备的工人社会保障计划。新历史学派的国家干预思想及其政策主张催生了现代社会保障制度。

（三）民主社会主义

民主社会主义是在讲坛社会主义与费边主义的基础上发展起来的。其最大的特点就是用社会主义的旗号来实施福利国家政策。到第二次世界大战结束后，英国工党作为欧洲最大的社会民主党，提出了“民主社会主义”的理论与纲领，同时制定了“政治自由、混合经济、福利国家、凯恩斯主义和平等信念”等五大原则，并于1951年在德国法兰克福召开的“社会党国际”成立大会上公开提出。经过这次会议，民主社会主义被传播到许多国家，不少社会民主党登上执政党地位后，即将福利国家的理论变为执政的纲领和政府的现实政策。

民主社会主义坚持人类社会必将从自由放任的资本主义社会进化到更文明的社会，认为民主社会主义是资本主义社会发展的一个高级阶段，而福利国家是资本主义过渡到社会主义的阶段。民主社会主义主张用国有化和计划经济来推进福利国家政策，提倡劳资结合，强调通过高额累进税对收入和财富进行再分配，以实现收入均等化和社会公平。

（四）瑞典福利学派

瑞典被人们称为福利国家的橱窗，而其依赖的思想就是瑞典学派的福利经济理论。瑞典学派的福利经济理论的主要思想有两点：一是依靠政府的干预，通过宏观经济调节的方式来平抑经济周期的波动，这一点类似于凯恩斯主义，但瑞典学派更强调市场的作用；二是用收入再分配的方法，主要是指利用累进所得税以及转移性支付，举办社会福利，使社会各阶级、集团之间的收入和消费水平通过再分配趋于均等化，从而实现收入的平等，这一点与福利经济学相似，但瑞典学派更强调阶级调和。瑞典学派不仅在理论上为福利制度奠定了基础，而且在实践上也得到了应用。由此瑞典便成为世界上第一个走上积极稳定政策道路的国家，同时也开创了以国家干预进行“充分就业”和“收入均等”的瑞典福利模式，成为独特的“混合经济”下的“福利国家”。

（五）凯恩斯的国家干预理论与罗斯福的“社会保障社会化”理论

西方国家1929—1933年的大萧条使政府和公众都认识到，失业不仅给劳动人民带来痛苦，而且使经济和社会陷入难以摆脱的困境，只有政府作为组织者才有能力实行包括失业保障在内的社会保障制度，扩大社会需求，抑制通货膨胀，从而有可能摆脱旷日持久的经济危机和社会动荡。源于对大萧条的理论思考，凯恩斯于1936年发表了《就业、利息和货币通论》，阐述了国家干预经济理论及相关对策。凯恩斯主张通过累进税和社会福利等办法重新调节国民收入的分配。国家对社会福利领域的干预有助于增加消费倾向，实现宏观经济的均衡。

而为了面对大萧条的严酷现实，罗斯福总统突破了当时美国社会福利观念中占主流的保守主义的束缚，于1934年底在第二次“新政”的酝酿时期就提出著名的“安全保障社会化”理论。其主要内容是：（1）社会保障问题在工业化社会日益突出，社会保障成为一项取消传统“家庭保障”的制度安排。（2）“普遍福利”为核心的社会保障制度应成为国家的根本制度之一。一切人都应当享有安全保障权利，以免陷入年老、病残、残废和失业的困境。(3) 社会保障制度应与国民的自我保障意识相辅相成，相互促进。罗斯福政府认为，社会保障制度的资金应取之于民，用之于民。1935 年，《社会保障法》获得通过，它为美国社会保障制度的发展奠定了基础。

（六）新自由主义学派

西方福利国家发展到 20 世纪 70 年代末，相继步入困境，福利支出成为一种沉重的负担。由国家维持高标准的福利制度的高费用和低效率导致经济政策的失败。干预主义主导的社会保障制度遇到前所未有的信任危机和经济危机。20 世纪 70 年代，包括公共选择学派、货币主义、供给学派在内的新自由主义思潮大行其道。

与民主社会主义相反，新自由主义是明确反对福利国家政策的。新自由主义者罗列了福利国家的一系列弊端：一是对个人自由构成了威胁。即福利国家是政府的特权，制定福利政策是政府和专业权威人士的权利，从而使政府的权利增长，而人民没有选择的权利，个人的责任和自由遭到削弱，因此，通过福利国家来寻找社会公正和平等完全是对自由的威胁，其分配政策更是和理想自由的社会相悖。二是福利国家导致了效率的低下。福利国家导致了服务体系更多是倾向于政治目的而不是服务对象的利益，进而导致福利供给的过剩或不足。三是对经济发展具有破坏力。福利国家限制了自由市场经济，高福利政策限制了创造者的积极性，降低了个人积累，助长了懒惰，破坏了经济成长的动力和竞争力。四是对社会发展具有破坏力。新自由主义者把经济增长的目的看得比社会发展还重要，认为市场可以在没有制度约束的条件下运行。在社会保障方面，福利服务的市场化是最好的选择，应当降低并且转移国家的作用，让市场发挥主导作用。

（七）第三条道路（the Third Way）

作为一种学说或思潮，第三条道路产生于 20 世纪 50 年代，其代表人物有马克米廉、贝弗里奇、马歇尔等人。它是一种介于民主社会主义与新自由主义之间的一种理论，因此它主张的福利制度也是一种混合和折中，而不是一种创新。进入 20 世纪 90 年代，克林顿和布莱尔两人分别宣称奉行“第三条道路”。

“第三条道路”对社会福利问题持如下基本观点：国家仍然在福利领域起重要作用，并认为稳定与秩序是全部社会生活的基础，而不公平和贫穷不仅剥夺了个人的自由和保障权利，而且对国家和社会的稳定构成了威胁和挑战。因此，国家需要提供相应的社会保障。然而，第三条道路者又不赞成国家提供过多的福利，认为这侵蚀了人们的生活意志和自我负责的精神。因此，他们认为福利的提供应当是政府、非政府组织和个人的共同参与。

第三节　社会福利项目

社会福利的内容相当广泛，因此，从不同的角度来看，社会福利可有不同分类。如按社会福利采取的给付形式进行划分，社会福利可划分为货币形式、实物形式和社会服务形式的社会福利。若按社会福利服务的内容与对象划分，社会福利可划分为全民性福利、老年人福利、残疾人福利、职业福利等项目。在此，我们主要按照后者标准进行探讨。

社会福利作为一项重要的社会政策，日益为世界各国所重视。中国自1949年以来，也一直在努力发展和完善社会福利制度，现已建立起较为健全的社会福利体系，社会福利开支也日益增加。见图 10－1 和表 10－1。

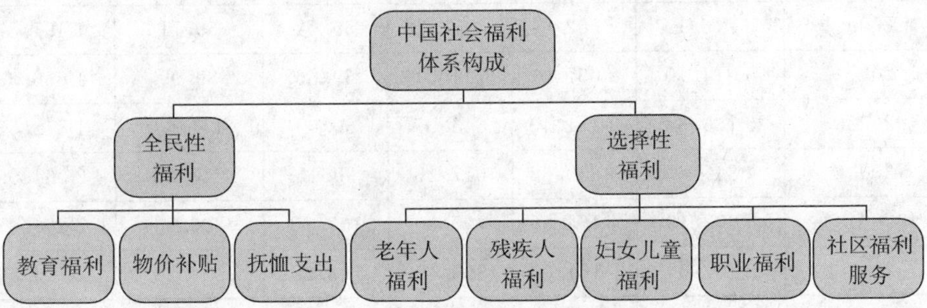

图 10－1　中国社会福利体系图

表 10－1　1978—2005 **年中国社会福利支出情况**　（单位：亿元）

福利支出 / 年份	社会福利总支出	全民性福利支出			选择性福利支出	
		教育福利	物价补贴	抚恤支出	社会救济福利费	职业福利费
1978	179.58	81.24	11.14	2.93	4.62	79.65
1980	370.61	134.89	117.71	4.51	5.36	108.14
1985	697.05	226.8	261.79	7.13	7.71	193.62
1989	1 269.27	503.9	373.55	14.43	10.80	366.59
1990	1 371.3	548.67	380.80	16.61	12.07	413.15
1991	1 469.02	599.51	373.77	17.21	13.18	465.35
1992	1 634.69	728.75	321.64	18.45	14.36	551.49
1993	1 893.12	867.76	299.30	20.78	17.01	688.27

（续表）

年份＼福利支出	社会福利总支出	全民性福利支出			选择性福利支出	
		教育福利	物价补贴	抚恤支出	社会救济福利费	职业福利费
1994	2 466.44	1 174.74	314.47	24.78	20.55	931.90
1995	2 963.71	1 411.52	364.89	29.11	24.19	1 134.00
1996	3 458.57	1 671.70	453.91	32.78	28.98	1 271.20
1997	3 805.43	1 862.54	551.96	37.62	36.57	1 316.74
1998	4 121.75	2 032.45	712.12	40.38	35.29	1 301.51
1999	4 470.48	2 287.18	697.64	54.57	48.52	1 382.57
2000	5 216.19	2 562.61	1 042.28	59.72	59.71	1 491.87
2001	5 614.70	3 057.01	741.51	69.86	89.99	1 656.33
2002	6 180.68	3 491.40	645.07	60.03	141.63	1 842.55
2003	6 848.83	3 850.62	617.28	99.15	217.69	2 064.09
2004	8 002.19	4 465.86	795.80	107.92	266.58	2 366.03
2005	9 402.64	5 161.08	998.47	148.28	324.22	2 770.59

数据来源：国家统计局：《中国统计年鉴》（历年），北京：中国统计出版社。

注：职业福利费是根据“各年度职工工资总额14%”的公式计算得出。

一、全民性福利

全民性福利是相对于选择性福利的一种福利模式，它是指社会成员在社会福利资源分配的过程之中，不论贫富，皆有资格享受福利服务。例如社会福利制度中的国民失业保险、家庭儿童津贴、退休保险、国民健康服务等，而不是像选择性的社会福利，透过社会福利服务机构，分配给那些真正需要福利服务的特殊困难者。

全民性福利模式的优点是每个人都有平等的机会来享受社会福利服务，它基于公民权利的基本原则，在操作上也可减少行政上的复杂性。但是随着社会的发展，人们更多地看到了它的缺点：很容易造成福利资源的浪费，尤其是容易阻碍社会经济的正常发展，因为全民性福利措施极易培养整个社会的安逸风气，导致缺乏工作热情与进取心。全民性包含了机会平等的意义，但它不能保证平等的结果，甚至可能带来更不公平的现象。

二、职业福利

职业福利（亦称为机构福利、员工福利）是以企业、社会团体、政府部门为责任主体，并专门面向内部员工的一种福利待遇，它本质属于职工激励机制范畴，是职工薪酬制度的重要补充。因此，从本源意义出发，职业福利是机构招揽人才和激励员工并借此赢得竞争胜利的一种重要手段。

（一）职业福利与社会福利的关系

1. 两者区别之处

（1）性质不同。社会福利属于社会政策范畴，由国家通过相关的法律制度规范，并由公共机构或社会团体举办，从而是政府主导的公共事务；而职业福利却属于企业或社会团体人力资源管理范畴，完全是举办机构的内部事务。

（2）目标不同。社会福利的最终目标是保障社会成员的基本生活并不断改善、提高其生活质量，而机构提供的职业福利的最终目标则是参与市场竞争并促使利润最大化。因此，社会福利的评价指标主要是公众的满意度和社会效益，职业福利的评价指标则是成本核算和工作效率，并确保其为举办机构的最大利益服务。

（3）调节机制不同。社会福利的发展，必须借助政府干预和公共资源的分配，并服从于社会需要；职业福利则只能遵守市场规则，是举办者对内部资源的一种调配，其投入产出必须遵循成本核算原则，并服从于市场竞争规律。

（4）系统性能不同。社会福利是一个开放的、稳定的系统，它面向所有有需要的社会成员；而职业福利则是一个自我封闭的系统，它只面向举办机构的员工，其是否继续保持与发展下去要取决于举办者的效益状况和利益需要，从而并非表现为稳定状态。

（5）内容不同。社会福利通过采用提供社会服务的方式来满足社会成员对福利的需求，也包括一定的现金津贴等；职业福利则包括休假、疗养、免费工作餐、旅游等多种方式。因此，社会福利重在满足大众化的需求，职业福利则可以考虑员工的个别需求。

此外，无论在资金来源、实施规模、实施方式还是在福利水平、功能作用等方面，社会福利与职业福利均存在着很大的差异。

2. 两者相联系之处

虽然，社会福利与职业福利有明显的区别，但是也应当考察两者社会功能与发展趋势。一方面，在工业社会里，职业福利事实上具有越来越大的社会功能，许多机构提供的福利可以满足其员工的多数社会服务需求，从而客观上起到了替代社会福利的作用；另一方面，由于政府负责的社会保障水平的降低，往往需要各机构举办相应的补充保险等来弥补，如补充养老保险、补充医疗保险等项目作为现阶段新兴的职业福利项目，正在占据职业福利中的重要地位。因此，将职业福利纳入社会福利范畴进行研究又并无不妥之处。

（二）我国的职业福利

长期以来，职业福利在我国的社会福利体系中占有重要的地位，被看作是社会主义制度优越性的具体表现。实行这种职业福利制度的原因有四：第一，就其性质来说，职业福利属于按劳分配的范畴。在社会主义初级阶段，我国多种所有制并存，各企业、各单位的经营状况和经济效益是不同的，这就意味着在全社会的范围内还不可能实行等量劳动领取等量报酬的分配原则，各单位只能根据向社会提供的有效劳动量进行内部分配，而职业福利就是其中的分配形式之一。第二，建立职工福利制度，是与我国社区服务不发达的现状密切相关的。长期以来，由于社区服务不发达，本应该由社区提供的服务，尤其是集体生活福利设施和文化福利设施，却转嫁到了企业、单位，造成“单位办社会”、“企业办社会”的现象。随着我国社区服务的发展，集体生活福利设施和文化福利设施方面的职业福利将不断弱化，直至被社区服务所取代。第三，一些行业的工作条件之艰苦或危险，对工人的身体健康会产生不利影响。为了解除这部分工人的后顾之忧，须对他们提供职业福利。最后，为了增强本行业、本单位的凝聚力，稳定职工队伍，或者是为了扩大本行业、本单位的社会影响，提高社会声望，吸引人才，各单位都十分重视职工的职业福利。

我国职业福利的内容较为广泛，大致分为三种形式：一是以现金支付的各种福利补贴，包括职工生活困难补助、职工探亲期间工资和往返车船票补贴、书报费、洗理费、交通补贴费、取暖费、防暑降温费、卫生费、水电补贴等；二是职工集体生活福利，即兴建为职工提供生活便利、解决生活困难的各种集体福利设施，包括职工食堂、医院、宿舍、浴室、理发室、幼儿园、子弟学校等；三是职工集体文化生活设施，即为丰富职工业余生活、提高其生活质量和文化水平而兴办的文化生活服务设施，主要包括图书馆、文化宫、俱乐部、电影院、体育馆、业余学校等，以及举办多种形式的文化、体育娱乐活动。

我国职业福利制度具有以下特征：第一，普遍性或均等性。职业福利是向本行业、本单位的职工普遍提供的，不再需要其他资格条件。同一单位的职工，在享受本单位分配的福利补贴及举办的各种福利服务的机会方面是均等的。与社会津贴制度一样，职业福利制度也容易造成吃“大锅饭”的现象，这是应该极力避免的。第二，差别性。虽然同一单位的职业福利具有均等性，但各单位之间的职业福利却存有差别。这种差别性有利于调动职工的生产积极性，有利于提高单位的经济效益。第三，补充性。在计划经济体制下，我国长期实行“高就业，低工资”的社会劳动政策，职工的工资水平一直较低。在此情况下，职业福利就具有补充职工收入的特征，使广大职工能够享受到经济发展和社会进步的成果。

三、老年人福利

所谓老年人福利，是指国家和社会为了安定老年人生活、维护老年人健康、充实老年人精神文化生活而采取的政策措施和提供的设施和服务。随着人口老龄化乃至高龄化时代的到来，老年人已经不满足于对养老金的需要，而是对社会福利提出了更高的要求。从老年人的生活保障出发，老年人的福利需求除经济保障需求外，还包括健康保障需求、情感保障需求、服务保障需求等其他保障需求。总之，老年人对生活保障的需要是多方面的，也是复杂的，它需要一个健全完备的社会福利系统。因此，老年人福利构成了许多国家社会福利中的主体内容。

（一）老年人福利的形式

根据为老年人提供社会福利的单位的不同，老年人社会福利主要有收养性的、娱乐性的和一般服务性的福利三种形式。

1. 收养性福利。收养性福利的主要职能是收养无家可归、无依无靠、无生活来源的孤寡老人；在经济条件比较好的地区，也开展自费收养，主要收养一些由其单位或亲属负担费用的老人；收养性的福利设施包括养老院、老年公寓、托老院和福利院等。

2. 娱乐性福利。娱乐性福利的主要职能是为老年人提供各种文化娱乐性服务，面向所有老年人开放。包括老年人大学、老年人活动中心、老年人活动站等。同时，还可根据不同地区的不同情况，组织老年人郊游等休闲娱乐活动。

3. 一般服务性福利。一般服务性福利主要是为老年人提供一些生活和健康方面的服务，面向全社会老人，这类设施包括老年人康复中心、老年医院、老年人咨询中心、老年人交友中心等。近年来，有些专门性的社会福利设施已随着社会的发展而走向综合化，许多收养机构也开展了面向老年人的文化、娱乐和医疗等方面的服务业务，从而为老年人提供了更好的生活条件。

（二）老年人福利的主要内容

从西方国家老年人福利的实践发展来看，老年人福利的内容主要有老年经济保障、老年生活照顾、老年服务以及其他相关内容。

1. 老年经济保障。老年经济保障是指对退出劳动领域或无劳动能力的老年人实行的社会保护和社会救助措施，包括经济、医疗等方面的社会保护和社会救助。主要包括养老年金、医疗保险、贫困救助等。

2. 老年生活照顾。老年生活照顾是指对于因年事已高而在生活中存在困难的老年人所进行的生活照料，主要指生活上的照顾，包括吃、穿、住、行等具体方面，以及医疗保健方面的照顾。老年生活照顾可以分为三种形式：家庭照顾、机构照顾和社区照顾①。

（1）家庭照顾。家庭照顾是指将需要照顾的老年人留在家中或让其生活在自己熟悉的环境里，由社会提供生活上的照顾，它主要有家庭寄养与家庭助理服务。其中，家庭寄养是为了使一些孤单老人可以享受家庭生活而不必被送到养老院，社会服务机构就会征募一些愿意收养老年人的家庭，政府再对收养老年人的家庭给以补助。家庭助理服务是让老年人居住在自己的家中而由社会服务机构上门提供服务。

（2）机构照顾。是在一定的专门社会服务机构内为老年人提供护理、食宿、生活服务的照顾。进行老年人照顾的机构可以根据其收住对象和所提供的相对不同的服务分为以下几种：①安老院：主要是针对那些没有亲属并且也没有了工作能力的老年人，所提供的服务主要是住宿、饮食，以及一些像协助穿衣等非医疗性的服务。②疗养院或者称为护理中心：提供全天候的专业护理以及医疗服务。③日间照顾中心：有些老年人虽然住在家中，但是在白天，在生活的某些方面需要照顾，包括情绪上的支持。④身心障碍中心：主要针对具有身心障碍老人的需要，除了提供特别的医疗照顾外，还提供一些医疗设备。

（3）社区照顾。是让那些需要照顾的老年人住在自己的家中或者尽可能地在靠近他们社区的机构中接受照料。社区照顾的服务项目包括：一是解决老年人的住房安置；二是提供家庭之外的医疗卫生服务；三是为促进老年人的全面健康而提供的专业咨询和情感援助，具体包括：为老年人提供社区日间活动中心、俱乐部、休闲及健身场所，让老年人接受继续教育，让老年人参加假日活动以及志愿者活动等等。

3. 老年服务及其他。老年服务构成了社会服务的主体内容，它包括老年人心理和社会服务、老年人教育服务和老年人就业服务等。此外，一些国家还有相应的面向老年人的其他福利措施，如免费乘坐公共交通工具、免费逛公园等，均可以纳入老年人福利范畴。

（三）中国的老年人福利

在中国，由于有家庭养老的历史传统，老年人大多依靠子女提供各种服务，中国的老年人福利事业起步较晚。新中国成立后，政府主要面向城镇孤老建立福利院，将这些老年人集中收养；在乡村只有救济性质的五保户制度。改革开放后，随着社会经济的发展，尤其是人口老年化速度的加快，面向老年人的福利事业也得到了一定程度的发展。1996 年 8 月 29 日，第八届全国人民代表大会常务

① 李迎生主编. 社会工作概论［M］. 北京：中国人民大学出版社，2004：276～278.

委员会第21次会议通过的《中华人民共和国老年人权益保障法》，对老年人福利问题作了一些原则性规定。此后，政府亦制定了一些促进老年人福利事业发展的政策。中国老年人福利的主要内容，可以概括如下①：

1. 物质生活福利。即为老年人提供物质生活福利，这是中国老年人福利事业的主体内容，大体上可以归纳为如下几种：一是建立福利院、敬老院、老年公寓等，收养没有生活保障的老年人，并扩大到对社会上一般老人的收养安置，为老年人解决生活照料、医疗保障服务以及精神上的孤独问题。二是向困难老年人提供生活补贴。

2. 医疗保健服务。在这方面，城镇享受离退休待遇的老年人，通常继续享受原有的医疗保障待遇。其他老年人的医疗保健问题，虽然未有全国性的统一政策规范，但许多地方正在尝试相应的办法。如在某些有条件的地方，由所在单位或社区组织老年人开展定期的身体检查。国家还组织和提供资金，由社区建立老年康复疗养机构，使老年人的健康问题得到解决。目前，各地正在推行的全民医疗保障指导，有望把非离退休老年人纳入进去。

3. 其他服务。除了保障物质和医疗问题，老年人的精神文化需求也是一个不可忽视的方面。因此，在城市，政府重视支持社区建立专门的老年人休闲娱乐的活动场所，如老年人活动站、老年活动中心等，为老年人提供文化、教育、娱乐、体育活动设施，对老年人优惠服务，解决老年人的精神文化需要。城市中还建立了"老年人婚姻介绍所"、"老年人再就业介绍所"、"家政服务站"等。

由于中国城乡长期存在的二元结构的影响，加之城乡差距的客观存在，中国农村的老年人社会福利主要是侧重于社会救助，国家真正意义上的乡村老年人福利事业并未得到发展。不过，一些发达地区的乡村老年人福利事业已经引起重视并在探索中发展。

四、残疾人福利

残疾人是一个值得关注的社会群体。它是指在情理、生理、人体结构上，某种组织、功能丧失或者不正常，全部或部分地丧失以正常方式从事某种活动的人。

（一）残疾人福利及其主要内容

残疾人福利是指国家和社会对残疾的公民在年老、疾病、缺乏劳动能力及退休、失业、失学等情况下提供基本的物质帮助，并根据社会的经济、文化发展水平，给予残疾人相应的康复、医疗、教育、劳动就业、文化生活、社会环境等方

---

① 郑功成主编．社会保障学［M］．北京：中央广播电视大学出版，2004年，第332－333页．

面的权益保障，实现残疾人“平等、参与、共享”的目标。虽然各国的残疾人福利政策存在一定的差异，但总体而言，残疾人福利的基本内容是一致的。具体而言，残疾人福利事业包括如下主要内容：

1. 残疾预防。它是指国家与社会通过采取一些行动来避免出现生理、智力、精神或感官上的缺陷或防止缺陷出现后造成永久性功能限制或残疾。简单地说，残疾预防是指在了解致残原因的基础上，利用现有的卫生医疗技术，积极采取各种有效措施、途径，防止、控制或延迟残疾的发生。

2. 残疾人康复。它是指国家和社会通过专业化的程序和技术对生理的、心理的、行为的残障者实施再教育和再塑造，增强他们适应社会的能力，以便进入正常的社会生活，乃至成为具有建设性的社会一员。它具体包括医疗康复、心理康复、教育康复、职业康复、社区康复和社会康复等。

3. 残疾人教育。它是国家和社会提供给患有残疾的儿童、青年和成年人享有平等教育机会的一种制度安排，它由政府财政扶持。残疾人教育福利通常包括三个方面：一是有关残疾人教育的法律、法规；二是残疾人教育机构。除了一般教育机构中的特殊教育外，还有专门的残疾人教育机构，如聋哑学校和特殊教育学校等；三是与残疾人康复相关的教育训练，如残疾人职业训练等。

4. 残疾人就业。残疾人就业也是残疾人社会福利的重要内容之一。保障残疾人就业的福利措施一般包括两个方面：第一，利用法律或政策手段保护残疾人的就业机会。世界各国都有相应的法律明确规定企业有义务雇用一定比例的残疾人。第二，开展残疾人职业康复，提供残疾人职业咨询、职业评估、职业治疗和职业培训等福利服务。

5. 残疾人文化体育。早期的残疾人社会福利一般比较注重残疾人物质生活方面需要的满足，随着残疾人社会福利的不断发展，残疾人文化体育活动开始活跃，并丰富了残疾人的精神生活。现在许多国家都把残疾人体育的发展视为本国体育发展、经济发展水平与文明程度的标志，并予以高度重视。

6. 无障碍环境。包括物质环境、信息和交流的无障碍。物质环境无障碍要求城市道路、公共建筑物和居住区的规划、设计、建设应方便残疾人通行和使用。信息和交流的无障碍要求公共传媒应使听力、言语和视力残疾者能够无障碍地获得信息，进行交流，如影视作品、电视节目可配备字幕和解说，运用电视手语；出版盲人有声读物等。

（二）中国的残疾人福利

新中国成立后，我国残疾人福利事业获得了发展。1951 年，中国政府颁布了《劳动保险条例》，陆续开办了一些聋哑学校和社会福利机构以及社会福利企业。改革开放后，全国人大常委会于 1990 年制定了《中华人民共和国残疾人保障法》，国务院于1994年颁布了《残疾人教育条例》等法规，近20年是残疾人福利事业得到较好发展的时期。我国残疾人福利事业的成就，主要表现在残疾人就业、残疾人教育、残疾人康复、残疾人文化体育和无障碍设施建设等方面。

不过，在我国残疾人福利事业发展进程中，也存在着一些需要引起关注的问题。这些问题包括：一是残疾人福利事业推进过程中的行政化现象严重，官方色彩浓厚，影响了民间残疾人福利事业的发展壮大；二是福利服务水平低，供需矛盾突出，能够享受到残疾人福利服务的残疾人仍然是少数人，残疾人在生活保障、就业保障、康复医疗保障乃至文化教育保障等方面仍然得不到满足，这使残疾人在社会生活中处于非常不利的地位；三是残疾人福利事业的筹资渠道较单一，主要是财政拨款，这导致了社会资源动员不足，而且残疾人福利基金的管理和运用亦较为混乱。

五、妇女儿童福利

妇女儿童福利是妇女福利和未成年人福利的合称，它是国家和社会为满足妇女、未成年人的特殊需要和维护其特殊利益而提供的照顾和福利服务，是社会福利项目之一。妇女儿童福利项目则是根据妇女、未成年人的生理、心理特点以及可能受到的歧视和侵害而设立。

（一）妇女福利

由于妇女在生理、心理上有与男子相区别的特点，需加以特殊的照顾和保护，因此，国家和社会极有必要发展妇女福利事业。它一般包括特殊津贴、劳保福利和相应的社会服务等三方面内容。

1. 特殊津贴与照顾。1952年国际劳工大会通过的《生育保护公约（修订)》(第103号)、《生育保护建议书》（第95号）和国际劳工大会此前通过的《生育保护公约》(第3号)，在世界范围内提供了照顾妇女生育的政策框架，它的宗旨就是确保妇女劳动者在产前产后使其本人及婴儿得到支持和照顾。许多国家的劳动立法，亦规定雇主支付产假工资，如果对妇女没有这种足够的保护，便由社会保障机构提供。有的国家建立专门的生育保险制度，面向工薪劳动者中的妇女。在一些发达国家，除了提供生育津贴外，还提供其他项目的福利津贴。

2. 妇女劳保福利。女职工劳动保护是保障妇女合法权益，照顾妇女身心特殊需要的重要方面，也是为了保护社会生产力、保护妇女及下代身体健康所采取的必要措施。因此，各国的劳动法及相关法律，均有对妇女在劳动过程中提供相应的保护措施的规定，并要求雇用单位严格执行。

3. 福利设施和福利服务。在福利性设施与服务方面，如为妇女保健服务的妇幼保健院、妇产医院；为女性服务的妇女活动中心、咨询服务中心、健美中心、妇女用品专门店等。在许多国家与地区，还设有专门的妇女庇护所，为受虐妇女或遭遇特殊困难的妇女提供特殊救助。

（二）儿童福利

儿童福利，也叫未成年人福利，是指面向未满 18 周岁的社会成员提供的各种福利。未成年人由于身体、心理均在发育成长过程中，他们对自身的保护能力和对社会的适应能力还未形成，从而特别需要家庭和社会的关心、帮助和教化。

国际社会对保护未成年人非常重视。早在 1839 年，德国颁布《普鲁士儿童保护法》，禁止使用 9 岁以下童工。1883 年，英国通过的《工厂法》也将未成年工列为保护对象，规定了其劳动时间的上限。国际劳工大会从 1920 年第 2 届起，多次制定通过禁止和限制使用童工的公约。

在中国，国家对未成年人的成长高度重视。《中华人民共和国宪法》规定，儿童受国家保护；父母有抚养教育未成年子女的义务；禁止虐待儿童。《中华人民共和国婚姻法》规定，父母有管教和保护未成年子女的权利和义务；禁止溺婴和其他残害儿童的行为；非婚生子女、养子女和受继父、继母抚养的子女，享有与婚生子女同等的权利。在刑法中，我国政府对各种侵害儿童合法权益的违法犯罪行为依法予以制裁。《中华人民共和国义务教育法》则对儿童享受国家义务教育的权利和禁止使用童工作了一系列规定。1991 年 9 月 4 日，全国人大常委会还专门通过了《中华人民共和国未成年人保护法》，对如何保护未成年人做出了系统的法律规范。

儿童福利的内容，主要有：

1. 儿童医疗保健设施和服务。即国家和社会面向儿童提供相应的保健设施和服务。一般由国家财政提供专门拨款，用以补贴。

2. 儿童的活动场所和条件。即国家和社会建立和完善适合未成年人文化生活需要的场所和设施。如托儿所、幼儿园、儿童活动中心、少年宫等儿童活动、学习场所等。

3. 普及义务教育。义务教育是一项面向儿童的教育福利事业，普及义务教育是保障每一位学龄儿童有受到教育的机会。对接受义务教育的儿童免收学费，对家庭经济困难的学生酌情减免杂费，对贫困家庭的儿童给予教育补贴，等等。

4. 孤残儿童福利事业。对于孤残儿童，国家和社会建立相应的福利机构来集中收养，或者在财政补贴上通过家庭领养、代养、收养的方式提供保障。如儿童福利院是政府部门在城市举办的以孤儿为主要收养对象的社会福利事业单位，其主要任务是收养城市中无家可归、无生活来源、无法定义务抚养人的孤儿和收养家庭无力看管的残疾儿童。此外，还有 SOS 儿童村等。另外，为减轻残疾儿童的残障程度、恢复其自理生活和从事劳动的能力，还建立残疾儿童康复中心，专门为残疾儿童提供门诊和家庭咨询，开展各种功能训练和医疗、教育、职业培训。

六、教育福利

在当代社会，随着知识在经济和社会发展中重要性的提高，教育对社会和个人的重要性也不断增强。一方面，教育对个人的成长与发展具有重要性，尤其是能够改善穷人的困境，促进社会平等；另一方面，教育对国家与社会的发展非常重要，它不仅有利于社会文化的传递和主导价值观的灌输，具有文化整合的作用，而且有利于提高国民文化素质和社会人力资本，进而可以赋予人们各种进入不同职业的必要条件，跨越自己原有的阶层，实现"向上流动"。然而，在现代社会中，教育的花费也越来越大，以至于部分社会成员难以支付。如果纯粹以市场机制分配教育资源，则会导致教育机会的不平等，尤其是会使贫困家庭的孩子丧失教育机会，从而导致贫困的代际传递。因此，需要通过政府的教育福利去弥补市场的不足。事实上，世界上许多国家都因采取教育优先与发展教育福利的战略而使得教育事业得到了快速、持续的发展。有些国家几乎所有的学校都是公立学校，而另外一些国家则是公立学校与私立学校并存，教育福利主要体现在公立学校，同时也体现在国家和社会对私立学校的支持与援助上。

一般来说，教育福利的内容主要包括以下几个方面：

第一，由政府为主体负责建设教育机构，包括投入教育事业的基础设施、设备和建设教育人员队伍，政府直接管理教育机构，或者指导教育机构的运行。各国都通过兴办教育基础设施，培训合格的教师员工队伍，并对教育机构进行管理和监督。

第二，建立不同层次的免费或低费教育体系，为低收入者提供教育补贴。如助学金等。当今世界各国在巨大的公共教育体系的支撑下，基本上解决了义务教育阶段的教育需要，特别是在发达国家中，几乎所有青少年都能获得法律所规定的义务教育，并且在公共教育机构中的义务教育阶段一般都是由公共资金支持，而个人受教育是免费的。

第三，建立合理的教育结构，包括教育的层次结构、专业结构和区域分布。发达国家根据本国的情况建立了包括各类教育在内的多样化的教育体系，除了普通教育以外，还有大量的职业教育、成人教育和特殊教育等，以满足各类人员对教育的不同需要。在高等教育阶段，发达国家一般都实现了高等教育的大众化。有的国家是通过政府举办公共高等教育机构而向所有人提供免费或低费的高等教育服务，而另外一些存在大量的私人教育机构的国家中，政府或其他组织则通过提供奖学金等制度来保证人们受教育的权利。

第四，在特殊地区实施鼓励教育发展的政策，如在农村地区、贫困地区、少数民族地区等实行对教育的特殊投入和其他特殊政策。

七、社区福利

（一）社区及社区福利

“社区”一般指聚集在一定地域范围内的社会群体和社会组织，是具有某种互动关系和共同文化维系力的人类群体进行特定社会活动的活动区域，它一般为地域的、规模较小的基层社会共同体。我国目前所称的社区在城市一般指街道，在农村则指乡、镇或自然村。社区的构成要素包括一定的地域要素、人口要素、组织体系（如居民委员会、业主委员会等）、社区意识，以及相应的物质要素支持（如办公场所、服务设施、办公设备、经费来源等物质条件）。

社区福利是指在一定层次的城乡社区内，由社区组织和福利机构为满足全体社会成员，特别是一些重点对象和特殊需求者的需要而提供的设施与服务的福利项目。它是在自愿、自治、自助、互助的基础上建立的，具有明显的地区性和针对性。由社区提供生活服务保障，具有方便、及时等优点。社区福利的实施不仅可以满足人们日益增长的福利需求，而且可以调节个人、家庭与社区关系，协调社区与政府之间的关系。社区福利的发展是社会福利社会化的重要途径，也有助于我国尽快建立起国家、企业、民间组织、社区和家庭各司其职的新型福利体系。

（二）社区福利内容

社区福利的内容主要有：面向老年人、残疾人及特殊人群的社会福利性服务；面向社区居民的便民利民服务；面向社区企事业单位和机关团体开展的双向服务、为社区居民提供的心理咨询和家庭辅导服务等。从我国的实践来看，面向老年人、残疾人及特殊人群的社会福利性服务是社区福利服务的主要内容，它主要包括三个系列：一是老年人服务系列。包括孤老服务站、敬老院、托老所、老年人公寓、老年庇护所、老年婚姻介绍所、老年人活动站、老年人医疗保健站、老年人康复中心、老年人学校等。二是残疾人服务系列。包括残疾人服务站、残疾人医疗站、精神病人医疗站、康复中心、残疾人婚姻介绍所、弱智儿童启智班、伤残儿童寄托所等。三是少儿服务系列。包括托儿所、幼儿园、学前班、课后辅导班、小学生午餐点、儿童医疗保健站、失足青少年帮教组等。其中，居民委员会对特殊居民群众提供的从物质到精神、从有形到无形的救助、关爱和照顾，都是对国家福利政策的补充和完善。居委会的服务，既是社区服务的依托，又是社会福利的社区体现形式。

主要概念

社会福利	social welfare	福利经济学	welfare economics
福利国家	welfare state	社区福利	community welfare
职业福利	occupation welfare		

思考题

1. 如何理解社会福利概念?
2. 简述社会福利制度的发展历程。
3. 简述我国社会福利制度的基本框架。
4. 简述社会福利理论主要流派。

阅读资料

1. [英] A.C. 庇古．福利经济学 [M]．北京：商务印书馆，2006.

2. [英] 尼古拉斯·巴尔（Nicholas Bar）．福利国家经济学（The Economics of the Welfare State，1998）[M]．北京：中国劳动社会保障出版社，2003.

3. 尼尔·吉尔伯特（Neil Gilbert）．社会福利的目标定位 [M]．北京：中国劳动社会保障出版社，2004.

4. Neil Gilbert，Paul Terrell. 社会福利政策导论 [M]．上海：华东理工大学出版社，2003.

5. 欧洲社会福利政策与研究中心网站：http：//www.euro.centre.org.

第十一章　军人社会保障

军人社会保障是整个国家社会保障的有机组成部分。军人职业的特殊性，决定了军人社会保障的特殊性。军队是国家巩固政权的基本工具，是社会经济稳定和发展的重要保证。为军人提供恰当的社会保障，也就是为社会经济稳定和发展提供保证。

第一节　军人社会保障概述

一、军人社会保障的产生与发展

军人社会保障是整个社会保障的特殊组成部分，根据国际组织、中外学者对社会保障的定义，结合军人社会保障的特殊性，可将军人社会保障定义为：军人社会保障是指国家和社会根据一定的法律和政策，为军人及其家庭成员提供充分的生活需要；主要包括军人抚恤优待和军人社会保险。

（一）国外军人社会保障的产生与发展

自从国家和军队出现后，由于军队的重要性和军人职业的高风险性，各国统治者就对军人采取了一些优待和抚恤措施。但是具有现代意义的军人社会化则是随着社会保障的产生发展起来的，下面以英、美、德为例，进行简要介绍。

在英国，早在阿尔弗雷德（Alfred，849－899）国王统治时期，把退休金或者等值的土地给伤残军人已经成为了固定的做法。1590 年，英国成立了一个名为“查塔姆福利基金（Chatham Chest）”的海军慈善基金会，由海军军官和士兵每月从工资中缴纳 6 便士形成基金，用以对伤员进行补偿，对残疾军人给付永久性的退休金，来保护军官、士兵和船坞工人。同时，它还支付养老金给牺牲军人的遗属。1803 年，该基金被移交给格林威治医院，此后被称为“格林威治福利基金”（the Chest at Greenwich）。1921 年英国通过立法，成立了关于战争养老金的中央顾问委员会，由政府官员、退伍军人代表、退伍军人团体代表组成，每年开两次会。2007 年 4 月，英国国防部将原有的军队人事局和退役军人局合并成立服务军人和退役军人局，为现役和退役军人及其家属服务。

在美国，1789－1799 年国会通过了一系列专门立法，奠立了美军基本工资体系。1922 年国会通过了《联合军种工资调整法》，将陆军和海军合为统一的工资体系。1944 年 6 月 22 日，美国总统罗斯福（Franklin D. Roosevelt）签署的

《老兵权利法》，使大批的退役军人得到教育资助和家庭安置贷款。同年他还签署了《退伍军人优惠法》。1956年，艾森豪威尔（Dwight D. Eisenhower）总统签署了《现役军人和退伍军人的遗属福利金法案》和《战争孤儿教育支援法案》。1983年，美国国会又通过了《退役军人紧急职业训练法》，为退役军人尽快就业提供了法律保护和经济资助。1984年，里根（Ronald W. Reagan）总统签署了《蒙哥马利法案》，这个法案为军人顺利转业到地方起到巨大的作用。此外，美国还通过了《退役军人优先权法》和《双重补偿法》，规定退役军人和符合一定条件的军人配偶或遗属在政府部门和私有企业就业方面享有优先权；退役军人可优先回到服役前的工作岗位。裁减职员时，退役军人有保留工作的权利，雇主不得以任何理由辞退。

在德国，早在17世纪，普鲁士对退役军官就形成了一套安置制度，主要是"采用官吏之途"。1920年德国颁布了《退役军人文官任用法》。此外还专门制定了《义务兵及其家属保障法》和《军人供应法》，对战士的津贴、薪金等福利待遇作了具体规定。

现在，世界上绝大多数国家都已经建立了比较完善的军人社会保障体系，形成了涵盖工资待遇、住房、医疗保障、退役安置、养老、优待抚恤等多方面、多层次的保障格局，而且继续朝着社会化、法制化和货币化的方向发展。

（二）我国军人社会保障的产生与发展

我国军人社会保障制度是随着人民军队的诞生和发展形成的，大体经历了三个阶段：

1. 革命战争时期的创立阶段（1931—1949）

我军的社会保障起源于中国共产党领导下的革命根据地优抚工作。1931年党在江西瑞金成立了中央政权，建立了民政机构。在同年11月全国苏维埃第一次代表大会上，制定通过了《中国工农红军优待条令》，此后还颁布了《红军抚恤条令》、《优待红军家属耕田条令》，形成第一批法规性文件。这些法规的出现，把军人权益置于法律的保护。但是，在没有取得全国政权的条件下，能对军人实施的保障项目有限，主要的内容是优待和抚恤，那时不可能对退休军人安置形成统一、规范的制度。

2. 计划经济时期的发展阶段（1950—1979）

建国后，一方面完善了优抚工作，另一方面又增加和完善了退役军人的安置与退休军官和离休军官的安置、养老等内容。1950年，中央人民革命军事委员会和政务院发布了《关于人民解放军1950年的复员工作决定》。此后国家和军队先后制定、发布了《复员建设军人安置暂行办法》、《国务院关于安置复员建设军人的决议》、《关于处理义务兵退伍的暂行规定》、《关于现役军官退休处理的暂行规定》、《总政治部关于高级干部在军队离职休养的待遇和管理问题的规定》。这些法规的发布，初步形成了安置保障体系，标志着我国军人社会保障进入了新的历史阶段。

3. 新时期的改革阶段（1980—现今）

在优待方面，从1980年开始，为了适应农村实行家庭联产承包责任制的新形势，在全国范围内实行了农村义务兵家属的普遍优待金，这是从战争年代的“代耕帮收”，20世纪50年代实行合作化后的“优待工分”之后的第三次较大变革①。在抚恤方面，1985年经国务院批准，由中央拨出专款，将烈属、因公牺牲军人家属、病故军人家属的生活困难补助，改为由国家实行定期抚恤，而且标准随城乡人民生活水平的提高逐步增长。从此确立了由国家抚恤“三属”的制度。在军队退休、离休干部安置方面，从20世纪80年代开始，离退休干部逐步移交地方民政部门安置，减轻了军队的社会工作负担。1998年，开始实行军人保险制度，标志着我军社会保障的重大变革。1999年，制定了士官退役安置办法。2001年，对转业干部安置增设了自主择业的安置方式，这是安置制度的重大突破。2004年，国务院和中央军委颁布了新的《军人抚恤优待条例》，使优抚工作能适应新时期的发展要求，开创了优抚工作的新局面。

二、军人社会保障的特点与意义

（一）军人社会保障的特征

军人社会保障与一般的社会保障一样，是以国家为主体的、对国民收入进行分配的活动，因而具有一般社会保障的共性特征，如社会性、强制性、互济性、保证性和储存性等。同时，军人社会保障作为整个社会保障体系的特殊组成部分，还具有以下独有的特征：

1. 保障对象的荣誉性

这是指享受军人社会保障待遇的对象具有特殊荣誉或光荣身份。军人社会保障以军人及其家属为保障对象，这些人不同于一般的社会成员，他们是在战争年代或和平时期为社会做出了超常奉献牺牲的特殊群体，应该受到全社会的尊敬。国家给予他们的不仅有物质上的待遇，同时还包括精神上的奖励和政治上的荣誉，以保证其相应的社会地位。

2. 保障待遇的优厚性

军人社会保障的水平通常要高于一般社会成员的社会保障标准。这是由军人及其家属为国家和社会付出了较大的贡献和牺牲所决定的。军事劳动是一种高强

---

① 张东江，聂和兴．当代军人社会保障制度［M］．北京：法律出版社，2001：16.

度、高风险、高奉献的人类劳动，军事劳动者往往是在艰苦地区、恶劣环境、特殊岗位上付出劳动，甚至包括付出生命。军人在履行职责时的付出和损失远高于从事一般职业的公民，他们在战时承担着牺牲生命的风险，在和平建设时期为完成急、难、险、重任务也付出很大的代价。同时，军人选择从事军事职业付出的机会成本也高。因此，他们应该得到较好的生活保障。在同等条件下，军人的生活应稍高于当时、当地居民的平均生活水平；军人社会保障的标准应在一般社会成员的保障标准之上。这高出的份额实际上是对军人为社会额外付出的补偿。本着权利和义务相对等的原则，给予这种补偿便是对军人合法权益的尊重。

3. 保障功能的激励性

军人社会保障对于提高军队的吸引力、凝聚力、战斗力具有很强的激励作用。国家通过法定的军人社会保障，激励军人为国家无私奉献。同时，军人的社会保障问题解决得好，有利于消除军人的后顾之忧，使广大官兵安心在部队建功立业；有利于把社会上的优秀青年吸引到军队中，以适应军队现代化建设的要求。

4. 保障管理的独立性

军人社会保障有相对独立的或专门的管理体系。管理上的独立性是由几方面的原因形成的。一方面，对军人的保障不同于对一般国民的保障，它涉及军队、地方和国家等方面，需要建立一种上下沟通的行政隶属关系。另一方面，军人社会保障是一项经常性的工作，需要有专门的业务部门和常设的机构来管理，加上军事职业的特殊性、保密性，更加大了军人社会保障管理的相对独立性。

（二）我国军人社会保障的意义

1. 建立军人社会保障体系是健全国家社会保障制度的需要

建立与国家经济体制改革和机构改革相适应的社会保障制度，是我国《“九五”计划和2010年发展纲要》的重要目标与任务之一。近几年来，以社会保险为核心的社会保障体制改革正迅速扩展，全国已实行统一的城镇职工医疗保险制度和企业职工基本养老保险、工伤保险、失业保险和基本医疗保险等制度，相继出台了一系列新的政策法规，颁布和制定了《社会保险费征缴暂行条例》、《社会保险登记管理暂行办法》等法规和与之配套的规范性文件，完善了社会保障体系的基本框架，使地方人员的生活待遇有了较为可靠的保障。然而，作为国家社会保障重要组成部分的军人社会保障制度改革则明显落后于全国形势，不仅使军人有后顾之忧，军地有关部门也感到无所适从，这就需要建立与地方相衔接的配套的军人社会保障制度来保障军人的合法权益。因此，军人社会保障体系必须适应国家社会保障体系改革的需要，向项目齐全、体系完整的方向协调发展。

2. 建立军人社会保障体系是适应社会主义市场经济体制的必然要求

社会保障制度与社会经济体制密切相关，不同的经济体制赋予社会保障不同内涵。在计划经济基础上产生的军人保障制度，必然带有计划经济的显著特征。随着社会主义市场经济体制的发展，军人社会保障必然要从依附于计划经济体制向适应市场经济体制转轨，否则就会呈现出极度的不适应，直接影响其正常效能的发挥。目前，国家发展社会主义市场经济，强调资源配置市场化，政府用行政手段调控经济的权威性和强制性弱化，使得一些依靠行政手段保障的军人社会保障项目难以得到真正落实，尤其是国家人事制度的全面改革，面临市场人才竞争日益激烈的新形势，军人的二次就业问题显得更加突出，退役安置困难越来越大，致使军人社会待遇、退役安置等问题成为困扰转型的难题，强烈要求注入新的推动力要素。特别是我军不断走精兵之路，部队几次精减人员，大量退役军人转入社会，如果这些退役军人的社会保障问题不能及时解决，势必要影响到国家、社会和部队的稳定。

发达国家非常重视军人社会保障方面的立法工作，而我国军人社会保障制度虽然经过几十年的发展，也取得了一些成效，但到目前为止还没有一部专门的、完整的法律规范，这与我国社会主义市场经济条件下法律不断完善的现状极不相称。

3. 建立军人社会保障体系是加强军队质量建设的内在要求

随着改革开放步伐的加快，军队建设也出现了许多新情况、新问题，其中军人及家属生活保障方面出现的问题越来越突出，主要表现在：军人医疗保障难、家属随军就业难、子女入托入学难、家属住房难、军人退役安置难等等，这些问题如果不能得到解决，势必挫伤军人的工作积极性，不利于军队吸引和保留年轻、有能力、有技术的高素质人才。特别是军人退役安置问题，如果得不到合理解决，不仅会制约军队的建设，而且会影响到军队的安全和稳定。完善军人社会保障制度，尽量把社会能承担的保障任务交给社会来保障，充分依靠社会力量，向社会和市场要保障力，最大限度发挥社会经济系统的保障服务功能，实现国家、社会、军队、市场多重保障，军民两利，优势互补，不仅可以改善军人待遇和军事职业的保障水平，而且可以增强军队吸引力、凝聚力，保障军队的兵员质量，既有利于缓解军费供需矛盾，又能使军队集中精力抓好质量建设。

4. 建立军人社会保障体系是维护军人合法权益的需要

军人作为社会特殊群体所付出的是一般群体所无法比拟的，根据按劳分配和权利与义务对等原则，其所享有的权益也应高于一般社会群体，军人社会保障正是依靠政策法律的强制作用从物质层面和经济视角对军人应享有的权益予以有效保证。然而，在当前社会不断发展、人民生活水平不断提高的今天，军人与社会成员相比，收入来源单一，过去的社会保障方式已不能满足市场经济条件下军人应该享受的社会保障需要，不但损害了军人的权益，影响了军队稳定，也不利于军队的长远建设。只有不断完善军人社会保障制度，通过立法来保护军人合法权益，确保军人权益有法可依、有章可循，才能为军人创造一个良好的社会保障条件，消除军人的后顾之忧，激发全军官兵献身国防事业的热情，从而更好地肩负起军队的神圣使命。

第二节 军人抚恤优待

一、军人抚恤优待的含义和内容

（一）军人抚恤优待的含义

军人抚恤优待是以国家财政投入为主要资金来源，对那些为革命事业和保卫国家安全作出牺牲和贡献的特殊社会群体（已退役的还乡军人、伤残军人及军属、烈属等）实行的各种优待、抚恤制度；包括死亡抚恤、残疾抚恤和社会优待。具体地说，军人抚恤优待制度有以下几层含义：

1. 军人抚恤优待对象

军人抚恤优待对象是现役军人（以下简称现役军人）、服现役或者退出现役的残疾军人以及复员军人、退伍军人、烈士遗属、因公牺牲军人遗属、病故军人遗属、现役军人家属。

2. 军人抚恤优待工作是国家维护自身利益的需要，也是国家和社会的责任

优抚对象是曾经或正在为国家做出特殊贡献者，国家和社会有责任保障他们及其家属的生活，这是国家为维护其统治的必要手段。在一些国家的社会保障制度项目中，军人抚恤优待对象作为特殊的对象来享有各种保障，在中国，军人抚恤优待是政府社会保障工作的重要组成部分。

3. 军人抚恤优待的保障水平较高

相对于其他保障对象而言，优抚对象对国家和社会的贡献和牺牲较大，因此，国家对他们所实施的保障标准比较高，保证其生活水准不低于一般保障对象的平均水平。

4. 军人抚恤优待是一种荣誉性的社会保障措施

除了有现金补贴和服务帮助以外，国家和社会还通过各种优抚活动，在全社会宣传有贡献者的特殊功绩和高尚品德，增加他们的荣誉感，提高他们的社会地位，使其成为社会尊敬效仿的楷模和榜样。

（二）军人抚恤优待的内容

优抚工作的目标是使优抚对象达到社会平均的生活水准，国家针对可能影响

优抚对象的死亡、伤残、退役等因素，通过优抚保障设立了死亡抚恤、残疾抚恤、社会优待等方面的内容。

1. 死亡抚恤

死亡抚恤是优抚保障制度中最基本的内容。军人为国捐躯，必然使其家属尤其是被赡养人蒙受巨大的损失。因此，国家有责任抚慰其家属，保障其生活，提供既有褒扬意义、又有物质补偿性的抚恤金。

根据2004年颁布的《军人抚恤优待条例》规定，现役军人死亡，根据其死亡性质和死亡时的月工资标准，由县级人民政府民政部门发给其遗属一次性抚恤金，标准是：烈士，80个月工资；因公牺牲，40个月工资；病故，20个月工资。月工资或者津贴低于排职少尉军官工资标准的，按照排职少尉军官工资标准发给其遗属一次性抚恤金。

获得荣誉称号或者立功的烈士、因公牺牲军人、病故军人，其遗属在应当享受的一次性抚恤金的基础上，由县级人民政府民政部门按照规定比例增发一次性抚恤金。

除一次性抚恤之外，对符合条件的烈士遗属、因公牺牲军人遗属、病故军人遗属，发给定期抚恤金。现行的定期抚恤金标准如表11-1。从表11-1当中可以看出，定期抚恤标准从2003年到2006年，有了近20倍的提高。

表11-1　烈属、因公牺牲军人遗属、病故军人遗属定期抚恤金标准表

单位：元/年

	烈属	因公牺牲军人遗属	病故军人遗属
	2003年标准		
城镇	255	250	245
农村	195	190	185
	2006年标准		
城镇	4 980	4 620	4 260
农村	3 120	2 940	2 760

资料来源：民政部网站。

2. 残疾抚恤

残疾抚恤也是优抚保障制度中最基本的内容之一。军人在服役期受伤致残或患病致残的情况出现以后，将会对其本人及其家属的生活带来很大困难。因此，国家应当通过保障措施，对他们本人及其家属的生活进行保障，以体现国家对他们所作贡献的褒扬和抚恤。

现役军人残疾被认定为因战致残、因公致残或者因病致残的，依照《军人抚恤优待条例》的规定享受抚恤。残疾的等级，根据劳动功能障碍程度和生活自理障碍程度确定，由重到轻分为一级至十级。因战、因公致残，残疾等级被评定为一级至十级的，享受抚恤；因病致残，残疾等级被评定为一级至六级的，享受抚恤。退出现役的一级至四级残疾军人，由国家供养终生，其中，对需要长年医疗或者独身一人不便分散安置的，经省级人民政府民政部门批准，可以集中供养。对分散安置的一级至四级残疾军人发给护理费。

3. 社会优待

社会优待是国家和社会按照立法规定和社会习俗对优抚对象提供资金和服务的优待性保障制度。社会优待手段既包括资金保障，也包括服务保障。资金保障，通常是向优抚对象提供各种生活津贴；服务保障，主要是由社会各界（包括工作单位、社区组织或社会团体）提供，既有生活服务，又有生产服务。以保证为国家做出贡献的人员及其家属维持一定的生活水平。

二、军人抚恤优待制度的改革

（一）军人抚恤优待工作面临的问题

从战争年代建立起来的军人抚恤优待制度，经过和平时期的不断发展与完善，目前已渐趋健全。主要表现为军人抚恤优待体系基本建立，形成了比较完善的抚恤优待网络，优抚法规体系基本建立。但是，军人抚恤优待制度依然存在以下问题：

1. 资金投入不足，保障水平低

近些年来，虽然国家财政用于优抚的支出连年都在增长，抚恤优待标准在不断提高，但是从总体来看，仍然表现为资金投入不足，保障水平较低。优抚支出占财政总支出的比重仅有0.38%左右，在优抚标准上，除了在乡红军老战士外，其他优抚对象人均年获得抚恤、补助均低于同期城乡居民人均年收入（如表11－2）。

表11－2　优抚对象年均抚恤、补助情况　　单位：元/人·年

指标	2000年	2001年	2002年	2003年	2004年	2005年
伤残人员	1 586	1 839.6	2 054	2 260.1	2 377.9	3 655.6
在乡红军老战士	6 300	6 686.5	7 800	8 934.8	9 638.5	10 250.0
红军失散人员	1 200	1 381.9	1 616	1 744.2	1 807.2	2 934.2
烈军属	1 507	1 677.2	1 954	2 623.0	2 777.8	2 843.8
在乡复员军人及在乡退伍军人	877	929	1 043	1 166.3	1 210.0	1 584.9
城镇居民家庭人均可支配收入	6 280.0	6 859.6	7 702.8	8 472.0	9 421.6	10 493.0
农村居民家庭人均纯收入	2 253.4	2 366.4	2 475.6	2 622.2	2 936.4	3 254.9

资料来源：根据国家统计局《中国统计年鉴（2006）》资料整理。

2. 保障标准缺乏地区差异性

我国东西部地区经济发展差异较大，城乡经济发展差异较大，而优抚对象分布又具有明显的地域性，因此用相同的全国平均标准来适应生活收入水平不同的优抚对象，其后果是社会保障的不公平。

3. 现行政策对军人优抚保障待遇不规范

《军人抚恤优待条例》虽然是国务院和中央军委制定颁布的法规，但缺乏国家基本法的强制，在市场经济条件下，不少地方执行起来很困难。特别是条例中规定的优抚内容在实际过程中很难进行具体的量化，如有关待遇具体的比例系数，一切以地方政府与部门对优抚对象的偏好来进行处理。

4. 社会化参与程度不高，这在一定程度上制约了我国优抚保障事业的发展

目前，社会力量参与优抚保障的途径还不是很多，作为社会化实质性标志的社会中介组织和民间机构尚未真正参与到优抚保障中来，致使优抚保障仅限于来自国家有限的经济资助，服务保障没有落到实处。

（二）军人抚恤优待的完善

在新形势下，优抚制度如何适应市场经济的变化依然是一个有待解决的问题，可以从以下几方面入手对军人抚恤优待制度进行改革。

1. 增强国家的保障责任

社会优抚要坚持中央财政与地方财政共同承担的抚恤补助责任的原则，完善抚恤补助制度。革命伤残人员、“三红”、“三属”的抚恤补助金主要由中央财政负担，地方根据本地实际，制定高于基本标准的地区性标准，所增加的资金由地方财政负担；在乡复员军人的定期定量补助金主要由地方负担，争取中央财政对革命老区和贫困地区实行倾斜性补贴。

2. 加快形成多层次的社会优待制度，推动优抚保障的社会化

推进优待金社会统筹，统筹对象从单纯农民扩展到城镇干部、职工、个体劳动者以及机关、团体、企事业单位等；同时引导一部分条件较好的社会组织参与优抚保障，使其转变为具有独立法人资格的社团或民办机构，为优抚对象提供医疗、康复、保健、供养以及社会公益服务，以减轻政府的财政负担，弥补国家财力、物力和人力投入的不足。

3. 大力扶持优抚对象家庭发展生产，不断增强优抚对象自我保障、自我发展的能力

优抚对象由于自身条件的限制，使其在自我发展、自我保障方面存在不少困难。社会要为之提供相应的帮助与扶持，如资金、技术、项目、减免税收等，从而为优抚对象家庭发展生产创造条件。组织引导机关、团体、企事业单位和个人，广泛开展“手拉手，一帮一”对口帮扶活动，专人包户，责任到人，帮助优

抚对象脱贫致富。

4. 完善医疗减免制度，努力解决优抚对象医疗难问题

随着国家医疗保险制度的改革，已经建立了个人缴费与社会统筹的社会医疗保险体制，"大锅饭"式的医疗保障体制已经成为历史。但是对于优抚对象还是应当给予一定的优惠政策。如，可以采取财政扶持的政策，让城市享受医疗补助待遇的优抚对象参加社会医疗保险，让农村享受医疗补助待遇的优抚对象参加农村合作医疗，辅之以其他措施，提高社会优抚对象享受医疗保障的待遇水平。

5. 加快优抚事业的发展

优抚医院、光荣院和烈士纪念建筑物保护单位，要把改革与改组、改造结合起来，走多功能一体化发展的道路。优抚医院要通过更新设备，发展医学科技、改善人才结构，不断提高自身发展能力和市场竞争能力，并朝着具有一定特色与优势的专科医院方向发展；光荣院要调整裁并，把有限的人力、财力和物力集中起来，逐步向以供养孤老优抚对象为主的老年公寓方向发展。

第三节　军人社会保险

一、军人社会保险概述

（一）军人社会保险的定义与特征

军人社会保险是指国家设立专项基金，在军人履行职责受到伤害以及遇到伤残、死亡、年老等风险，暂时或永久丧失劳动能力等情况时，给予军人及其家属一定经济补偿的特别社会保险制度，包括军人伤亡保险、军人退役养老保险、军人退役医疗保险和军人其他保险。

军人社会保险具有以下特征：

第一，强制性。军人社会保险是国家行为，每个现役军人都必须参加军人社会保险。

第二，补偿性。军人职业风险高、牺牲大、奉献多，特别是近年来入伍的独生子女越来越多，一旦发生伤亡、病残，将给其家庭带来巨大的损失。因此，需要通过军人社会保险给予一定的经济补偿。

第三，自我保障性。军人社会保险由军官、文职干部和士官个人按规定缴纳一定的保险费，体现了自我保障的特征。

第四，衔接性。由于军人是一个特殊的职业群体，大多数军人最终会退出现役，回到地方。因此，军人社会保险在制度设计上注重军地保险制度的衔接。

第五，激励性。军人社会保险险种的设置体现军队和军人的职业特点，保险待遇有利于激励军人安心服役。

（二）军人社会保险与国家社会保险和军人抚恤优待的关系

要准确理解军人社会保险的内涵，需要正确把握军人社会保险与国家社会保险和军人抚恤优待的关系。

1. 军人社会保险与国家社会保险的关系

军人社会保险与国家社会保险在举办的主体、实施的目的方面有相同之处，举办的主体都是国家，目的都是提供经济帮助。但两者在保障的对象、保障的程度上是有明显不同的。一是对象不同。军人社会保险的对象是特定身份的军人及其直系亲属；社会保险的对象是特定身份的劳动者及其供养的直系亲属。二是保障程度不同。军人社会保险的保障程度（水平）虽不能满足军人各方面的需求，但保障程度（水平）要高于社会平均保障水平；社会保险则是以劳动者维持基本生活需要为标准。

2. 军人社会保险与军人抚恤优待的关系

军人社会保险与军人抚恤优待的共同点都是一种对军人及其家属的优惠保障措施，但二者在优待覆盖面、法律行为、资金来源、主体对象、机构设置、功能作用上有明显区别。一是优待覆盖面不同。军人社会保险对现役军人及其家属的优待补偿覆盖面比较宽；而军人抚恤优待除对伤残军人、革命烈士等的优待规定比较多外，对有关现役军人及其家属的优待规定覆盖面较窄。二是法律行为不同。军人社会保险是约定的法律行为，保险方的损失补偿行为是受到法律约束的；而军人抚恤优待是一个单方面的法律和行政行为，随意性很大，有时优抚数量可多可少，形式多种多样。三是资金来源不同。军人社会保险资金是依靠国家、社会、个人三者负担，通过建立保险基金来予以补偿；而军人抚恤优待所用的资金不需要受益者分担。四是主体对象不同。军人社会保险的主体对象是指履行过和正在履行兵役义务的全体军人及其直系亲属；而军人抚恤优待的主体对象是革命烈士家属、因公牺牲的军人家属、病故军人家属、军属、伤残军人、带病回乡的退伍军人等等，其对象是特定的。五是机构设置不同。军人社会保险机构设置隶属于军队领导机关；而军人抚恤优待从国务院直至基层均设有专门的优抚机构。六是功能作用有所不同。军人社会保险不仅有利于提高军队的社会地位，而且有利于提高军队的经济地位；而军人抚恤优待只能保障部分特殊对象的生活，并确立他们的社会地位①。

---

① 彭暄卢，佟李姜．关于建立军人社会保险制度的思考（下）[J]．国防，1996（6）：14.

二、军人社会保险的产生与发展

（一）国外军人社会保险的产生与发展

军人社会保险是随着社会保险的产生和发展而产生和发展起来的。19 世纪末 20 世纪初，社会保险在欧美等国建立和完善，此时作为社会特殊群体的军队和军人，他们的保障必然也要采取与社会保险相适应的形式，于是，军人社会保险也就应运而生。

美国早在 1919 年 5 月就对现役军人实行了军人人寿保险制度，以加强对在第一次世界大战中阵亡和伤残军人的抚恤，尔后又颁布了《军人团体人寿保险计划》、《伤残退伍军人保险计划》、《退伍军人抵押人寿保险计划》等 8 种法规，不断予以补充和完善。

德国在 1936 年就制定了《军人养老保险法》，1992 年又制定了《军事养老金法案》。法国虽然在 1945 年就建立了社会保障制度，但由于种种原因没有将军人考虑进去，1949 年通过新的法律，建立起军人保险制度。

俄罗斯则是在 1993 年颁布《军人地位法》和相关军事命令，建立起一个比较完善的军人保险体系。

亚洲的泰国、印度、日本、马来西亚和新加坡等也都根据本国的具体情况，建立了不同形式的军人保险制度。虽然各国对军人保险制度的提法、保险范围、管理方式不尽相同，但是，通过建立和实行军人保险制度以加大对职业风险的化解，已经成为世界各国的共识和普遍做法。

（二）我国军人社会保险的产生和发展

中国军人社会保险制度是伴随国家社会保障制度的改革与发展建立起来的。从 20 世纪 90 年代开始，国家加快了社会保障制度改革的步伐，城镇职工养老、医疗、工伤、失业、生育等项社会保险制度相继建立起来。目前，全军每年有几十万官兵退役到地方，急需为他们建立与地方社会保险相衔接的个人账户。因此，必须加快建立与之相适应、相衔接的军人社会保险制度。1995 年 3 月军队开始论证研究，建立军人社会保险制度。1997 年 1 月，军委常务会议确定建立军人社会保险制度，成立全军军人社会保险办公室。办公室在国家有关部委的支持下，拟订了《军人社会保险制度实施方案》，该《方案》规定了军人社会保险制度的指导思想和原则、保险项目和基金筹集、保险给付和管理体制等重要内容。1997 年 3 月，全国人大通过了《中华人民共和国国防法》，在第 60 条明确规定“国家实行军人社会保险制度”。为改革和完善军人社会保险体制提供了法律依据。这同时也明确了军人社会保险的法律地位，国家是军人社会保险的责任主体。

1998年6月，国务院、中央军委批准颁布了《军人社会保险制度实施方案》，标志着军人社会保险制度正式建立。方案设置了军人伤亡保险、军人退役医疗保险、军人退役养老保险三个险种，以及根据国家建立多层次社会保险体系的要求和军队建设的需要，在适当时机开设其他保险项目。同年，《中国人民解放军军人伤亡保险暂行规定》出台。1999年12月又颁布了《中国人民解放军军人退役医疗保险暂行办法》，使军人社会保险制度的内容进一步丰富。军人退役医疗保险解决了退役军人到地方后医疗保险待遇的接轨问题。2002年11月，人力资源和社会保障部、财政部、人事部和总政治部、总后勤部联文下发了《关于转业到企业工作的军官、文职干部养老保险有关问题处理意见的通知》，2003年底，又出台了《军人配偶随军未就业期间社会保险暂行办法》。至此，军人社会保险的险种体系基本建立起来。2000年6月，开始拟订《军人社会保险法（草案）》，它作为军人社会保险法律制度体系的母法，主要规范军人社会保险的基本制度、基本原则、基本标准和基本程序等一些带有宏观性、根本性和方向性的问题。

经国务院、中央军委批准，国务院办公厅、中央军委办公厅日联合下发了《军人配偶随军未就业期间社会保险暂行办法》，从2004年1月1日开始施行。这进一步完善了军人社会保险制度。按照《暂行办法》规定，军人配偶随军未就业期间社会保险待遇主要包括：一是享受基本生活补贴。根据军人驻地艰苦程度，每月给予其配偶随军未就业期间基本生活补贴。同时为鼓励再就业，实行领取基本生活补贴递减制度。除特殊地区外，领取补贴标准全额的最长期限分别为5年或3年，期满后按补贴标准8%的比例递减。二是享受养老保险个人账户补贴。军队后勤机关按照缴费基数11%的比例，为未就业随军配偶建立养老保险个人账户，所需资金由个人和国家共同负担，其中个人缴纳6%，国家补贴5%。缴费基数参照上年度全国城镇职工月平均工资60%的比例确定。本办法实施以前随军随队的未就业随军配偶，1998年1月1日至本办法实施前未参加养老保险的随军随队年限，个人可按缴费基数11%的比例一次性补缴养老保险费，其补缴年限与本办法实施后的缴费年限合并计算。未就业随军配偶实现就业并参加养老保险的，其在军队期间建立养老保险个人账户后的缴费年限，与到地方后参加养老保险的缴费年限合并计算。三是享受医疗保险个人账户补贴。军队后勤机关按照未就业随军配偶基本生活补贴标准全额2%的比例，为其建立医疗保险个人账户，所需资金由个人和国家共同负担，其中个人缴纳1%，国家补贴1%。四是享受再就业扶持政策。各级地方人民政府参照国家有关规定，对未就业随军配偶的就业、再就业给予扶持。

三、军人社会保险的内容

军人社会保险的险种从类别上可分为两类保险。一是基本保险。主要包括军人伤亡保险、军人退役医疗保险和军人退役养老保险。伤亡保险主要根据军人的职业风险性的特点，使军人因战、因公发生伤亡时，在享受抚恤金的基础上，得到相应的经济补偿，解除军人的后顾之忧，更好地安心服役。军人退役医疗保险和军人退役养老保险主要是解决与社会保险制度的衔接，确保军人退役后，享有国家规定的相应社会保险待遇。二是补充保险。根据国家关于建立多层次社会保障体系的要求和军队建设的需要，增加适合军人的险种，提高军人社会保险的水平和丰富军人社会保险的内容。其体系结构如图 11－1。

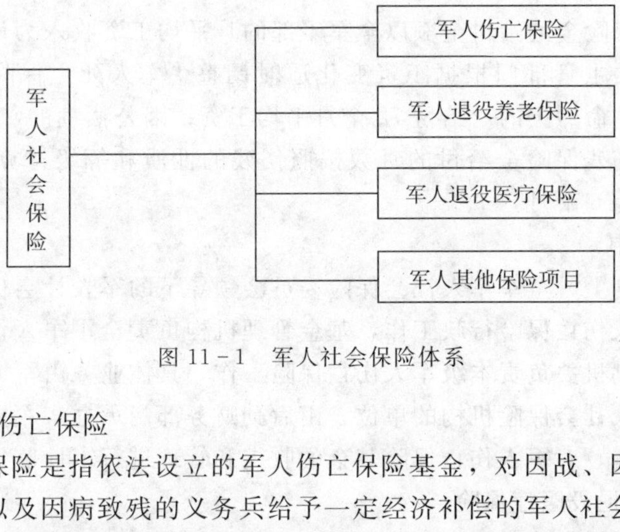

图 11－1　军人社会保险体系

（一）军人伤亡保险

军人伤亡保险是指依法设立的军人伤亡保险基金，对因战、因公死亡或者致残的现役军人以及因病致残的义务兵给予一定经济补偿的军人社会保险制度。

1998 年，我国制定了《中国人民解放军军人伤亡保险暂行规定》，确定设立军人伤亡保险基金，对因战、因公死亡或者致残的军人以及因病致残的义务兵给予经济补偿。这个规定初步明确了我国军人伤亡保险的对象、筹资渠道、给付标准和管理体制。

1. 军人伤亡保险的对象

军人伤亡保险的对象包括现役军人、军队文职干部、士兵和具有军籍的学员；武警部队中的现役人员。

2. 军人伤亡保险的筹资渠道

（1）个人缴纳。按照个人缴费与军人承受能力相适应的原则，在制度实施初期，把每人每月的缴费标准定为 5 元，即现役军官、文职干部、志愿兵，每人每月按不超过全军军人月平均工资收入的 1％缴纳保险费，但义务兵、供给制学员不缴纳军人伤亡保险费。现役军官、文职干部、志愿兵退出现役时未曾领取过伤亡保险金的，退还个人实际缴纳的保险费和利息。

(2) 中央财政拨人。军人伤亡保险基金主要由中央财政负担，负担主要是三部分：一是负担义务兵的伤亡保险费；二是补贴干部和志愿兵的缴费不足；三是根据需要适当积累的部分，用于特殊情况下的支付。

(3) 军队调剂安排。为使军人伤亡保险积极筹集确有保证，军队尽可能从军费内调剂一部分资金，用于军人伤亡保险。

(4) 基金运营收益。军人伤亡保险基金增值部分，按照国家相关政策规定要全部纳入保险基金，用于军人伤亡保险的赔付，不能挪作他用。

(5) 法律、法规和国家政策允许的其他渠道。

3. 军人伤亡给付标准

军人伤亡保险金的给付金额以全军干部的月平均工资收入为计算单位。具体数额由部队有关主管部门根据工资变化适时调整。军人死亡保险金的给付标准是：被批准为革命烈士的，给付 72 个月平均工资；因公牺牲的，给付 48 个月平均工资。军人伤残保险金给付的月数按照伤残的性质和等级计算，最多的为 42 个月，最少的为 6 个月。

4. 管理体制

在管理体制上，全军军人社会保险委员会领导下的军人社会保险行政管理机构主管全军军人伤亡保险行政工作，基金管理机构负责全军军人伤亡保险基金的管理。各级后勤机关负责本级军人伤亡保险工作，具体业务由军人社会保险机构承办；未设军人社会保险机构的单位，由后勤财务部门承办。军队各级审计部门按照规定的职责，对军人伤亡保险基金的收支和管理进行审计监督。

(二) 军人退役医疗保险

军人退役医疗保险是指中国人民解放军依法设立军人医疗保险基金，为军人建立退役医疗保险个人账户，对军人退出现役后的医疗费用给予一定补助的军人社会保险制度。

1999 年，我国制定了《中国人民解放军军人退役医疗保险》，确定建立军人退役医疗保险制度。

1. 军人退役医疗保险的对象

军人退役医疗保险的对象是指师职以下现役军官、四级以下专业技术军官、局级和专业技术四级以下文职干部、士官、义务兵和具有军籍的学员。军职以上干部、军队离退休干部和二等乙级以上伤残军人不参加军人退役医疗保险。主要是考虑到军职以上干部退休后，仍由军队供养，享受公费医疗待遇；军队离休干部和二等乙级以上伤残军人，仍实行公费医疗。

2. 军人退役医疗保险基金

军人退役医疗保险基金由国家财政拨款和军人缴纳的退役医疗保险费组成。参加军人退役医疗保险的军官、干部和士官，每人每月按照本人工资收入1%的数额缴纳退役保险费。国家按照同等数额，给予军人退役医疗补助。军人缴纳的退役医疗保险费和国家给予的军人退役医疗补助，由其所在单位后勤（联勤）机关财务部门逐月记入本人的退役医疗保险个人账户。义务兵、供给制学员不缴纳军人退役医疗保险费。

3. 军队干部和士官退役医疗保险给付标准

军队干部和士官退役医疗保险给付标准由国家补助、军龄补助和个人缴费三部分组成。一是国家补助，如前所述；二是军龄补助。按照1999年12月31日以前任命（选取）的军官、文职干部和士官，截止到1999年底的军龄，每人每月补助60元，一次性记入个人账户。军龄补助是对军人以前的服役期限给予的经济补偿；三是个人缴费，为个人缴费实际积累额。义务兵退出现役时，按照上一年度全国城镇职工平均工资收入的1.6%乘以服役年数的公式计算给付。

（三）军人退役养老保险

军人退役养老保险是通过建立专项基金，用于保障现役军人按规定退出现役后养老的生活需要而给予经济保障的一种社会保障制度。

1998年我国制定的《军人社会保险制度实施方案》规定，为军人建立个人账户，保障其退役后享有国家规定的养老保险待遇。虽然该方案没有具体规定此项保险的细则，但其内容包括以下几个方面：保险对象为现役军人中的军官、文职干部、士官、义务兵及已离、退休但未列入移交的干部。军人退役养老保险实行国家统筹与个人账户相结合的部分积累模式，即将国家财政拨入、军队专项拨付的一部分资金用于承担已离、退休且无个人账户人员的保险金支付，以及补充有个人账户但不够支付者的平衡调剂量；国家财政拨入、军队专项拨付的另一部分资金则与个人缴费相结合，计入个人账户，形成基金积累，用于有个人账户现役人员退役后的退役养老保险金支付。个人缴纳部分参照地方人员和国家公务员的缴费标准，并考虑与军人承受能力相适应来确定。军人退役养老保险金由基本养老金（即国家统一的基本养老保险制度规定的地方企业职工和国家公务员所享有的基础养老金）和退役年金两部分组成。保险金的给付标准应坚持干部要高于地方同职级公务员、士兵要略高于地方企业职工平均水平的原则。

四、军人社会保险的改革

军人社会保险制度自从20世纪90年代建立起来之后，已有近10年的历史，经济社会环境已经有了新的发展和变化，地方社会保险制度也在继续改革。所以，军人社会保险也需要进行相应的改革。

（一）军人社会保险改革的目标

军人社会保险制度改革面临的是复杂的外部环境，其追求的目标应该是能够将在新的外部环境条件下存在的预期收益转化为现实收益，实现新的均衡状态的军人社会保险制度。近期目标是扩大军人社会保险范围，完善伤亡保险、退役医疗保险、退役养老保险制度。远期目标则是建立起与国家社会保险制度相衔接、与军人抚恤优待、退役安置等政策制度相配套、多支柱、多层次的军人社会保险体系；建立稳定、规范的军人社会保险资金筹措机制，实现军人社会保险管理服务的社会化；建立完善的军人社会保险基金管理和监督机制，化解军人保险基金的运营风险，实现基金保值增值；形成比较健全的军人社会保险法律法规体系。

（二）军人社会保险改革的原则

1. 政府主导原则

政府是军人社会保险制度改革决定者，主要有以下几方面的优势：一是资金优势。军人保险活动离不开国家财政的收支活动，国家财政始终是军人社会保险体系的主渠道。二是组织优势。政府在军人社会保险事务中的组织作用首先表现在为军人社会保险立法上。军人保险法律的存在将降低军人社会保险的运行成本。而且，没有以国家政权为基础的法律强制力的约束，军人社会保险将无从谈起。其次，政府可以在军人社会保险制度改革的某些领域的具体事务中发挥积极作用，如一些组织协调工作等。三是监管优势。军人社会保险政策的贯彻执行，特别是社会保障基金的运营，离不开政府强有力的监管。即使成立了非官方的专门监管机构，无论从威信、能力还是从权利、责任来看，政府的职能也是无法替代的。

2. 突出体现军人职业特殊性原则

军人职业与社会其他职业相比，具有职业危险性大、劳动时间长、劳动环境艰苦、劳动强度大、就业流动性大、岗位限制多等特点。因此，军人社会保险制度改革要在保险项目的设置和保障水平上体现军队和军人职业特点。从保险项目的设置上，充分体现军队的特色，使其具有相对的独立性；在保障水平上，给予军人一定的额外补偿，确保军人社会保险的给付水平略高于地方。

3. 权利与义务对等原则

根据社会契约理论，权利与义务是一种正比例变化的关系。军人社会保险制度的改革与发展，尽管要突出国家政府保障主体职责，但也必须强调权利与义务的统一，军人在享受相应权利时也应当承担相应的义务，主要是军人缴纳一定社会保险费的义务。但是，军人个人缴纳的社会保险费占其工资的比例应当低于地方职工的这一比例。

4. 独立性与兼容性相结合原则

军人社会保险制度的改革虽然有其特殊性，但还必须与地方社会保险制度协调一致，这样才能保证转业、退伍军人以及军队新招人员原有的保险待遇水平不下降，从而增强军队的吸引力、凝聚力和战斗力，同时也有利于国家进行宏观调节和控制。军人社会保险与军人其他经济权益保障方式相比，具有不同的运作机理、功能和作用，不具有完全的互相替代性。在制度改革过程中，要正确处理军人社会保险与工资、社会福利、军人救助、退役安置等制度的关系，保持制度转换的连续性，降低改革阻力，保持军队稳定。

（三）军人社会保险制度改革的重点

1. 完善现有的险种体系

完善军人伤亡保险制度，保险的范围应当包括因战、因公死亡或者致残的现役军人；在艰苦边远地区、海岛、核潜艇、核试验、核弹发射基地等险情大的地区或岗位工作因病死亡或者致残的军官、文职干部和士官；因病致残的义务兵。改革现行的军人个人缴费制度。在国家允许的范围内，应适当提高给付标准，保证军人伤亡保险待遇水平不降低。

完善军人退役医疗保险制度，把军人医疗消费与军人医疗保险结合起来。参照国家有关部门的有关规定，确定相应药品保障与诊疗服务目录。确定自付比例和军人基本医疗保险消费的最高限额，由军队根据以收定支、收支平衡的原则确定。实行医药分开核算、分别管理的制度，打破医药不分的垄断体制，建立药品流通的竞争机制，合理控制医药费用水平。深化医疗机构改革，主管医疗保险的部门应在指定医疗机构引进竞争机制，促进医院加强管理，减员增效，降低成本，提高医疗质量与效率。

完善军人退役养老保险制度将在后面部分详细描述，完善军人配偶随军未就业期间社会保险，主要是协调好与地方社会保险制度的关系，保证随军配偶的利益不至于受到损失。同时，根据财力可能，适当提高随军配偶社会保险水平。

2. 建立军人子女教育保险

部队驻地师资力量缺乏，教育质量亟待提高；子女转学频繁，难以保证稳定的学习环境；军人履行教育义务少，造成长期军人子女单亲教育；子女学费支出不断增加，军人家庭负担沉重等，使得子女教育往往成为军人家庭比较突出的问题。军人子女教育保险指由国家和军队依法设立专项基金，通过经济补偿和政策优待等措施，解决军人子女教育中遇到的困难和问题的一项军人社会保险制度。保险对象是符合小学、初中、高中学龄的军队现役军官、文职干部、士官子女。适用范围包括：不能入学的军人子女；需异地入学的军人子女；子女因军人工作调动、退出现役而转学、辍学的；子女与军人长期分居两地的。保险资金由国家财政和个人共同负担的方式，以国家财政拨款为主。

3. 军人社会保险管理体制的改革

通过改革，应当建立完整、有序、可持续发展的军人社会保险管理体制。

（1）军人社会保险管理组织机构进行调整。对现有军人社会保险行政管理机构和军人社会保险基金管理机构进行调整。对于军人社会保险行政机构，扩大其管理权限，提高管理层次，也是一个军事行政组织，受总后勤部的直接领导。同时又是一个保险管理机构，接受国家人力资源和社会保障部的业务指导，负责军人社会保险的立法、政策制定以及保险金给付标准的拟制和国家补助军队保险的经费筹措工作，并增设军级单位军人社会保险机构。调整军人社会保险基金管理中心职能，专门负责保险基金的收缴、统计和个人账户管理工作，接受军人社会保险机构的业务管理。

（2）完善军人社会保险基金监管机制。第一，建立严格的内部监管系统，包括人员的分工、职责权限的划分及保险金的给付、等级评定等具体业务的分工管理等，实现相互制约、相互协调。第二，建立完善的外部监管系统。根据业务管理关系，下级对上级负责，上级监督下级保险工作的运作情况。审计部门是重要的监管职能部门，通过健全审计部门的监管职能，加强对军人社会保险工作的全面监督，包括对各项保险业务的运作，资产投资管理机构基金运营，保险金给付、转移情况等情况的监管。在加强部门监管的同时，建立群众性、社会性的监督系统，包括广大官兵的监督、社会监督等，积极采纳各种合理化建议，适度增加保险工作透明度，推动军人社会保险持续、健康、有序的发展。

4. 军人社会保险立法的完善

军人社会保险制度的运行需要相应的法律制度来保证，政府必须凭借其强制力，来实现相应的制度安排。这样的制度安排是最有效的，因为有了相应的法律，无论是军人社会保险运行还是管理都有了依据，这事实上也是全国人大为什么要加快军人社会保险立法的主要动因。

军人社会保险立法是一项政治性很强的工作，法案的起草质量，既关系到国家社会保障法律体系建设的进程，又关系到军队的长远建设与发展，更关系到全体军人的切身利益。因此，在我国这样一个缺少更多军人社会保险活动实践的背景下，军人社会保险立法工作面临的困难与压力会更大。为了保证军人社会保险立法的质量，在军人社会保险立法工作中必须把握军人社会保险制度发展的大趋势，使制定出来的军人社会保险法能在一定时期内保持稳定，并能有效规范军人社会保险活动。

军人社会保险立法原则是军人社会保险立法工作的核心，它决定着军人社会保险法律关系的有效调整和规范，全面地反映军人社会保险关系的存在及其运行的客观要求，并在宏观上把党和国家在军人社会保险领域的基本政策、方针上升为国家意志，体现军人社会保险的本质属性和主要特征。

军人社会保险立法应遵循以下原则：(1) 符合国情与军情原则。一是军人保险立法不能脱离我国社会主义初级阶段的生产力发展水平和社会保险的保障水平，同时还要与国家社会保障制度建设与发展趋势相一致。二是军人社会保险立法必须考虑军队建设与发展的大趋势，必须与军队保障制度的改革思路相一致，前瞻性地解决军人社会保险的发展问题。(2) 权利与义务对称原则。权利与义务属于现代社会保障制度中的法律范畴。从法理角度讲，军人社会保险具有社会保险的一般属性，军人社会保险的法律关系实际上是一种权利与义务关系，军人在享受保险权利的同时，还必须履行法定的军人社会保险义务。(3) 公平与效率相结合原则。公平与效率相结合是社会保障制度建设的一般原则，但军人社会保险制度有其特殊性，在遵循社会保障一般原则时应结合军队建设实际和军人职业特点进行必要选择。(4) 紧密衔接与相对独立原则。从总体而言，军人社会保险立法必须从完善社会保障制度和军队长远建设出发，综合考虑部分军人在军队工作直至退（离）休后转到地方生活的实际情况，处理好军地保障制度的有效衔接问题，特别是在保障原则、组织机构等方面要采取配套性措施。(5) 立足现实与着眼长远相结合原则。处理好当前需要和长远需要的关系，突出当前需要。在当前两个军人社会保险险种的基础上，把军人社会保险法定位在一部母法的位置上，不可能只针对两个险种去完善、充实、立法，应站在战略的高度，对军人社会保险事业发展进行立法。要处理好当前需要与长远需要的关系，并突出当前需要，即哪些险种当前最紧迫。对长远需要的险种可以提出来，粗一些；对当前需要的险种，从现在起就要细一点，如军人大病医疗、军人随军家属就业等问题①。

军人社会保险立法的出发点是军人职业风险保障需要，即首先要规范好现役期间军人保险的各项需求，然后才是军人社会保险与地方社会保险的衔接，即相对独立的军人社会保险制度是军地保险相互衔接的法律基础。事实上军地保险衔接的核心问题是军人社会保险基金的收缴和划转问题，军人社会保险立法必须在军人社会保险费收缴、划转方面明确军地部门与机构间的职责范围，以保证军人社会保险基金营运的连续性与安全性。军人社会保险险种设置是军人社会保险立法的一个重点问题，而险种设置关系到军人保障范围与水平，因此，必须保证险种设置的科学性。这也是军人社会保险制度改革的难点所在。军人社会保险制度改革的重点是对制度结构、制度运行状态和制度实施机制的调整、规范和

---

① 郑传锋．我国军人保险立法问题研究［J］．后勤学术，2003 (2)：52～56.

完善[①]。

五、军人社会保险与地方社会保险的衔接

军人社会保险制度与地方社会保险制度衔接是当前现实情况所决定的，是建立和完善军人社会保险制度所必须要考虑的重要问题。同时，做好军地社会保险制度的衔接工作也是组建系统全面的国家社会保险的内在要求，军人社会保险制度与地方社会保险制度的衔接重点就是如何解决军人社会保险个人账户的转移问题，这一问题涉及复转军人的最终社会保障水平问题和复转安置工作的进行。

（一）军人退役医疗保险与地方社会医疗保险的衔接

对于军人退役医疗保险与地方社会医疗保险的衔接，目前采取了以下处理办法：

从地方直接招收的军官、文职干部、士官，入伍前参加社会医疗保险的，入伍地社会保险经办机构应按有关规定向入伍所到部队后勤部财务部门提供医疗保险个人账户转移证明，并将基本医疗保险个人账户结余资金经银行汇至入伍者所到部队后勤财务部门。财务部门应为其建立军人退役医疗保险个人账户。义务兵入伍前参加社会医疗保险的，入伍时由当地社会保险经办机构将个人账户封存。

军人退役时，凡按照国家规定不参加社会医疗保险的，由军人所在单位后勤（联勤）机关财务部门将保险金发给本人；按规定参加社会医疗保险的，由军人所在单位后勤（联勤）机关财务部门将保险金转入军人安置地的社会保险经办机构。义务兵退伍后，当地社会保险经办机构启封个人账户；异地安置的，办理个人账户转移手续。提升为军官、文职干部和选取为士官的，由所在单位后勤财务部门通知入伍地区的社会保障经办机构办理个人账户转移手续。

军人服役年限视同社会医疗保险缴费年限。

（二）军人退役养老保险与地方社会养老保险的衔接

要想做好军人退役养老保险与地方社会养老保险的衔接，在制度设计上需要着重解决以下问题：

1. 军龄待遇与工龄待遇之间的关系

目前地方有关部门不接受军龄与工龄之间的差别对待，认为军龄和工龄待遇应当是相等的。其实这是一种误解，是地方人员只看到驻扎在大中城市军人的生活情况而做出的较为偏激的判断。作者认为军龄待遇应当比工龄待遇要高出一定比率，以体现军人职业高风险性、艰苦性和特殊性的特点。在和平时期，军人也时时面临巨大的风险，工作压力是巨大的，并且就目前的国际形势来看，我国的

---

① 郑传锋．强化制度功效：我国军人保险制度改革价值取向［J］．后勤学术，2004（7）：13.

国家安全正经受着极大的潜在威胁，在这种状况下，军人表面看似生活在和平的环境中，其实承担着巨大的职责和生命的风险。如果不能让地方有关部门认识到军人面临的潜在风险，提高军龄待遇，就会挫伤军人的自尊心，降低军人的社会地位，这对于军队谋求科技建军，吸引人才是不利的。长期下去无疑会削弱国防实力，那时潜在风险爆发的可能性就会增加，人民的生命财产就会受到巨大的损失。因此，在进行军人养老保险制度与地方养老保险制度的衔接时，应当体现军龄待遇高于工龄待遇的原则。

2. 基金的转移问题

军人退役尚未达到退休年龄时，有工薪收入的军人个人账户养老金直接转入接收与安置地区的社会保险机构，对于军队养老保险统筹基金也应随着退役军人相应转移。因为从地方社会保障机构保险支付的构成看，基本有两块：一块是基础养老金，其支付来源主要是社会统筹基金；一块是个人账户养老金，主要是个人保险金累积。军人在退役时，只转移个人账户基金，对退役军人以后享受养老保险待遇没有什么影响。因为军人退役后在地方工作，就职单位会为其续保，包括建立个人账户基金与统筹基金，而统筹基金由社会保障机构统一管理使用，个人账户基金则可在退休时由个人使用。但有一点，那就是在统筹基金总量中少了一部分，要保证退役军人享受的待遇不变，就只能通过分享为其他社会成员所建立起来的统筹基金。这本身是不公平的，因为这样处理的结果，要么是整个地方社会成员所享受的社会保障水平下降，要么是社会统筹基金入不敷出而出现基金运行危机。另一个方面，从军队统筹基金的功能来看，由于军队不直接负担军人的退休养老，特别是在制度实施后退休军人的养老，建立军人统筹基金的最直接目的是保障军人的合法权利，包括享受建立社会统筹基金与个人账户基金的权利。保障其在退出现役后能享受与其他社会成员一样的社会保障待遇。

义务兵因其养老保险由原居住地组织实施，服役期间视同缴费，回原居住地后由当地社会保险机构负责续保，不存在基金转移问题。如果在其他地方找到工作，则养老保险关系随同户口转移。

3. 复转地经济差异对养老水平影响的解决

我国地区经济发展不平衡，造成由于军人复员转业的地区不同，而最终所享有的养老保险待遇水平差别显著。这些影响养老水平的因素包括物价水平和地方政策。养老待遇水平的差别对于复转安置工作的影响是军人普遍倾向留在城市，在城市的复转军人普遍倾向留在发达地区，这样就给安置工作带来了较大的阻力。如果能够通过完善的制度衔接政策解决这些待遇方面的差异，无疑对于军转安置工作的顺利开展起到积极作用。就宏观方面看，军人提供的产品是国家安全，因而国家是主要的受益者；然而国家的各地方、区域也是这一公共产品的直接受益者。因而，这一差异的弥补应当充分发挥中央和地方政府两方面的作用，即由国家财政和地方财政共同拨出专项经费弥补，对于弥补的程度应当以军人复转地平均养老保险个人账户积累水平为基础目标。这涉及弥补差额过程中分摊比率的问题。一般来讲由于分摊方法不同，最终的实际比例会有差异：一是按照绝对额进行分摊，即国家对每一个复转军人按照其服役年限和工作贡献提供一个固定数额的弥补额，其余部分由复转地地方财政解决。这一方法的好处是由于发达地区收入和消费水平较高，养老保险个人账户的积累额也相对较多，在国家弥补一定数额后，待弥补部分相对较多，但是由于这些地区财政宽裕，负担相对较多的部分也是较为合理的，其实这就是符合了“水涨船高”的简单道理，使得各地方可以根据自身的经济发展和财政状况进行负担。二是按照国家和地方负担比率固定的方法进行弥补，这种方法操作相对简便，但是容易导致的结果是国家负担较重，而地方没有充分发挥自身的作用，尤其是富裕发达地区。另外，军队也应当充分发挥主观能动性，积极配合解决个人账户差额弥补问题。

主要概念

军人社会保障	military social security
军人抚恤优待	military compensation and preferential treatment
军人社会保险	military social insurance
军人伤亡保险	military casualty insurance
军人退役医疗保险	veterans medical insurance
军人退役养老保险	veterans pension

思考题

1. 军人社会保障有什么特点？军人社会保障有什么意义？
2. 我国的军人抚恤优待有哪些内容？应如何改革？
3. 军人社会保险体系有哪些内容？
4. 怎样才能做好军人社会保险与地方社会保险的衔接？

阅读资料

1. 时正新，朱勇．中国社会福利与社会进步报告［M］．北京：社会科学文献出版社，1998、1999、2000、2002.

2. 邹军誉．国外优抚安置制度精选［M］．北京：中国社会出版社，2003.

3. 荀恒栋．士兵优抚与退役安置［M］．北京：法律出版社，2005.

4. 美国退伍军人事务部网站：http：//www.dva.gov.au.

第十二章　补充保障

补充保障是社会保障制度重要的组成部分，与基本保障共同构筑了多层次的社会保障体系框架。补充保障是指在基本社会保障制度之外，非强制性建立的、满足社会成员多层次需要的、补缺和提高社会成员福利的各种保障措施的总称。主要包括补充养老保险、补充医疗保险、住房社会保障制度、农村扶贫开发计划、慈善事业和团体互助。本章主要介绍了住房社会保障制度、农村扶贫开发计划、慈善事业和团体互助四种补充保障制度①。

第一节　住房社会保障

在现代住房社会保障制度建立之前，各国均把住房作为单纯的生活消费品看待，居民的住房问题主要靠自身解决，政府是没有责任的。随着社会和经济的发展，住房的商品属性发生了变迁。由于广大居民中的中等收入者和低收入者住房问题凸现，直接影响到社会的稳定，政府的住房理念发生质变：住房不单是商品，更是一种特殊的商品，“没有什么东西比住宅更能为谋求人们幸福和社会安定作出贡献”②。

因此，本章将住房社会保障定义为：由政府直接或者间接对居民购买、建造和租用住房提供补助的一种福利制度；主要包括政府出租公房、政府出售低价住房、政府对居民购买和建造住房提供各种优惠政策。

一、住房社会保障制度的产生与发展

住房是人的一种基本权利，也是一种基本的社会保障。但是，在任何一个国家和地区，除了高收入和部分中等收入家庭有能力依靠自身的力量解决住房问题外，大部分中等收入和低收入家庭必须借助政府的帮助，去解决住房问题或改善其居住条件。同时，保障居民的生存权，也是任何一个国家政府的义务和责任。因此，不论在经济发达国家还是在发展中国家，住房问题既是一个经济问题，也是一个社会政治问题。

---

① 补充养老保险和补充医疗保险等补充保险本来属于补充保障的范畴，但是越来越多的国家对补充保险采取强制，甚至设想让补充保险与基本保险互换位置。我国现行政策把补充保险与基本保险捆绑实施，也使得补充保险在一定程度上失去了“补充”含义。关于补充保险的内容，参见第八章.

② 胡佛．美国第一次住房会议上的讲话．1931.

为了提高社会成员福利，缓解住房矛盾和社会矛盾，保持社会安定，各国政府都针对“贫民窟”问题进行了积极的干预。特别是第二次世界大战以来，住房保障制度在各国得到了空前发展：一方面由于战争对住宅的严重破坏，城镇住房问题十分突出；另一方面出于对20世纪30年代经济危机的深刻反思，主张政府干预、引入计划经济、扩大社会福利的思潮成为经济政策的主流。许多国家认为，通过政府的积极干预，解决低收入居民家庭的住房问题，实现“为每一个居民家庭提供良好的住房”或“居者有其屋”的社会目标，既是维护社会安定的重要手段，也是社会收入再分配的重要方式。因此，各国结合各自的实际情况，制定了多样化的、比较完善的住房保障制度，使住房保障逐步成为各国社会政策和社会保障制度的重要组成部分。

1919年，英国率先建立现代住房制度时，英国政府和广大专家学者对本世纪初居民住房的情况进行分析后确立了改革旧住房制度和建立现代住房制度的基本思路：要建立一个政府支持（含政策支持和经济支持）与居民合理的住房消费相结合的住房制度。这一基本思路是发达国家现代住房制度的精髓，至今仍为世界各国在建立和改革住房制度时所袭用。进入21世纪，英国住房政策特别是公有住房政策的有效实施，住房消费格局呈现以下特征：英国居民中有近70%的居民拥有自有住房产权，另外30%的居民租赁住房；其中，20%的居民从当地政府租赁公有住房，10%的居民租住私人房屋①。

美国是市场经济特别发达的国家，政府对市场的干预较少。但为了解决低收入家庭住房问题，美国政府在立法、金融、税收等方面都大力干预，同时也提出了许多针对低收入家庭的住房计划，帮助低收入家庭解决住房问题。美国进行大规模住房建设的发展开始于第二次世界大战以后，从1946年开始，每年新建住房100万套以上。20世纪80年代中期以后，美国住房建设的发展速度更快，年住房建设投资约占国民生产总值的6%－8%，年住房建设量保持在150万套左右。第二次世界大战后的40多年内，美国共建住房5 000多万套，占全国住房总量的3/5。其显著的特点是住房所有权高度私有化，1995年美国的住房平均私有率达到65%，实现其政府目标“要为所有美国人提供体面和合适的居住环境”。2007年美国的住房平均私有率达到70%。

与英国、美国、新加坡的情况相似，西欧的法国、德国、荷兰、比利时、奥地利和亚洲的日本，住房保障制度都起源于解决短缺的问题。特别是第二次世界大战的破坏，使他们的住房保障制度得到空前发展。经过40年的努力，这些国

---

① 龚磊．解决“住房难”六国政策启示中国［EB/OL］．（2007－05－11）［2007－06－12］．http：//inti. ce. cn/specials/zxxx/200705/11/t20070511－11318721. shtml.

家的住房问题得到极大的缓解，大部分国家住房总套数已超过家庭总数。

世界范围的由政府采取税收支付、贷款优惠以推动住房私有化的浪潮，与各国完善住房保障制度、促进社会安定的考虑密切相关。其中各国政府的住房保障理念已由单纯视住房为居民的普通生活消费品上升为特殊的生活消费品，且有促进社会安定和国民经济增长的重要作用。

二、住房社会保障的主要模式

在本章中，我们将所涉及的经济发达国家住房制度分为瑞典等福利主义国家的市场——社会保障型住房制度、美国等国的市场——救济型住房制度、德国等保守的合作主义福利国家的住房制度以及以新加坡为代表的住房制度。下面，我们对这些国家的住房制度作简要介绍和分析。

（一）瑞典等福利主义国家的市场社会保障型住房制度

瑞典经济的运行模式以市场配置资源为基础，但是，为了弥补市场的缺陷，政府制定了极为广泛的社会保障政策。瑞典等北欧一些国家的经济模式，决定了这些国家在社会保障方面对全民性和非商品性的强调，在强烈的国家干预下建立全民性的福利系统，向全社会提供尽可能多的福利和面向各个阶层的服务。

这种将住房作为全民性的公平权力，推行独具特色的、广泛的全民性住房政策，使瑞典的居住水平居世界前列。为了解决中、低收入阶层居民的住房问题，政府为住房建设筹集资金、提供贷款、并通过优惠利率和补贴，使房屋成本保持在合理的水平上；同时，通过提供长期住房信贷、建立抵押贷款机构等方式支持居民买房。此外，政府还运用利息补贴、住房津贴和税收补贴等住房补贴政策，使占家庭总数 50％的低收入家庭获得住房补贴总额的 85％。

尽管进入 20 世纪 80 年代以来，瑞典的住房政策正逐步向市场化方向发展，住房补贴也从全社会的普遍补贴改为目标性的定向补贴，由政府补贴的非盈利储蓄住房和合作住房的供应也进一步市场化，从而使住房制度的全民性福利特征逐渐消失，但其取得的成就是令人瞩目的。

（二）美国等国的市场救济型住房制度

美国、英国等崇尚自由市场经济的国家，倡导充分的自由竞争，政府尽量不对市场进行干预，在对市场运行的某些后果进行修正时，也不改变或取消市场运行的机制和规则。这种经济运行模式在社会保障制度（包括住房制度）上的体现，就是政府鼓励由市场提供各种商品和服务，即只对低收入等特殊阶层提供国家福利。

体现美国等国市场——救济型住房制度的住房政策，可概括为一个由多元化的政策目标和多样化的政策手段组成的完整体系。所谓“多元化的政策目标”包括效率目标、经济增长和社会公平目标；而多样化的政策手段则包括金融手段、税收和财政补贴手段。投资和消费历来被认为是居民个人的事情，美国住房的私有化比例为65.5%，居民收入的40%左右用于住房消费、住宅买卖。美国政府对住房问题的干预，除了建立中介机构、为住房投资提供稳定的资金来源和通过减税来刺激住房投资之外，主要是对低收入家庭提供住房补贴。享受住房补贴的只是那些生活在贫困线以下的低收入者；对那些有能力买房或投资建房的人，政府不提供直接的财政援助。但是，如果使用贷款投资，则可以得到贷款利息冲减纳税基数的优惠。自1980年以来，联邦政府大力削减对低收入者的住房补贴，住房补贴范围正在逐渐缩小。

（三）德国等保守的合作主义福利国家的住房制度

德国实行的是社会市场经济模式，其特点是以市场配置住房资源为主体，即发挥市场作为社会福利供应者的功能，又实施比较广泛的社会保障，强调政府在建立社会福利体系中的作用。在住房制度的设计方面，德国认为住房政策是政府调控市场和促进社会福利的一个重要手段。

在实施住房制度和解决住房问题的过程中，德国的法律制度及住房储蓄制度功不可没。德国每一项住房政策的出台，都颁布相应的法规来加以保障和配合，使政策得到了有效的实施。在住房金融方面，除了在一般住宅金融市场上常见的各种长期、短期贷款以及由政府银行提供的低息和无息贷款以外，德国还有一种特殊的贷款方式，即来自具有互助合作性质的住房储蓄体系的金融贷款。它是在政府鼓励、储蓄自愿参加、以居民住房融资为目的的前提下建立的互助合作的、封闭式的自助体系，其实质是将大多数参加者目前所有的、但预期在未来不同时间将要用于住房的资金集中起来，供给满足条件且目前就需要住房资金的少数人使用的一种调剂。德国的这种储蓄吸收了大量的个人资金，不仅帮助居民获得自己的住房，而且也减少了短期货币供给和政府的住房财政拨款，起到了抑制通货膨胀的作用。因此，政府对这种住房储蓄实行奖励制度。

（四）新加坡独树一帜的住房制度

新加坡之所以在短短数十年内成功地解决了住房的短缺问题，并且完成了住房由量到质的提升，主要归功于新加坡的住房制度，即由政府投资建房并低价出售给居民的福利政策。该制度的两大支柱是住房公积金制度和“居者有其屋”计划，这使目前新加坡的住房私有化率达到90%左右。

新加坡政府将住房作为主要的社会福利政策之一，因此，房屋租金低廉，出售价格低于成本，每年政府都拿出大笔资金弥补亏损，但却切实有效地解决了大多数居民的住房问题。在“房荒”问题解决后，为了实现“居者有其屋”计划，新加坡政府在政策上限制租房，鼓励买房和建房；在经济上帮助中、低收入家庭购房，诸如以补贴价格买房、发放长期贷款、通过公积金制度实行强制性储蓄等。

此外，在解决住房问题时，新加坡政府的住房政策对不同收入阶层差别对待，为最迫切需要得到帮助的家庭提供最大的帮助；同时，对购买政府大量补贴的公共住房的家庭，对其收入有严格调查，超标准面积部分政府还要提高房价。

三、我国住房社会保障制度的问题与改革

从新中国成立至今，中国城镇住房制度的发展，在总体上经历了由传统的政府直接调控和非商品化为基础的住房福利政策模式向以政府间接调控和商品化为基础的政策模式转变的过程。大体可以分为 1949 年－1977 年住房福利实物分配制度；1978 年－1990 年的房改酝酿和试点探索阶段；1991－1997 年住房改革全面推进和实施阶段；1998－2004 年房改突破性进展这样四个时期。

我国目前的住房社会保障制度包括：住房公积金制度、经济适用房制度和廉租房制度三部分。

1991 年，上海市在借鉴新加坡成功经验的基础上，率先建立了住房公积金制度。1999 年 4 月国务院发布并施行《住房公积金管理条例》，标志着我国住房公积金管理步入规范化、法制化轨道。经过十多年的发展，住房公积金制度已逐步在全国建立和发展起来，成为我国社会保障体系的重要组成部分。截至 2006 年 5 月底，全国住房公积金累计缴存人数已超过 1 亿人，实际缴存人数 6 245 万人；公积金缴存总额、缴存余额分别达到 10 831 亿元、6 864 亿元；全国约 3 000 万职工通过提取住房公积金和公积金贷款，改善了居住条件。

经济适用住房是指政府提供优惠政策，限定建设标准、供应对象和销售价格，具有保障性质的政策性商品住房①，具有经济性和适用性的特点。经济性是指住宅价格相对于市场价格比较适中，能够适应中低收入家庭的承受能力；适用性是指在住房设计及其建筑标准上强调住房的使用效果，而非建筑标准。1998 年 7 月以《国务院关于进一步深化城镇住房制度改革加快住房建设的通知》为突破口，开始建立以经济适用住房为主的多层次住房供应体系。经济适用住房采取的是补贴开发商的间接补贴方式，如建设用地实行行政划拨、免征土地出让金、减半征收行政事业收费等方式。

廉租房实际上是“城镇廉租住房”的简称，是政府向具有城镇常住居民户口的最低收入家庭提供的租金相对低廉的普通住房，具有社会保障职能。1998 年《国务院关于进一步深化城镇住房制度改革，加快住房建设的通知》中规定廉租

---

① 国务院．经济适用住房管理办法．2004．5．

房是我国住房供应体系的一个重要组成部分，对不同收入家庭实行不同的住房供应政策，最低收入家庭租赁由政府或单位提供的廉租住房。截至 2006 年 4 月全国 291 个地级以上城市中，已有 221 个城市推行了廉租房制度，满足了城市最低收入居民的住房需求，维护了社会稳定。

（一）我国住房社会保障制度存在的问题

20 多年的住房制度改革，可谓是充满了曲折与艰辛，其中不乏宝贵的经验，亦有值得汲取的教训。

首先，我国住房制度改革具有重大的意义和成就，主要表现在：人们在住房观念上发生了根本性的变化；城镇居民住房状况已得到了极大的改善，居住水平有了很大的提升，截至 2005 年我国城镇住房人均住宅建筑面积升至 26.11 平方米，户均住宅建筑面积升至 83.2 平方米，住宅私有率高达 81.62%；通过住房制度改革，促进了房地产业的发展，使房地产业成为国民经济的一个独立产业，并带动其他相关产业的发展。

随着住房制度改革的深化，也面临着一些新的矛盾和问题。

1. 中低收入群体的工资收入和住房公积金补贴不足以支持购买住房

一方面住房要市场化提供，另一方面工资收入分配没有相应足够的制度保障。首先，住房公积金账户没有普遍建立；其次，住房公积金提、补“随高就低”，拉大了贫富差距。目前的公积金实行的是个人账户积累模式，缴费的标准是按个人工资的一定比例缴纳，单位以此补贴，存入专户，归个人所有，这就造成个人工资的差距直接影响公积金的高低。第三，在使用环节上也有悖基金的互助共济功能的发挥，往往是低收入者救济了收入高的群体。最后在执行、管理环节，手续烦琐、效率低下，存在较大的安全隐患。

2. 住房消费比例过低，居民消费结构不合理，从而造成国民经济产业结构的不合理

据统计，城镇居民家庭房租支出占生活费用支出比重，由 1964 年的 2.61% 下降到 1992 年的 0.73%，之后随着改革有所回升。城镇居民食品消费比重居高不下，用于穿用方面消费高达 40%左右。这种畸形消费影响了合理产业结构的形成，阻碍了我国住宅建造、经营和管理行业以及相关产业的发展。

3. 经济适用房界定不清，建设超标，配售环节时有腐败现象发生

首先是在政策上对经济适用房的商品性和社会保障性界定不清。如 1998 年国务院提出要建立和完善以经济适用房为主的多层次城镇住房供应体系，而 2003 年的调整思路明确指出建设“具有保障性质的政策性商品住房”，这也是导致实际操作随意性的制度性根源。其次在建设环节上表现是供应数量太少，供应结构不合理，难以满足中低收入者的实际需要。2004 年经济适用房投资 606 亿

元，只占住房投资的 6.86%，比 2003 年减少 2.5%。而另一方面开发商却开发了许多大面积、豪华型的所谓“经济适用房”。最后在销售环节上，开发商组织销售，场面混乱，分配不公；对购买经济适用房的补助对象不明确，难以实现保障的目的。

4. 廉租房保障对象界定模糊，供应严重不足

按照 2004 年颁布的《城镇最低收入家庭廉租住房管理办法》规定，城镇最低收入家庭人均廉租房保障面积标准原则上不超过当地人均住房面积的 60%；保障方式以发放租赁住房补贴为主，实物配租、租金核减为辅；但保障对象的条件和保障标准没有明确界定，实物配租的享受资格也未说明，给各地实施该政策留下了困难。

5. 城镇与农村居民享受的福利程度不同

中国农村居民住房消费完全由个人承担，也没有任何补贴，而城镇居民却享受福利分房、廉租房、经济适用房等优惠，对同一国家的居民来说，既不公平，也不合理。

（二）我国住房社会保障制度的改革方向

1980 年 4 月，邓小平同志提出了房改的问题，成为我国住房保障制度改革的起点。1988 年 2 月的《关于在全国城镇分批推行住房制度改革的实施方案》，是我国第一个关于房改的法规性文件，标志着住房制度改革进入了整体方案设计和全面试点阶段。20 世纪 90 年代初，国务院正式批复了上海的住房制度改革方案，标志着住房制度改革取得突破和实质性进展。期间全国初步建立了住房公积金，并逐步提高了公有住房房租，鼓励居民购买公房。1994 年 7 月，国务院颁布了《关于深化城镇住房制度改革的决定》、1995 年 2 月的《国家安居工程实施方案》和 1998 年 7 月 3 日的《进一步深化城镇住房制度改革，加快住房建设的通知》标志着我国开始向住房社会化、商品化的城镇住房制度改革目标迈进。2003 年，国务院颁布了《关于促进房地产市场持续健康发展的通知》，明确提出了建立以市场化供应为主的住房供应体系，即中高收入的大部分居民购置、租赁商品房；中低收入群体享受具有住房社会保障性质的经济适用房和廉租房。

我国目前住房保障制度改革的主要方向是：

1. 政府应成为构建和实施住房保障制度的主体，统一机构，提高效率

一方面在推动住房商品化和社会化的同时，政府应承担起构建住房保障体系的重任，努力成为构建公共住房供应体系的主体，与其他参加者合作，采取灵活的、适宜的政策，发动全社会的力量，加大公共住房供应，加快建设住房社会保障体系，以维护全体国民的切身利益，保持社会稳定。另一方面成立专门的住房保障机构，打破廉租房和经济适用房由建设、财政、民政、国土资源、税务等部

门多头管理，无人负责的状况。每年列专门的预算，加强管理。同时在廉租房和经济适用房的建设和提供方面积极引进非营利性机构，提高效率。

2. 规范住房公积金制度，保证住房补贴发放，方便公积金的使用

要按照住房分配货币化的要求，调整、规范工资制度。各级财政部门和有关单位应积极筹措资金，制订落实住房补贴发放的时间表；严格实施住房公积金政策，对不依法缴纳的单位严惩。对中低收入居民住房公积金贷款和使用给予适当的优惠，如贷款利率减免、最低收入家庭可以动用公积金存款为购房的首期付款等，真正实现住房公积金的互助共济功能。

3. 逐步调整经济适用房政策，经历一段时间的过渡到最终取消

一方面要压缩经济适用房的适用对象（可以为次低收入人口，约占总人口的20%－30%），另一方面要稳定经济适用房的供应。重点是加大中低收入群体购买普通商品房的政策优惠和补贴的力度，如税费减免、住房信贷担保和住房信贷援助等，或直接对中低收入居民发放买房、租房补贴，渐近实现由“砖头补贴”向“人头补贴”的改革。这既符合国际趋势，也降低了政府补贴的交易成本。

4. 解决廉租住房的主要资金来源和保障方式问题

目前，我国廉租住房制度还处于初步建立阶段，各地解决对象都是经民政部门确认的最低生活保障线以下的住房困难家庭。廉租住房制度建设应当坚持以财政预算安排为主、多渠道筹措资金的原则。

5. 完善市场体系，缓解住房保障的压力

当前，大多数省、市、县政府财力都比较紧张，要做的事情很多。在这种情况下，完全依靠政府政策补贴来满足低收入和困难家庭的住房需求是相当困难的。因此，需要我们进一步完善市场体系，充分发挥市场的作用，通过政策引导、经济调节、计划管理等综合手段，减少住房保障的人数，缓解住房保障的压力。首先，要综合采用各种政策措施，通过完善市场环境、调整土地供应政策、加强规划管理等手段改善供求结构，引导开发商建造低价位的普通商品房。其次，要进一步激活住房二级市场，消除阻碍已购公房进入二级市场流通的规定，为广大中低收入者提供更多的购买普通商品房市场空间。第三，要大力发展房屋租赁市场。发展、搞活房屋租赁市场也是解决中低收入家庭住房问题的一个重要组成部分。房屋租赁市场的发展，可以为中低收入家庭提供另一条解决住房问题的途径。

6. 建立和完善住房保障制度的进入、退出机制

以政府介入和市场机制相结合的方式，为中低收入的居民提供经济适用房、廉租房和公屋项目，严格限制高收入居民进入。要做到个人收入完全透明化，对个人信用进行严格记录。各地房地产管理和社会保障部门要成立专门机构，对申请保障型住房居民的收入作严格审核。建立动态管理机制，居民收入发生变化，

保障措施也应相应调整。

第二节　我国农村开发扶贫

开发扶贫是指在国家和社会支持下，利用贫困地区的自然资源，进行开发性生产建设，逐步形成贫困地区和贫困农户的自我积累和发展能力，解决温饱、脱贫致富。

一、我国农村开发扶贫的产生与发展

改革开放以来，我国的扶贫工作大体经历了四个阶段。

第一个阶段是 1978 年到 1985 年，这是贫困人口大幅度减少的阶段，全国农村没有解决温饱的贫困人口从 2.5 亿人减少到 1.25 亿人，下降了 50%，占农村总人口的比例从 30.7%下降到 14.8%。

第二阶段是 1986 年到 1993 年，这是贫困人口稳定减少阶段。到 1993 年，农村贫困人口从 1.25 亿减少到 8 000 万，平均每年减少 640 万人，农村贫困发生率从 14.8%下降到 8.72%。

第三个阶段就是扶贫攻坚阶段，以 1994 年 3 月公布并开始实施《国家八七扶贫攻坚计划》为起点。该计划明确要求集中人力、物力和财力，力争用 7 年左右的时间，基本解决农村 8 000 万贫困人口的温饱问题，并提出了具体的措施和途径。

到 2000 年底，全国农村未解决温饱的贫困人口从 8 000 万下降到 3 000 万。农村贫困发生率从 8.9%下降到 3%。除了少数社会保障对象和生活在自然环境恶劣地区的特困人口，以及部分残疾人以外，全国农村贫困人口的温饱问题基本解决，《国家八七扶贫攻坚计划（1994—2000 年）》基本实现。

第四个阶段是 21 世纪扶贫开发阶段，在新时期，我国农村扶贫开发工作的主要特点是在坚持以往行之有效的政策和措施的基础上，贯彻和执行《中国农村扶贫开发纲要（2001—2010 年）》，解决 2 000 多万农村绝对贫困人口问题。

二、我国农村开发扶贫的主要措施与成就

（一）我国农村开发扶贫的主要措施

在扶贫开发中，中国政府坚持以经济建设为中心，发展贫困地区的生产力，走开发式扶贫的道路，通过多种方式和途径，采取综合配套措施，帮助农村贫困人口脱贫。

1. 坚持开发式扶贫的方针

开发式扶贫是对过去传统的分散救济式扶贫的改革与调整，是中国政府农村

扶贫政策的核心和基础。坚持开发式扶贫的方针，就是以经济建设为中心，鼓励、支持贫困地区干部群众改善生产条件，开发当地资源，发展商品生产，增强自我积累和自我发展能力。

开发式扶贫方针主要包括五个方面的内容：第一，倡导和鼓励发扬自力更生、艰苦奋斗的精神，克服贫困农户中普遍存在的“等、靠、要”思想；第二，针对贫困地区基础设施薄弱、抵御自然灾害能力较差的实际情况，国家安排必要的以工代赈资金，鼓励、支持贫困农户投工投劳，开展农田、水利、公路等方面的基础设施建设，改善生产条件；第三，国家安排优惠的扶贫专项贴息贷款，制定相关优惠政策，重点帮助贫困地区、贫困农户发展以市场为导向的种养业及相应的加工业项目，促进增产增收；第四，开展农业先进实用技术培训，提高贫困农户的科技文化素质，增强其自我发展能力；第五，实行扶贫开发与水土保持、环境保护、生态建设相结合，实施可持续发展战略，增强贫困地区和贫困农户的发展后劲。

2. 强调扶贫到村到户

自20世纪90年代以来，根据贫困地区的实际情况，中国的扶贫开发着重扶贫到村到户。国家不仅将扶贫到户作为一项重要措施，而且把解决贫困农户温饱的各项指标也量化到户。中国在实践中探索出许多行之有效的扶贫到户方式：一是干部包扶到户，即组织各级干部与贫困农户结成“一帮一”对子，采取签订责任书等方式，明确干部包扶任务；二是实体带动、效益到户，即通过鼓励企业与农户合作建立农产品生产加工基地，实现农产品产、供、销的良性循环；三是异地开发、移民到户，即本着自愿的原则，将贫困农户从生产、生活条件极其恶劣的地区搬迁到条件较好的地区，实现异地脱贫；四是社会各界帮扶到户，即组织社会各界对贫困农户进行帮扶。

小额信贷是扶贫到户的关键措施之一。中国政府在借鉴其他国家和国际组织扶贫经验的基础上，积极组织小额信贷扶贫到户，取得了很好的效果。中国小额信贷的试点、推广初步实现了本土化和规范化，进入了扩大范围、规模的新阶段。21世纪小额信贷呈现新的特点，正规金融机构农村信用社在央行和中国人民银行的推动下，逐步介入和快速扩展小额信贷试点。

3. 重视科技教育扶贫

为进一步增强贫困地区反贫困的能力，中国政府专项安排科技扶贫资金，用于优良品种和先进实用技术的引进、试验、示范、推广及科技培训等。自1995年以来，国家教委和财政部联合组织实施了“国家贫困地区义务教育工程”，投入资金超过100亿元，重点投向国定贫困县、部分省定贫困县、革命老区和少数民族地区，帮助这些地区普及九年义务教育。

4. 动员和组织社会各界参与扶贫

在扶贫开发中，政府各部门根据中央政府的统一要求，从尽快解决贫困人口温饱问题的大局和贫困地区的实际情况出发，积极参与扶贫开发。政府有关部门分别制定了本部门、本系统的扶贫开发具体实施方案，提出了一系列有利于贫困地区发展和贫困群众脱贫的优惠政策，并充分发挥各自的优势，在资金、物资、技术上向贫困地区倾斜，积极为贫困地区的开发建设做出贡献。

5. 开展东西部协作扶贫

在扶贫开发中，中国采取东部较发达省、市对口支持西部省、自治区发展的方式，加快西部贫困地区的脱贫步伐。如：北京帮扶内蒙古，天津帮扶甘肃，上海帮扶云南，广东帮扶广西，江苏帮扶陕西，浙江帮扶四川，山东帮扶新疆，辽宁帮扶青海，福建帮扶宁夏，大连、青岛、深圳、宁波帮扶贵州，多个省市帮扶西藏。协作双方根据"优势互补、互惠互利、长期合作、共同发展"的原则，在企业合作、项目援助、人才交流等方面开展多层次、全方位的扶贫协作。

6. 实施自愿移民扶贫开发

国家鼓励和支持生态条件极其恶劣地区的贫困农户通过移民搬迁、异地开发的方式，开辟解决温饱的新途径。为此，中国政府强调，自愿移民搬迁的贫困人口除享受扶贫开发的优惠政策外，各地要制定具体的政策、措施，提供各种优惠条件，确保搬迁一户解决一户温饱。中国的移民扶贫开发，按照"群众自愿、就近安置、量力而行、适当补助"四项原则进行。

中国实施移民扶贫开发的主要做法有：一是插户移民，即由贫困户自行投亲靠友，分散安置，政府给予一定的补助；二是政府建移民开发基地安置移民，既要保证可稳定解决迁入户的温饱问题，又要保证不破坏迁入地的生态环境；三是吊庄移民，即采取搬迁初期两头有家的形式，待移民点得到开发，生产、生活基本稳定后再完全搬迁。

7. 输出贫困地区的劳动力

加强贫困地区劳动力的职业技能培训，组织和引导劳动力健康有序流动。沿海发达地区和大中城市要按照同等优先的原则，积极吸纳贫困地区劳动力在本地区就业。贫困地区和发达地区可以就劳务输出结成对子，开展劳务协作。输入地和输出地双方政府都有责任保障输出劳动力的合法权益，关心他们的工作、生活，帮助解决实际困难和问题。

8. 实行扶贫开发与生态环境保护、计划生育相结合

在贫困地区的开发中，中国政府重视保护生态环境，鼓励农民发展生态农业、环保农业。通过科技扶贫，在一定程度上改变了贫困地区以破坏生态为代价的掠夺性生产，促进了贫困地区的可持续发展。人口数量过多、增长过快、素质

偏低等诸因素严重制约了贫困地区经济社会的发展和农民解决温饱、脱贫致富的步伐。中国政府特别强调转变贫困地区群众的生育观念，积极倡导贫困地区的群众实行计划生育，把扶贫开发与计划生育结合起来。这对贫困地区人口与经济社会协调发展和可持续发展产生了重要影响。

9. 鼓励多种所有制经济组织参与扶贫开发，开展扶贫领域的国际交流与合作

一些国家、国际组织和非政府组织也与中国在扶贫领域开展了广泛的合作。联合国开发计划署在中国开展了一些扶贫开发项目和研究项目。欧盟、英国政府、荷兰政府、日本政府、德国技术合作公司、亚洲开发银行、福特基金会、日本凯尔、日本协力银行、世界宣明会、香港乐施会等也都在中国开展了扶贫开发项目，并取得了很好的成效。

（二）我国农村开发扶贫的主要成就

经过20多年不懈的艰苦奋斗，中国的扶贫开发取得了巨大成就，主要表现在：

1. 解决了两亿多农村贫困人口的温饱问题。农村尚未解决温饱问题的贫困人口由1978年的2.5亿人减少到2000年的3 000万人，农村贫困发生率从30.7%下降到3%左右。2005年底中国农村的贫困人口下降至2 365万。其中，国家重点扶持贫困县的贫困人口从1994年的5 858万人减少到2000年的1 710万人。这些人主要是生活在自然条件恶劣地区的特困人口、少数社会保障对象以及部分残疾人。

2. 生产生活条件明显改善。1986年到2000年的15年间，在中国农村贫困地区修建基本农田9 915万亩，解决了7 725万多人和8 398万多头大牲畜的饮水困难。到2000年底，贫困地区通电、通路、通邮、通电话的行政村分别达到95.5%、89%、69%和67.7%。“十一五”期间，民生问题成为政府和社会关注的重点和核心，各级财政的支农支出大幅上升，农村的生产和生活条件有了更大的发展。

3. 经济发展速度明显加快。“八七”扶贫攻坚计划执行期间，国家重点扶持贫困县农业增加值增长54%，年均增长7.5%；工业增加值增长99.3%，年均增长12.2%；地方财政收入增加近1倍，年均增长12.9%；粮食产量增长12.3%，年均增长1.9%；农民人均纯收入从648元增加到1 337元，年均增长12.8%。

4. 各项社会事业发展较快。贫困地区人口过快增长的势头得到初步控制，人口自然增长率有所下降。办学条件得到改善，“两基”工作（即基本普及九年义务教育和基本扫除青壮年文盲）成绩显著，592个国家重点扶持贫困县中有318个实现了“两基”目标。职业教育和成人教育发展迅速，有效地提高了劳动

者素质。贫困地区95%以上的行政村能够收听、收看到广播电视节目，群众的文化生活得到改善，精神面貌发生了很大变化。

5. 解决了一些集中连片贫困地区的温饱问题。沂蒙山区、井冈山区、大别山区、闽西南地区等革命老区群众的温饱问题已经基本解决。一些偏远山区和少数民族地区，面貌也有了很大的改变。历史上“苦瘠甲天下”的甘肃定西地区和宁夏的西海固地区，经过多年开发建设，基础设施和基本生产条件明显改善，贫困状况大为缓解。

三、我国农村开发扶贫的问题与前景

（一）我国农村开发扶贫存在的问题

1. 市场经济发展对农村扶贫开发的挑战

国际经验表明，在市场经济体制下，贫困地区的贫困人口最容易受到伤害。因此，市场经济对于贫困和反贫困来说也是一把双刃剑。市场经济的发展对我国农村扶贫开发工作的不利影响主要表现在：

首先，在市场经济中，农村贫困地区与发达地区处于不平等的市场竞争地位。市场经济是“竞争经济”，“强者经济”。农村贫困地区长期以来由于自然、历史和社会原因，使得农村贫困人口更容易被边缘化。

其次，资金和资源的流失和投资倾斜，使贫困地区稀缺的资源大量向发达地区流动。市场经济强调社会资源的优化配置，特别表现为资金的投向遵循利润最大化原则。加之金融组织日益商业化，金融系统的信用原则和对贫困地区政府的财政预期，导致国家总体控制的信贷资金漏出和投资倾斜，农业资金大面积流向城市，大量漏到非农产业中，使贫困地区经济发展受资金投入“济富不济贫”的无情商业原则影响很大。如果没有政府在财政和信贷资金方面的强制性保障，对贫困地区扶持的效果就会大打折扣。

其三，市场经济下贫困地区的人才流失问题突出。市场经济正在改变着贫困地区人们安于现状、乐于守成的价值观念，贫困地区劳动力大量外流和转移，随之而来的是人才的大量流失。贫困地区人才思动，加上发达地区在经济收入上的“拉动效应”，使贫困地区人才更加缺乏。随着市场经济的发展，这种由于人才资源占有不平衡所带来的贫困状况极有可能加剧。

其四，市场经济的发展会使农民逐步出现分化。贫困地区分化出富裕户，富裕地区分化出贫困户。由此带来的问题是：如何保证扶贫资源包括资金能够用到最贫困的那部分人口身上；非贫困地区的贫困问题将会越来越突出，如何扶持这部分人的生活与生产，对扶贫开发是一个新的挑战。

其五，市场经济发展的潜在影响。市场化改革涉及社会政治、经济、文化等各个领域。人们的思维方式和观念、人们的价值取向会发生变化、追求自身利益最大化。因此，行政手段和社会道义力量显现出局限性，而解决农村贫困问题则又极需要社会各界的广泛参与。如果社会扶贫济困的责任意识淡化，那就对未来的扶贫开发极其不利。

2. 经济增长方式的转变使贫困地区经济发展产生诸多矛盾

经济增长方式由粗放型转向集约型是贫困地区经济发展的方向，但贫困地区的经济规模、经济基础、经济实力等与集约型经济要求的条件有很大差距，要脱贫致富就要增加更多的投入，这是贫困地区的困难所在。

3. 面临的其他一些问题

主要包括：农村脱贫人口的返贫问题严重；扶贫资金不足与扶贫资金大量漏洞同时存在，一方面中央、省加大了扶贫开发的投入，而市、县这一级的财政无资金配套进行扶贫开发，另一方面国家扶贫专项资金管理存在问题，效率不高；农村贫困地区人口过快增长与贫困程度加剧形成恶性循环；以政府行政推动为主导的扶贫方式及实施中存在的缺陷和问题日益显现出来，降低了扶贫的效率。

（二）我国农村开发扶贫的前景

中国政府将坚持把贫困地区尚未解决温饱问题的贫困人口作为扶贫开发的首要对象。这些贫困人口虽然数量不多，但解决的难度很大。截至 2005 年底中国农村的贫困人口规模约 2 365 万，但是贫困程度非常深，开发式扶贫不可能全面解决农村困难人口的生存危机。在这种情况下，有必要辅以其他的农村社会保障政策和措施，如：农村最低生活保障制度、新农村合作医疗制度等。

第三节　慈善事业

“慈”是长辈对晚辈的爱，“善”是指人与人之间的友爱和互助。中国现代语汇中的“慈善”概念，其含义直接承袭了我国古代的“慈善”概念。在英语中，“慈善”一词有两个对应的词，一个是 charity，另一个是 philanthropy。charity 是指宗教组织等对穷人或团体状态的人的帮助和救济，而 philanthropy 是指其他社会组织等帮助穷人，它还有博爱的意思。慈善是公众以捐赠款物、志愿服务等形式关爱他人、奉献社会的自愿行为。通过某种途径自愿地向社会及受益人提供无偿的社会救助和社会援助的行为是慈善的核心所在。这些援助包括资金、劳务和实物等方面。

有的学者从广义上把历史上的慈善活动都归入“慈善事业”这一范畴，但强调慈善事业在不同的社会形态和社会制度下有不同的表现形式。张奇林认为：“慈善事业是一个历史范畴。尽管关于慈善事业的起源有不同的说法，慈善事业在不同的社会形态和社会制度下有不同的表现形式，但从本质上讲，慈善事业是一种救济行为，施惠者与受惠者是慈善事业的两个基本要素，这对不同时代和不同民族的慈善事业来说，具有普遍意义。"[①]；有的学者则从狭义上把"慈善事业"理解为自近代工业文明以来逐渐形成的市场经济条件下的慈善事业，把现代慈善事业与传统慈善活动区分开来。郑功成认为："慈善事业是建立在社会捐献基础之上的民营社会化保障事业。"[②]；赵蕊、李国林则认为："近代工业文明以来，慈善已经成为一种事业，它通过合法的社会组织，以社会捐献的方式，来达到整个社会民众的平等的生存权利。"[③]；还有的学者如商文成指出慈善事业是市场经济条件下第三次收入分配[④]。

本章对慈善事业概念的定义是社会广泛参与，慈善组织运作，由社会募捐、项目实施等组成的慈善活动体系。它是社会保障体系和社会公益事业的重要组成部分，是通过慈善组织的专业化、制度化运作实现社会第三次分配的方式。

一、慈善事业的制度化发展

现代慈善事业起源于欧洲。16 世纪，英国亨利八世开始规定征收救济品，由地方政府分发给救济贫民。伊丽莎白女王于 1601 年制定济贫法，规定政府利用税收举办公共救济事业，确定教区为所在地居民充实救济经费，为不能工作的人和儿童准备粮食，为体力健全的人准备工作，救济无力自理生活的人。德国于 1788 年开始实行汉堡制，将全市分为若干区，分别对贫困者实施救济或介绍职业、医疗疾病等，并设中央办事机构，总管全市救贫行政事务。1852 年开始实行爱尔伯福制，对汉堡制加以修改完善，各区再分段，负责对段内的贫民进行经常性调查，按需给以补助，并办理职业介绍，以及对游民进行管理训练等，各市设有全市性的赈济组织。在此期间，欧洲其他国家和美国的各类慈善组织相继成立。英国于 1869 年在伦敦成立慈善组织会社，其他城市相继仿效，接着扩展到了美国。

当代慈善事业在美国最为兴盛，美国现代慈善事业堪称全球楷模。伴随着美国经济的高速发展，美国慈善事业在新世纪进入了发展的高峰期，并呈现出新的特点。1998 年，美国豁免减免税收的慈善公益机构掌握的资金总额为 6 214 亿美元，相当于美国国民生产总值的 9%，代表了美国社会捐赠的总体水平。美国所有慈善捐款中，约有 85%的捐款来自普通百姓，普通百姓的参与达到历史最高

---

① 张奇林．论影响慈善事业发展的四大因素［J］．经济评论．1997（6）．

② 郑功成．社会保障学——理念、制度、实践与思辨［M］．北京：商务印书馆，2000：28.

③ 赵蕊，李国林．社会文明进程与慈善事业［J］．福建教育学院学报．2004（7）．

④ 商文成．第三次分配：一个日益凸显的课题［J］．兰州学刊，2004（4）．

水平，约有10%的捐款来自公司企业，另有5%来自大型基金会。2005年美国慈善总额捐赠高达2 602.8亿美元。另一个特点就是富豪阶层在生前把财产捐出来建立基金会，实现家族的荣誉，如2006年美国投资家沃伦·巴菲特向五个慈善基金会捐赠约375亿美元，占个人总财富的85%，而其他捐赠数额在1亿美元的也越来越普遍。

中国古代历史上的慈善思想源远流长，历史上不乏善举之人和事。自古以来，中国慈善事业就有强烈的官方色彩，时至今日这种影响依然十分强烈，与世界其他地区相比有明显的不同，可以称之为中国特色的慈善事业。在慈善事业发展的历史进程中，中国官府和私人组织交替成为行善的主体。到“中华民国”时期，国外慈善事业进入中国，标志着中国慈善事业与国际领域的交融，慈善事业发展到了历史最高峰，也产生了现代意义的慈善事业。新中国成立后的一段时间里，传统意义的慈善事业消失达40余年，政府对慈善事业持排斥态度，认为“慈善事业是伪善的、骗人的东西”。直至20世纪90年代中国慈善事业才又有了新生，其标志性的组织是1994年成立的中华慈善总会。与此同时，围绕慈善事业的政策和法律制度建设也逐步展开，1998年公布了有关社团和民办非企业单位的两个条例，1999年公布了《公益事业捐赠法》以及2001年的基金会登记管理办法等。2003年3月8日，财政部、国家税务总局联合下发了《关于完善城镇社会保障体系试点中有关所得税政策问题的通知》，其中规定：对企业、事业单位、社会团体和个人向慈善机构、基金会等非赢利性机构的公益、救济性捐赠，准予在缴纳企业所得税和个人所得税前全额扣除，这一切显示中国的慈善事业正在走上法制化的轨道。截至2004年底，中国在民政部门登记注册的专门从事慈善活动的中华慈善总会和各级慈善（总、协）会有395家，从事救死扶伤等人道主义救助的红十字会有7万多家，还有一部分志愿者协会或义工协会组织、福利性的民办非企业组织及基金会组织，2004年当年共募集慈善资金16.9亿元①。

二、慈善事业的内容

（一）慈善事业的基本要素

1. 意愿或者情感，这属于精神道德层面的内容。慈善事业是一项社会事业，其发展需要有一定的社会氛围，即需要公民慈善意识和社会慈善价值观的支撑。在西方这种道德意向来自基督教的观念，在我国这种道德意向则建立在传统的儒家的思想之上。

2. 行动，即意愿在现实中的实践，也就是捐助钱物或提供义务的劳务等行

① 民政部财务和机关事务司．2005民政事业发展统计提要，2005.

为。发展慈善事业的行为方式具有多样性，慈善捐赠按照流向可分成三类，即向慈善筹款机构的捐款、向慈善执行机构的捐赠、向受助人的直接捐赠；按照发展慈善事业的主体划分，主要有社会形式（主要通过慈善基金会来筹款）、个人形式（公民以个人权利进行的慈善活动，如义工、义演等）；按照慈善行为实施的频率分为一次性捐赠和定期捐赠等；捐赠范围按照捐赠主体的意思和财产而定；慈善捐赠按照是否有附带条件分为有条件捐赠和无条件捐赠；按照捐赠的内容则分为物质援助和精神支援（主要是教会等所做的咨询工作）。

3. 主体，意愿的持有者和实现者，即那些捐赠的个人或组织。可以分为捐助主体、运营主体和监管主体三种。

(1) 捐助主体：主要包括个人、家庭、社区、宗教团体、企业、联合集资与募款组织等，其中一般个人或家庭是慈善事业最为深厚的社会基础。

(2) 运营主体：主要是指慈善组织，包括慈善基金会等。

慈善基金会：慈善基金会是建立在个人和团体的法定资本和自愿协议基础上，为共同实现慈善事业的组织，它不以营利为目的。基金会一方面通过分配捐赠物和其他财源给得到承认的慈善组织，并从事慈善事业等；另一方面促进和鼓励社会新的慈善行为的积极发展，帮助解决社会新增问题。

慈善机构：社区作为公众生活的场所，存在着公众关注的一般利益，如健康卫生、环境保护等，维护这些社区利益的任务大多是由社区性慈善机构承担的。在西方，宗教机构也带有慈善机构的色彩，它们在聚集与分配社会财富、支持社会福利以及参与其他社会活动中扮演着重要角色。

(3) 监管主体：主要是政府、社会评估机构和公共媒体等。

4. 客体，即受助者，那些因为贫穷、疾病、残疾或自然灾害等原因而身陷困境，但无法自我摆脱困境的人。慈善事业的客体主要是社会的弱势群体，还有一部分慈善事业是针对社会成员的全面发展（如发展科学文化、保护自然环境等）。

5. 物，主要包括资金、实物和劳务。

6. 途径，慈善事业是社会福利体系和社会公益体系的重要组成部分，是在政府倡导下，由民间团体自愿组织和开展活动的，是民众行为，它所需的资金主要来自企业、社会团体、宗教组织以及海内外私人捐助，是非强制性集资，它的对象具有较大的选择性和不确定性。

7. 制度，慈善事业的发展既需要建立和加强慈善组织的行业自律观念、能力建设及专业化程度，又必须有完善的法律体系作为保障。

（二）慈善事业的特征和运作环节

1. 慈善事业的特征

第一是以社会成员的慈善心为道德基础；其次是以社会成员之间的收入差距

和资源捐献为经济基础；再次是以社会性的民间公益团体或公益组织为组织基础；最后是完全以捐助者的意愿为实施基础。慈善事业的这些特征将它和政府从事的社会救助事业区分开来，政府的社会救助事业以社会稳定为政治基础，以财政拨款为经济基础，以政府机构为组织基础，以法律制度为实施基础。

2. 慈善事业的运作环节

慈善事业的运作包括接受捐献、资金管理和实施救助三大环节。

（1）接受捐献环节，在接受捐献环节上，慈善组织的任务包括开展慈善宣传、弘扬慈善美德、有组织地进行募捐，动员有帮助他人能力的社会成员向慈善组织捐献。

（2）资金管理环节，在资金管理环节上，慈善组织的任务是确保每一笔资金的安全，并用于捐献者指定的救助项目。慈善组织对社会捐献的款项只有看护权，而无所有权和自主使用权。因此慈善组织应该建立健全财务账册，并严格财务管理制度，自觉接受捐献者、政府有关职能部门和社会各界的监督和检查。

（3）实施救助环节，慈善组织必须充分尊重捐赠者的意愿，做好社会调查工作，对救助对象及所需服务进行摸底，然后做好与有关各方面的联系工作，保证将救助资金用在最适当的地方。

（三）慈善事业的项目

慈善事业的项目是随着经济社会发展而不断变化的。在西方，19 世纪以后，由于对真正的不幸者（如残疾人、孤弃儿等）的救助被认为应当是当时职能日趋完善的国家的责任，日益兴起的私人捐助信托基金（慈善基金）便逐渐退出传统慈善领域，即对特殊不幸者的施舍，而转向了对社会福利和社会公益事业的关注，如教育、法律、宗教、科研等，更突出的则是 20 世纪兴起的环境保护等领域。

慈善事业的项目大体可以划分为三个方面：社会救助活动、社会福利活动和社会公益活动。其中社会救助活动、社会福利活动也是社会保障的内容，社会公益活动一般不在社会保障涵盖的范围内。

1. 社会救助活动

这是慈善事业最悠久的项目之一，是指慈善机构结合捐赠人的意愿对捐赠资源进行再分配，对因自然灾害或其他经济、社会原因而无法维持最低生活水平的社会成员给予救助，以保障其最低生活水平，它是保障社会安全和稳定的重要防线。

社会救助的对象大体包括：

（1）无依无靠，完全没有生活来源的人，如孤儿、孤寡老人。如中华慈善总会每年在入冬期间，组织社会力量，动员捐款，开展“慈善情暖万家”的活动，保证孤儿、孤寡老人春节期间的生活。

（2）救助因自然灾害而陷入生活困境的人，灾害救济是慈善事业不可缺少的内容。如1998年的大水灾，中华慈善总会募集了大量捐款，在灾区建设300多个灾民新村、300多所基层的医疗卫生机构和小学。慈善社会救助还常常涉及国家援助，在2003年的“非典”、2004年东南亚海啸期间，中华慈善总会和红十字会通过社会捐赠直接帮助受灾国，在印尼、斯里兰卡、马尔代夫等重灾国家帮助建设灾民新村，援助救灾资金3亿元，物资近4亿元。

2. 社会福利活动

（1）支持教育事业

教育按其不同的层次有不同的属性，高等教育、职业教育和成人教育属于公民个人人力资本投资，是私人品，另一方面高层次教育也利于公民素质提高和促进国家人才建设和经济发展，尤其是高等教育中的基础科学研究、应用科学具有明显的外溢性，属于公共品范畴，现代慈善事业往往很关注基础科学和应用科学研究，赞助大量的研究费用和奖学金等。初级教育具有典型的公共品特征，既是各国政府财政支持的主要方向，也是慈善事业的主要项目。

（2）支持卫生事业

卫生领域中的市场提供存在广泛的缺陷，政府和第三部门的慈善事业在这一领域的作用越来越大。慈善事业对卫生事业进行捐赠主要是针对有特殊病症的群体和贫困地区，如中华慈善总会和美国的公益机构合作进行免费唇腭裂矫治手术项目，1999年至2006年期间共矫治了8万例儿童；中华慈善总会和瑞士诺华药业集团公司合作，帮助白血病人免费提供药物治疗，截至2006年药物捐赠总额已经超过4亿元；在助医方面，各级慈善组织和机构还通过与医疗器械厂家和国际上的跨国公司合作，进行捐赠医疗设备活动，特别是贫困偏远地区的基层的医疗机构，解决他们缺医少药的问题，仅中华慈善总会这项捐赠款项就超过3亿元。

（3）支持体育和文化事业

伴随经济发展和公众的体育和文化需求上升，体育和文化慈善组织的活动广泛开展。2007年5月，中华慈善总会启动了旨在帮助社会弱势群体的冠军基金工程，这是中国慈善总会下面唯一的体育慈善基金组织，标志着体育慈善事业在中国发展进入一个新的阶段。在世界各国都有大量的体育界和文化界名人的个人慈善行为，如捐赠钱物、慈善义演和慈善晚会等。

3. 社会公益活动

慈善组织和机构开展社会公益活动的内容非常广泛，主要包括环境保护、保护文化遗产等活动。

可持续发展是各国面临的一个重要问题，强调各方面的社会责任。环境保护是20世纪兴起的慈善事业新项目，慈善事业的环境保护项目是目前关注的热点，特别是在环境保护中的政府社会责任和企业社会责任被强调。除了我国每年法定的3月12日“植树节”之外，慈善事业在植树造林、对污染河流的治理、对全社会环境保护意识的大力宣传等方面都取得了很好的社会反响。

（四）慈善事业的功能

慈善事业的功能指的是慈善组织或个人的慈善行为及其产生的积极影响。慈善事业所具有的功能是其得到人们关注的重要依据，也是慈善事业自身能够存在和运转的根本。具体来说，慈善事业的功能主要体现在以下几个方面：

1. 财富或资源的分配功能

在经济学的视野中，慈善事业是对财富和资源进行的第三次分配。第三次分配理论既是慈善事业赖以立足的基础，也是慈善事业自身所具有的重要功能之一。纵观世界各国，慈善事业的社会地位不断得到加强，日益成为社会分配和社会资源重组的一种重要途径。如果说第一次分配强调效率，第二次分配着重公平，那么基于社会责任和爱的法则的慈善事业，在一定程度上弥补了这两种分配方式的不足，促使财富和资源能够在社会各阶层之间进行流动和重新分配。财富和资源分配只有建立在爱的法则与效率法则、公平法则有机结合的基础之上，我们才能构建一个健全、健康、和谐的社会。

2. 社会整体受益功能

福利经济学根据边际效用递减规律指出，同一般商品一样，人们从一单位财富中所获得的满足感随着财富的增加而不断减少。慈善家把一部分财富转移给低收入阶层，对整个社会来说，所增加的效用要大于减少的效用，从而会增进全体人民的福利。在经济学上，这是一个不折不扣的“卡尔多式”的社会改进。

3. 社会稳定功能

慈善事业有利于促进社会和谐发展，成为社会稳定器，这点源于慈善事业的再分配作用。简单的表现在以下方面，第一慈善事业有利于促进城乡之间、地区之间、民族之间的和谐发展；其次慈善事业有利于促进各阶层之间的相互理解、交流和互助；最后是慈善事业有利于发挥民间和第三部门的作用。虽然政府在社会保障和社会救济方面始终发挥着主导作用，但构建和谐社会需要调动各个方面的积极性。在发展慈善事业方面，民间和第三部门的力量有其独特的优势。

4. 思想教化功能

慈善组织通过对人的道德教化，从内心深处激发对人、对人类社会的关怀和责任，使社会更加和谐，使人们更加富有爱心，从而有助于提升社会的道德水平。

5. 弥补市场失灵和政府失灵的功能

市场不仅会失灵，而且市场经济的逻辑本质是一种优胜劣汰的社会达尔文主义，财富的集中不仅是获取规模效益的需要，也是市场竞争的必然结果。这一机制正是保证经济效率的前提，但同时又容易造成贫富不均和社会分化；同样政府也以其效率低下等诸多原因导致政府失灵。而慈善事业作为不同于国家和市场的第三股力量，或者说作为第三部门，承担了许多国家剥离给社会的职能，这就维护了社会的稳定，从而有助于解决在某些方面"市场失灵"和"政府失灵"所带来的社会问题。

三、慈善捐助的配套措施

税收政策、政策法规的完善对慈善事业发展至关重要，需要运用市场机制来争取经济社会资源，需要综合运用经济手段和具有吸引力筹资方式，以此鼓励并促使企业及富裕社会成员热心慈善事业。

(一) 发展慈善事业需要有稳定有效的财税政策

慈善事业的发展与第三部门的整体进步，以及私有户产权的转让与继承、企业财产的转让与捐赠、国家税收征管及财政转移支付等一系列国家重要制度息息相关，这些政策需要做出有利于慈善事业发展的改进或调整。因此，国家必须在税收及财政政策上对慈善事业有所倾斜。利用税收杠杆，通过对慈善公益捐赠减免税收，以实现对公益事业参与者的税收照顾和优惠，从而鼓励人们积极参与此项事业。此外，在技术条件成熟后开征遗产税、赠予税乃至特别消费税等，引导富裕阶层承担更多的社会责任，应用政策和法律调控机制，促使更多的社会资源整合起来，为慈善事业发展贡献力量。国家财政也可以考虑给第三部门的发展安排更多的转移支付，以壮大慈善事业长期发展的社会基础。另外，应当逐步建立慈善资金的集合信托管理制度，为中小慈善机构提供善款的保值增值服务。

(二) 发展慈善事业需要完善法规制度

如果慈善事业的进入、评估、监管、公益产权界定与转让、融投资、退出等完整法律框架尚未形成，会使一些有意从事慈善事业者只能裹足观望。因此必须加快立法和制度建设步伐，改革慈善事业的准入制度，健全公益财产管理制度、公益机构分类分级监管制度、行业评估制度和信息统计制度，使行业组织的进入和运行有法可依。主要包括：《公益事业捐赠法》、《慈善公益事业法》、《社会团体登记管理法》、《基金会管理法》等等。

第四节　团体互助

在社会转型及非单位化的社会发展新形势下，团体互助的社会保障功能不断扩张，逐步承担了国家和单位转移的许多社会功能，在社会保障体系建设中发挥着越来越重要的作用。

一、团体互助的内涵及特点

团体互助是在政府鼓励和支持下，发挥社会、部门、行业、企业单位、社区、个人的多方面积极性，自我组织起来，互相保障，是社会团体和社会成员自愿组织和参与的扶弱济困活动，是对社会保险和社会救助的重要补充，对社会保障体系的建设发挥重要作用。

但是两者还是有区别的：第一是施助方不同，团体互助的施助方是团体组织、社会和个人；而社会救助的施助方主要是政府。第二是对象不同，团体互助的对象是普通的社区居民或组织团体中的工作者；而社会救助的对象是特殊群体中的社会成员，如无劳动能力者、低收入者。第三是方向不同，团体互助是双向的，主体和对象在不同的时间和地点的不同互助行为中发生置换；而社会救助是单向的，由主体到对象。第四是手段不同，团体互助行为比较简单，而社会救助行为比较复杂。第五是目的不同，团体互助一般是帮助对方克服小困难，救助行为是保证对象的基本生存。

团体互助的特点可以简单概括为：第一是普遍性，互助行为在单位、基层社区和社会团体组织中广泛存在。第二是关系性，团体互助行为是普遍的，但也不是任意的，在特定的社会关系网中，团体互助行为的发生会以单位、基层社区和社会团体组织间关系的远近亲疏依次发生。第三是互惠性，社会网络中的组织和个人之间的互动的本质是交换行为，人们在付出的同时即有对回报的计算和期待，交换是社会关系得以维持和社会结构存在的基础。团体之间有来有往的互相帮助也是这一形式持续发展的基础。第四是民间性，互助行为的主体大多是民间组织，政府的作用一般是引导和监督。

二、团体互助的形式

（一）互助保险

1. 互助保险的概念及与社会保险和商业保险的比较

互助保险是团体互助的最重要和最基本形式。互助保险的保障水平根据成员自身财力情况；人们通过购买保单而成为成员股东，经营方式按商业原则，所获盈利大部分分红返还保户，提供低成本保费，高补偿保险，不以少数股东营利为目的。它与社会保险和商业保险在保险的主体、保障范围、筹资渠道、保险目的和管理方式上都有不同之处。

互助保险和社会保险相比，其共同之处是二者均不以营利为目的，有着鲜明的福利性、服务性的特点；其主要区别在于前者是自愿的，后者是强制的。职工互助保险基金的筹集渠道是多样的，可由职工自己出资，也可由企业或工会为职工出资，还可由职工、企业、工会共同为职工出资，且出资多少完全取决资方的意愿。至于是否参加互助保险，以及参加何种互助保险计划，完全由投保人自己决定。由工会主办的职工互助保险就是在职工自筹资金、自愿参加的基础上，开展与职工生、老、病、死、伤、残以及意外灾害、意外伤害等有关的互助保险活动。社会保险是通过国家立法产生的，只要符合法律规定就必须参加，并且不签订任何合同，参加何种险种，以及参加该险种应交纳的保险金数量都是按照有关法规实施的，不管职工愿意不愿意都必须强制执行，并且保险金中社会统筹、地方政府统筹和记入职工个人账户的比例也是按照有关法规执行的。

互助保险与商业保险相比，其共同之处都是自愿的，主要区别在于前者是为职工服务的，后者是以营利为目的的。职工互助保险的经办者在其经营活动的过程中所创造的经济效益主要是以分红的形式返还给职工。商业保险的经营目的决定它必然把追求利润放在首位，它也强调社会效益，但是，它的社会效益是服从和服务于经济效益的。互助保险主要是依靠工会的组织体系和广大工会积极分子开展活动，成本小，费用低。商业保险主要依靠自己的从业人员和众多的保险代理人开展业务，成本高，费用大。职工或农民参加互助保险，身份是主人，既拥有主人参与管理和监督等项权利，又必须履行主人应尽的义务，相互之间是平等合作的关系。如果参加商业保险，身份则是客户，是保险人与被保险人的契约关系。

因此，互助保险是处于社会保险和商业保险之间的一种新型的实用性较强和操作简单的保险形式。与后两者相比，互助保险制度具有以下的优点：一是参保容易，门槛低；二是费率低，保费便宜；三是逆选择可能性低，容易控制风险发生率。四是管理相对比较容易。

2. 互助保险的种类

目前我国主要有职工互助保险、农村新型合作医疗、渔业等行业组织开展的互助保险等形式，如渔船船东互保就属于渔业行业内的一种职工互助保险形式。

3. 完善互助保险的策略

互助保险业务的整体发展存在潜在的危机，进一步发展互助保险的障碍主要有两个，首先是法律地位问题，目前我国现存的一些互助保险组织还没有明确的法律主体地位，因此也就不能独立地从事一些经济活动。所以，支持和促进互助保险的发展的当务之急是加强这方面的立法，确认其相应法律地位。我国的职工互助保险组织需要我国立法从国家层面上进一步明确法律地位及相应权利义务，细化及完善相关法规。其次是政府支持和社会服务问题。应进一步明确和改善国家对各类互助保险形式的基本政策，第一要有减免税收的政策；第二要有对互助保险的政府补贴；第三是要根据大数法则，扩大保险的覆盖面，支持互助保险向商业性保险公司进行再保险，分散风险；第四是要加强对职工互助保险的宣传教育，采取多种形式向职工宣传互助保险的重要意义和当地的具体做法，引导他们不断增强互助共济意识。

（二）工会、共青团等群众团体组织的群众性互助互济

团体互助具有明显效果的方式是工会、共青团等群众团体组织开展的职工群众性互助互济活动。共青团、妇联等群团组织在团体互助子系统的建设上也发挥了重要作用。

（三）单位、社区发动的形式多样的送温暖、献爱心活动

各企事业单位积极响应政府和社会团体的号召，由单位职工自愿捐赠的现金和实物已成为社会捐助的主要组成部分。社区建设作为政府工作的一个重点，已经形成了良好的发展态势。社区在团体互助系统的建设上发挥了重要作用。

（四）大众传媒对特殊困难者的个案报道和由此引发的各方面援助

大众传媒在报道某些困难事例，向公众发出呼吁，希望对之伸出援助之手上，发挥了良好的作用。大众传媒的对象广泛，报道困难事例具体真实，容易引起广泛关注。一些人的特殊困难，在通过其他途径都难以解决的情况下，在传媒发出呼吁后，很快得到了缓解。大众传媒先后报道过特困户、残疾人、孤寡孤儿的困境。新的互助体系，变过去的突击性、阶段性救助为经常性救助，及时有效地保障特困群体的基本生活，是对建立社会保障体系的有效支撑和辅助。引导人们献爱心，扶贫济困，为倡导社会互助的良好风尚起到积极的作用。

（五）其他形式

在我国团体互助还有一些特殊的形式，如针对特殊人群建立的团体互助形式：运动员保险、医院医疗事故保险、特殊贡献人物保险、全国公安英烈基金、农村互助基金、个体私营企业经营者互助、自由职业者互助、计划生育扶助奖励。

三、完善团体互助的建议

（一）建立以工会组织为主体的团体互助系统

在社会转型期里，由于自然灾害和疾病等原因，职工出现了各种各样的困

难，形成了困难群体，工会是困难职工的第一责任人，工会组织的团体互助是有效的帮扶措施，也是工会维护职工利益的直接具体体现。

工会能否发挥更大效用的关键是赋予其独立性。工会组织应区别党的机关和所在单位的职能部门，党对工会的领导，应该是通过党的路线、方针、政策来领导，工会干部应坚持依法由工会会员选举产生，对工会会员负责，接受其监督。工会与其基层单位虽不是对立的主体，但是作为两个不同利益主体，从财产、人事、工作任务等方面必须分列，不能受基层工会所在单位行政的影响，更不能由企业行政方面指派。在非公企业中，要尽快找出办法，避免工会沦为企业主的工具和附庸。工会干部维护职工的利益，其合法权益应受法律的特殊保护，这也是世界大多数国家工会立法的通行做法。

（二）建立以民间公益团体组织为辅的团体互助系统

民间公益团体组织主要指慈善类与互助类组织。互助类组织是为特定的组织成员服务的有限性公益组织，例如有一定范围的成员组成的各种协会。慈善类组织属于非限定性的社会公益组织。它没有属于本团体的私利，其组织目标就是为了非特定的社会大多数人服务的。民间公益团体组织的主要功能在于对资源的整合与分配，在政府、企事业单位、居民之间架起桥梁。团体互助已不是个人对个人的慈善，而是有组织的社会化行为。民间公益团体组织作为团体互助子系统运作的主体之一，一方面要对社会弱势群体作经常性的了解，对需要得到援助的人群及时向社会通报；另一方面要加强与各政府部门和企事业单位的沟通与联系，了解它们的捐赠意向。民间公益团体组织要做的是创造、激发他人的爱心。民间公益团体组织在使用捐助款项过程中产生的无形资产，应部分转移给捐赠单位，使其品牌增值。

（三）建立以人力援助为支持的团体互助系统

团体互助，可以是物资帮助，也可以是行动帮助。群众性的社会公益活动如志愿者活动已经成为民间帮困互助的一种重要形式。以志愿者活动提供的人力援助为支持的团体互助系统建立，急需引导规范志愿者活动，为志愿者活动开展提供广泛的空间。

志愿者活动主要内容：一是志愿者的组织。志愿者组织要求市民自觉、自愿承担现代公民的社会责任，要求成员间平等和相互信任。二是志愿者队伍的培养。共青团、妇联、工会等群团组织的志愿者是志愿者的主要力量。应在社区层面，大力发展社区志愿者队伍，根据居民的特长，分别向无力支付服务费用的居民提供各种劳务帮助。特别是在家庭规模日益缩小、老龄化程度日益加剧的今天，老年人生理和心理疾患都急需有人照顾、安慰和帮助，为社区志愿者活动提供了发展空间。三是志愿服务的形式和内容。不应过多地集中在以服务社会为目的的活动上，如清洁、环保等会战式的活动方式，而应开展直接以人为服务对象的活动，活动形式和内容要体现志愿服务的本质，在服务与接受服务的过程中始终蕴含和表达着深刻的人文关怀。四是相应的政策支持。志愿者活动是居民的自觉行为，同时，需要政府给予一定的关注和支持。包括对志愿者的培训，媒体宣传、信息交流等。

（四）建立以社区为依托的团体互助系统

以社区作为社会基层组织，建立起科学规范的管理制度和高效的工作机制。社区建设的工作重点就是倾力帮助已经沉淀到社区的城镇贫困群体，社区逐渐成为我国社会保障体系的依托和运作的平台。社区作为社会互助子系统建设的基础，能够促进社会救助工作制度化、网络化、经常化。在城市社区设立的经常性社会捐助工作点，应规范捐助款物的接收、管理和发放工作。城镇贫困群体依托社区，实行属地化管理。困难对象要求帮困，由街道、社区居委会审核，再送请单位、部门、团体或各基金会批准给予帮助。单位、部门、团体或各基金会、大众传媒进行救助，要通过街道、社区居委会。捐赠款项超出实际需要，由社区居委会统一进行调剂，有利于把社会救助和团体互助捆绑在一起，实行属地化管理，是引导和规范社会互助的有效方式。社区服务在实现社区参与和社区互助方面应发挥积极作用。在社区范围内，在政府的扶持和推动下，在社区居民充分自治的基础上，发动和组织社区内的居民，有针对性地合理利用社区自身的资源实现互助、自助服务，面向社区居民开展福利性、公益性、便利性的社会生活服务，不断满足人民群众日益增长的物质和文化生活的需求。

主要概念

补充保障	supplementary security
住房社会保障制度	house social security system
住房公积金	house accumulation fund
扶贫	helping the poor
慈善捐助	charity donation
团体互助	social organizations interhelp

思考题

1. 住房社会保障制度有哪些具体模式？

2. 简述我国住房社会保障制度的改革历程。现阶段的改革存在哪些问题，并提出具体的政策建议。

3. 目前农村扶贫的战略和具体方法有哪些？

4. 发展慈善事业有哪些具体的战略和路径选择？

5. 谈谈你对团体互助的理解。你身边有这样的事例吗？

阅读资料

[1] 联合国人居署．贫民窟的挑战——全球人类居区报告 2003 [M]．北京：中国建筑工业出版社，2006.

[2] 国务院扶贫开发领导小组办公室编．中国农村扶贫开发概要 [R]．北京：中国财经出版社，2003.

[3] 李秉龙等．中国农村贫困、公共财政与公共物品 [M]．北京：中国农业出版社，2004.

[4] 郑功成．中国慈善事业发展研究 [M]．北京：中国社会出版社，2005.

[5] 王洪春．慈善事业的发展需要内在激励机制 [N]．人民日报，1999－12－04（5）.

第十三章　社会保障法制建设

社会保障制度从一种非正规制度转变为一种正规制度，是一个质的飞跃，而这个正规制度的形成正是依靠社会保障法制建设的力量。现代社会保障制度的应然状态正是社会保障法律制度，然而当前我国社会保障法律体系仍不健全，社会保障法制建设任重道远。

第一节　社会保障立法

“立法”通常有两种含义。其一是指立法活动，即由国家机关按照法定职权和程序，制定、修改和废止法律和其他规范性法律文件的一种专门活动。其二是指立法活动所产生的结果，即所制定的法律本身。因为社会保障立法活动与任何其他的立法活动无异，所以讨论立法活动并无实益，本节所称“社会保障立法”采用上述第二种含义，指通过立法活动所制定出的社会保障法本身。

社会保障法是调整社会保障关系的法律规范的总称，分为形式意义的社会保障法和实质意义的社会保障法。前者是指冠以与社会保障内容相关的名称的法律，如《失业保险条例》、《工伤保险条例》。后者是指所有调整社会保障关系的法律，而不论其名称中是否包含与社会保障相关的内容。法学所研究的是后者。

一、社会保障立法内容

关于社会保障立法的基本内容，包括以下几个方面。

（一）社会保障立法目的

社会保障立法目的往往只在专门的社会保障立法中明确表述，而在非专门立法中不特意提及。社会保障立法目的是分层次的：社会保障基本立法规定总体的、概括性的社会保障立法目的；具体社会保障项目的立法规定本项立法的目的，这一层次的立法目的可以有其特殊性，但不可违背基本立法提出的总体目的。如《军人抚恤优待条例》（2004）[①] 第1条规定：“为了保障国家对军人的抚恤优待，激励军人保卫祖国、建设祖国的献身精神，加强国防和军队建设，根据《中华人民共和国国防法》、《中华人民共和国兵役法》等有关法律，制定本

① 在本章中，规范性法律文件后面括号里的数字是其颁布的年份，如果其颁布后进行了修订，则为其截至本书完稿时最新修订颁布的年份。如无特殊情况，同一规范性法律文件的颁布或最新修订年份，在文中仅以此种括号形式或者文字叙述形式说明一次.

条例。”

（二）社会保障立法的原则

法律原则分为基本法律原则和具体法律原则。基本法律原则是包含在一项法律制度之中，集中体现这项法律制度的本质和基本精神，贯穿立法、执法、司法全过程的总的指导思想和根本准则。具体法律原则是基本法律原则的具体化，是适用于一项法律制度所下属的具体法律制度的法律原则。基本法律原则和具体法律原则是相对而言的，例如：社会保险法的法律原则相对于社会保障法的基本法律原则而言是具体法律原则，而相对于养老保险法的法律原则而言却是基本法律原则。由于我国社会保障立法很不健全，对于社会保障立法的法律原则仍局限于理论探讨，而没有成文法明确规定。法学界对这方面的研究仍不够深入，所总结的社会保障立法原则大多与社会保障学者总结的社会保障的原则大体相同。民法、刑法等传统法律部门，其法律原则都在法典上明确规定，未来法典化的社会保障立法也会如此。

（三）社会保障立法的调整对象

法律所调整的社会关系被称作法律的调整对象。社会保障立法的调整对象即社会保障关系，它是公民、国家、各级政府、专职或兼职社会保障行政机关、社会保障经办机构、社会保障服务机构、用人单位等社会保障主体之间交错形成的社会保障管理关系、社会保障基金筹集、管理和运作关系、社会保障给付关系、社会保障争议处理关系和社会保障监督关系等社会关系。

专门的社会保障立法，往往在总则中明确其调整对象，如：2001 年人力资源和社会保障部出台的规章《社会保险基金行政监督办法》第 2 条，明确了该规章调整的是劳动保障行政部门与有关单位之间针对社会保险基金收入户、支出户、社会保障基金财政专户及其他与社会保险基金有关的账户收支和结余情况的监督与被监督关系。

（四）社会保障立法的适用范围

1. 空间适用范围，即一项社会保障立法在多大的地域范围内适用。法律、行政法规适用于全国范围，部门规章在本部门各级机构开展工作时适用。地方性法规、地方政府规章适用于本地区。

2. 时间适用范围，即一项社会保障立法的生效和失效时间。生效时间一般在立法的最后一部分规定，但失效时间有时在本法中明确规定，有时以新法废除旧法，有时由制定机关集中宣布一批法的失效。

3. 对人的适用范围，即一项社会保障立法对哪些人适用。如《工伤保险条例》（2003）第 2 条就规定了该法适用于中华人民共和国境内的各类企业及其职工、有雇工的个体工商户及其雇工。

（五）社会保障权利和义务

社会保障的具体内容主要以权利、义务的形式规定在社会保障立法中，因此，社会保障立法的核心内容就是各项社会保障权利和义务。

社会保障权利是公民依照社会保障立法对国家、政府、社会保障机构和用人单位等所享有的权利，其中的核心权利，是公民要求社会保障机构施行给付的权利，即给付领受权。同时为保护给付领受权，法律必然给予公民以相应的申诉权①。如《城市居民最低生活保障条例》（1999）第 2 条规定："持有非农业户口的城市居民，凡共同生活的家庭成员人均收入低于当地城市居民最低生活保障标准的，均有从当地人民政府获得基本生活物质帮助的权利。"

社会保障义务是各社会保障主体依照社会保障立法规定必须履行的作为或不作为，有抽象义务和具体义务之分。抽象的社会保障义务是指宪法规定的国家和社会向公民所负的社会保障义务。国家并不直接承担社会保障义务，这种义务转化成政府、社会保障行政机关、社会保障经办机构的职责，这种职责是一种具体的社会保障义务，必须依法履行。当然，履行职责就意味着行使职权，但前者是目的，后者是手段。仍以《城市居民最低生活保障条例》为例，第 5 条规定了地方政府所负的将城市居民低保资金列入财政预算，纳入社会救济专项资金支出项目，专项管理，专款专用的义务。同样，社会对公民的社会保障义务也需要具体化，转化为社会举办的慈善组织、社区社会保障服务机构等社会保障机构的义务、劳动者所在用人单位的义务和不特定的企事业单位等社会组织的义务。其中：社会举办的社会保障机构应依法向公民提供社会保障服务或给付并接受社会保障主管部门的监督；用人单位应依法为劳动者办理社会保险，给予劳动者福利待遇，配合社会保障主管部门的监督检查；不特定的企事业单位等社会组织的义务则主要体现在优抚安置、社会救助、社会福利及补充保障制度中，如各企事业单位所承担的安置退伍、转业军人和残疾人就业的义务。最后一种具体社会保障义务是公民所负的以缴费和协助为主要内容的义务，如被保险人按规定缴纳社会保险费的义务和低保申请人配合审批机关家计调查的义务，履行这类义务是为了依法享受其社会保障权利。

（六）标准、程序等技术性法律规范

社会保障立法中的技术性法律规范在社会保障基金管理与营运立法、社会保险立法中最为常见，多涉及会计、审计、统计、金融制度，例如：社会保险费征缴和社会保险金发放的计算标准、伤残等级标准、职业病分类标准、基本医疗保险和工伤保险药品目录等。在社会救助法中也有此类规定，如申请低保的条件和

---

① 方乐华．社会保障法论［M］．上海：上海世界图书出版公司，1999：211.

低保金给付标准等。技术性规定是社会保障工作有序进行的必要条件，是社会保障本身所固有的内容，它们本身没有什么法学性可言，之所以由法律规定，是为了赋予其法律强制力，使其成为必须严格遵照执行的标准与程序，从这种意义上说，违反了这些技术性法律规范，就违反了社会保障法律义务或职责，同样要承担社会保障法律责任。

（七）社会保障法律责任

不履行社会保障义务就要承担社会保障法律责任。一项社会保障立法的好坏很大程度上决定于其是否针对义务规定了有效的法律责任。

1. 民事责任，社会保障立法中的民事责任方式主要是赔偿损失、返还财产和停止侵害。

2. 行政责任，是当事人违反行政法性质的义务而产生的法律责任。社会保障立法中的行政责任有行政处罚、行政处分和国家赔偿。

3. 刑事责任。社会保障关系中当事人的行为触犯刑法时就可能承担刑事责任，主要涉及贪污、贿赂、渎职、侵占、挪用、诈骗等犯罪类型。

如《工伤保险条例》第 60 条规定未参加工伤保险期间职工发生工伤的，由用人单位按该条例规定的工伤保险待遇项目和标准支付费用，这就是民事责任。第 54 条规定单位或者个人违反规定挪用工伤保险基金，构成犯罪的，依法追究刑事责任；尚不构成犯罪的，依法给予行政处分或者纪律处分，这既包括行政责任又包括刑事责任。

（八）社会保障法律救济

“无救济者无权利”，如果法律只规定权利却不规定权利受到侵害时的法律救济途径，那么权利形同虚设。具体论述参看本章第二节。

二、社会保障立法主要特点

许多教材往往将社会保障的特点列为社会保障立法的特点，比如社会性、人道性、互助性和公平性等。的确，社会保障的特点必然会反映到社会保障立法上，但重复论述显属无益，我们不妨从以下方面阐述社会保障立法的特点。

（一）社会保障立法的社会法属性

公法和私法的划分始自罗马法，并被一直沿用。一般认为，公法以国家利益为本位，以权力为核心，关注的是政治秩序，以命令和服从为运作方式，如行政法；私法则以私人利益为本位，以权利为核心，关注人的平等和自治，以意思自治和自由协商为运作方式，如民法。但随着社会发展，尤其是弱势群体大量出现，独立于国家利益与个人利益之外的社会利益开始引起法律的关注。法律对社会利益的关注导致公法与私法的划分日益模糊，形成了既非公法又非私法，公法私法相互渗透的第三法域，即以社会利益为本位的社会法。广义的社会法是指为解决社会性问题而制定的各种法律规范的总称，包括社会保障法、劳动法、经济法、环境法等。中义的社会法包括社会保障法、劳动法。而狭义的社会法仅指社会保障法。

（二）社会保障立法的地位独立性

社会保障法究竟是一个独立的法律部门还是隶属于某一法律部门，理论界有争议。有认为社会保障法隶属于劳动法的，有认为其隶属于民法的，有认为其隶属于经济法的，还有认为它是与上述部门法并列的一个独立的法律部门的。最后一种观点渐成通说。"社会保障法作为独立的法律部门主要是由两方面因素决定的，一是其调整对象的独立性，二是其保护社会成员基本生活安全和社会稳定的价值取向。调整对象决定社会保障法的作用范围，因此，如果调整对象不是一种独立的社会关系，那么，社会保障法与其他法律部门就没有一个基本界限。然而，调整对象并不是决定社会保障法独立性的唯一因素，甚至不是最重要的因素。除了调整对象以外，还有一个基本的因素就是法的基本功能。社会保障法明确功能——保障社会成员的基本生活安全和社会的稳定，是其他任何法律部门都不具备的。正是从这个意义上，我们说，社会保障法是一个独立的法律部门。"①

（三）社会保障立法的内容多样性

社会保障立法所调整的社会保障关系本身就纷繁复杂。从宏观层面看，社会保险关系、社会福利关系等各种社会保障关系之间特点不同，很难依靠一种立法技术手段，设计一种统一的权利义务关系加以囊括。违反义务时承担法律责任的方式各有侧重，权利受到侵害时法律救济的途径也有较大差别，因此社会保险法、社会救济法等法律规范也相应表现出较大的差异性。例如：社会福利法较社会保险法而言更具有倡导性而在强制性上稍逊；社会保险法较社会救济法而言更强调权利义务对等性，而不像后者强调国家对公民的单方救助义务。从中观层次看，社会保险关系等各社会保障关系本身亦是多种社会关系的结合，其中既有公法性质的关系又有私法性质的关系，既有实体法性质的关系，又有程序法性质的关系，因此需要运用宪法、行政法、民法、程序法等多种法律手段来调整。从微观层面看，被归为同一类社会保障关系的社会关系之间差异性也很大，导致相关立法内容各不相同。例如：同样是社会保险法的养老保险法与工伤保险法就有很大不同，养老保险法侧重于规范保险费的缴纳、保险基金的管理营运与养老金待遇的给付。在这里，法更多体现了它的工具属性——为养老保险披上国家强制力的外衣。而工伤保险法则在工伤认定、劳动能力鉴定、工伤保险待遇的分级上花

① 种明钊．社会保障法律制度研究［M］．北京：法律出版社，2000：22～23.

费大量篇幅，同时由于工伤保险脱胎于民法中的雇主责任，因此工伤保险法的很多规定体现了明显的私法理论性。

（四）社会保障立法的位阶体系复杂性

位阶是指法的效力等级。与传统法律部门相比，社会保障法的位阶体系十分庞杂，这主要是由于：

1. 社会保障内容丰富多样，单靠一部或几部法律无法穷尽全部，如果条款过多反而导致法律难以施行。这就需要高位阶立法作出原则性规定，而低位阶立法作出具体规定来实现法律的可操作性。

2. 社会保障制度与各地的经济社会发展情况和文化制度密切相关，因此，为了保证其发挥实效，全国性的社会保障立法往往授权各地方立法机关或政府出台适合本地区情况的地方性社会保障立法。以最低生活保障为例，浙江等经济较好的省份率先通过地方立法将城乡低保制度统一，另一些省市出台的低保制度则是城乡有别。

3. 社会保障往往随着社会的发展尤其是经济的发展而处于一个保障水平不断提高的状态，而高位阶立法又必须保持一定的稳定性，不可频繁修订，因此，高位阶社会保障立法的规定必然不能过细，而由低位阶立法适时、合理的修订来满足社会保障的发展变化。

（五）社会保障立法的实体法与程序法复合性

“实体法是指以规定和确认权利和义务或职权和职责为主的法律，如民法、刑法、行政法等。程序法是指以保证权利和义务得以实现或职权和职责得以履行的有关程序为主的法律，如民事诉讼法、刑事诉讼法、行政诉讼法、立法程序法等等。”① 在社会保障法中，既有实体法规范，又有程序法规范。社会保障法兼具实体法和程序法属性，是实体法与程序法的统一。

（六）社会保障立法的变动性

社会保障立法史就是社会保障的产生与发展史。由于社会保障制度有随着社会、经济、文化、政治的变化而变化的特点，作为社会保障制度的外在表现形式的社会保障法也必然相应地立、改、废。社会保障立法的这种变动可能是进步的也可能是倒退的，可能是渐进的也可能是突变的。从总体上说，社会保障立法从产生至今，一直在不断完善发展。从1883年德国《疾病保险法》颁布至今，世界上许多国家早已形成了社会保障立法体系，而国际社会保障立法工作也不断深入。但是，在具体的国家、具体的历史阶段，受某种理念或某种外界因素的影响，社会保障立法同样可能停滞不前，甚至倒退。如中国社会保障立法在“文

① 张文显．法理学［M］．北京：高等教育出版社、北京大学出版社，1999：55.

革”中就出现停滞和倒退，这直接导致了我国社会保障立法不健全的现状。回到现实，以我国社会养老保险立法为例，由于我国社会养老保险长时间处于不断试点、改革的状态，这就造成无法出台高位阶社会养老保险立法，目前甚至连行政法规这一位阶的社会养老保险专门立法都没有，几乎仅靠基本不能称之为“法律”的大大小小的行政文件来规范社会养老保险关系，而且这些行政文件的规定还随着改革的进行不断变动。但这一尴尬现状，在一定程度上反映了社会保障立法的变动性。

三、社会保障立法的基本模式

世界各国社会保障立法的模式大致分为如下三种①。

（一）平行模式

平行模式是对社会保险等社会保障项目分别立法，各自调整某类社会保障关系。德国首创此种模式，1883 年颁布《疾病保险法》、1884 年颁布《工伤保险法》、1889 年颁布《伤残及养老保险法》。但德国 1975 年开始编纂专门的《社会法典》，已陆续将各社会保障单行法规纳入其中。

（二）母子模式

母子模式是指制定一部统一的社会保障基本法规定各类社会保障项目的基本问题，然后再就各项目分别立法予以细化。美国首创这种模式。

（三）混合模式

混合模式是指颁布部分社会保障专门法律法规，同时将另一些社会保障项目纳入其他部门法调整。不管一国采取上述何种模式，由该国具体社会保障法律规范构成的社会保障立法体系必然囊括其所推行的各社会保障项目，所不同的仅是有的立法模式更健全、更有效率，一般认为，母子模式比较理想。

四、社会保障立法主要形式

社会保障立法的表现形式，也就是社会保障立法是以什么样的法律文件形式表现出来的，用法学术语来表示，就是社会保障法的法律渊源或者法的形式。各国所属法系不同，立法模式和法律传统不同，社会保障发展水平也不同，因此各自社会保障立法的表现形式也有所不同。我国社会保障立法的表现形式主要有：

（一）宪法中有关社会保障的规定

宪法是一国的根本大法，宪法规定的公民权利被称作基本权利，是人权的法

---

① 贾俊玲．劳动法与社会保障法学［M］．北京：中国劳动社会保障出版社，2005 年：261～262.

定化。1919 年的《德意志帝国宪法》即《魏玛宪法》中规定了救贫、游民救助、妇女儿童保护、免费教育、公共卫生、社会保险、军职人员及其家属之保护和公共福利维护等众多内容，开创了以宪法规定公民社会保障权的先河。当代各国宪法基本都规定了社会保障的内容。

宪法中有关社会保障的规定是我国最重要的社会保障法律渊源，同时也是其他下位社会保障立法的根本依据，其他社会保障立法不得同宪法相抵触。我国《宪法》(2004) 中有关社会保障的规定是以第 14 条和第 45 条为核心的一系列条款。其中第 14 条第四款规定："国家建立健全同经济发展水平相适应的社会保障制度。"第 14 条第三款规定："国家合理安排积累和消费，兼顾国家、集体和个人的利益，在发展生产的基础上，逐步改善人民的物质生活和文化生活。"第 45 条规定："中华人民共和国公民在年老、疾病或者丧失劳动能力的情况下，有从国家和社会获得物质帮助的权利。国家发展为公民享受这些权利所需要的社会保险、社会救济和医疗卫生事业。国家和社会保障残废军人的生活，抚恤烈士家属，优待军人家属。国家和社会帮助安排盲、聋、哑和其他有残疾的公民的劳动、生活和教育。"上述规定被认为是我国建立社会保障制度的宪法依据，尤其第 14 条第四款，是 2004 年《宪法修正案》中增加的条款，堪称我国社会保障事业的一个里程碑。除此之外，《宪法》第 44 条、第 46 条、第 48 条、第 49 条第一款、第 50 条分别就退休养老、义务教育、妇女儿童权益和华侨利益保护作出规定，成为我国建立相关社会保障制度的宪法依据。

（二）有关社会保障的法律

根据我国 2000 年颁布的《立法法》规定，法律是指由全国人民代表大会及其常务委员会制定的规范性文件。法律的效力仅次于宪法，而高于行政法规、地方性法规、规章。有关社会保障的法律包括：

1. 专门的社会保障法律。多年来，在全国人大会议期间一直有代表提交"社会保障法"、"社会救助法"、"社会保险法"、"慈善法"等专项社会保障立法议案，而且"社会救助法"已经列入 2007 年度全国人大常委会的立法计划，"社会保险法"更是自八届全国人大以来被多次列入全国人大常委会的立法计划，其他社会保障专项立法的准备工作也在有条不紊地开展，但到目前为止我国尚没有出台专门的社会保障法律，仅在其他法律中有关于社会保障的规定。

2. 其他法律中包含的有关社会保障的规定。《劳动法》(1994) 第九章为"社会保险和福利"，概括地规定了与劳动者密切相关的社会保险和福利制度，这也是我国除宪法之外，最高位阶的对社会保障制度进行集中规定的立法。除此之外，《劳动合同法》(2007)、《就业促进法》(2007)、《残疾人保障法》(1990)、《妇女权益保障法》(2005)、《老年人权益保障法》(1996)、《未成年人保护法》

(2006)、《母婴保健法》(1994)、《兵役法》(1998)、《义务教育法》(2006)、《公益事业捐赠法》(1999)和《劳动争议调解仲裁法》(2007)等法律中，都有关于社会保障的法律规范，成为社会保障法律渊源。

社会保障是国家的基本制度，理应对其制定“法律”这一位阶的专项立法，我国应抓紧开展这项工作。事实上，许多国家制定了社会保障领域的综合性法律，如美国1935年制定的《社会保障法》，新西兰1964年制定的《社会保障法》等。

（三）有关社会保障的行政法规和部门规章

行政法规是国务院根据宪法和法律制定的、由总理签署国务院令的形式公布的规范性文件，它是宪法和法律的下位法，是地方性法规和规章的上位法。社会保障行政法规主要包括：《工伤保险条例》、《失业保险条例》(1999)、《社会保险费征缴暂行条例》(1999)、《城市居民最低生活保障条例》、《农村五保供养工作条例》(2006)、《城市生活无着的流浪乞讨人员救助管理办法》(2003)、《法律援助条例》(2003)、《公共文化体育设施条例》(2003)、《住房公积金管理条例》(1999)、《军人抚恤优待条例》、《退伍义务兵安置条例》(1987)等。

部门规章是规章的一种，是由国务院各部、委在本部门的权限范围内为执行法律或者国务院的行政法规、决定、命令而制定并由部门首长签署命令予以公布的规范性文件。如：人力资源和社会保障部颁布的《社会保险行政争议处理办法》(2001)、《社会保险基金行政监督办法》，民政部颁布的《伤残抚恤管理办法》(2007)、《农村敬老院管理暂行办法》(1997)、《救灾捐赠管理暂行办法》(2000)、《劳动合同法实施条例》(2008)和《劳动人事仲裁办案规则》(2008)等。

（四）有关社会保障的地方性法规和地方政府规章

省级人大及其常委会可以根据本行政区域的具体情况和实际需要，在不同宪法、法律、行政法规相抵触的前提下，制定地方性法规。较大的市的人大及其常委会也可以根据本市的具体情况和实际需要，在不同宪法、法律、行政法规和本省、自治区的地方性法规相抵触的前提下，制定地方性法规。民族自治地方的人大有权依照当地民族的政治、经济和文化的特点，制定自治条例和单行条例。如《天津市失业保险条例》(2002)、《广东省工伤保险条例》(2004)、《青海省老年人权益保障条例》(2002)都是有关社会保障的地方性法规。

省级人民政府和较大的市的人民政府，可以根据法律、行政法规和本省、自治区、直辖市的地方性法规，制定规章，由省长或者自治区主席或者较大的市的市长签署命令予以公布。有关社会保障的地方政府规章，如《宁波市城镇职工基本医疗保险暂行规定》(2000)、《上海市城镇生育保险办法》(2004)、《青岛市社会福利企业管理规定》(2001)、《山东省社会福利机构管理办法》(2001)等。

（五）我国缔结或参加的有关社会保障的国际公约

我国缔结或参加的国际条约经过我国最高立法机构批准后即对我国产生法律约束力。因此我国缔结或参加的有关社会保障的国际公约也是社会保障立法的渊源之一。如：中国政府于1997年10月27日签署、全国人大常委会于2001年批准的联合国《经济、社会及文化权利国际公约》、1984年全国人大常委会承认的旧中国签署的第19号国际劳工公约《本国工人与外国工人关于事故赔偿的同等待遇公约》和1987年全国人大常委会批准的第159号国际劳工公约《残疾人职业康复和就业公约》，均是社会保障国际公约。

（六）我国的社会保障“准法律”现象

上述五项是我国社会保障立法的正式渊源。还有三类虽然按照我国《宪法》和《立法法》规定不属于法的范畴，但对社会保障关系发挥着重要的调整作用的规范性文件，在社会保障执法与司法实践中，它们成为一种被广泛默认的“准法律”。

1. 针对社会保障工作，国务院所发布的决定、命令以及下发的通知和批复，国务院各部、委所发布的命令、指示以及下发的通知和批复。它们不符合成为行政法规和部门规章的条件，仅是行政文件。如：1997年7月16日发布的《国务院关于建立统一的企业职工基本养老保险制度的决定》；1998年12月14日发布的《国务院关于建立城镇职工基本医疗保险制度的决定》；2005年12月3日发布的《国务院关于完善企业职工基本养老保险制度的决定》；2007年7月11日发布的《国务院关于在全国建立农村最低生活保障制度的通知》；2005年1月21日人力资源和社会保障部发布的《关于进一步加强社会保险稽核工作的通知》等。

2. 有立法权或没有立法权的地方政府，甚至没有立法权的地方政府的职能部门出台的非地方政府规章形式的社会保障行政文件。例如：《杭州市城乡居民最低生活保障实施办法》就是杭州市政府以杭政［2006］13号文件的形式发布的。《蚌埠市城镇职工医疗保险制度改革实施办法（试行）》及实施细则和相关配套办法，则是蚌埠市政府以蚌政［2000］30号文件公布的。江苏省劳动保障厅则以苏劳社医［2005］6号文件发布了《江苏省劳动保障厅关于实施〈工伤保险条例若干问题的处理意见〉》。

3. 最高人民法院有关社会保障的司法解释。因其直接指导各级法院的司法审判工作，所以在司法实践中的地位十分突出。如最高人民法院出台的文号分别为法释［2001］14号和法释［2006］6号的两个关于审理劳动争议案件适用法律问题的解释中，就有关于社会保险法律纠纷受理及审判的规定。我国属于成文法系国家，并不承认判例是法律渊源，但目前，司法解释不但解释法律，还常常创造“法律”。而且司法解释有泛化趋势，很多地方法院也效仿最高法院做出适用于本地区的“司法解释”，例如：2003年出台的《安徽省高级人民法院关于审理劳动争议案件若干问题的意见》第3条就将劳动者向人民法院起诉用人单位未予办理社会保险或拖欠应缴保费的案件列为不予受理之列。这实际上与1993年实施的行政法规《企业劳动争议处理条例》第2条第二款作出的将职工与企业间因保险、福利而发生的纠纷列入劳动仲裁和诉讼受案范围的规定不符，无形中剥夺了劳动者的诉权。

无论是行政文件形式还是司法解释形式的社会保障“准法律”，如果仅在行政机关内部或司法系统内部起指导作用本无可厚非，但如果它们直接规定社会保障实体性权利义务、甚至变更了真正的社会保障立法规定时，就难免行政干预立法或司法干预立法的嫌疑，这对于我国的社会保障法制建设有害无益。

最后需要补充说明的是，在判例法系国家，判例也是社会保障立法的正式渊源之一。另外，在有些国家，被国家认可和赋予法律效力的习惯即习惯法也是社会保障立法的正式渊源。

第二节 社会保障执法

社会保障立法与社会保障执法相互影响、相互制约。完善的社会保障立法是社会保障执法有效开展的前提，而完善的社会保障执法又是充分实现社会保障立法目的的保证。

一、社会保障执法概述

（一）社会保障执法的含义

“执法即法律执行，有广义和狭义两种理解。广义上的执法，是指国家行政机关、司法机关和法律授权、委托的组织及其公职人员，依照法定职权和程序，贯彻实施法律的活动，它包括一切执行法律、适用法律的活动。狭义上的执法，是指国家行政机关、法律授权、委托的组织及其公职人员在行使行政管理权的过程中，依照法定职权和程序，贯彻实施法律的活动[①]”。司法又称法的适用，是指“国家司法机关依据法定职权和法定程序，具体应用法律处理案件的专门活动”[②]。本节中社会保障执法采广义，既包括社会保障行政执法，也包括社会保障司法，还包括介于二者之间的社会保障行政司法。

---

① 张文显．法理学［M］．北京：高等教育出版社、北京大学出版社，1999：295.

② 张文显．法理学［M］．北京：高等教育出版社、北京大学出版社，1999：306.

（二）社会保障执法的机构

1. 管理社会保障的行政机关

这里既包括专门管理社会保障的行政机关，即劳动保障行政机关，也包括兼职管理社会保障工作的行政机关，包括民政部门、财政部门、卫生部门和税务部门等。

2. 法律法规授予社会保障执法权的组织

法律法规授予社会保障执法权的组织，主要指事业单位性质的社会保险经办机构。《劳动法》第74条第一款规定："社会保险基金经办机构依照法律规定收支、管理和运营社会保险基金，并负有使社会保险基金保值增值的责任。"

3. 受委托进行社会保障执法的组织

得到社会保障行政管理机构依法授权，其他组织也可以成为社会保障执法主体。比如：《城市居民最低生活保障条例》规定居民委员会可以根据管理审批机关的委托承担城市居民最低生活保障的日常管理、服务工作。《劳动保障监察条例》（2004）规定县级、设区的市级政府劳动保障行政部门可以委托符合监察执法条件的组织实施劳动保障监察。

4. 人民法院

人民法院主要审理关于社会保障的民事、行政与刑事诉讼案件。

5. 人民检察院

人民检察院按照《刑事诉讼法》（1996）的规定，负责有关社会保障刑事案件的检察工作。

（三）社会保障执法的特点

1. 执法内容复杂性

社会保障立法体系庞杂，社会保障法律关系多种多样，需要执法的内容也就相应的复杂。

2. 执法手段多样性

一个健全的社会保障制度离不开完善的执法。必须运用多种执法手段并相互配合才能保证公民的社会保障权从法定权利转变为现实权利。

3. 多部门合作性

社会保障涉及多个职能部门，这种情况在我国尤其突出，因此需要多部门合作执法。不但要做好行政执法与司法的衔接，单是行政执法也需要各行政机关的相互配合，有时需要开展联合执法。

二、社会保障行政执法

根据我国的社会保障立法和行政立法，我国社会保障行政执法内容主要包括：

（一）行政给付

行政给付是社会保障执法的核心内容。狭义的行政给付仅指行政物质帮助，即“指行政主体在公民失业、年老、疾病或丧失劳动能力等情况或其他特殊情况下，依照有关法律、法规、规章或政策的规定，赋予其一定的物质权益或与物质有关的权益的具体行政行为”①。广义的行政给付不仅包括上述国家单方面无偿施以救助的行为，还包括需公民交付一定的费用才能享受的服务，既包括金钱和实物给付，也包括服务等给付，“是政府满足公民社会权和其他公法受益权的行政义务的总和”②。广义上的社会保障行政给付包括社会保障职能部门依法向被保障主体支付社会保险待遇、经济补助、医疗补助、最低生活保障金、农村五保户救济金、灾害救济金及救济物资、优抚安置费、特定退休人员离休金等的行为，还包括特定行政机关或其他获得授权的组织举办公共福利机构、兴建公共福利设施，提供社会保障服务的行为，如计划生育服务部门向公民进行生育保健知识宣传和提供相关服务。

（二）行政征收

一般认为行政征收“是指行政主体凭借国家行政权，根据国家和社会公共利益的需要，依法向行政相对人强制地、无偿地征集一定数额金钱或实物的行政行为”③。虽然在我国行政征收目前只是法学界提出的概念，并没有专项立法，但法律中对于具体的行政征收行为的规定却不胜枚举，主要是征收各种税、费的规定。社会保障行政征收主要指征收社会保险费。事实上社会保险费的征收并不完全符合理论界所总结的行政征收的无偿性特点，因为一部分社会保险费尤其是个人缴费部分往往纳入个人账户，并没有改变其财产所有权，仅是对其使用用途、使用时间等加以限制而已，纳入统筹账户的那部分也不是无偿的。所以，理论界已有人对社会保障行政征收的无偿性提出质疑④。而且在国办发［2005］37号文件《国务院办公厅关于推行行政执法责任制的若干意见》出台后，各地劳动保障部门或税务部门基本上将社会保险费的征收作为行

---

① 姜明安．行政法与行政诉讼法［M］．北京：北京大学出版社、高等教育出版社，1999：189.

② 国家司法考试中心．国家司法考试辅导用书（第二卷）［M］．北京：法律出版社，2007：534.

③ 姜明安．行政法与行政诉讼法［M］．北京：北京大学出版社、高等教育出版社，1999：217.

④ 赵星宇．对行政征收无偿性的质疑［J］．太原理工大学学报（社会科学版），2005（2）：35—38.

政征收执法项目予以公示①。

（三）行政许可

根据《行政许可法》(2003)，我国的行政许可是指行政机关根据公民、法人和其他组织的申请，经过依法审查准予其从事特定活动的行为。行政许可事项有严格的法定性②，不符合设定条件和未被依法设定为行政许可的行政审查事项都不能称之为行政许可。劳动社会保障行政机关的社会保障行政许可主要包括：设立技工学校的审批、民办职业技能培训学校的审批、职业介绍机构资格的认定、设立中外合资和中外合作职业介绍机构的批准、举办劳动力交流洽谈会的批准等涉及就业促进方面的事项。民政部门的涉及社会保障的行政许可有：与境外合资、合作举办社会福利机构审批；基金会、社会团体、民办非企业单位的设立、变更、注销登记等。

（四）行政确认

“行政确认，是指行政主体依法对行政相对人的法律地位、法律关系或有关法律事实进行甄别，给予确定、认定、证明（或否定）并予以宣告的具体行政行为。”③ 行政确认的形式主要有：确定、认定（认证）、证明、登记和鉴证。劳动社会保障部门的社会保障行政确认主要有：各种提前退休的审批；社会保险缴费基数的核定；社会保险登记；破产企业无法清偿的社会保险费欠费核销；劳动就业服务企业性质的认定；基本医疗保险定点医疗机构资格、定点零售药店资格的审查；基本医疗保险药品目录的调整；门诊特殊病种治疗项目的审定；诊疗项目目录、医疗服务设施范围和支付标准的制定；对企业职工、事业单位工作人员的工伤认定等。民政部门的社会保障行政确认主要有：退出现役残疾军人集中供养的确定、退出现役军人残疾等级的评定、补办残疾军人证的确认等。不同级别或不同地区的同类部门的行政确认权限范围可能有所不同。

（五）行政强制

虽然我国的“行政强制法”尚在起草过程之中，但具体的行政强制行为在法律中大量存在。行政强制制度包括行政强制措施和行政强制执行。行政强制措施指行政机关在实施行政管理的过程中，依法对公民人身自由进行暂时性限制，或者对公民、法人或者其他组织的财产实施暂时性控制的措施。方式有：对公民人身自由的暂时性限制；对场所、设施或者财物的查封；对财物的扣押；对存款、汇款、有价证券等的冻结；强行进入住宅；法律规定的其他行政强制措施。行政

---

① 登录各地劳动和社会保障部门和税务部门的官方网站，可以看到关于行政执法项目及法律依据的公示中，普遍把社会保险费征缴列为行政征收项目.

② 我国《行政许可法》第二章专章规定“行政许可的设定”，多达 11 个条款。

③ 姜明安．行政法与行政诉讼法［M］．北京：北京大学出版社、高等教育出版社，1999：197.

强制执行指行政机关或者由行政机关申请人民法院，对不履行发生法律效力的行政决定的公民、法人或者其他组织，依法强制其履行义务的行为。方式有：排除妨碍、恢复原状等义务的代履行，加处罚款或者滞纳金的执行罚，划拨存款、汇款，兑现有价证券，将查封、扣押的财物拍卖或者依法处理，法律规定的其他强制执行方式。我国社会保障立法中规定的行政强制主要包括：（1）滞纳金。如《社会保险费征缴暂行条例》第 13 条规定，缴费单位未按规定缴纳和代扣代缴社会保险费，并且在责令交纳限期届满后仍不缴纳的，除补缴欠缴数额外，从欠缴之日起，按日加收千分之二的滞纳金。滞纳金并入社会保险基金。（2）申请法院强制执行。如上法第 26 条规定："缴费单位逾期拒不缴纳社会保险费、滞纳金的，由劳动保障行政部门或者税务机关申请人民法院依法强制征缴。"（3）追回款物。上法第 28 条规定，任何单位、个人挪用社会保险基金的，追回被挪用的社会保险基金。另外按照社会保险和社会救济相关立法，对于冒领、骗取社会保险待遇的被保险人或其亲属和冒领、骗取城市低保待遇的申请人，也要追回其冒领、骗取款物。（4）冻结、扣划、扣押、查封、拍卖。如《浙江省社会保险费征缴办法》（2005）第 26 条即规定税务机关对拒缴、迟缴社会保险费的缴费单位可以采取上述强制执行方式。

（六）行政处罚

行政处罚是社会保障执法中运用较多的执法手段，是针对违反社会保障行政义务的相对人实施的行政法上的制裁。按照我国《行政处罚法》（1996）的规定，行政处罚包括六类：警告；罚款；没收违法所得、没收非法财物；责令停产停业；暂扣或吊销许可证、暂扣或吊销执照；行政拘留。我国社会保障行政强制比较常见的是警告和罚款，如：针对社会保险基金管理中存在的用人单位不按规定申报或登记、不缴费或迟缴费、不代扣代缴、瞒报和漏报工资总额和职工人数、用人单位或职工骗保等行为予以警告和罚款。骗取最低生活保障待遇的予以警告、罚款。除此之外也采用撤销登记等行政处罚措施，如：民政部门针对社会福利机构违反国家关于老年人、残疾人和孤儿权益保护的法律法规侵害服务对象合法权益、进行非法集资等违法行为，有权作出撤销登记的行政处罚决定。另外，按照《行政处罚法》第 51 条规定，如果行政相对人逾期不履行行政处罚决定的，还会被行政强制执行，这一规定实现了行政处罚与行政强制两种行政执法的衔接。

（七）行政命令

行政命令是行政主体依法向行政相对人作出的要求其为或不为一定义务的意思表示。社会保障行政命令主要体现为责令改正和责令限期改正，如《社会保险费征缴暂行条例》第 13 条规定，缴费单位未按规定缴纳和代扣代缴社会保险费的，由劳动保障行政部门或者税务机关责令限期缴纳。《劳动保障监察条例》第27条：用人单位申报应缴纳的社会保险费数额时瞒报工资总额或者职工人数的，由劳动保障行政部门责令改正，骗取社会保险待遇或者骗取社会保险基金支出的，由劳动保障行政部门责令退还。又如：按照《劳动法》和《劳动保障监察条例》等规定，用人单位违反国家规定侵害女职工、未成年工合法权益的，由劳动保障部门责令改正。

（八）行政监督

这里的行政监督并非指社会保障行政执法机构内部的监督，而是社会保障行政执法机构对用人单位或者公民等行政相对人的遵守社会保障立法和履行社会保障法律义务情况的监督检查。主要采取检查、检验、年检、登记、统计、查验、鉴定等方式，常常与行政强制和行政处罚配合运用。

1. 劳动保障监察

《劳动保障监察条例》，确立了劳动保障监察制度，其中包括对用人单位是否侵犯劳动者的社会保险和福利权利的监督检查。

（1）执法主体

国务院劳动保障行政部门主管全国的劳动保障监察工作。县级以上地方各级政府劳动保障行政部门主管本行政区域内的劳动保障监察工作。县级以上各级政府有关部门根据各自职责，支持、协助劳动保障行政部门的劳动保障监察工作。县级、设区的市级人民政府劳动保障行政部门可以委托符合监察执法条件的组织实施劳动保障监察，如各地纷纷成立的劳动保障监察大队。

（2）执法对象

①企业和个体工商户；

②职业介绍机构、职业技能培训机构和职业技能考核鉴定机构；

③国家机关、事业单位、社会团体；

④无营业执照或者已被依法吊销营业执照的单位。

（3）执法内容

劳动保障监察执法内容中有两项关于社会保障：对用人单位参加各项社会保险和缴纳社会保险费的情况实施劳动保障监察；对法律、法规规定的其他劳动保障监察事项实施劳动保障监察。

（4）执法形式

劳动保障监察以日常巡视检查、审查用人单位按照要求报送的书面材料以及接受举报投诉等形式进行。其中，接受举报投诉已成为劳动者社会保障权利救济的重要途径。

2. 社会保险专项行政监督

根据《社会保险费征缴暂行条例》、《社会保险费征缴监督检查办法》(1999)的规定，劳动保障行政部门的劳动保障监察机构具体负责社会保险费征缴监督检查和行政处罚，劳动保障行政部门可以委托社会保险经办机构对缴费单位履行社会保险登记、缴费申报、缴费义务的情况进行调查和检查。根据《社会保险稽核办法》(2003)，社会保险经办机构依法对社会保险费缴纳情况、社会保险待遇领取情况进行核查。

3. 其他社会保障行政监督

如民政机关对捐赠款物的使用发放情况进行监督检查、对农村五保供养工作监督检查、对低保申请者开展调查等。再如医疗保险经办机构对定点医疗机构、定点零售药店年度考核等。

三、社会保障行政司法

行政复议和劳动仲裁被有些学者称为“准司法”或“行政司法”，因为它们是特定的行政机关根据申请人的申请，以中立第三人的身份通过类似司法的程序进行的行政裁决。它们综合了司法和行政的双重要素。

(一) 行政复议

“行政复议，是指行政相对人认为行政主体的具体行政行为侵犯其合法权益，依法向行政复议机关提出复查该具体行政行为的申请，行政复议机关依照法定程序对被申请的具体行政行为进行合法、适当性审查，并作出行政复议决定的一种法律制度。”① 当社会保障行政相对人认为社会保障行政主体的具体行政行为侵犯其合法权益时，便可以依法提起行政复议。

1. 社会保险争议的行政复议

劳动和社会保障部2001年颁布的《社会保险行政争议处理办法》是目前仅有的社会保障行政复议专项立法。社会保险争议的行政复议的法律依据还有：《工伤保险条例》第53条、《劳动保障监察条例》第19条、《社会保险费征缴监督检查办法》第18条。

(1) 受案范围

社会保险行政争议，是社会保险经办机构在经办社会保险事务过程中，与公民、法人或者其他组织之间发生的争议。

(2) 社会保险复查、行政复议和行政诉讼的关系

当事者，可以直接向劳动保障行政部门申请行政复议，也可以先向作出该具

① 姜明安. 行政法与行政诉讼法 [M]. 北京：北京大学出版社、高等教育出版社，1999：279.

体行政行为的经办机构申请复查，对复查决定不服，再向劳动保障行政部门申请行政复议。社会保险行政复议是行政诉讼的前置程序，对复议决定不服的，才可以提起行政诉讼。但根据《社会保险行政争议处理办法》和《行政诉讼法》(1989）的规定，认为社会保险经办机构没有依法发放抚恤金的，申请人也可以依法直接向人民法院提起行政诉讼。

(3）行政复议机关和申请复议期限

行政复议机关是直接管理该经办机构的劳动保障行政部门。申请人认为经办机构的具体行政行为侵犯其合法权益的，可以自知道该具体行政行为之日起 60 日内向经办机构申请复查或者向劳动保障行政部门申请行政复议。

2. 其他社会保障争议的行政复议

例如：《城市居民最低生活保障条例》第 15 条规定城市居民对民政部门作出的不批准享受低保或者减发、停发低保款物的决定或者给予的行政处罚不服的，可以依法申请行政复议；对复议决定仍不服的，可以提起行政诉讼。事实上，即便对于某种社会保障争议的行政复议没有立法明确规定，只要符合《行政复议法》(1999）的行政复议申请条件，行政相对人仍然可以就其依法申请行政复议。

(二）劳动争议仲裁

关于劳动争议仲裁，《劳动法》、《劳动争议调解仲裁法》及相关立法对劳动争议仲裁作了详细的规定。

1. 劳动争议仲裁机构

劳动争议仲裁机构即劳动争议仲裁委员会（以下简称仲裁委员会）。仲裁委员会按照统筹规划、合理布局和适应实际需要的原则设立，不按行政区划层层设立。省、自治区人民政府可以决定在市、县设立；直辖市人民政府可以决定在区、县设立。

2. 劳动争议仲裁程序

(1）申请。劳动争议的仲裁时效为 1 年。即当事人应当自知道或者应当知道其权利被侵害之日起 1 年内向仲裁委员会提出书面申请。

(2）受理。仲裁委员会收到仲裁申请之日起 5 日内，认为符合受理条件的，应当受理，并通知申请人；认为不符合受理条件的，应当书面通知申请人不予受理，并说明理由。

(3）仲裁准备。仲裁委员会处理劳动争议，应当组成仲裁庭。仲裁庭由 3 名仲裁员组成，设首席仲裁员。

(4）开庭。仲裁庭应当在开庭 5 日前，将开庭日期、地点书面通知双方当事人。庭审程序依次为：申请人的陈述；被申请人的答辩；庭审调查；质证；辩论；征询当事人最后意见；调解与裁决。

3. 劳动争议仲裁裁决的效力

劳动争议仲裁裁决分为终局裁决和非终局裁决。二者发生法律效力的时间不同，在当事人的起诉权方面也表现不同。

（1）终局裁决。《劳动争议调解仲裁法》第 47 条规定下列劳动争议的仲裁裁决为终局裁决，裁决书自作出之日起发生法律效力：追索劳动报酬、工伤医疗费、经济补偿或者赔偿金，不超过当地月最低工资标准 12 个月金额的争议；因执行国家的劳动标准在工作时间、休息休假、社会保险等方面发生的争议。

（2）非终局裁决。终局裁决以外的其他劳动争议案件仲裁裁决为非终局裁决。双方当事人对非终局裁决不服的，均可以自收到仲裁裁决书之日起 15 日内向人民法院提起诉讼；期满不起诉的，裁决书发生法律效力。由此可知，对劳动者与用人单位之间因为福利待遇发生争议的仲裁裁决应属于非终局裁决。

四、社会保障司法

社会保障司法是人民法院、人民检察院按照诉讼法规定对社会保障民事、刑事、行政案件进行审判或检察的行为。诉讼为两审终审制。

（一）行政诉讼

行政诉讼就是通常所说的“民告官”。关于行政诉讼的具体规则是《行政诉讼法》及其司法解释。如果行政相对人认为社会保障机构对其作出的具体行政行为侵犯了其合法权益，即可以依法提起行政诉讼。

（二）民事诉讼

劳动者和用人单位发生社会保险和福利纠纷的，首先可以自愿选择劳动争议调解，也可以直接申请劳动争议仲裁。劳动争议经仲裁裁决后，劳动争议当事人通过以下途径启动民事诉讼程序：

1. 对于劳动争议当事人的仲裁申请，仲裁委员会不予受理或者超过受理期限未作出受理决定的，申请人可以就该劳动争议事项向人民法院提起诉讼。

2. 仲裁委员会超过法定仲裁期限未作出仲裁裁决的，当事人可以就该劳动争议事项向人民法院提起诉讼。

3. 对于非终局裁决不服的，任何一方当事人均可以在规定期限内向法院提起民事诉讼。

4. 对于终局裁决，劳动者对裁决不服的，可以自收到仲裁裁决书之日起 15 日内向人民法院提起诉讼。

（三）刑事诉讼

劳动保障领域的刑事案件，有一些是公安机关负责立案侦查的，如诈骗；有一些是人民检察院直接立案侦查的，如贪污、贿赂。最终均由人民检察院代表国家就犯罪嫌疑人的犯罪行为向人民法院提起公诉，由法院刑事审判庭具体审理。《刑事诉讼法》及相关司法解释是刑事诉讼的依据。

第三节　社会保障法律援助

“法律援助制度是国家在司法制度运行的各个环节和各个层次上，对因经济困难及其他因素而难以通过通常意义上的法律救济手段保障自身基本社会权利的社会弱者，减免收费提供法律帮助的一项法律保障制度”。①

1495年，在亨利七世统治的英国，议会通过了世界上第一部法律援助立法，该法旨在保证贫穷的民事诉讼当事人获得免费的律师帮助及免除所有费用。如今以向贫困者提供免费法律服务为核心内容的法律援助制度已经历了500余年的历史，目前已为世界上大多数国家通过立法所确立。我国于1994年开始探索建立法律援助制度，2003年国务院颁布我国第一部关于法律援助的全国性立法《法律援助条例》，标志着我国的法律援助事业走向了法制化的轨道。

一、社会保障法律援助的意义

（一）法律援助是保障人权的重要手段

人权是人之所以为人所应享有的权利，它首先是一种自然权利，经过立法的确认转化为法定权利。但是享有法定权利并不代表能够享受到相应的现实权利。总有一些人因为经济条件、个人能力、社会地位等原因无法通过通常的法律救济途径保障自身权利，这时就需要建立起一种救济机制，通过外力来扶助这些弱势群体参与到公力救济程序中来并最终实现权利。一个民主法治的国家，不能漠视公民之间现实权利不平等状况的存在，正因如此，在现代社会，法律援助已经成为国家的责任和公民的权利。我国《法律援助条例》即明确规定法律援助是政府的责任。从这个意义上讲，法律援助不但保障人权，其本身就是一项重要人权。

（二）法律援助有助于实现司法平等

“法律面前，人人平等”，不但包括实体权利平等，而且包括诉权的平等。这里的诉权不仅指法定诉权，更是指现实的诉权。设立诉权是为了保障实体权利、实现公平，然而诉权在两种情况下会形同虚设。其一是经济贫困，很多人因为经济贫困根本无力负担诉讼费、律师代理费等诉讼成本，只有选择放弃诉讼或者被动承受诉讼结果，如果是刑事案件，被告人甚至面临被错误剥夺生命和自由的风

---

① 张耕．法律援助制度比较研究［M］．北京：法律出版社，1997：4.

险。其二是知识贫困，现代社会，法律法规浩如烟海，法律知识艰深广博，因此，不但法律工作已经职业化，甚至其内部也出现了专业分工。在这样的法制背景之下，一个普通公民靠临时翻阅法条就赢得诉讼几乎不可能，甚至连正确起诉、应诉都无法做到。有经济能力者可以通过聘请律师解决难题，而无经济能力者只能望诉兴叹。法律援助制度作为实现司法平等的助力器，可以使弱者得以抗衡强者，使劣势上升为均势，从而有力地保障司法平等。

（三）法律援助有助于完善社会保障体系

传统社会保障项目主要从经济角度出发建立社会安全网，但仅凭这些项目并不能使社会安全网达到缜密程度。危害社会安全的因素绝不仅仅是经济性的，它还可能产生于社会生活的其他方面；它不仅仅表现为缺失权利，还表现为缺乏实现权利的现实可能。尤其当公民的社会保障权利受到侵犯、需要法律救济时，更需要法律援助。所以，尽管法律援助不同于一般意义的社会保障，但它合乎社会保障的宗旨，具有社会保障的功能——建立以社会化为标志的生活安全网，消除竞争机制运行中产生的社会不安定因素，使社会有序发展、良性运行，因此将其纳入社会保障体系很有必要①。2006 年，安徽省已将法律援助事业纳入城乡社会救助体系②。

（四）法律援助有利于维护社会稳定和谐

对权利的公力救济是文明社会的标志，然而，如果社会中的弱势群体没有能力也得不到帮助去诉诸公力救济，那么就会产生两种可能：第一种可能是忍耐——对不公平待遇的忍耐本身就是不和谐，由此可能激发的怨恨和仇视又增加了社会的不稳定因素；第二种可能是诉诸私力救济，“以牙还牙、以血还血”，这更容易导致社会不和谐、不稳定。在法治社会里，诉诸法律应当成为“最后的一根救命稻草”，而且还必须是一根能够“抓得到”的“稻草”。怎么才能“抓得到”？法律援助要助其一臂之力。

二、社会保障法律援助的内容

（一）政府法律援助的内容

政府法律援助是由政府设立的各级法律援助机构依法提供的法律援助，也是最狭义的法律援助。由于政府法律援助的法规、制度和机构健全，因此其内容相对固定。根据我国的《刑事诉讼法》、《律师法》（2001）、《法律援助条例》等法律援助立法及司法解释，从以下几个方面介绍我国政府法律援助的内容。

---

① 种明钊．社会保障法律制度研究［M］．北京：法律出版社，2000：431～432.

② 李晓群、杨鹏程、刘节兵．安徽将法律援助纳入城乡社会救助体系［EB/OL］．（2006－02－15）［2007－08－09］．http：//www.gov.cn/banshi/2006－02/15/content_191451.htm.

1. 法律援助人员和受援人

(1) 法律援助人员

①专职法律援助人员，即法律援助中心的工作人员。

②律师，按照《律师法》的规定，负有法律援助的法定义务。

③基层法律服务工作者，按照司法部 2000 年出台的《基层法律服务工作者管理办法》的规定，应当履行法律援助义务。

④公证员，按照司法部司发通［1997］116 号《关于开展公证法律援助工作的通知》文件规定，应当履行法律援助义务。

值得注意的是，《法律援助条例》中对③、④两类人员并没有作出规定。

(2) 受援人

①符合条件的中国公民，包括：经审查获准法律援助的申请人；符合法定条件、经人民法院指定获得法律援助辩护的刑事被告人。

②符合条件的外国人、无国籍人

从法律援助保障人权的角度考虑，法律援助应该是无国界的，只要是自然人就应平等享有。事实上很多国家和地区都给予外国人、无国籍人法律援助国民待遇，如英国、立陶宛、香港地区等。但同时法律援助的对象范围也要与一国经济发展状况和开放程度相适应。我国《法律援助条例》规定的受援人只是中国公民，外国人、无国籍人只能根据某些司法解释和少数国际私法规范，在符合特定条件时得到法律援助。

③特定的组织

一般认为，法律援助只能针对自然人，法人或其他组织不应成为受援人。但在我国一些地方法律援助规章或文件中，也将社会福利机构、敬老院等社会公共福利单位列入受援人范围，如《广东省法律援助条例》(2006)。

2. 法律援助范围

《法律援助条例》规定的法律援助范围是：

(1) 民事、行政案件

公民对下列需要代理的事项，因经济困难没有委托代理人的，可以向法律援助机构申请法律援助，对其中的①、②事项向法律援助机构申请法律咨询：①依法请求国家赔偿的；②请求给予社会保险待遇或者最低生活保障待遇的；③请求发给抚恤金、救济金的；④请求给付赡养费、抚养费、扶养费的；⑤请求支付劳动报酬的；⑥主张因见义勇为行为产生的民事权益的。

(2) 刑事案件

刑事案件中，公民可以通过申请获得法律援助的情形有：①犯罪嫌疑人在被侦查机关第一次讯问后或者采取强制措施之日起，因经济困难没有聘请律师的；

②公诉案件中的被害人及其法定代理人或者近亲属，自案件移送审查起诉之日起，因经济困难没有委托诉讼代理人的；③自诉案件的自诉人及其法定代理人，自案件被人民法院受理之日起，因经济困难没有委托诉讼代理人的。

刑事案件中，法律援助机构应当提供法律援助的情形是：①公诉人出庭公诉的案件，被告人因经济困难或者其他原因没有委托辩护人，人民法院为被告人指定辩护的；②被告人是盲、聋、哑人或者未成年人而没有委托辩护人的，或者被告人可能被判处死刑而没有委托辩护人的，人民法院为被告人指定辩护的。

由于《法律援助条例》授权省、自治区、直辖市人民政府可以对法律援助事项作出补充规定，所以各地法律援助实践中的援助范围远不止上面这些，有些地方将因工伤、交通、医疗事故、家庭暴力、环境污染等情况也包括进来。

3. 法律援助形式

结合各地立法，法律援助的形式包括：（1）法律咨询、代拟法律文书、提供法律意见；（2）刑事辩护和刑事代理；（3）民事诉讼代理；（4）行政诉讼代理；（5）行政复议代理、仲裁和其他非诉讼法律事务代理；（6）公证证明；（7）案情简单、诉讼标的小的，法律援助机构可以指导当事人自行诉讼；（8）其他形式的法律服务。

4. 法律援助程序

一般的法律援助，要经过申请、审查、实施援助三个步骤。法院指定刑事辩护的情形，则无需申请、审查。

（二）社会法律援助的内容

作为政府法律援助的重要补充，社会法律援助是由工、青、妇、残等社会团体或者法学院校成立的社会法律援助组织，以及公民自发成立的企业或非企业性质的民间法律援助组织所提供的法律援助，其内容相对灵活一些。

根据司法部法律援助中心 2004 年的一项调查显示①：参与法律援助工作的社会组织一般业务范围是咨询、代书、非诉讼调解，也办理一定诉讼案件。从案件类型来看，这些社会组织基本上只受理民事案件，而且多是某一类人群集中发生的案件，如针对外来工的社会组织主要受理有关工资、工伤等案件。社会法律援助组织的受援对象一般都是经济困难的职工、下岗职工、外来工、农民工、残疾人、妇女、未成年人、老年人。但是除法学院校的法律援助组织没有固定某一类受援对象外，一般都具体只针对某一类受援对象，如妇联的法律援助组织只针对妇女等等。在审查是否符合经济困难的标准方面，有一些社会组织是参照《法

① 郑自文，左秀美. 关于社会组织参与法律援助工作有关情况的报告［EB/OL］.（2007－05－14）［2007－08－07］. http：//www.chinalegalaid.gov.cn：8080/ReadNews.asp? NewsID＝244.

律援助条例》和当地有关法律援助规定来确定的，但服务于某一类人群的社会法律援助组织则只要是属于这一类人就可以进行法律援助。

（三）法律援助与司法救助

在我国，法律援助和司法救助共同构成了广义的法律援助制度，为实现司法公正发挥着重要作用。

司法救助不同于由政府提供的法律援助，它是由司法机关对于经济困难和诉讼上处于弱势地位的当事人依法给予相应法律帮助，以保障其合法权益实现的制度，具体包括：人民法院为诉讼中的刑事被告人指定辩护人，对困难群众实行诉讼费、执行费的缓、减、免，对处于弱势地位的当事人给予诉讼指导等。目前正在一些地方法院、检察院试点的刑事被害人救助和案件执行救济金制度，也是司法救助的崭新尝试。司法救助和法律援助联系密切，因此，司法部、最高人民法院、最高人民检察院、公安部曾联合下发过多部关于协作开展司法救助和法律援助的司法解释或规范性文件。

三、社会保障法律援助的改革①

我国的法律援助制度建立时间不长，法律援助理论研究不够深入，法律援助实践工作仍在不断探索。目前这项制度仍存在不完善之处，有必要借鉴外国先进经验并结合中国国情对其进行改革。

（一）建立健全法律援助立法体系

《法律援助条例》属于行政法规，位阶不高，效力不强。应由最高立法机关制定“法律援助法”，明确法律援助对象标准、范围、机构组织、经费和制度保障，尤其是法律援助各参与主体之间的权利义务关系，并制定与之相配套的法规规章制度，形成以“法律援助法”为核心的法律援助立法体系。

（二）加强法律援助经费投入、筹集和管理工作

与西方国家相比，我国法律援助经费严重不足。要改变这一现状，首先要明确政府责任，各级政府应逐步加大财政投入力度，同时还要充分发挥法律援助基金会及专项法律援助基金吸纳社会捐助的功能，以缓解法律援助经费不足的压力。法律援助经费的使用管理也要加强。

（三）扩大法律援助覆盖面

1. 做好法律援助的宣传工作，尤其要使真正的弱势群体了解这项制度，从而求助这项制度。这里要充分发挥社会法律援助组织的宣传作用。

---

①　这部分内容参考了司法部．法律援助事业“十一五”时期发展规划［EB/OL］．（2007－02－02）［2007－08－09］．http：//cn. chinagate. com. cn/economics/2007－02/02/content _ 2365601. htm，以及贾午光、郑自文．关于法律援助体制改革的几点思考［J］．中国司法，2006（5）：76－80.

2. 逐步增设法律援助机构、畅通法律援助申请渠道，以方便公民及时、就近申请法律援助。这包括出台切实可行的鼓励和支持民间法律援助的措施，如完善相关立法、制定优惠和奖励政策、给予非政府组织（NGO）形态的民间法律援助机构生存及发展空间。另外要简化申请程序，增加能够受理法援申请的机构。还可以借鉴英国、加拿大等国经验，探索在公、检、法设立法律援助值班律师制度，以及时提供法律援助。

3. 扩大法律援助范围。这项工作易于各地根据自身情况分别进行，各地均有需求的则全国统一推行。其中，科学界定法律援助经济困难标准，改变简单套用最低生活保障线的做法，将经济困难标准相应提高，也能达到降低门槛、使更多人能够获得法律援助的目的。

（四）调整和增加法律援助形式

应重视非诉讼调解方式在解决法律援助事项中的作用。目前，英国、印度、加拿大、美国等国家均通过立法专门规定的方式，鼓励使用法律援助调解以解决纠纷。我国法律援助机构往往重诉讼轻非诉讼，事实上，许多民事法律援助案件完全可以通过律师参与调解等非诉讼方式去化解，这样既可以平息矛盾纠纷，又可以降低法律援助办案成本，缓解经费不足的压力。目前，无锡等城市的法律援助机构已开展“大调解”工作，收效良好①。理论界和实务界建议开展的司法鉴定法律援助②，也有必要将其规定为一项新的法律援助形式。

（五）法律援助队伍建设

1. 加强专职法律援助人员队伍建设。要扩大已有法律援助专职人员中律师比例，也可以尝试建立由政府为其发放工资、比照公务员管理的专职法援律师制度。近来，上海、福州、中山、珠海、深圳、重庆等地已经开始尝试建立专职法援律师制度。

2. 建立社会执业律师和法律工作者经办法律援助案件的激励机制。调动他们参与法律援助的积极性，提高法律援助案件的质量。

除此之外，加强法律援助国际合作，适时解决外国人法律援助问题，进一步做好法律援助与司法救助的衔接，完善法律援助监督机制，这些也是我国法律援助制度改革与完善的重点。

---

① 蒋德，丁国锋．申请法援后通过大调解方式解决纠纷 无锡法律援助案件最快半天结案［N］．法制日报，2007－07－30（2）．

② 徐思．试论司法鉴定法律援助的紧迫性和必要性［J］．中国司法鉴定，2003（2）：50－52．

主要概念

社会保障立法	social security legislation
社会保障执法	enforcement of social security law
法律援助	legal aid

思考题

1. 阐述社会保障立法的主要内容。
2. 社会保障立法的主要特点有哪些？
3. 我国社会保障立法主要形式有哪些？
4. 阐述我国社会保障行政执法、社会保障行政司法及社会保障司法的分工合作。
5. 阐述法律援助的意义和主要内容。

阅读资料

1. 种明钊．社会保障法律制度研究［M］．北京：法律出版社，2000.

2. ［法］让一雅克·迪贝卢（Jean－Jacques），爱克扎维尔·普列多（Xavier Prétot）．社会保障法［M］．北京：法律出版社，2002.

3. 董保华等．社会保障的法学观［M］．北京：北京大学出版社，2005.

4. 贾俊玲．劳动法与社会保障法学［M］．北京：中国劳动社会保障出版社，2005.

5. 国际劳工组织网站：http：//www. ilo. org.

附录一

中国大陆社会保障部分数据

资料来源：国家统计局．中国统计年鉴（1991、1996、2000、2006）［M］．北京：中国统计出版社。

说明：附录一的各表数据均不含香港、澳门特别行政区和台湾省的数据。"—"表示没有数据。

表 1　中国人口数及城乡构成（万人）

年份	年底人口数	城镇人口数	比重（%）	乡村人口数	比重（%）
1952	57 482	7 163	12.46	50 319	87.54
1957	64 653	9 949	15.39	54 704	84.61
1962	67 295	11 659	17.33	55 636	82.67
1965	72 538	13 045	17.98	59 493	82.02
1970	82 992	14 424	17.38	68 568	82.62
1975	92 420	16 030	17.34	76 390	82.66
1978	96 259	17 245	17.92	79 014	82.08
1980	98 705	19 140	19.39	79 565	80.61
1985	105 851	25 094	23.71	80 757	76.29
1989	112 704	29 540	26.21	83 164	73.79
1990	114 333	30 195	26.41	84 138	73.59
1991	115 823	31 203	26.94	84 620	73.06
1992	117 171	32 175	27.46	84 996	72.54
1993	118 517	33 173	27.99	85 344	72.01
1994	119 850	34 169	28.51	85 681	71.49
1995	121 121	35 174	29.04	85 947	70.96
1996	122 389	37 304	30.48	85 085	69.52
1997	123 626	39 449	31.91	84 177	68.09
1998	124 761	41 608	33.35	83 153	66.65
1999	125 786	43 748	34.78	82 038	65.22
2000	126 743	45 906	36.22	80 837	63.78

（续表）

年份	年底人口数	城镇人口数	比重（%）	乡村人口数	比重（%）
2001	127 627	48 064	37.66	79 563	62.34
2002	128 453	50 212	39.09	78 241	60.91
2003	129 227	52 376	40.53	76 851	59.47
2004	129 988	54 283	41.76	75 705	58.24
2005	130 756	56 212	42.99	74 544	57.01

注：1. 1982 年以前数据为户籍统计数；1982—1989 年数据根据 1990 年人口普查数据有所调整；1990－2000 年数据根据 2000 年人口普查数据进行了调整；2001－2004 年数据为人口变动情况抽样调查推算数；2005 年数据根据全国 1%人口抽样调查数据推算（下表同）。

2. 年底人口数和按性别分人口中包括中国人民解放军现役军人，按城乡分人口中现役军人计入城镇人口。

表 2　中国劳动力状况

项目	1991	1995	2001	2002	2003	2004	2005
经济活动人口（万人）	—	—	74 432	75 360	76 075	76 823	77 877
就业人员合计（万人）	58 360	62 388	73 025	73 740	74 432	75 200	75 825
第一产业（万人）	34 876	33 018	36 513	36 870	36 546	35 269	33 970
第二产业（万人）	12 469	14 315	16 284	15 780	16 077	16 920	18 084
第三产业（万人）	11 015	15 055	20 228	21 090	21 809	23 011	23 771
就业人员构成（合计＝100）							
第一产业（%）	59.7	52.9	50.0	50.0	49.1	46.9	44.8
第二产业（%）	21.4	23.0	22.3	21.4	21.6	22.5	23.8
第三产业（%）	18.9	24.1	27.7	28.6	29.3	30.6	31.4
按城乡分就业人员（万人）							
城镇就业人员（万人）	15 260	17 346	23 940	24 780	25 639	26 476	27 331
乡村就业人员（万人）	43 100	45 042	49 085	48 960	48 793	48 724	48 494
在岗职工人数（万人）	14 508	14 908	10 792	10 558	10 492	10 576	10 850
国有单位（万人）	10 664	10 955	7 409	6 924	6 621	6 438	6 232
城镇集体单位（万人）	3 628	3 076	1 241	1 071	9 51	851	769
其他单位（万人）	216	877	2 142	2 563	2 920	3 287	3 849

注：本表的就业人员合计和城镇、乡村就业人员小计 1990 年至 2000 年数据根据第五次人

口普查资料重新调整，2001年及以后数据根据人口变动抽样调查资料推算，因此，与相应年份的分地区、分注册登记类型、分行业资料的分项数据之和不一致（以下各表同）。

表3　中国城镇登记失业人数（万人）和失业率（%）

年份	失业人数	失业率	年份	失业人数	失业率
1978	530	5.3	1980	542	5.4
1985	238	1.8	1990	383	2.5
1991	288	2.3	1992	300	2.3
1993	331	2.6	1994	301	2.8
1995	310	2.9	1996	553	3.0
1997	557	3.1	1998	571	3.1
1999	575	3.1	2000	595	3.1
2001	681	3.6	2002	770	4.0
2003	800	4.3	2004	827	4.2
2005	840	4.2	2006	847	4.1

表4　中国参加基本养老保险人数（万人）

年份	合计	在职职工人数	其中：企业（含其他）	离退休人员	其中：企业（含其他）
1989	5 710.3	4 816.9	4 816.9	893.4	893.4
1990	6 166.0	5 200.7	5 200.7	965.3	965.3
1991	6 740.2	5 653.7	5 653.7	1 086.6	1 086.6
1992	9 456.2	7 774.7	7 774.7	1 681.5	1 681.5
1993	9 847.6	8 008.2	8 008.2	1 839.4	1 839.4
1994	10 573.5	8 494.1	8 494.1	2 079.4	2 079.4
1995	10 979.0	8 737.8	8 737.8	2 241.2	2 241.2
1996	11 116.7	8 758.4	8 758.4	2 358.3	2 358.3
1997	11 204.4	8 671.0	8 671.0	2 533.4	2 533.4
1998	11 203.1	8 475.8	8 475.8	2 727.3	2 727.3
1999	12 485.4	9 501.8	8 859.1	2 983.6	2 863.8
2000	13 617.4	10 447.5	9 469.9	3 169.9	3 016.5

（续表）

年份	合计	在职职工人数	其中：企业（含其他）	离退休人员	其中：企业（含其他）
2001	14 182.5	10 801.9	9 733.0	3 380.6	3 171.3
2002	14 736.6	11 128.8	9 929.4	3 607.8	3 349.2
2003	15 506.7	11 646.5	10 324.5	3 860.2	3 556.9
2004	16 352.9	12 250.3	10 903.9	4 102.6	3 775.0
2005	17 487.0	13 120.4	11 710.5	4 367.5	4 005.2

注：从 2005 年起退职人员数并入退休人员数。

表 5 中国社会保险基本情况（万人，万元）

年份	失业保险			基本医疗保险		工伤保险		年末参加生育保险职工人数
	年末参保职工人数	全年发放失业保险金人数	全年发放失业保险金	年末参保职工人数	年末参保离休和退休人员	年末参保职工人数	年末享受工伤待遇的人数	
1994	7 968.0	196.5	50 755	374.6	25.7	1 822.1	5.8	915.9
1995	8 238.0	261.3	81 964	702.6	43.3	2 614.8	7.1	1 500.2
1996	8 333.1	330.8	138 704	791.2	64.5	3 102.6	10.1	2 015.6
1997	7 961.4	319.0	186 780	1 588.9	173.1	3 507.8	12.5	2 485.9
1998	7 927.9	158.1	203 907	1 508.7	369.0	3 781.3	15.3	2 776.7
1999	9 852.0	271.4	318 722	1 509.4	555.9	3 912.3	15.1	2 929.8
2000	10 408.4	329.7	561 984	2 862.8	924.2	4 350.3	18.8	3 001.6
2001	10 354.6	468.5	832 563	5 470.7	1 815.2	4 345.3	18.7	3 455.1
2002	10 181.6	657.0	1 167 736	6 925.8	2 475.4	4 405.6	26.5	3 488.2
2003	10 372.4	741.6	1 334 448	7 974.9	2 926.8	4 574.8	29.5	3 655.4
2004	10 583.9	753.5	1 374 983	9 044.5	3 359.2	6 845.2	51.9	4 383.8
2005	10 647.7	677.8	1 367 667	10 021.7	3 761.2	8 478.0	63.0	5 408.0

表 6　中国离退休金支出状况

年份	总额（亿元）	民政部门支付	总后事业单位支付	国有单位	单位支付	城镇集体单位	其他单位	平均每人退休金（元）
1978	17.3	2.2	—	16.3	14.1	1.0	—	551
1980	50.4	3.3	—	43.4	40.1	7.0	—	714
1981	62.3	3.3	—	53.3	50.0	9.0	—	706
1982	73.1	3.2	—	62.1	58.9	11.0	—	709
1983	87.3	3.2	—	74.0	70.8	13.3	—	726
1984	106.1	3.0	—	84.6	81.6	21.2	0.3	766
1985	145.6	3.7	—	116.1	112.4	29.1	0.4	935
1986	172.2	3.3	—	140.6	137.3	31.0	0.6	1 001
1987	208.1	4.0	—	171.9	167.9	35.3	0.8	1 103
1988	275.1	6.6	—	220.5	213.9	53.2	1.4	1 346
1989	319.4	7.5	—	258.9	251.4	59.1	1.4	1 478
1990	396.2	7.2	—	319.7	312.5	74.7	1.8	1 760
1991	467.5	7.6	—	380.7	373.1	84.5	2.3	1 975
1992	578.5	9.2	—	474.3	465.1	100.8	3.4	2 300
1993	759.3	12.0	—	623.2	611.2	123.9	12.2	2 824
1994	1 043.6	17.5	—	875.9	858.4	146.2	21.5	3 656
1995	1 305.6	19.4	—	1 093.1	1 073.7	182.4	30.1	4 335
1996	1 552.2	20.1	—	1 308.2	1 288.1	204.0	40.0	4 923
1997	1 790.8	22.7	1.9	1 517.6	1 493.0	225.2	48.0	5 458
1998	2 073.7	26.1	3.6	1 726.0	1 696.3	229.0	114.8	5 972
1999	2 420.9	29.6	3.1	—	—	—	—	6 614
2000	2 733.3	36.4	3.4	—	—	—	—	7 190
2001	3 071.2	44.3	3.4	—	—	—	—	7 784
2002	3 659.4	51.0	3.6	—	—	—	—	8 881
2003	4 148.9	56.7	3.6	—	—	—	—	9 485
2004	4 510.9	65.2	3.6	—	—	—	—	9 808
2005	5 253.2	71.1	4.5	—	—	—	—	10 761

注：1. 从 2005 年起退职费并入退休费（下两表同）。

2. 本表 1985～1988 年的数字不包括根据 1985 年有关规定发给离休和退休职工的肉类等价格补贴。

表 7 中国离休和退休人员保险福利费用（亿元）

年份	合计	离休金	退休金	退职生活费	医疗卫生费	其他
1990	465.2	34.6	239.4	5.0	76.2	110.0
1991	554.4	38.6	271.5	5.7	94.5	144.1
1992	685.6	47.1	338.8	6.7	116.3	176.7
1993	901.7	57.1	435.5	8.6	154.3	246.2
1994	1 218.9	103.2	766.5	12.4	192.8	144.0
1995	1 522.4	121.9	986.3	15.3	236.3	162.6
1996	1 797.7	137.7	1 199.3	17.1	265.6	178.0
1997	2 043.8	162.6	1 423.9	23.5	277.6	156.2
1998	2 330.9	167.7	1 708.5	24.1	286.9	143.7
1999	2 708.3	186.1	2 035.2	27.2	320.1	139.7
2000	3 040.5	201.1	2 305.7	30.3	346.9	156.5
2001	3 337.2	223.4	2 618.7	27.8	312.9	154.4
2002	3 870.7	263.7	3 143.0	33.4	266.0	164.6
2003	4 359.9	269.5	3 592.1	37.6	271.3	189.4
2004	4 814.9	281.5	3 929.4	38.8	372.8	192.4
2005	5 492.4	297.0	4 654.0	—	314.7	226.7

注：本表不包括民政部门支付的离休和退休费。

表 8 中国社会保险基金收支及累计结余（亿元）

年份	合计	基本养老保险	失业保险	医疗保险	工伤保险	生育保险
			基金收入			
1989	153.6	146.7	6.8	—	—	—
1990	186.8	178.8	8.0	—	—	—
1991	225.0	215.7	9.3	—	—	—
1992	377.4	365.8	11.7	—	—	—
1993	526.1	503.5	17.9	1.4	2.4	0.8
1994	742.0	707.4	25.4	3.2	4.6	1.5
1995	1 006.0	950.1	35.3	9.7	8.1	2.9

（续表）

年份	合计	基本养老保险	失业保险	医疗保险	工伤保险	生育保险
1996	1 252.4	1 171.8	45.2	19.0	10.9	5.5
1997	1 458.2	1 337.9	46.9	52.3	13.6	7.4
1998	1 623.1	1 459.0	72.6	60.6	21.2	9.8
1999	2 211.8	1 965.1	125.2	89.9	20.9	10.7
2000	2 644.5	2 278.1	160.4	170.0	24.8	11.2
2001	3 101.9	2 489.0	187.3	383.6	28.3	13.7
2002	4 048.7	3 171.5	215.6	607.8	32.0	21.8
2003	4 882.9	3 680.0	249.5	890.0	37.6	25.8
2004	5 780.3	4 258.4	291.0	1 140.5	58.3	32.1
2005	6 968.6	5 093.3	333.0	1 405.3	93.0	44.0
基金支出						
1989	120.9	118.8	2.0	—	—	—
1990	151.9	149.3	2.5	—	—	—
1991	176.1	173.1	3.0	—	—	—
1992	327.1	321.9	5.1	—	—	—
1993	482.2	470.6	9.3	1.3	0.4	0.5
1994	680.0	661.1	14.2	2.9	0.9	0.8
1995	877.1	847.6	18.9	7.3	1.8	1.6
1996	1 082.4	1 031.9	27.3	16.2	3.7	3.3
1997	1 339.2	1 251.3	36.3	40.5	6.1	4.9
1998	1 636.9	1 511.6	56.1	53.3	9.0	6.8
1999	2 108.1	1 924.9	91.6	69.1	15.4	7.1
2000	2 385.6	2 115.5	123.4	124.5	13.8	8.3
2001	2 748.0	2 321.3	156.6	244.1	16.5	9.6
2002	3 471.5	2 842.9	186.6	409.4	19.9	12.8
2003	4 016.4	3 122.1	199.8	653.9	27.1	13.5
2004	4 627.4	3 502.1	211.0	862.2	33.3	18.8
2005	5 401.0	4 040.3	207.0	1 078.7	48.0	27.0

（续表）

年份	合计	基本养老保险	失业保险	医疗保险	工伤保险	生育保险
累计结余						
1989	81.6	68.0	13.6	—	—	—
1990	117.3	97.9	19.5	—	—	—
1991	169.7	144.1	25.7	—	—	—
1992	252.8	220.6	32.1	—	—	—
1993	303.7	258.6	40.8	0.4	3.1	0.8
1994	365.7	304.8	52.0	0.7	6.8	1.4
1995	516.8	429.8	68.4	3.1	12.7	2.7
1996	696.1	578.6	86.4	6.4	19.7	5.0
1997	831.6	682.8	97.0	16.6	27.7	7.5
1998	791.1	587.8	133.4	20.0	39.5	10.3
1999	1 009.8	733.5	159.9	57.6	44.9	13.9
2000	1 327.5	947.1	195.9	109.8	57.9	16.8
2001	1 622.8	1 054.1	226.2	253.0	68.9	20.6
2002	2 423.4	1 608.0	253.8	450.7	81.1	29.7
2003	3 313.8	2 206.5	303.5	670.6	91.2	42.0
2004	4 493.4	2 975.0	386.0	957.9	118.6	55.9
2005	6 066.1	4 041.0	511.0	1 278.1	164.0	72.0

表 9　中国财政用于抚恤和社会福利支出（亿元）

年份	合计	抚恤支出	离退休费	社会福利救济费	自然灾害救济费	其他
1952	2.95	—	1.23	0.66	1.06	—
1957	5.29	—	1.52	1.36	2.41	—
1962	8.14	—	1.73	2.39	4.02	—
1965	10.94	—	2.31	2.92	5.71	—
1970	6.53	—	2.67	3.86	—	—
1975	12.88	—	3.75	3.47	5.66	—

（续表）

年份	合计	基本养老保险	失业保险	医疗保险	工伤保险	生育保险
1978	18.91	2.93	2.34	4.62	9.02	—
1979	22.11	3.57	2.89	5.41	10.24	—
1980	20.31	4.51	3.41	5.36	7.03	—
1981	21.72	4.54	3.44	5.08	8.66	—
1982	21.43	4.86	3.48	5.45	7.64	—
1983	24.04	5.39	3.62	6.58	8.45	—
1984	25.16	6.20	3.64	7.92	7.40	—
1985	31.15	7.13	4.88	7.71	10.25	1.18
1986	35.58	8.77	5.77	8.69	10.64	1.71
1987	37.40	9.87	6.68	9.04	9.91	1.90
1988	41.77	11.32	7.59	9.73	10.64	2.49
1989	49.60	14.43	8.56	10.80	12.88	2.93
1990	55.04	16.61	9.60	12.07	13.33	3.43
1991	67.32	17.21	10.32	13.18	22.51	4.10
1992	66.45	18.45	12.40	14.36	15.89	5.35
1993	75.27	20.78	14.09	17.01	15.40	7.99
1994	95.14	24.78	20.12	20.55	19.42	10.27
1995	115.46	29.11	22.78	24.19	27.27	12.11

注：1.1975 年以前离退休费包括在抚恤支出中。

2.1976—1984 年自然灾害救济费中包括抗震救灾费。

表 10　中国卫生总费用（本表按当年价格计算）

项目	1998	1999	2000	2001	2002	2003	2004
卫生总费用（亿元）	3 776.5	4 178.6	4 586.6	5 025.9	5 790.0	6 584.1	7 590.3
政府预算卫生支出（亿元）	587.2	640.9	709.5	800.6	908.5	1 116.9	1 293.6
社会卫生支出（亿元）	1 006.0	1 064.6	1 171.9	1 211.4	1 539.4	1 788.5	2 225.4
居民个人卫生支出（亿元）	2 183.3	2 473.1	2 705.2	3 013.9	3 342.1	3 678.7	4 071.4
卫生总费用构成（%）	100.0	100.0	100.0	100.0	100.0	100.0	100.0
政府预算卫生支出（%）	15.6	15.3	15.5	15.9	15.7	17.0	17.0
社会卫生支出（%）	26.6	25.5	25.5	24.1	26.6	27.2	29.3
居民个人卫生支出（%）	57.8	59.2	59	60.0	57.7	55.8	53.7

注：本表卫生费用为测算数。

附录二

世界社会保障部分数据

说明："..”表示数值过小；“—”表示没有数据。

表 1 欧盟 20 国实际平均退休年龄（岁）

年份	男性	女性	年份	男性	女性
1971—1976	67.0	65.3	1972—1977	66.7	64.9
1973—1978	66.4	64.6	1974—1979	66.1	64.2
1975—1980	66.0	64.2	1976—1981	65.7	63.8
1977—1982	65.2	63.6	1978—1983	64.9	63.2
1979—1984	64.6	62.8	1980—1985	64.4	62.6
1981—1986	64.3	62.5	1982—1987	64.2	62.4
1983—1988	64.0	62.4	1984—1989	64.0	62.8
1985—1990	64.0	62.4	1986—1991	63.9	62.2
1987—1992	63.6	62.0	1988—1993	63.4	61.9
1989—1994	63.2	61.4	1990—1995	63.0	61.4
1991—1996	62.7	61.2	1992—1997	62.6	61.0
1993—1998	62.5	60.9	1994—1999	62.4	61.0
1995—2000	62.4	61.1	1996—2001	62.4	61.1
1997—2002	62.6	61.0			

资料来源：OECD. Trends in the average effective age of retirement in OECD countries, by gender, 1972 — 2002, http://ocde. p4. siteinternet. com/publications/doifiles/812005032 _ SS8fr _ eng. xls.

表 2 世界主要国家和地区养老基金资产相当于 GDP 的比重（%）

经济合作组织国家	1993 年	2003 年	2005 年	非经济合作组织国家	2004 年
荷兰	88.5	94.1	124.9	南非	33.9
冰岛	—	102.0	123.2	智利	64.6
瑞士	79.5	125.5	117.4	新加坡	62.6
美国	59.1	66.0	98.9	以色列	29.0

（续表）

经济合作组织国家	1993 年	2003 年	2005 年	非经济合作组织国家及地区	2004 年
英国	79.4	65.7	66.3	肯尼亚	23.0
芬兰	—	8.3	66.1	萨尔瓦多	13.6
澳大利亚	—	56.1	58.0	香港	23.6
爱尔兰	40.2	—	52.8	乌拉圭	12.7
加拿大	—	52.0	50.4	玻利维亚	19.5
丹麦	20.1	27.7	32.9	阿根廷	12.0
日本	—	13.1	18.8	秘鲁	11.4
瑞典	—	7.8	14.5	哥伦比亚	10.4
葡萄牙	—	12.4	12.9	泰国	5.0
新西兰	—	5.7	11.3	印度	5.3
西班牙	2.2	6.5	9.1	克罗地亚	3.0
波兰	—	5.5	8.7	哥斯达黎加	2.6
匈牙利	—	5.3	8.5	爱沙尼亚	1.9
墨西哥	—	5.7	7.2	俄罗斯	1.0
挪威	—	4.6	6.8	斯洛文尼亚	1.7
法国	3.4	5.4	5.8	保加利亚	2.1
奥地利	—	4.3	4.7	拉脱维亚	1.0
比利时	3.4	3.5	4.2	多米尼加共和国	1.0
捷克	—	2.5	4.1	中国大陆	0.5
德国	5.8	3.6	3.9	中国台湾省	0.9
意大利	1.2	2.5	2.8	立陶宛	0.2
韩国	—	1.6	1.9	印度尼西亚	0.1
斯洛伐克	—	9.4	0.6	巴西	12.0
土耳其	—	—	0.3		
加权平均	—	61.2	87.6	加权平均	31.8

资料来源：根据欧盟有关统计数据整理。

表 3 某些国家养老储备基金、养老基金和人寿保险基金相当于 GDP 的比重（2005，%）

国家	养老储备基金	养老基金	人寿保险	合计
美国	45.3	93.8	22.8	161.9
爱尔兰	10.4	52.8	51.4	114.6
挪威	73.5	6.8	25.9	106.2
丹麦	32.9	69.5	—	102.4
日本	42.1	18.8	41.6	102.5
瑞典	29.0	14.5	51.1	94.6
芬兰	5.3	66.1	16.3	87.7
加拿大	5.9	50.4	22.4	78.7
法国	1.6	5.8	43.8	51.2
韩国	17.6	1.9	18.7	38.2
葡萄牙	3.9	12.9	18.9	35.9
新西兰	4.2	11.3	4.9	20.4

资料来源：根据欧盟有关资料统计和整理。

表 4 经济合作组织国家养老保险基金投资额相当于 GDP 的比重（%）

国家	2001 年	2002 年	2003 年	2004 年
澳大利亚	57.7	58.1	56.1	72.7
奥地利	3.9	3.9	4.2	4.5
比利时	5.6	5.0	4.0	4.1
加拿大	53.3	47.8	52.1	52.1
捷克	2.3	2.8	3.1	3.6
丹麦	27.2	25.6	27.6	30.0
芬兰	8.2	8.0	8.3	45.3
法国	3.9	6.6	7.0	7.0
德国	3.3	3.4	3.6	3.8
希腊	–	–	–	–
匈牙利	4.0	4.6	5.4	6.8

（续表）

国家	2001 年	2002 年	2003 年	2004 年
冰岛	86.4	87.6	101.9	111.9
爱尔兰	44.3	35.1	39.4	42.6
意大利	2.3	2.4	2.5	2.6
日本	13.9	14.1	15.3	14.2
韩国	..	1.5	1.6	1.7
卢森堡	..	..	..	..
墨西哥	4.3	5.2	5.8	6.3
荷兰	107.0	89.4	106.2	106.2
新西兰	14.8	13.1	11.4	11.3
挪威	4.0	4.0	4.6	6.8
波兰	2.5	4.0	5.5	7.0
葡萄牙	12.1	12.1	12.5	11.2
斯洛伐克	10.7	16.6	22.7	22.7
西班牙	5.8	5.7	6.2	9.0
瑞典	8.3	7.7	7.8	12.7
瑞士	104.4	96.7	111.6	111.6
土耳其	..	..	..	0.1
英国	72.5	66.5	65.1	65.1
美国	93.9	82.0	92.0	95.0
欧盟 10 国平均	86.5	75.3	83.9	86.4
欧盟地区	70.2	52.0	63.7	59.6
所有 OECD 国家	84.9	73.7	81.9	84.1

资料来源：OECD. Pension Markets in Focus［J］. December 2005 – Issue 2.

表 5　世界各国及地区健康开支和私人健康水平（2003）

排序	国家和地区	公共健康开支相当于GDP的比重（%）	私人健康开支相当于GDP的比重（%）	健康总开支相当于GDP的比重（%）	人均健康开支（国际美元）
	高人文发展水平的国家和地区				
1	挪威	8.6	1.7	10.3	3 809
2	冰岛	8.8	1.7	10.5	3 110
3	澳大利亚	6.4	3.1	9.5	2 874
4	爱尔兰	5.8	1.5	7.3	2 496
5	瑞典	8.0	1.4	9.4	2 704
6	加拿大	6.9	3.0	9.9	2 989
7	日本	6.4	1.5	7.9	2 244
8	美国	6.8	8.4	15.2	5 711
9	瑞士	6.7	4.8	11.5	3 776
10	荷兰	6.1	3.7	9.8	2 987
11	芬兰	5.7	1.7	7.4	2 108
12	卢森堡	6.2	0.6	6.8	3 680
13	比利时	6.3	3.1	9.4	2 828
14	奥地利	5.1	2.4	7.5	2 306
15	丹麦	7.5	1.5	9	2 762
16	法国	7.7	2.4	10.1	2 902
17	意大利	6.3	2.1	8.4	2 266
18	英国	6.9	1.1	8	2 389
19	西班牙	5.5	2.2	7.7	1 853
20	新西兰	6.3	1.8	8.1	1 893
21	德国	8.7	2.4	11.1	3 001
22	香港	..	..	..	..
23	以色列	6.1	2.8	8.9	1 911
24	希腊	5.1	4.8	9.9	1 997
25	新加坡	1.6	2.9	4.5	1 156

（续表）

排序	国家和地区	公共健康开支相当于GDP的比重（%）	私人健康开支相当于GDP的比重（%）	健康总开支相当于GDP的比重（%）	人均健康开支（国际美元）
26	韩国	2.8	2.8	5.6	1 074
27	斯洛文尼亚	6.7	2.1	8.8	1 669
28	葡萄牙	6.7	2.9	9.6	1 791
29	塞浦路斯	3.1	3.3	6.4	1 143
30	捷克	6.8	0.8	7.6	1 302
31	巴巴多斯	4.8	2.1	6.9	1 050
32	马耳他	7.4	1.9	9.3	1 436
33	科威特	2.7	0.8	3.5	567
34	文莱	2.8	0.7	3.5	681
35	匈牙利	6.1	2.3	8.4	1 269
36	阿根廷	4.3	4.6	8.9	1 067
37	波兰	4.5	2.0	6.5	745
38	智利	3.0	3.1	6.1	707
39	巴林	2.8	1.3	4.1	813
40	爱沙尼亚	4.1	1.2	5.3	682
41	立陶宛	5.0	1.6	6.6	754
42	斯洛伐克	5.2	0.7	5.9	777
43	乌拉圭	2.7	7.1	9.8	824
44	克罗地亚	6.5	1.3	7.8	838
45	拉脱维亚	3.3	3.1	6.4	678
46	卡塔尔	2.0	0.7	2.7	685
47	塞舌尔	4.3	1.6	5.9	599
48	哥斯达黎加	5.8	1.5	7.3	616
49	阿拉伯联合酋长国	2.5	0.8	3.3	623
50	古巴	6.3	1.0	7.3	251
51	圣基茨和尼维斯	3.4	1.9	5.3	670

（续表）

排序	国家和地区	公共健康开支相当于GDP的比重（%）	私人健康开支相当于GDP的比重（%）	健康总开支相当于GDP的比重（%）	人均健康开支（国际美元）
52	巴哈马	3.0	3.4	6.4	1 220
53	墨西哥	2.9	3.3	6.2	582
54	保加利亚	4.1	3.4	7.5	573
55	汤加	5.5	1.0	6.5	300
56	阿曼	2.7	0.5	3.2	419
57	特立尼达和多巴哥	1.5	2.4	3.9	532
58	巴拿马	5.0	2.6	7.6	555
59	安提瓜和巴布达	3.2	1.3	4.5	477
60	罗马尼亚	3.8	2.3	6.1	540
61	马来西亚	2.2	1.6	3.8	374
62	波斯尼亚和黑赛哥维那	4.8	4.7	9.5	327
63	毛里求斯	2.2	1.5	3.7	430
	中等人文发展水平的国家和地区				
64	利比亚	2.6	1.5	4.1	327
65	俄罗斯	3.3	2.3	5.6	551
66	马其顿	6.0	1.1	7.1	389
67	白俄罗斯	3.9	1.6	5.5	570
68	多米尼加	4.5	1.8	6.3	320
69	巴西	3.4	4.2	7.6	597
70	哥伦比亚	6.4	1.2	7.6	522
71	圣卢西亚	3.4	1.6	5	294
72	委内瑞拉	2.0	2.5	4.5	231
73	阿尔巴尼亚	2.7	3.8	6.5	366
74	泰国	2.0	1.3	3.3	260
75	萨摩亚群岛	4.3	1.1	5.4	209
76	沙特阿拉伯	3.0	1.0	4	578

（续表）

排序	国家和地区	公共健康开支相当于GDP的比重（%）	私人健康开支相当于GDP的比重（%）	健康总开支相当于GDP的比重（%）	人均健康开支（国际美元）
77	乌克兰	3.8	1.9	5.7	305
78	黎巴嫩	3.0	7.2	10.2	730
79	哈萨克斯坦	2.0	1.5	3.5	315
80	亚美尼亚	1.2	4.8	6	302
81	中国	2.0	3.6	5.6	278
82	秘鲁	2.1	2.3	4.4	233
83	厄瓜多尔	2.0	3.1	5.1	220
84	菲律宾	1.4	1.8	3.2	174
85	格林纳达	4.9	1.8	6.7	473
86	约旦	4.2	5.2	9.4	440
87	突尼斯	2.5	2.9	5.4	409
88	圣文森特和格林纳丁斯	4.1	2.0	6.1	384
89	苏里南	3.6	4.3	7.9	309
90	斐济	2.3	1.4	3.7	220
91	巴拉圭	2.3	5.0	7.3	301
92	土耳其	5.4	2.2	7.6	528
93	斯里兰卡	1.6	1.9	3.5	121
94	多米尼加共和国	2.3	4.7	7	335
95	伯里兹	2.2	2.3	4.5	309
96	伊朗	3.1	3.4	6.5	498
97	格鲁吉亚	1.0	3.0	4	174
98	马尔代夫	5.5	0.7	6.2	364
99	阿塞拜疆	0.9	2.7	3.6	140
100	巴勒斯坦占领区	..	..		..
101	萨尔瓦多	3.7	4.4	8.1	378
102	阿根廷	3.3	0.8	4.1	186

（续表）

排序	国家和地区	公共健康开支相当于GDP的比重（%）	私人健康开支相当于GDP的比重（%）	健康总开支相当于GDP的比重（%）	人均健康开支（国际美元）
103	圭亚那	4.0	0.8	4.8	283
104	牙买加	2.7	2.6	5.3	216
105	土库曼斯坦	2.6	1.3	3.9	221
106	佛得角	3.4	1.2	4.6	185
107	叙利亚阿拉伯共和国	2.5	2.6	5.1	116
108	印度尼西亚	1.1	2.0	3.1	113
109	越南	1.5	3.9	5.4	164
110	吉尔吉斯斯坦	2.2	3.1	5.3	161
111	埃及	2.5	3.3	5.8	235
112	尼加拉瓜	3.7	4.0	7.7	208
113	乌兹别克斯坦	2.4	3.1	5.5	159
114	摩尔瓦多	3.9	3.3	7.2	177
115	玻利维亚	4.3	2.4	6.7	176
116	蒙古	4.3	2.4	6.7	140
117	洪都拉斯	4.0	3.1	7.1	184
118	危地马拉	2.1	3.3	5.4	235
119	瓦努阿图	2.9	1.0	3.9	110
120	赤道几内亚	1.0	0.5	1.5	179
121	南非	3.2	5.2	8.4	669
122	塔吉克斯坦	0.9	3.5	4.4	71
123	摩洛哥	1.7	3.4	5.1	218
124	加蓬	2.9	1.5	4.4	255
125	纳米比亚	4.5	1.9	6.4	359
126	印度	1.2	3.6	4.8	82
127	圣多美和普林西比	7.2	1.4	8.6	93
128	所罗门群岛	4.5	0.3	4.8	87

（续表）

排序	国家和地区	公共健康开支相当于GDP的比重（%）	私人健康开支相当于GDP的比重（%）	健康总开支相当于GDP的比重（%）	人均健康开支（国际美元）
129	柬埔寨	2.1	8.8	10.9	188
130	缅甸	0.5	2.3	2.8	51
131	博茨瓦纳	3.3	2.3	5.6	375
132	科摩罗	1.5	1.2	2.7	25
133	老挝	1.2	2.0	3.2	56
134	巴基斯坦	0.7	1.7	2.4	48
135	不丹	2.6	0.5	3.1	59
136	加纳	1.4	3.1	4.5	98
137	孟加拉国	1.1	2.3	3.4	68
138	尼泊尔	1.5	3.8	5.3	64
139	巴布亚新几内亚	3.0	0.4	3.4	132
140	刚果	1.3	0.7	2	23
141	苏丹	1.9	2.4	4.3	54
142	东帝汶	7.3	2.3	9.6	125
143	马达加斯加	1.7	1.0	2.7	24
144	喀麦隆	1.2	3.0	4.2	64
145	乌干达	2.2	5.1	7.3	75
146	斯威士兰	3.3	2.5	5.8	324
	低人文发展水平的国家和地区				
147	多哥	1.4	4.2	5.6	62
148	吉布提	3.8	1.9	5.7	72
149	莱索托	4.1	1.1	5.2	106
150	也门	2.2	3.3	5.5	89
151	津巴布韦	2.8	5.1	7.9	132
152	肯尼亚	1.7	2.6	4.3	65
153	毛里塔尼亚	3.2	1.0	4.2	59

（续表）

排序	国家和地区	公共健康开支相当于GDP的比重（%）	私人健康开支相当于GDP的比重（%）	健康总开支相当于GDP的比重（%）	人均健康开支（国际美元）
154	海地	2.9	4.6	7.5	84
155	冈比亚	3.2	4.9	8.1	96
156	塞内加尔	2.1	3.0	5.1	58
157	厄立特里亚	2.0	2.4	4.4	50
158	卢旺达	1.6	2.1	3.7	32
159	尼日利亚	1.3	3.7	5	51
160	几内亚	0.9	4.5	5.4	95
161	安哥拉	2.4	0.4	2.8	49
162	坦桑尼亚	2.4	1.9	4.3	29
163	贝宁	1.9	2.5	4.4	36
164	科特迪瓦	1.0	2.6	3.6	57
165	赞比亚	2.8	2.6	5.4	51
166	马拉维	3.3	6.0	9.3	46
167	刚果民主共和国	0.7	3.3	4	14
168	莫桑比克	2.9	1.8	4.7	45
169	布隆迪	0.7	2.4	3.1	15
170	埃塞俄比亚	3.4	2.5	5.9	20
171	乍得	2.6	3.9	6.5	51
172	中非共和国	1.5	2.5	4	47
173	几内亚比绍	2.6	3.0	5.6	45
174	布基纳法索	2.6	3.0	5.6	68
175	马里	2.8	2.0	4.8	39
176	赛拉利昂	2.0	1.5	3.5	34
177	尼日尔	2.5	2.2	4.7	30

资料来源：根据联合国．人文发展报告－2006（Human Development Report 2006）［M］，第301－304页的数据整理．纽约：联合国发展署．

参考文献

1. 郑功成．社会保障学［M］．北京：中国劳动社会保障出版社，2005
2. 孙光德，董克用．社会保障概论［M］．北京：中国人民大学出版社，2004
3. 李珍．社会保障理论［M］．北京：中国劳动社会保障出版社，2007
4. 郭士征．社会保障学［M］．上海：上海财经大学出版社，2004
5. 许琳．社会保障学［M］．北京：清华大学出版社，2005
6. 吕学静．现代社会保障概论［M］．北京：首都经济贸易大学出版社，2005
7. 郑功成．社会保障概论［M］．上海：复旦大学出版社，2005
8. 穆怀中．中国社会保障适度水平研究［M］．沈阳：辽宁大学出版社，1998
9. 陈良瑾．中国社会工作百科全书［M］．北京：中国社会出版社，1994
10. 邹军誉．国外优抚安置制度精选［M］．北京：中国社会出版社，2003
11. 苟恒栋．士兵优抚与退役安置［M］．北京：法律出版社，2005
12. 郑功成．中国慈善事业发展研究［M］．北京：中国社会出版社，2005
13. 国务院扶贫开发领导小组办公室编．中国农村扶贫开发概要［R］．北京：中国财经出版社，2003
14. ［美］乔治·E. 雷吉达著．社会保险和经济保障［M］．北京：经济科学出版社，2005
15. ［法］卡特琳·米尔丝．社会保障经济学［M］．北京：法律出版社，2003

关键词索引